KB174957

컴퓨팅의 정수

计算之魂

Copyright © 2021 Posts and Telecom Press Co., Ltd.
All rights reserved.
First published in the Chinese language under the title The Essence of Computing 计算之魂:
ISBN 978-7-115-57617-0
Korean translation rights arranged with Posts and Telecom Press Co., Ltd. through Media
Solutions, Tokyo Japan (info@mediasolutions.jp)

이 책의 한국어판 저작권은 에이전시 원을 통해 저작권자와의 독점 계약으로 제이펍에 있습니다.
저작권법에 의해 한국 내에서 보호를 받는 저작물이므로 무단 전재와 무단 복제를 금합니다.

컴퓨팅의 정수

1쇄 발행 2023년 8월 8일

지은이 우쥔
옮긴이 신준기
펴낸이 장성두
펴낸곳 주식회사 제이펍

출판신고 2009년 11월 10일 제406-2009-000087호
주소 경기도 파주시 회동길 159 3층 / **전화** 070-8201-9010 / **팩스** 02-6280-0405
홈페이지 www.jpub.kr / **투고** submit@jpub.kr / **독자문의** help@jpub.kr / **교재문의** textbook@jpub.kr

소통기획부 김정준, 이상복, 김은미, 송영화, 권유라, 송찬수, 박재인, 배인혜, 나준섭
소통지원부 민지환, 이승환, 김정미, 서세원 / **디자인부** 이민숙, 최병찬

진행 권유라 / **교정·교열** 김은미 / **내지·표지디자인** 이민숙 / **내지편집** 최병찬
용지 에스에이치페이퍼 / **인쇄** 한승문화사 / **제본** 일진제책사

ISBN 979-11-92987-13-2 (93000)
값 26,000원

※ 이 책은 저작권법에 따라 보호를 받는 저작물이므로 무단 전재와 무단 복제를 금지하며,
   이 책 내용의 전부 또는 일부를 이용하려면 반드시 저작권자와 제이펍의 서면 동의를 받아야 합니다.
※ 잘못된 책은 구입하신 서점에서 바꾸어드립니다.

제이펍은 독자 여러분의 아이디어와 원고를 기다리고 있습니다. 책으로 펴내고자 하는 아이디어나 원고가 있는
분께서는 책의 간단한 개요와 차례, 구성과 지은이/옮긴이 약력 등을 메일(submit@jpub.kr)로 보내주세요.

컴퓨팅의 정수

The Essence of Computing

우쥔 지음 / **신준기** 옮김

Jpub
제이펍

※ 드리는 말씀

· 이 책에 기재된 내용을 기반으로 한 운용 결과에 대해 지은이/옮긴이, 소프트웨어 개발자 및 제공자, 제이펍 출판사는 일체의 책임을 지지 않으므로 양해 바랍니다.

· 이 책에 등장하는 각 회사명, 제품명은 일반적으로 각 회사의 등록상표 또는 상표입니다. 본문 중에는 ™, ⓒ, ® 등의 기호를 생략했습니다.

· 이 책에서 소개한 URL 등은 시간이 지나면 변경될 수 있습니다.

· 책의 내용과 관련된 문의사항은 옮긴이나 출판사로 연락해주시기 바랍니다.
  - 옮긴이: shin2339@gmail.com
  - 출판사: help@jpub.kr

차 례

CHAPTER 0 컴퓨팅의 본질: 기계 운동에서 전자 운동으로 1

CHAPTER 1 작지만 큰 차이: Big O 개념 21

CHAPTER 2 역방향 사고: 순환에서 재귀로 53

CHAPTER 6 복잡함의 단순화: 분할 정복법 응용 176

CHAPTER 7 공간과 시간의 균형: 스토리지의 이해 211

CHAPTER 8 병렬과 직렬: 파이프라인과 분산 컴퓨팅 239

CHAPTER 9 상태와 과정: 등가성과 인과관계 254

CHAPTER 10 결정론적 알고리즘과 확률:
확률론적 알고리즘과 응용 273

CHAPTER 11 이론과 실습: 전형적인 문제 풀이 289

2012년, 베이징의 중관춘이라는 지역의 한 대학에 교환학생으로 있었다. 중관춘은 이른바 중국의 실리콘 밸리와 같은 곳으로, 많은 IT 회사가 밀집해 있는 곳이다. 구글, IBM, 소후Sohu 등 많은 회사의 본사가 위치하고, 샤오미Xiaomi, 바이두Baidu와 같은 유명 기업이 스타트업으로 시작한 지역이기도 하다. 내가 있던 대학에서도 IT에 관심이 있는 많은 학생들이 열정을 가지고 IT를 공부하던 기억이 난다. 사실 당시에는 우리나라의 IT 수준이 더 앞서 있다는 느낌이었고, 많은 중국인이 우리나라의 IT 제품에 대해 칭찬하고는 했다.

8년 후인 2020년, 시스템 이관을 위해 중국 시안에 출장을 간 나는 매우 놀랐다. 중국은 가능한 한 모든 것을 디지털화했다. QR 코드를 통해 모든 것을 결제할 수 있도록 시스템을 구축하였다. QR 코드로 지하철은 물론이고 버스도 탈 수 있었고, 인형뽑기까지 결제할 수 있었다. 더 나아가 AI 음성 인식을 통해 음식점을 예약할 수 있었고, 자동 서빙 로봇과 NFC 기능을 탑재한 미니 자판기에서는 안면 인식으로 결제까지 할 수 있었다.

중국은 온·오프라인 모든 곳에 IT 기술을 빠르게 적용해나갔다. 그리고 이렇게 디지털화되어 처리되는 데이터의 양은 상상을 초월한다. 알리바바Alibaba나 텐센트Tencent 등 중국 IT 기업의 데이터 처리량은 우리나라 IT 기업들이 처리하는 데이터량의 몇 배에 해당한다. 이러한 중국 IT의 획기적인 발달을 보면서 우리가 배울 점들이 많다는 생각을 하였다. 그러던 참에 중국어 기술 서적을 번역할 좋은 기회가 생겼다.

요즘 많은 개발자가 ChatGPT를 개발에 활용하고 있을 것이다. 사용해보면 그 활용성에 놀라게 된다. 특히 개발 분야에서 활용도가 높은데, 예를 들어 코드를 넣으면 그 코드에 대한 분석을 해준다. 또한 상황에 따른 프롬프트만 잘 짜면 그에 대한 코드를 짜줘서 일반인도 개발을 할 수 있을 정도다. 이제 단순히 코드를 읽고, 이해하고, 짜는 것이 더 이상 '기술'이 아닌, 인터넷 서핑과 같이 일반적인 행위가 될 수도 있겠다는 생각을 하게 되었다. 어쩌면 우리는 기술적 특이점을 지나가고 있는지도 모르겠다.

그래서 그런지 주위의 개발자들이 고민이 많다. 내가 하는 언어가 향후에도 잘 사용될까? 내가 쌓고 있는 기술 스택이 향후에도 유망한가? 기술이 계속 발전하는 상황에서 어떻게 나의 경쟁력을 유지할지 고민한다. 이 책에서 말하듯, 우리가 사용하고 있는 모든 기술의 하부는 컴퓨팅이라는 원리로 작동한다. 그것이 어떠한 새로운 기술이건 신식의 HW가 발명되건 컴퓨터는 컴퓨팅의 원리로 작동한다. 앞으로 개발자는 컴퓨팅 사고에 의거해서 코드를 제대로 작성할 수 있어야 경쟁력을 가질 수 있다.

이 책은 컴퓨팅 사고를 제대로 가르치는 책이다. 컴퓨팅 사고는 문제를 컴퓨터의 관점으로 보고 문제를 분해할 수 있는 능력이다. 그리고 컴퓨팅 사고를 통해 컴퓨터의 능력을 십분 발휘할 수 있다. 그렇기 때문에 이 책은 초보 개발자부터 고급 개발자까지 누구에게나 모두 필요한 내용을 담고 있다. 초보 개발자는 이 책을 통해 자신의 발전 방향을 명확하게 선택할 수 있고, 고급 개발자는 책의 문제를 풀어보면서 자신의 현재 수준을 확인하고 자신에게 어떤 것이 부족한지 확인할 수 있을 것이다.

이 책을 통해 4가지의 이해를 얻어갔으면 한다. 첫째, IT 엔지니어의 수준을 구분하는 명확한 기준을 이해하고, 왜 개발자 등급 간의 차이가 10배, 100배, 1000배 날 수 있는지에 대한 이해다. 저자는 1등급 개발자들이 발명하고 세상에 기여한 알고리즘을 설명하면서 일반 개발자와 높은 등급의 개발자의 차이를 설명한다.

둘째, 컴퓨터의 한계를 명확하게 이해하는 것이다. 뛰어난 개발자는 컴퓨터의 한계를 명확히 이해하고, 그 한계를 뛰어넘는 일을 하지 않는다. 현재의 화두인 ChatGPT와 같은 인공지능 또한 결국 컴퓨터의 한계를 넘지는 못하며, 그 한계점을 명확히 알고 서비스를 개발해야만 비용과 노력을 불필요하게 사용하지 않을 것이다.

셋째, IT 기업에서의 면접 질문의 의미와 그에 대한 팁이다. 저자는 구글 및 텐센트 등 유명 IT 기업에서 수많은 면접자를 만났고, 그들의 역량을 판단했다. 저자가 말하는 팁은 어디에서도 쉽게 들을 수 없는 내용이다.

마지막으로, 이 책에서 저자는 프로그래밍의 '맛'을 느껴야 한다고 말한다. 제대로 훈련된 프로그래머라면 어떠한 코드에서 잘못된 점을 보고 본능적으로 어색함을 느끼는 직관을 가지게 되는데,

이것이 프로그래밍의 맛이다. 우리 모두 프로그래밍의 맛을 느낄 수 있을 때까지 끊임없이 노력해야 할 것이다.

책을 번역하면서, 이 책의 저자인 우췬 박사님이 쓴 재미있는 사자성어 및 시적인 표현을 최대한 한국어로도 맛을 살릴 수 있게 노력했다. 그러나 어떤 부분은 너무 중국적인 표현이라 그 '맛'을 제대로 표현할 수 없어 안타까웠다. 또한 수학적인 내용을 명확히 이해해서 제대로 표현하고 정확한 용어를 쓰기 위해 노력하였으나, 부족한 부분이 있을 수 있겠다. 그러한 부분에 대해서는 언제든 의견을 주시면 감사하겠다.

마지막으로 이 책을 번역하면서 도와주셨던 많은 분들에게 감사드린다.

신준기

베타리더 후기 _____

강찬석(LG전자)

저자의 개인적인 면접 경험과 더불어 알고리즘의 원리를 이해할 수 있도록 기본적 이론 배경에 대해서도 설명이 잘되어 있는 책입니다. 중간중간 나오는 기출 예제들도 코딩 인터뷰를 준비하는 사람에게는 도움이 많이 될 것 같습니다.

양성모(현대오토에버)

이 책은 답이 정해진 코딩 문제를 풀이하기보다는 다양한 풀이가 가능한, 그리고 개발자의 역량에 따라 풀이의 수준이 현격히 다른 개방형 문제들과 그 기반 지식을 다루고 있습니다. IT 선두 기업에서 다루는 문제들이 궁금하거나 그와 같은 수준의 개발자가 되고자 하는 분들께 추천합니다.

윤수혁(코나아이)

평소 알고리즘 문제를 풀면서 재귀 문제가 어려웠는데, 책에서 컴퓨터와 재귀의 관계에 대해 설명해주어 재귀 문제가 많은 이유와 어떻게 접근해야 하는지 알 수 있었습니다. 부족함을 느낄 때마다 책을 한 번씩 들여다보면 좋은 지식을 얻어갈 수 있습니다.

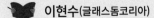 **이현수(글래스돔코리아)**

컴퓨터 공학을 사랑하는 분들에게 매우 흥미롭고 깊이 있는 내용이 담긴 책입니다. 우리가 대학에서 배웠던 전공 지식은 실로 대단한 것임이 틀림없습니다. 그러나 막상 실무에서 자료구조나 알고리즘의 효용성에 관해 언급하면 종종 다른 사람들로부터 너드 취급을 받을 때가 있습니다. 심지어 개발하는 데 전공 지식이 굳이 필요하냐는 말도 가끔 들리기도 하지요. 이 책은 여러분이 진정한 개발자가 될 수 있도록 노력하며 마음을 새롭게 하는 데 도움이 될 것입니다.

정현준(개발자)

저자는 컴퓨팅 사고의 중요성을 강조합니다. 일반적인 사람의 사고방식과 다른 역방향 사고방식을 깨우치지 못하면 뛰어난 개발자가 될 수 없다고 단호하게 말합니다. 다른 알고리즘 책들보다 쉽다는 생각이 들지는 않습니다. 하지만 읽고 돌이켜보면 더 나은 개발자가 되는 데, 저자가 말하는 컴퓨팅 사고 능력을 발전시키는 데 도움이 된다고 자신있게 말할 수 있습니다.

제이펍은 책에 대한 애정과 기술에 대한 열정이 뜨거운 베타리더의 도움으로
출간되는 모든 IT 전문서에 사전 검증을 시행하고 있습니다.

컴퓨팅 사고를 익혀 컴퓨터 경계에서 최선을 다하라

우쥔 박사는 중국 과학기술 및 문화계에서 가장 영향력 있는 작가로, 베스트셀러 10여 권을 집필했다. 총판매량은 500만 권을 넘었다. 또한, 중화 우수 출판물상, 문진도서상, 중국호서상 등을 수상했다. 초기에 집필한 《수학의 아름다움》(세종서적, 2019), 《浪潮之巔(흐름의 정점)》, 《文明之光(문명의 빛)》, 《硅谷之謎(실리콘 밸리의 비밀)》 등을 읽은 적이 있다. 내용이 깊고 이해하기 쉽고, 과학기술과 인문 사상을 융합시켰다. '기술'에서 '도'의 경지로 컴퓨터를 이해할 수 있도록 승화시켜 많은 독자가 환영했다.

텐센트의 부사장을 역임했으며, 정보통신 분야에서 잘 알려진 전문가인 우쥔 박사는 컴퓨터와 알고리즘 본질을 체계적으로 설명하고 IT 업계 실무자들의 과학적 소양을 기르는 데 도움이 되고자 이 책, 《컴퓨팅의 정수》를 집필했다. 이 책은 알고리즘에 초점을 맞췄지만, 일반 알고리즘 교과서나 대중과학 서적과 달리 알고리즘 예제로 컴퓨팅 사고의 경이로움을 설명하는 걸작이다.

IT 업계 종사자(주로 소프트웨어 개발자)를 7등급(숫자가 작을수록 높은 등급)으로 나눴다. 등급이 올라갈수록 개발자 능력은 10배 상승한다. 중국의 소프트웨어 개발자는 대부분 6등급이다. 이 책에서 설명하는 컴퓨팅 사고의 '도'를 진정으로 소화하고 숙달하게 된다면 4등급이나 3등급은 꿈이 아니다. 알고리즘 본질을 이해하는 개발자와 알고리즘을 단순히 모방만 하는 개발자는 그 차이가 너무나도 확연하다. 이 차이가 컴퓨팅 사고의 마법이다. 이 책의 독자(개발자)가 책을 완벽하게 이해하고자 시간을 할애해 연구하고 노력하며 제시한 문제까지 풀어낼 수 있다면 평생 도움이 될 것이다.

많은 사람이 '컴퓨팅 사고'를 설명하지만 개념에 그칠 뿐이다. 본질은 이해시키지 못한다. 이 책을 읽으며 가장 인상 깊었던 부분이 여기에 있다. '재귀recursive', '분할 정복법divide and conquer method' 등 사례를 분석해 컴퓨팅 사고방식을 설명한다. 즉 이치를 명백하게 설명하는데, '컴퓨팅 사고'는 사람의 사고방식이 아닌 컴퓨터 중심의 사고방식이다. 인류는 아래에서 위로, 작은 수에서 큰 수로, 정방향으로 사고한다. 컴퓨터는 주로 하향식top-down이다. 전체에서 국부적으로, 역방향으로, 재귀적인 사고방식을 택한다. 누군가가 컴퓨터 관점에서 문제를 생각할 수 있다면 그 사람은 컴퓨팅 사고방식을 이해할 수 있다. IT 개발자, 특히 소프트웨어 개발자는 반드시 컴퓨팅 사고를 키워야 한다. 특히 문제를 역방향으로 사고하는 해결 방안에 익숙해져야 한다. 이 관문을 통과하지 못한다면 평생 컴퓨팅 사고를 익힐 수 없다.

최근 몇 년 동안 딥러닝 기술이 왕성하게 발전한 덕에 딥마인드DeepMind의 알파폴드 2AlphaFold 2는 많은 단백질 구조를 예측하는 데 성공했다. 인간에게 지능이 있듯이 기계도 기계 지능이 있다는 사실을 인정할 수밖에 없었다. 이전에는 문서와 같이 표현할 수 있는 지식을 '명시지explicit knowledge(형식지)'라고 부르고, 경험을 통해 체화되는 지식을 '암묵지tacit knowledge'라고 불렀다.

지금은 인간이 표현할 수도, 체화할 수도 없지만 기계는 이해할 수 있는 지식인 '암지식dark knowledge'이라는 말이 생겼다. 인류에게 암지식을 어떻게 활용하는가는 암흑 물질, 암흑 에너지를 이해하는 것보다 더 중요하고 긴박한 문제다. 암지식이 나타나면서 기계가 능숙한 '컴퓨팅 사고'가 실존한다고 확신하게 됐다. 머신러닝machine learning(기계 학습)은 완전히 새롭고, 인류가 이해할 수 없지만 실증될 수 있는 방법이다. 이는 인공지능 시대인 오늘날, 인류가 지식을 얻는 경로에 근본적인 변혁이 일어날 것을 의미한다. '인간을 근본으로 한다'는 원칙을 바탕으로 사고 전환에 능숙해져야 한다. 인간과 기계의 협동을 중시하는, 조화롭고 상호 보완적인 인간과 기계의 운명 공동체를 구축해야 한다.

우쥔 박사는 이 책에서 재귀, 코드, 분류, 조합, 그래프 이론, 분할 정복법, 스토리지, 병렬, 상태, 난수 능 핵심 개념들로 컴퓨팅 사고를 끌어낸다. 모든 컴퓨팅 사고를 다루지는 않지만 핵심적인 컴퓨터 과학과 알고리즘이 포함됐다. 컴퓨터 관련 전공자라면 대부분 접해본 용어일 것이다. 우수한 학생이었다면 배운 알고리즘을 응용해보기도 했을 테지만 대다수 학생은 단지 '그렇다는 것을 알기만' 할 뿐이다. 진정으로 그 이유를 알고 알고리즘 뒤에 있는 컴퓨팅 사고의 본질을 아는 사람은 드물다. IT 개발자의 발전 정도는 컴퓨터 과학을 얼마나 이해했느냐에 따라 결정된다. 모두가 잘 알고 있는 분할 정복법을 예로 들겠다. 사람들은 주로 분할 정복법으로 문제를 작게 분할해 해결한다. 그런데 어떤 문제는 하위 문제로 분할해도 아무 효과가 없을 때가 있다. 화원성华云生 교수는 분할 정복법에 새로운 길을 열어 제한 조건을 분해하는 방법을 채택했다. 전통적인 하위 문제 분할보다 구현 효율이 수천 배나 높다. 분할 정복 알고리즘divide and conquer algorithm 본질을 파악하는 것이 얼마나 중요한지 알려주는 사례다.

이 책에서 우쥔 박사는 컴퓨팅 사고 본질을 생각하게 하는 예제를 제시한다. 구글과 텐센트의 개발자 면접 문제, 미국 IT 회사 및 금융 기업(애플, 아마존, 마이크로소프트, 페이스북, 링크드인, IBM, 야후, 우버, 인텔, 오라클 등 포함)의 면접 문제로 구성했다. 지원자의 컴퓨팅 사고 능력을 효과적으로 평가하는 문제들이며, 읽으면서 나에게 부족한 점은 무엇인지 알 수 있을 것이다. 책의 예제를 일반적인 지능 테스트나 난센스 문제로 치부해서는 안 된다. 자신의 사고방식이 왜 컴퓨팅 사고와 다른지 성찰해야 한다. 면접 문제를 예로 들어 알고리즘을 설명하는 이 책을 통해 다른 알고리즘 책에서는 얻지 못하는 깨달음을 얻을 수 있을 것이다.

튜링 기계는 계산으로 할 수 없는 것을 연구하는 것에서 시작된다. 다른 학문과 달리 컴퓨터 과학은 어떤 문제가 계산할 수 없는지, 알고리즘이 해결할 수 있는 문제는 어디까지인지에 특히 관심을 둔다. 3, 4등급 개발자와 5, 6등급 개발자의 중요한 차이점은 문제를 풀 수 있는 한계를 판단하는 능력이다. 최근 몇 년 동안 인공지능에 대한 관심이 매우 뜨거워졌다. 변화하는 흐름 속에서 각 산업계는 차별화되고자 인공지능에 희망을 걸었다. 그러나 인공지능이 모든 문제를 해결할 수는 없었다.

인공지능이 해결할 수 있는 문제의 필수 조건은 응용 상황에서의 폐쇄성이다. 실제 응용 상황에서는 폐쇄적인 요구를 만족시키지 못한다. 상황을 조작해야 한다. 치명적인 실수를 초래할 수 있는 부분을 철저히 폐쇄하고 피할 수 없는 오류는 용인할 수 있는 범위로 제한한다. 이 때문에 인공지능 기술은 실제 응용에서 '화룡점정' 역할은 할 수 있지만, 한 업계의 모든 기술 문제를 해결할 수는 없다. 지금의 인공지능은 '가능하게 하는 기술enabling technology'의 일종이지, 전기 기술처럼 일반적으로 쓸 수 있는 통용 기술이 아니다. 신기술은 그 수준이 성숙해졌을 때야 비로소 일반적인 상황에 응용할 수 있다. 수준 높은 인재의 지표는 언제 어떤 기술이 발명될 수 있는지 판단할 수 있는 능력이다. 정확하게 판단하려면 알고리즘 능력의 경계를 파악할 수 있어야 한다.

컴퓨터 분야의 많은 미해결 문제가 NP-난해NP-hard다. 현재 인류의 지식 범위 내에서는 해결할 방법이 없다. 끊임없이 알고리즘을 개선하면서 다른 사람보다 더 좋은 해결 방법을 찾아야만 한다. 컴퓨터 성능이 비교적 낮은 시대에는 좋은 알고리즘과 나쁜 알고리즘이 효율성 면에서 크게 차이가 없었다. 현재의 컴퓨터 성능은 초당 1엑사플롭exaflop(10의 18제곱) 이상의 연산이 가능한 수준까지 높아졌고, 문제를 해결할 수 있는 규모는 이미 테라tera(10의 12제곱) 단위에 이르렀다. 이제는 두 알고리즘의 성능은 수만 배 차이가 날 수 있다. 알고리즘 Alg1의 계산 복잡도는 N^2(N은 문제 크기), 알고리즘 Alg2의 계산 복잡도는 $Nlog_2N$이라면 두 알고리즘의 성능비는 N/log_2N이며, N이 클수록 성능비는 더 커진다. 즉 계산할 수 있는 문제 크기가 10인 저급 컴퓨터의 경우 두 알고리즘 성능은 세 배에 불과하다. 그러나 계산할 수 있는 문제 크기가 백만 개에 달하는 슈퍼컴퓨터에서 성능비는 5만 배나 차이 난다! 슈퍼컴퓨터와 대형 컴퓨팅 모델이 유행하는 오늘날, 알고리즘 최적화는 갈수록 중요해지고 있다.

알고리즘 실행은 컴퓨터 시스템의 지원과 떨어질 수 없는 관계다. 특히 알고리즘 효율성과 컴퓨터 시스템 구조는 밀접한 관련이 있다. 나는 박사논문으로 <Parallel Processing of Combinatorial Search Problems(집합 탐색 문제의 병렬 처리)>를 썼다. 수십 년 동안 이 논문을 쓰면서 연구한 내용은 알고리즘 집행 효율과 관련된 시스템 구조 연구다. 이 책의 중점은 알고리즘이지만, 시스템 구조와 관련된 내용도 적지 않다. 무어의 법칙Moore's law이 극한에 가까워지면서 시스템 구조 연구는 '캄브리아기의 생물대폭발'[1]처럼 황금기를 맞이했다. '응용 프로그램 – 알고리즘 – 소프트웨어 – 시스템 구조 – CPU 칩'의 수직 통합은 IT 업계의 주류가 됐다. 독자들은 알고리즘을 주목하는 동시에 알고리즘과 도메인 특화 아키텍처domain specific architecture, DSA[2]에도 주목하길 바란다.

현재 컴퓨터 과학기술은 다른 분야의 도구일 뿐만 아니라 미지의 세계를 인식하는 원천 지식이기도 하다. 이 책의 대상 독자는 컴퓨터 분야의 종사자로만 국한하지 않는다. 다른 분야의 학자도 알고리즘 저편에 있는 컴퓨팅 사고를 이해하고 파악할 수 있어야 한다. 알고리즘의 근본을 깨달으려면 알고리즘을 진정으로 이해하는 컴퓨터 과학자와 긴밀하게 협력해야 한다. 오랜 친구이자 중국 공정원中国工程院[3]의 중국계 외국인 원사院士[4]인 프린스턴 대학교 리카이李凱 교수는 최근 몇 년 동안 줄곧 뇌과학자와 협력해 뇌과학의 해부영상과 같은 문제를 해결했다. 역사적으로 뇌과학자가 쥐한 마리의 뇌를 재구성하기까지 7천 년이 걸렸다. 현재 리카이 교수가 제기한 새로운 알고리즘 및 모델을 채택한 후에는 데이터 분석 시간이 20만 분의 일로 단축됐다. 이는 컴퓨팅 사고가 다른 분야의 과학 연구 효율에 얼마나 좋은 영향을 끼치는지 알 수 있는 대목이다.

리궈지에(李国杰), 중국공정원 원사, 중국과학원 대학 컴퓨터제어공학부 학과장

---

1 옮긴이 참고: https://ko.wikipedia.org/wiki/캄브리아기_폭발
2 옮긴이 특정 용도에 특화된 프로세서로, 특정 용도에 맞는 시스템 구조로 하드웨어의 성능을 도모하는 구조다. 참고: 정보통신기획평가원 주간기술동향 1880호
3 옮긴이 중국의 국립 공학 학술 단체
4 옮긴이 중국 공학 분야의 최고 학술 칭호

컴퓨터 과학의 본질을 꿰뚫어 최고의 전문가가 되자

컴퓨터 과학은 1940년대 이후 발전이 가장 빠르면서 영향력도 큰 학문이다. 많은 국가의 대학생이 선호하는 전공 중 하나인데, 컴퓨터 전공자가 대학생에서 업계 종사자 혹은 전문가, 학자가 되기까지 얼마나 발전할 수 있을지는 컴퓨터 과학 분야의 소양에 달렸다. 소양에는 컴퓨터 과학 자체를 얼마나 이해하는지를 포함해 컴퓨터 소프트웨어와 하드웨어 지식으로 현실 문제를 해결하는 능력 역시 포함한다. 오늘날 컴퓨터 과학의 각 분야를 소개하는 우수한 도서가 많지만 컴퓨터 과학의 특색을 전면적으로 설명한 도서는 부족하다. 우쥔 박사의 이 책,《컴퓨팅의 정수》가 그 공백을 메운다.

이 책은 제목처럼 각종 컴퓨터 이론과 알고리즘의 진수를 다뤄, 독자가 전방위적이고 깊이 있게 컴퓨터 과학을 이해할 수 있도록 도와준다. 또한, 컴퓨터로 문제를 해결하는 새로운 사고방식을 키워 컴퓨터 분야에서 더욱 크게 성공할 수 있도록 돕는다. '컴퓨팅 사고방식'으로 새로운 사고방식을 요약했다.

컴퓨팅 사고와 문제를 해결하는 사고방식은 무엇이 다를까? 네 가지 차이가 있다.

첫째, 인간의 뇌가 평소에 처리하는 문제는 컴퓨터가 해결해야 할 문제에 비해 처리량이 매우 적고 차원도 매우 적다. 수천, 수만, 수백만이라는 숫자는 일반인이 보기에는 매우 크다. 그러나 컴퓨터가 해결해야 할 문제의 규모에는 전혀 미치지 못한다. 대뇌는 통상적으로 겨우 몇 차원만 고려할 수 있다. 컴퓨터는 수십, 수백 개의 차원 문제를 처리해야 한다. 문제가 달라지면 해결 방법도 달라져야 한다. 뇌는 간단한 문제를 해결하는 데는 익숙하지만, 컴퓨터가 해결해야 하는 문제와 직면하면 사고방식을 바꿔야 한다. 컴퓨터 전문가는 문제를 고려할 때 문제 규모를 무한대에 가깝게 설정하고 이를 바탕으로 문제를 해결하는 방법을 고려한다. 이때 알고리즘 복잡도를 약간 개선하는 것으로 컴퓨터 소프트웨어 및 하드웨어 효율을 수백, 수천 배로 높일 수 있다.

둘째, 사람들의 일반적인 사고방식은 보통 아래에서 위로 향한다. 구체적인 사례를 습득하면서 하나의 규칙으로 정리하는 사고방식을 말한다. '귀납적 사고방식'이다. 컴퓨터로 문제를 해결할 때는 사람과 달리 위에서 아래로 내려가는 사고방식이 필요하다. 즉, 먼저 복잡한 큰 문제를 작은 문제로 분해한다. 작은 문제를 해결하면 원래의 큰 문제도 쉽게 해결되는 방식이다. '재귀적 사고방식'이라고 하며 복잡한 문제의 답을 찾을 때 유리하다. IT 업계 종사자에게 재귀적 사고방식은 하나의 문턱이다. 이 문턱만 넘으면 수준은 물론 능력까지 급속도로 향상될 것이다.

셋째, 사람의 사고활동은 보통 독립적인 행위다. 사람들은 복잡한 문제를 해결하려고 협업해도 각자 서로 다르게 문제를 해석하고 결정한다. 컴퓨터는 복잡한 문제에 직면하면 각종 계산 자원을 한데 통합시켜 협업해 문제를 해결한다. 비록 한 대의 컴퓨터는 간단한 계산만 할 수 있다고 해도 여러 대를 함께 놓으면 인류가 처리할 수 없는 고난도 문제를 해결할 수 있다. 마치 꿀벌이나 개미 사회처럼 개체의 지능 수준과 능력은 매우 제한됐지만 오히려 전체는 매우 높은 지능 수준을 나타내는 것과 같다. 물론 각종 계산 자원을 한데 통합시키는 것은 컴퓨터 업계 종사자들의 역량에 달렸다. 이 책에서는 여러 가지 병행 알고리즘을 실제 사례를 통해 대량의 컴퓨팅 리소스로 복잡한 문제를 해결하는 방법을 보여준다.

마지막으로 사람들은 목표를 이루고자 할 때 일반적으로 하나의 지표만 추구한다. 컴퓨터 알고리즘을 응용할 때는 비용과 효율 간 균형, 특히 시간과 공간의 균형을 고려해야 한다. 경험이 풍부한 IT 업계 종사자라도 이를 심도 있게 인식해야 한다.

컴퓨터 과학의 본질을 이해한 컴퓨터 전공 학생이 꾸준히 연습하고 경험을 쌓는다면 컴퓨터 분야의 전문가가 될 수 있다. 그래서 연습 방식과 방법이 중요한데, 《컴퓨팅의 정수》는 컴퓨터 분야에서 다년간 쌓아온 저자가 많은 IT 업계 종사자가 능력을 향상시켰던 효과적인 연습 방법을 제공한다.

우쥔 박사는 과거 제자였고, 내 지도 아래 졸업 논문을 완성했다. 졸업 후 자연어 처리와 머신러닝 분야를 연구하기 시작했고 존스 홉킨스 대학교에서 박사 학위를 받았다. 이후 구글과 텐센트에서 알고리즘 연구와 제품 개발에 몸담았고 상당한 성과를 이뤘다. 일찍이 머신러닝 알고리즘의 개선으로 유럽의 음성인식 대회에서 최우수 논문상을 받았다. 구글의 중국, 일본, 한국어 검색 알고리즘의 주요 발명자다. 또한, 구글에서 개발을 리딩한 여러 가지 제품과 서비스를 10억 명이 넘는 사용자가 이용한다.

이 책에서 우쥔 박사는 20여 년의 연구와 경력, 그리고 컴퓨터 과학에 대한 깊은 이해를 독자와 아낌없이 나눈다. 우쥔 박사의 귀중한 경험은 모든 종사자가 컴퓨터 과학을 깊이 이해하고 시행착오를 줄이면서 발전하는 데 도움이 될 것이다.

《컴퓨팅의 정수》는 전문성과 재미, 두 마리 토끼를 모두 잡았다. 전문적인 측면에서는 컴퓨터 과학 분야에서 체계적으로 가장 중요한 이론과 지식을 서술했다. 재미적인 측면에서는 많은 다국적 기업의 재미있는 채용 면접 문제를 분석하고 설명했다. 면접 문제들은 컴퓨터 과학 문제를 대표하면서 흥미롭기까지 하다.

책에서는 유능한 컴퓨터 전문 인재가 되는 것이 사회와 개인에게 어떤 의미인지를 강조했다. 이 책을 쓴 주요 목적 중 하나라고 생각한다. 소련 물리학자 레프 란다우Lev Landau의 한 관점을 인용했는데, 높은 등급의 개발자는 낮은 등급의 개발자보다 공헌도가 몇십 배에서 몇백, 몇천, 몇만 배까지 높다는 것이다. 우쥔 박사는 자신의 기술 수준을 향상시키는 데 전념하도록 격려한다. 오늘날 많은 개발자가 기술 업무에 종사한 후 관리직으로 전환하는 것을 선호한다. 그러나 사회의 수요는 물론이고 개인적인 커리어 측면에서 봤을 때도 고급 전문 인력으로 발전하는 게 전망이 더 좋다. 현재 세상은 양을 중시하는 풍조에서 질을 중시하는 풍조로 전환하는 과정에 있다. 이 과정에는 높은 수준의 컴퓨터 전문 인재가 많이 필요하다. 이 책이 독자가 컴퓨터 분야의 실력을 향상시키고 큰 성과를 거둬 사회에 공헌을 할 수 있도록 도와줄 것이라고 믿는다.

정웨이민(郑纬民), 중국공정원 원사, 칭화 대학 컴퓨터과학및기술학과 교수

'개발자'는 얼마나 성공할 수 있을까? 올바른 방법으로 끊임없이 노력한다면 개발자로서 많은 것을 이룰 수 있다. 튜링상 수상자가 될 수도 있고, 중국공정원 원사가 될 수도 있다. 아니면 세상을 바꾸는 인물이 될 수도 있다.

구글에서 가장 유명한 개발자인 켄 톰슨Kenneth Thompson은 유닉스UNIX 운영체제를 발명해 튜링상을 받았다. 제프 딘Jeff Dean, 산제이 게마왓Sanjay Ghemawat과 아밋 싱할Amit Singhal은 구글 클라우드 컴퓨팅, 딥러닝과 웹 검색 정렬의 주요 코드를 설계했고, 미국 국립 과학 아카데미 회원으로 추대됐다. 앤드루 앤디 루빈Andrew Andy Rubin은 오늘날 수십억 명이 사용하는 안드로이드 운영체제를 만들었다. 안드로이드는 앤드루Andrew 이름의 일부인 'Andr-'와 '작은 것'을 뜻하는 접미사 '-oid'로 구성된 합성어라고 한다. '앤디가 만든 작은 것'을 의미하며 '작은 로봇'이라는 의미가 있기도 하다.

대부분 이들을 '컴퓨터 개발자'나 '컴퓨터 과학자'라고 부른다. '개발자'와 '컴퓨터 개발자'의 정체성을 정확히 구분하기는 어렵다. 켄 톰슨은 지금까지도 코드를 작성하면서 관리자 직책을 맡은 적이 없으며, 컴퓨터 과학 문제를 푸는 것을 즐겼다. 그가 구글에 입사했을 때 이미 63세였지만 접해본 적이 적었던 빅데이터의 처리 문제에 집중했다. 그 후 Go 언어를 발명해 전문적으로 대용량 로그 처리를 할 수 있도록 했다.

코더와 컴퓨터 개발자는 명확한 경계가 없다. 모두 매일 컴퓨터 코드를 사용한다. 코더의 이미지는 약간 부정적인 편이다. 오늘날 코드를 작성할 수 있는 사람은 너무나도 흔하다. 컴퓨터 개발자가 얼굴에 금이라도 붙이고 다니지 않는 이상 일반 사람이 보기엔 그 차이를 알수가 없다.

같은 컴퓨터 개발자라도 수준과 공헌도, 영향력은 상당히 다르다. 내가 이전에 쓴 책을 읽은 적이 있다면 란다우 관점[1]으로 컴퓨터 개발자를 5등급으로 나눴다는 사실을 알 것이다. 1등급 개발자 수준은 2등급의 열 배, 2등급은 3등급의 열 배로 추정한다. 란다우는 물리학자 등급을 어떻게 구분할지 원칙을 제시했고, 이 책에서 컴퓨터 개발자와 과학자의 등급별 구별 규칙을 다음과 같이 제시하고자 한다.

- **5등급**: 독립적으로 문제를 해결하고 소프트웨어를 온전히 완성할 수 있다. 독립적으로 일하고 임무를 완수할 수 있는 개발자는 5등급 개발자에 속한다. 구글, 마이크로소프트, 페이스북의 절반 정도가 5등급에 속한다. 일부 IT 회사 개발자는 5등급 개발자에도 미치지 못해 개발자라고 불리는 것도 아깝다.

- **4등급**: 자신이 아는 가장 최신식으로 문제를 해결하고 다른 사람을 이끌어 더욱 영향력 있는 일을 할 수 있도록 지도한다. 기술에 매우 능통하다. 기술 전문가로 활동하는 대부분이 4등급에 속한다.

- **3등급**: 이전에는 해결하지 못한 문제를 해결할 수 있다. 독립적으로 제품을 설계하고 구현해 시장에서 성공할 수 있다. 대부분 IT 회사에서 3등급 수준에 도달할 수 있는 사람은 매우 적다. 대개 한 회사의 기술 임원이나 아키텍트 총괄로서 활약한다. 구글이나 마이크로소프트에서나 볼 수 있다.

- **2등급**: 중요한 컴퓨터 이론과 실천 중 새로운 문제를 제기하고 해결할 수 있다. 다른 사람이 개발할 수 없는 제품을 설계하고 실현할 수 있다. 2등급에 속한 사람의 역할은 다른 사람이 대체하기 힘들다.

- **1등급**: 산업을 개척하거나 새로운 학문의 기반을 다질 수 있다.

등급 기준에 따르면, 구글 클라우드 컴퓨팅과 구글 브레인을 설계한 제프 딘과 산자이 게마왓, 구글 검색 알고리즘 개발에 공헌한 아밋 싱할, 구글 무인 운전 자동차를 발명한 앤서니 레반도프스키Anthony Levandowski는 1.5등급, 안드로이드 운영체제를 발명한 앤디 루빈이 1등급에 가깝다. 앞으로 반복적으로 언급할 도널드 커누스Donald Knuth야말로 진정한 1등급으로서 컴퓨터 알고리즘의 기초를 다졌다. 오늘날 알고리즘과 관련된 모든 업무는 커누스가 다진 기초를 바탕으로 한다. 조판 프로그램인 TeX와 글씨체 디자인 시스템인 메타폰트 개발자이기도 하다.

---

1 [옮긴이] 레프 다비도비치 란다우는 소련 물리학자로, 0에서 5까지의 생산성 로그 척도로 물리학자의 생산성을 측정했다. 참고로 0등급의 물리학자는 아이작 뉴턴, 0.5등급은 알베르트 아인슈타인이었다. 1등급은 닐스 보어, 베르너 하이젠베르크, 사티엔드라 나트 보스, 폴 디랙 및 에르빈 슈뢰딩거 등이었다. 참고: https://ko.wikipedia.org/wiki/레프_란다우

지금까지 인류 사회는 인재가 부족한 적이 없었고, 현재의 컴퓨터 개발자의 수준이 1등급에 이르는 사람은 매우 적다. 잠재된 총명함과 재능이 숨겨져 있다는 의미다. '코더'와 '컴퓨터 개발자'에게 좋은 소식이다. 자신을 향상시킬 수 있는 길이 펼쳐져 있기 때문이다. 물론 아직 갈 길이 멀긴 하지만 말이다.

몇 년 전부터 컴퓨터 개발자 5등급 이론을 많은 곳에서 이야기했다. 업계의 많은 이가 이미 개발자 5등급 이론을 안다. 사람들은 자신을 4등급이나 3등급으로 생각한다. 자신을 지나치게 과대평가한 것이다. 제시한 기준 중 가장 낮은 급이 5등급이기 때문이다. 졸업하고 제법 큰 IT 회사에 들어간 얼마 안 된 신입 개발자조차도 "저는 지금 5등급이지만 2년 안에 4등급에 도달할 수 있도록 노력하고 있습니다."라고 한다. 그러면 필자는 "아니야, 너는 지금 높게 쳐봐야 6등급이야. 먼저 5등급 수준에 도달해야 해."라고 답하면서 더 명확한 구분이 필요하다고 느꼈다. 5등급 아래로 두 등급을 추가했다.

- **6등급**: 다른 사람의 지도하에 컴퓨터 개발자의 일을 완성할 수 있다. 괜찮은 대학의 컴퓨터 전공 석사 졸업생이나 일류 IT 회사에서 반 년 정도 인턴을 한 신입 수준이다.
- **7등급**: 수준 높은 대학의 컴퓨터학과의 학사로 졸업했지만 6개월 이상 실습하지 않은 학생이다. 학과 수업을 모두 배우면 7등급이 될 수 있다. 어렸을 때부터 프로그래밍을 접한 컴퓨터 천재라면 고등학교에서 이미 7등급 수준이다.

학사를 졸업하고 3등급 컴퓨터 개발자가 되려면 네 개의 등급을 넘어서야 한다. 7등급에서 5등급까지 발전하는 것은 이 책에서 다루고자 하는 내용이 아니다. 대부분 쉽게 올라갈 수 있다. 어떻게 5등급에서 3등급 컴퓨터 개발자가 될지 중점을 두겠다.

앞에서 **말**한 바와 같이 컴퓨터 분야에는 우수한 선분가가 많지 않다. 중국에 상장된 모든 소프트웨어 회사를 합친 시가총액이 어도비 시가총액에도 미치지 않는다는 것을 알게 된다면 중국의 컴퓨터 소프트웨어 및 하드웨어 수준은 아직도 발전해야 한다고 깨달을 것이다. 현재 중국은 IT 업계 종사자 수에 비해 우수 인재 비율은 극히 낮다. 두 가지 이유가 있다.

우선 개발자를 중시하는 문화가 부족하다. 대학을 졸업한 주니어가 우수한 개발자가 되려면 약 1만 시간의 훈련이 필요하다. 4년 동안은 기술에 종사해야 한다. 그러나 대부분 주니어는 기술 분야에 오랫동안 종사하지 않는다. 게다가 관리직으로 승진하면 더 이상 코드를 작성하지 않는다. 지난 30년 동안 이런 상황이 계속됐다. 회사의 실무자는 모두 경험이 없고 경험이 조금이라도 있으면 실무를 하지 않는다.

그다음 이유는 컴퓨터 과학 이해도가 너무 얕다는 것이다. 양전닝杨振宁[2] 교수의 말을 빌려 말하자면, 과학의 진정한 맛을 느끼지 못하고 일반적인 공학 문제를 해결할 수 있는 데에만 만족한다. 똑같이 한 가지 일을 하더라도 어떻게 예술 수준으로 끌어올릴지, 내면을 얼마나 더 신경 쓰는지에 따라 맛이 다르다. 훌륭한 맛을 내고자 종사자들이 컴퓨터 과학의 '큰 도道', 즉 그 본질과 정수를 이해해야 한다. 다음으로 컴퓨터 과학의 한계를 잘 파악하고 어떤 일이 불가능한지 알아야 한다. 그렇지 않으면 헛된 생각에 그칠 뿐이다. 마지막으로 컴퓨터 과학의 아름다움을 이해해야 한다. 이를 깨닫지 못한다면 다음 경지에 올라갈 수 없고, 커리어의 한계에 부딪히게 된다. 3등급 컴퓨터 개발자 수준에 도달하기 매우 어려워진다.

어떻게 해야 수준을 올릴 수 있을까? 필자의 경험과 높은 등급의 컴퓨터 개발자를 만나 느낀 결과, 좋은 컴퓨터 개발자가 되려면 다음 네 가지 조건이 필요하다.

1. **컴퓨터 과학이 할 수 있는 일과 할 수 없는 일을 구분해야 한다.** 컴퓨터 과학 업계에 종사하는 사람은 컴퓨터 과학의 한계가 어디인지 경계를 파악하고 그 안에서만 기능을 개선하는 능력이 있다. 예를 들어 오늘날 인공지능이 가능한 작업의 한계를 이해하는 것이다. 그렇지 않으면 인공지능은 단지 컴퓨터 자체가 해결이 불가능한 문제를 풀고자 영원히 작동하는 기계일 뿐이다. 이 책에서는 컴퓨터 과학의 각 경계, 수학의 경계, 튜링 기계의 경계, 그리고 컴퓨터 시스템과 각종 알고리즘의 경계 등을 소개한다.

2. **어떤 중대한 발명이라도 전제 조건이 필요하다.** 예를 들어 도자기를 구우려면 난로 온도를 꾸준히 1300℃로 유지해야 한다. 난로의 온도 유지가 도자기 굽기의 전제 조건이다. 컴퓨터 분야도 마찬가지다. 이전에 시도되지 않았던 작업을 시도할 때는 미리 전제 조건이 충족됐는지 확인해야 한다. 컴퓨터를 사용한 산업 적용 연구와 프로젝트에서 매우 중요하다.

제프 딘이 클라우드 컴퓨팅을 최초로 개발한 시기는 2001년이다. 클라우드 컴퓨팅 개발 이전에도 비슷한 도구가 있었다. 필자는 1997년에 존스 홉킨스 대학교에서 대규모 계산이 필요할 때 캘리포니아 대학교 버클리에서 개발한 병렬 처리 프로그램을 사용했다. 오늘날 클라우드 컴퓨팅과 매우 비슷했지만 조작은 수동적이었다. 당시에는 인터넷 속도가 빠르지 않아 데이터 센터 사이를 뛰어넘는 병행 계산이 완전히 불가능했다. 컴퓨터 비전문가가 수천 대의 서버를 사용할 일도 없어 클라우드 컴퓨팅 개발 조건이 갖춰지지 않았고 수요도 전혀 없었다. 21세기에 접어든

---

2 [옮긴이] 중국의 물리학자이자 중국공정원 원사다. 입자물리학, 통계물리학 및 응집물질물리학 분야에서 획기적인 공헌을 했다. 2021년 중국을 움직인 인물에 선정됐다.

후 인터넷 기간망의 네트워크 속도 발전이 원격 병렬 계산을 가능하게 했다. 대량의 정보 처리를 하는 컴퓨팅 자원 조절 툴이 필요한 비컴퓨터 분야 전문가(예를 들어 생물 분야)가 등장했다.

구글의 클라우드 컴퓨팅 도구가 출시되고, 구글의 분산 파일 시스템 GFS에 관한 논문이 이전의 모든 병렬 저장에 관련된 논문들의 인용된 수량보다 많기 때문에, 이 논문은 획기적이며 성공했다고 생각할 수 있다. 딘과 게마와트가 미국 국립 과학 아카데미 회원이 되는 데 이 논문의 덕을 어느 정도 본 것은 사실이지만, 사실 그들의 논문이 병렬 저장에 대한 최초의 논문은 절대 아니었다. 딘과 게마와트가 성공한 이유는 사실 그들이 어떤 순간에 어떤 기술을 발명해야 하는지 잘 알고 있었기 때문이다.

3. **컴퓨터 과학을 깊이 있게 이해해야 한다.** 깊이 있는 이해는 공간적 및 시간적 개념을 포함한다. 먼저 공간적이라 함은 컴퓨터 과학 지식을 넓고 깊게 이해하는 것을 의미한다. 시간적이라 함은 컴퓨터 과학의 과거, 현재와 미래에서 발전하면서 생긴 변화를 명확히 아는 것을 의미한다. 깊이 있게 이해해야만 복잡한 문제에 부딪혔을 때 가장 간단하고 효과적인 해결 방법을 찾을 수 있다. 《수학의 아름다움》에서 싱거 박사를 소개했다. 싱거 박사는 매우 간단한 방법으로 복잡한 문제를 해결했다. 마치 미슐랭 셰프가 간단한 식재료로도 훌륭한 요리를 만드는 것과 같다. 싱거 박사가 간단한 웹 검색 방법을 찾을 수 있었던 것은 컴퓨터 과학을 전면적으로 이해하고 있었기 때문이다. 싱거는 이전에는 거의 활용하지 않았던 머신러닝을 2010년 이후 구글 웹 검색에서 조금씩 활용하기 시작했다. 이 시기가 돼서야 당시 머신러닝이 가능한 조건(알고리즘과 데이터 포함)이 갖춰졌기 때문이다.

4. **컴퓨터 과학의 예술을 배워야 한다.** 컴퓨터 과학은 예술 수준까지 발전할 수 있다. 도널드 커누스가 저서를 《컴퓨터 프로그래밍의 예술》(한빛미디어, 2006)이라는 제목으로 명명한 것은 일리가 있는 일이었다. 컴퓨터 과학에 대해 높은 경지에 오르고 마음대로 활용할 수 있으려면 컴퓨터 과학의 예술적 아름다움을 경험해야 한다. 장인의 경지에서 예술가의 경지로 승화해야 한다는 것이다. 바둑을 둔다면 모두 이런 경험이 있을 것이다. 만약 한 수 둔 후 그 위치의 바둑돌이 어색해 보인다면 좋은 수가 아님을 의미한다. 물리를 연구하는 사람도 비슷한 체험을 할 수 있다. 이론 공식이 어색하다면 해당 이론으로 완벽하지 않은 경험을 할 수 있다. 컴퓨터 과학 분야도 마찬가지다. 한 프로그램이 무수한 패치나 보수로 겨우 해결된다면 개발자가 해당 문제를 전혀 알지 못한다는 것을 증명하는 것이다. 오히려 복잡해 보이는 문제의 해법이 아름다운 경우가 많다. 예를 들어 허프먼 인코딩 알고리즘, 구글의 페이지랭크PageRank 알고리즘, 그래프 이론graph theory의 최단 경로 알고리즘과 그래프 순회graph traversal 알고리즘 등이 그렇다. 이 책 전체에 걸쳐 이런 사례를 소개하면서 컴퓨터 과학의 예술을 보여주겠다.

궁극적으로 이 책을 쓰는 목적은 컴퓨터 과학의 정수와 본질에 대한 이해를 공유함으로써 개발자가 한계를 돌파하고 장기적으로 발전할 수 있다는 자신감을 가지도록 하는 것이다. 많은 사람이 예술은 학습할 수 없는 것이고 깨달아야 한다고 한다. 일리 있는 말이다. 그러나 단지 예술의 한 측면에 불과할 뿐이다. 예술의 경지, 특히 컴퓨터 과학의 예술의 경지에 도달하는 것은 감각에만 의존할 수 있는 것이 아니다. 규칙에 따라야 할 수 있다.

컴퓨터 과학의 정수와 본질에 대한 필자의 생각을 구체적인 예제와 함께 열 개의 주제로 풀어냈다. 차근차근 심화되는 예제를 심도 있게 분석한다. 이해할 수 있다면 실무에서도 확장이 가능해 컴퓨터 과학의 예술을 습득할 뿐만 아니라 업무적으로도 성공할 수 있을 것이다. 이전에 구글과 텐센트에 재직할 때 멘토링했던 많은 신입 개발자가 컴퓨터 과학의 정수를 점진적으로 이해하게 됐고, 지금은 유명 IT 회사의 창립자이자 주요 기술 책임자가 됐다. 정확한 방법에 따라 일을 하고 자신을 끊임없이 훈련시키면 여러분 또한 성공할 수 있다.

이 책에서 컴퓨터 과학 예술과 정수를 설명하는 예제는 모두 구글 및 텐센트의 개발자 면접에서 출제된 문제나 미국 정상급 IT 회사(애플, 아마존, 마이크로소프트, 페이스북, 링크드인, IBM, 야후, 우버, 인텔, 오라클 등 포함)와 금융 회사의 면접 문제다. 필자는 오랜 커리어 동안 면접관으로 천 명에 가까운 우수한 컴퓨터 과학자와 개발자 후보자를 만나봤다. 세계에서 가장 우수한 IT 업계의 지원자를 비교적 잘 이해하고 있다는 의미기도 하다. 다만 특정 회사의 면접 예상 문제로 보는 것을 방지하고자 구체적인 출처는 표기하지 않는다. 대신 일부 회사는 약자로 표기해 문제가 각기 다른 회사의 문제라는 것을 나타냈다.

면접 문제 하나하나에 난이도를 표시한다. 별 다섯 개(가장 어려움)에서 별 한 개(가장 쉬움)이며, 별이 한두 개라도 어려운 편이다. 난이도가 별 네다섯 개인 문제는 대부분 지원자가 해결할 때 어려움을 겪는다. 책에서는 10~20% 정도만 다룬다. 실제 면접에서도 이런 난이도 문제는 흔치 않다.

면접 문제가 어려운 이유는 세 가지다. 첫째, 지원자에게 컴퓨터 과학을 철저하게 이해할 것을 요구한다. 둘째, 지원자가 문제를 전면적으로 고려할 수 있도록 요구한다. 셋째, 지원자에게 비용과 효율 간 균형을 요구한다. 특히 답이 정해져 있지 않은 문제를 알아야 한다. 모든 문제에 정답이 있는 것은 아니다. 다만 답안에 좋고 나쁨은 있다. 구글, 마이크로소프트, 페이스북이든 국내 최고의 컴퓨터 회사든 면접에서는 지원자의 답안에서 옳고 그름을 평가하지 않고 지원자가 생각하는 방식과 제시한 답안에 따라 점수를 매긴다. 지원자는 답을 찾았다고 만족하면 안 된다. 더 좋은 답을 찾으려고 노력해야 한다. IT 업계의 종사자들은 반드시 한 가지를 명확히 해야 한다. 응용과학으로서 컴퓨터 과학의 많은 문제는 표준 답안이 없다. 더 좋은 답만 있을 뿐이다. 더 좋은 답을 찾는 것이 컴퓨터 과학자와 개발자의 목표다.

이 책에서 약 40개의 예제를 살펴본다. 대부분 비교적 어려운 문제다. 이 밖에도 심화 사고 문제 형식으로 약 50개의 면접 문제를 참고용으로 제공한다. 컴퓨터 개발자가 이 책에 수록된 대부분 면접 문제를 해결하고 이치를 이해할 수 있다면 구글, 아마존, 페이스북, 마이크로소프트 같은 회사에 채용될 수 있다. 물론 이 책이 면접 전 문제를 푸는 참고서가 아니라 구체적인 예를 통해 '기술' 차원에서 '도' 차원으로 향상시키기를 바란다. 예제를 해결하는 데 사용되는 컴퓨터 과학의 정수를 상세하게 분석하고 컴퓨팅 사고 수준에 따라 사람들이 어떤 깊이로 생각할 수 있는지의 차이를 알려준다. 만약 흥미를 가지고 예제를 푼다면 자신의 수준은 물론 자신과 자신보다 높은 이해 수준 간 차이를 이해할 수 있을 것이다.

심화 학습을 원할 수도 있다. 장마다 말미에 심화 학습 및 심화 사고 문제와 연습 문제를 수록한다. 컴퓨터 과학의 본질적인 문제를 이해하는 데 도움이 되고 자신의 수준을 평가하고 실전 훈련을 받을 수 있을 것이다. 필자도 모두 풀어본 문제다. 모든 문제에 최선의 답안이 있었다. 구글, 마이크로소프트, 그리고 몇몇 대학에서 교수로 재직하는 친구에게 답을 검증받았다. 그러나 해답을 제시하지 않는다. 답안을 하나로만 만들면 상상력이 제한된다. 또한, 사고 면접 문제를 사용하려는 지원자들이 답안을 알 수 있게 하고 싶지 않다. 난이도가 비교적 높은 문제는 많은 시간을 낭비하지 않도록 힌트도 함께 구성했다.

읽기 쉽지 않을 수 있다. 일정한 컴퓨터 지식이 있고, 고등학교 수준의 수학을 이미 학습했으며, 프로그래밍 경험이 있다면 재미있는 책이 될 것이다. 이 책이 특히 다음의 독자에게 도움이 되기를 바란다.

먼저 컴퓨터 분야 종사자다. 연구원이든 개발 개발자이든 책을 읽고 더 발전할 수 있도록 도움을 주는 내용으로 구성했다. 다 읽은 후 자신의 커리어에서 더욱 빨리 성장할 수 있기를 바란다. 그다음은 IT 업계에 진출하려는 이들이다. 컴퓨터 과학의 정수를 깨닫고 시행착오를 줄일 수 있기를 바란다. 마지막으로 IT 기술에 흥미를 가진 독자다. 기술적인 세부 사항은 건너뛰고 컴퓨팅 사고방식에 중점을 둔다면 IT 산업의 기술 특징을 더욱 잘 이해하게 되고 정보 시대의 정보처리를 위한 특수한 사고방식에 대한 깨달음을 얻을 수 있을 것이다. 그 밖에는 IT 분야의 기업가와 관리자다. 기술 트렌드와 한계를 소개한다. 기술 간 관련성과 요구를 이해하고 컴퓨터 과학의 한계 내에서 직원이 일을 하는 데 더욱 집중하도록 도울 수 있기를 바란다. 과학 기술, 특히 컴퓨터 과학을 이해하거나 공부하려는 사람이라면, 이 책을 통해 컴퓨터 과학을 이해하는 데에 도움을 받을 뿐만 아니라 과학적인 방법을 습득할 수 있기를 바란다.

이 책의 집필과 출판 과정에서 많은 친구의 도움과 격려를 받았다. 저명한 컴퓨터 과학자 리궈지에 원사와 정웨이민 원사에 특별히 감사를 드린다. 오랫동안 많은 도움을 주었고 추천사를 써줬다. AirBook 창립자 가오보高博와 인민우전출판사의 차오샹니赵祥妮는 원고를 자세히 읽고 교정해줬고 훌륭한 의견을 줬다. 인민우전출판사의 지사장 위빈俞彬은 오랫동안 필자의 책을 지지해줬고, 이번에 이 책의 기획과 출판 업무를 맡았다. 편집자 리린샤오李琳骁는 책임감을 가지고 책 속의 데이터를 대조하고 검증했으며 문장을 다듬어줬다. 이 밖에도 쑨잉孙英, 장톈이张天怡, 두하이웨杜海岳, 리우신刘鑫 등에게 많은 도움을 받았다. 표지 디자이너 둥즈전董志桢, 류저刘哲에게도 역시 감사를 드린다. 그들의 도움 없이는 이 책의 출판이 순조롭지 않았을 것이다.

이 책을 집필하는 과정에서 가족들의 응원과 도움을 받았다. MIT 컴퓨터학과 박사과정 중인 내 딸 우멍화는 책 전체에 실린 알고리즘을 대조하는 데 많은 시간을 들였다. 아내 장옌은 책 전체를 자세히 살펴봐줬고 실리콘 밸리 전 재직자의 시각으로 소중한 의견을 줬다. 작은 딸 우멍씬은 많은 컴퓨터 알고리즘 문제를 제공했다. 진심으로 감사를 표한다.

컴퓨터 과학은 발전 속도가 매우 빠르고 방법이 끊임없이 개선되고 있다. 사람들의 지식 수준도 함께 향상되고 있다. 필자에게는 한계가 있어 이 책에 오류가 있을 수 있다. 여러분이 너그럽게 이해해주고 의견을 주기를 바란다. 여러분의 도움으로 이 책은 더욱 완벽해질 것이다.

이 책에 대하여

IT 개발자로서 얼마나 성공할 수 있는지는 컴퓨터 과학의 숙달 수준으로 결정된다. 이 책에서는 컴퓨터 과학을 인류 역사와 결합하면서 컴퓨터 과학의 열 가지 주제를 구체적인 예를 통해 체계적으로 설명한다. 모든 예제는 필자가 지원자를 면접할 때 했던 테스트 질문과 주요 IT 회사 및 금융 회사의 인터뷰 테스트 질문이다.

개발자의 능력에 따라 등급을 나눴다. 예제로 등급에 따른 사고방식 차이와 해법을 설명하면서 그 너머에 있는 컴퓨터 과학의 정수와 배경을 깊이 있게 설명한다. 다른 사고방식과 비교하면서 예제를 풀면 자신의 현재 수준을 평가할 수 있을 뿐만 아니라 업무 능력을 더욱 빨리 발전시킬 수 있다. 또한, 컴퓨터 과학과 컴퓨팅 사고를 더욱 깊이 이해하고 파악할 수 있으며, 컴퓨터 과학기술에 점진적으로 숙달하면 계속해서 성공을 거두게 될 것이다. 과학 기술 중에서도 특히 컴퓨터 과학을 이해하거나 공부하고자 하는 모든 사람에게 이 책은 컴퓨터 과학뿐 아니라 IT 산업의 기술적 특징을 이해하고 컴퓨팅 사고방식을 배워 정보 시대에 필요한 문제 해결 방법을 익힐 수 있도록 도움을 준다. 이 책의 구체적인 예제를 통해 자신의 컴퓨팅 사고를 '기술' 차원에서 '도'의 차원으로 끌어올릴 수 있을 것이다.

컴퓨팅의 본질: 기계 운동에서 전자 운동으로

컴퓨터의 기본 원리를 이해하는 독자라면 0장을 건너뛰고 1장으로 넘어가도 무관하다. 이 책의 다른 장과 절은 0장에 기반하지 않는다. 다만 30분만이라도 투자해 읽는다면 수학 및 철학 차원에서 컴퓨터와 컴퓨팅의 본질을 더욱 깊이 이해할 수 있을 것이다.

0.1 컴퓨터란 무엇인가?

실리콘 밸리 중심에 있는 컴퓨터 역사 박물관Computer History Museum을 구경한다면 입구에 들어서면서 '컴퓨터 2000년의 역사'라고 적힌 대형 전시 안내 패널을 볼 수 있다. 2007년에 봤을 때 한 가지 의문이 생겼다. 컴퓨터는 1946년에 발명됐다. 파스칼이 컴퓨터를 발명했다고 해도 컴퓨터는 몇백 년의 역사에 불과하다. 어떻게 2000년 역사인가? 전시관 안쪽으로 더 들어가 그 답을 알 수 있었다. 과학 사학자들이 중국 주판을 최초 컴퓨터로 인정했기 때문이다.

주판은 인류가 최초로 사용한 보조 계산기나 계산 도구가 아니다. 아프리카에서 발견된 레봄보 뼈Lebombo bone와 이상고 뼈Ishango bone[1]는 몇만 년의 역사가 있지만 컴퓨터로 간주하지 않는다. 주판이나 주판과 유사한 계산 보조 도구도 있었지만 그것도 메소포타미아 문명에서 먼저 나타난 것이지 중국 주판이 최초의 주판은 아니었다. 심지어 고대 그리스의 주판(기원전 5세기에 출현)도 중국

---

1 옮긴이 뼈에 여러 개의 눈금을 통해 수열을 표시했다. 눈금으로 간단한 계산하려고 했는지 혹은 달력 기능을 했는지 등 의견이 분분하다. 하지만 인간이 '수'를 사용했던 최초의 흔적이다. 참고: https://ko.wikipedia.org/wiki/이상고_뼈

의 주판보다 일찍 발명됐다. 외관도 꽤 비슷하다. [그림 0.1]과 같다. 고대 그리스는 동으로 된 주판알을 사용하고 주판은 구리로 만들었다. 중국은 나무로 된 주판알을 사용하고 주판은 나무 주판알을 끼운 나무 막대기였다.

두 주판을 세부적으로 비교하면 디자인 콘셉트가 일치한다. 구슬은 위아래로 나뉘어졌다. 위쪽 구슬은 5를, 아래쪽 구슬은 1을 의미한다. 중국 주판의 위아래는 구슬이 하나씩 더 있다. 더 나은 타격감을 위해서도, 더 빨리 주판알을 치기 위해서도 아니다. 중국 고대 시대는 질량 단위를 16진법으로 채택했기 때문이다(한 근이 16냥이기에 반근팔냥[2]이라는 중국 성어가 있다). 중국 고대 주판도 [그림 0.1]처럼 고대 그리스와 유사하게 위에 구슬 하나, 아래에 구슬 네 개가 달린 주판이었다. 계산 기능도 같았다. 지금 형태의 중국 주판은 후한에서 삼국시대에 이르는 시기에 처음으로 나타났다. 이는 고대 그리스 주판보다 약 7세기 늦다. 주판 영어인 'abacus' 역시 고대 그리스어에서 유래했다.

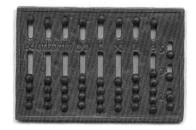

그림 0.1 고대 로마 시대의 고대 그리스 주판

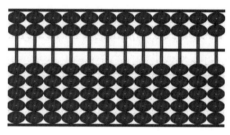

그림 0.2 중국 주판

그렇다면 최초의 컴퓨터는 왜 고대 그리스 주판이 아닌 중국 주판일까? 계산 보조 도구와 컴퓨터 차이로 설명할 수 있다.

고대 그리스의 주판은 작은 구슬marble이나 동구슬로 셈을 계산한다. 고대 그리스 주판은 저장 기능이 주 기능이었다. 계산 기능을 사용하려면 사람이 머리를 써서 손으로 주판알을 튕겨야 했다. 종이에 적어 계산하는 것과 차이가 없다. 고대 그리스 주판은 컴퓨터가 아니라 계산 보조 도구일 뿐이다.

중국 주판은 외관상 고대 그리스 주판과 큰 차이가 없지만 중국 주판은 주산 공식으로 계산하는 것이지 사람이 생각해 계산하는 것이 아니다. 정말 주판을 튕기는 사람들은 머리를 써서 계산할 필요가 없다. 주산 공식대로 움직이면 된다. 주판이 손에 익으면 근육 기억을 사용한다. 마치 프

---

2 [옮긴이] 반근팔냥(半斤八兩)은 도토리 키 재기, 피차일반과 같은 뜻으로 쓰이는 중국 성어다.

로 탁구 선수가 손에서 라켓을 휘두르자마자 공을 받아서 상대방의 탁구대로 되치는 것 같다. 굳이 라켓을 들고 공에 다가갈 필요가 없다. 손을 어떻게 움직여야 할지 생각할 필요도 없다. 즉 중국 주판을 사용하면 사람이 제공하는 것은 머릿속의 연산 능력이 아닌 주판알을 튕기는 동력뿐이다. 주판은 주판 공식에 따라 주판알이 움직이는 기계 운동이 실행되면서 결과를 얻을 수 있다. 나중에 튜링이 제시한 튜링 기계의 계산 원리와 매우 비슷하다.

주산 공식이 어떻게 연산하는지 이해하고자 한 가지 예를 보자. '3은 5를 내리고 2를 빼는 것三下五除二'이라는 중국 속담도 주산 공식에서 나왔다. 3의 덧셈을 할 때 주산 공식이다. 3을 더하려면 주판 위에 5를 의미하는 주판알을 더하고 아래에는 2개의 주판알을 뺀다는 의미다. 수학적으로 말하면 3을 더하는 것은 5를 더했다가 2를 빼는 것이다. 주판을 잘 튕기는 사람은 수학 연산에 익숙해질 필요 없이 공식을 외운 후 주판알을 튕기지 못하는 것이 아니라면 연산할 수 있다. 만약 원숭이가 공식을 외울 수 있다면 원숭이도 계산할 수 있을 정도다. 중국 주판과 고대 그리스 주판의 가장 큰 차이점이자 중국 주판이 최초의 컴퓨터라고 할 수 있는 이유다.

중국 주판의 설계와 사용법을 보면 컴퓨터를 구성하는 세 가지 요소인 컴퓨팅 장치, 저장 장치, 그리고 그것을 제어하는 명령어를 알 수 있다. 컴퓨터는 명령어가 없으면 완전하지 않다. 고대 그리스 주판과 중국 주판의 차이가 바로 여기에 있다. 세 가지 요소를 많은 사람, 심지어 일부 IT 업계 종사자조차 종종 잊어버리긴 하지만, 어휘 선택에 엄격한 미국 변리사들은 컴퓨터의 본질에 대해 항상 정확하게 설명해 왔다. 변리사들은 특허 서류를 쓸 때 '컴퓨터'라는 단어를 사용하지 않는다. 특허의 인정 범위가 제한될 수 있기 때문이다. 대신 다음과 같이 특허 인정 범위를 설명한다.

> 연산 기능과 일정한 저장 능력이 있는 장치가 있으며 명령어로 제어가 되는 컴퓨터, 스마트폰, 태블릿PC, 전자 개인 비서, 리더, 제어 스위치, 스마트 센서(각종 웨어러블 장비 포함), 프로세서가 있는 의료 기기, 서버, 저장 장치 등 기계 실비

연산 기능이 있고 저장 능력이 있으며 명령어로 제어되는 모든 기계는 컴퓨터로 간주될 수 있다. 외관상 사람들이 일상적으로 사용하는 데스크톱이나 노트북과 다르고 윈도우처럼 OS를 사용하지 않는다 해도 말이다. 사람들은 세 가지 요소보다는 하드웨어와 소프트웨어로 구분하는 데 익숙하다. 하드웨어가 바로 계산 유닛, 저장 유닛, 그리고 컴퓨터가 좀 더 발전한 후 독립적으로 생긴 제어 유닛이다. 실제로 볼 수 있고 만질 수 있는 것이다. 소프트웨어는 명령어다. 컴퓨터가 하드웨어만 있다면 그저 실리콘과 전선들이 얽힌 플라스틱, 유리, 철판 덩어리에 불과하다. 아무 기능이 없을 것이다. 주판 자체가 주산 공식이 없다면 나무 조각에 불과한 것과 같다. 컴퓨터는 명령어로

제어해야만 그 기능을 완성할 수 있다. 오늘날 컴퓨터 성능 차이는 하드웨어가 아니라 소프트웨어에서 오는 경우가 많다. 이 책에서도 하드웨어보다는 소프트웨어를 더 많이 다룬다.

다음 문제는 명령어를 어떻게 저장하고 어떻게 실행하며 해당 명령어가 어떻게 컴퓨터를 제어해 계산을 완료하는지에 대한 것이다. 이를 알려면 먼저 조지 불George Boole과 클로드 섀넌Claude Elwood Shannon이 공헌한 컴퓨터 발전을 살펴봐야 한다.

> **요점** 컴퓨터는 명령어로 제어한다.

> **심화 사고 문제** 0.1 ★★★★☆
> 어떻게 명령어로 포커 카드를 간단한 컴퓨터로 바꿀 수 있을까?

0.2 기계식 컴퓨터, 불 대수와 스위칭 회로

주판의 명령어 저장과 실행은 매우 간단하다. 사람이 직접 수행하면 된다. 주판을 사람이 사용할 때는 머릿속으로 계산할 필요가 없다. 몇십 년 전 회계 직원처럼 예전의 주판에 능한 사람들은 머릿속으로 계산하거나 적어서 계산할 필요가 없었다. 주산을 마스터하는 것은 쉽지 않다. 공식을 암기해야 할 뿐만 아니라 손의 근육도 훈련시켜야 한다. 이것이 바로 주판과 같은 원시적인 컴퓨터를 사용할 때 나타나는 장애물이었다. 훈련 없이도 사용할 수 있는 컴퓨터를 발명할 필요성이 자연스레 대두됐다.

1642년에 프랑스 수학자인 블레즈 파스칼Blaise Pascal은 최초의 기계식 계산기를 발명했다. 덧셈과 뺄셈을 할 수 있었다. 사용자는 숫자가 새겨진 다이얼을 돌리고 레버를 당기면 계산을 완성할 수 있다. 주판보다 파스칼 계산기의 장점은 사용자가 따로 훈련하지 않아도 된다는 데 있었다. 물론 단점도 있었다. 계산 전에 입력해야 하는 데이터 입력이 너무 느려서 전체 계산 속도가 굉장히 느렸다. 이후 컴퓨터가 계속 발전하면서도 존재한 문제다. 데이터 입력(과 출력) 속도가 계산 속도를 따라가지 못할 수 있다는 것이다. 이 점을 반드시 기억하자.

파스칼의 계산기에서 가장 복잡한 것은 진법 변경을 실현하는 부분이다. 이후 대수학자인 고트프리트 라이프니츠Gottfried Wilhelm Leibniz는 기계적 계산기('라이프니츠 휠'이라고 불린다)를 발명했다. 소수점 이하 문제가 해결됐다. 19세기에 접어들면서 덧셈, 뺄셈, 곱셈, 나눗셈을 할 수 있는 기계식 컴퓨터가 발명됐다. 하지만 무겁고, 비싸고, 속도도 느렸다. 상업화가 어려웠다. 유일한 용도는 수학용 표를 만드는것 뿐이었다. 계산표를 찾아 계산을 자주 하는 개발자들은 수학용 표로 계산 결과를 얻었다. 당시 컴퓨터는 미적분 계산을 할 수 없어 수학용 표를 작성할 때 오류가 많았다.

미적분 연산을 할 수 있는 기계를 연구 개발한 과학자는 영국의 찰스 배비지Charles Babbage다. 20세에 컴퓨터를 설계하고 제조하는 작업에 착수했다. 1822년에는 간단한 차분기관을 개발해 간단한 미적분 연산을 할 수 있게 됐다. 해당 장치는 소수점 이하 6자리 정도의 정밀도를 가졌다. 찰스 배비지는 정밀도가 소수점 이하 20자리인 차분기관을 만들고자 노력했다. 거의 반세기 동안 자신의 정력과 재산을 방대한 기계를 설계하고 제조하는 데 썼다. 하지만 죽기 전까지 절반도 완성하지 못했다. 정밀도 20자리인 차분기관 제작 난이도를 굉장히 과소평가했던 것이다.

설계에 따르면 이 거대한 컴퓨터는 크고 작은 2만 5천여 개 부품이 필요하다. 각 부품 오차는 0.001인치(1인치=2.54센티미터)를 초과해서는 안 됐다. 하지만 19세기에는 부품 제작 기술력이 부족했다. 결국 정부가 지원한 1만 7천 파운드를 다 썼을 뿐만 아니라 자신의 돈 1만 3천 파운드를 더 써야 했다. 이 금액은 에이다 러브레이스Ada Lovelace(영국 시인 조지 고든 바이런의 딸)가 투입한 거액에는 미치지 못했다. 당시 증기기관차 한 대를 만드는 비용이 800파운드도 안 되었기에 영국 왕립학회의 일부 동료를 포함한 많은 사람은 찰스 배비지를 사기꾼이라고 여겼다. 에이다 러브레이스와 찰스 배비지는 아쉬움을 안고 세상을 떠났다. 다행히 두 사람은 후세 사람에게 30여 가지 디자인과 2100장에 가까운 조립도, 5만 장의 부품도를 남겼다. 자신들의 설계 콘셉트를 명확하게 알려 줬고 오늘날 설계도에 따라 작동되는 차분기관를 만들어낼 수 있었다.[3] 차분기관 무게는 4톤에 달했다. 현재 실리콘 밸리의 컴퓨터 박물관에 복제품이 보관돼 있다. [그림 0.3]은 차분기관 복제품의 일부다. 내부의 촘촘한 톱니바퀴를 보면 차분기관의 복잡성을 알 수 있다.

그림 0.3 찰스 배비지 차분기관(일부분)

---

3 옮긴이 설계를 공장에서 제작할 수 있는 형태로 변환하는 과정에서 찰스 배비지의 설계에서 몇몇 오류가 발견됐다. 오류를 수정한 후 차분기관은 문제없이 작동했다. 지금도 작동 가능하다고 한다. 참고: https://ko.wikipedia.org/wiki/차분기관

특히 찰스 배비지와 에이다 러브레이스는 프로그램으로 기계식 컴퓨터를 제어하려고 했던 선구자다. 찰스 배비지는 프랑스인 조제프 자카드Joseph Jacquard가 발명한 자카드 직기에서 영감을 받았다. 사람들이 천공 카드에 따라 직기의 운동을 제어하고 각종 도안을 짜낼 수 있다면 기계 계산기에서 왜 하나의 제어 절차로 기어의 운동을 제어해 서로 다른 함수 값을 계산할 수 없겠는가? 함께 일했던 러브레이스는 알고리즘 절차까지 작성했다. 어떤 사람들은 '최초의 프로그램'이라고 말한다. 두 사람의 아이디어는 훌륭했다. 프로그램으로 물리운동을 제어해 연산하는 것은 컴퓨터 본질이다. 그러나 아이디어를 실현할 때 복잡한 방법으로 문제를 해결하는 오점에 빠졌다.

기계식 컴퓨터는 파스칼을 시작으로 갈수록 정교해지고 내부 구조가 복잡해졌으며 기능도 많아졌다. 파스칼 또한 보통 사람이 생각하는 일반적인 사고방식으로 복잡한 기능을 실현하고자 더욱 복잡한 기계를 설계하고 제조했다. 그러다 결국 기계(컴퓨터)가 너무나 복잡해져 만들어낼 수 없었다. 배비지는 이런 사고방식의 희생자였다.

찰스 배비지의 차분기관은 그 종착역에 다다랐다. 안내한 사람은 영국 수학자 조지 불과 미국 과학자 클로드 섀넌, 독일 개발자 콘라트 추제Konrad Zuse였다. 조지 불은 이진법으로 산술과 간단한 수리 논리를 통일시켰고, 사람들에게 '불 대수Boolean algebra'라는 도구를 제공했다. 추제는 자신의 제품으로 불 대수를 사용하면 모든 10진법 연산을 할 수 있으며 복잡한 제어 논리도 실현할 수 있다는 것을 증명했다. 클로드 섀넌은 이론적으로 논리적 제어와 계산도 스위치 회로 같은 구조로 구현 가능하다는 것을 증명해 오늘날 디지털 회로digital circuit 설계의 기초를 다졌다. 오늘날 컴퓨터는 특수한 디지털 회로라고 할 수 있다.

현대의 컴퓨터 내부에서는 십진법이 아니라 이진법을 사용한다. 이진법은 십진법보다 좋은 점이 두 가지 있다. 이진법은 간단하다. 또한, 자연계의 많은 현상과 직접 대응할 수 있다. 예를 들어 연결은 1, 단절은 0으로, 고전압은 1 그리고 저전압은 0으로 표현한다. 클로드의 논리 회로logic gate는 이 특성으로 설계됐다. 혹은 장시간 접촉은 1, 단시간 접촉은 0으로 표현한다. 모스 부호는 이 원리로 설계됐다. 다음으로 이진법은 일종의 기수법numeral system이며 논리적인 판단과도 자연스럽게 대응된다. 두 번째 특성은 컴퓨터에서 매우 유용하다. 여러 가지 복잡한 상황을 분류하고 개별적으로 처리할 수 있도록 해 컴퓨터 제어에 엄청난 유연성을 가져다준다. 이런 유연성 때문에 오늘날 컴퓨터는 매우 똑똑해졌다. 물론 십진법도 수리 논리와 대응할 수 있지만 번거롭고 낭비가 심하다.

이진법을 말할 때 중국의 팔괘를 연상하지만 팔괘는 기수법이 아닐뿐더러 계산도 할 수 없다. 수학에서의 진법도 아니다. 팔괘(또는 64괘)에서 영감을 받아 이진법을 발명한 것은 라이프니츠다. 이진법과 논리 연산의 대응법을 만든 것은 19세기 영국의 중학교 수학교사였던 조지 불이다.

조지 불은 배비지와 같은 시대의 사람이다. 아일랜드 코크Cork 시의 한 대학에서 교수로 일했지만 그를 수학자라고 생각한 사람은 아무도 없었다. 주류 과학계에 있던 배비지 역시 그의 발명을 몰랐다. 만약 알았다면 차분기관을 복잡하게 설계하지 않았을 것이다.

수학 논저를 읽고 수학 문제에 대해 생각하는 것을 좋아했던 조지 불은 불 대수를 구상한다. 1854년 저서 《An Investigation of the Laws of Thought(논리와 확률의 수학적 기초를 이루는 사고의 법칙 연구)》에서 처음으로 논리적 문제를 수학적 방법으로 해결하는 방법을 소개했다. 출간되기 전 사람들은 일반적으로 수학과 논리학은 다른 분야라고 여겼다. 유네스코는 지금도 두 학문을 엄격하게 다른 학문으로 구분한다.

불 대수는 더 이상 간단할 수 없을 정도로 간단하다. 연산의 원소는 단지 두 개, 즉 1(TRUE, 진짜)과 0(FALSE, 가짜)뿐이다. 기본적인 연산은 '논리곱(AND)', '논리합(OR)', '부정(NOT)'뿐이다. 세 가지 연산은 모두 AND-NOT 또는 OR-NOT 연산으로 도출할 수 있다. [표 0.1], [표 0.2], [표 0.3] 같은 진리표truth table로 설명 가능하다.

표 0.1 불 대수와 AND 진리표

A 입력	B 입력	
	TRUE	FALSE
TRUE	TRUE	FALSE
FALSE	FALSE	TRUE

표 0.2 불 대수와 OR 진리표

A 입력	B 입력	
	TRUE	FALSE
TRUE	TRUE	TRUE
FALSE	TRUE	FALSE

표 0.3 불 대수와 NOT 진리표

입력	출력
TRUE	FALSE
FALSE	TRUE

당시 조지 불은 자신이 발명한 대수가 어떻게 사용될지 몰랐다. 80년 후 아날로그 컴퓨터를 발명한 버니비 부시Vannevar Bush[4]가 아날로그 컴퓨터 개선 작업을 22세의 클로드 섀넌에게 맡겼을 때 불 대수가 많은 도움이 됐다.

전자계산기가 발명되기 전 버니바 부시가 발명한 미분 분석기는 세계에서 가장 계산 능력이 뛰어난 컴퓨터였다(그림 0.4). 다만 두 가지 문제가 있었다. 첫째, 기계 장치로 계산됐다. 둘째, 아날로그 컴퓨터이기에 정밀도 향상에 한계가 있었다. 1930년대에 이르러서는 더 이상 개선하는 것이 어려웠다. 배비지가 기계식 컴퓨터를 개선하기 어려웠던 상황과 유사했다.

4　[옮긴이] 미국의 기술자이자 아날로그 컴퓨터의 선구자다.

그림 0.4 미분 분석기

클로드 섀넌은 찰스 배비지처럼 더 복잡한 컴퓨터를 설계해 더 복잡한 계산 문제를 해결하려고 하지 않았다. 분석기가 한계에 다다르는 것을 보고 계산의 근원으로 돌아가 간단한 방법으로 복잡한 문제를 해결하는 경로를 찾기 시작했다.

클로드 섀넌은 세계의 많은 현상과 불 대수의 논리가 대응하는 것을 발견했다. 예를 들어 회로 연결과 끊기, 전압의 높음과 낮음, 수학상의 0과 1 등이었다. 클로드 섀넌은 불 대수를 바탕으로 하는 논리 회로로써 분석기 운행을 제어해 분석기가 더욱 복잡한 문제를 해결할 수 있다는 생각을 하게 됐다. 마치 레고 블록으로 복잡한 집을 지을 수 있는 것처럼 덧셈, 뺄셈, 곱셈, 나눗셈 등 각종 연산을 기본적인 논리 회로로 '쌓아' 만들 수 있다는 것을 발견했다. 즉 불 대수와 산술연산 사이에 다리를 놓았다. 이 다리가 바로 간단한 논리 회로였다.

1937년 클로드 섀넌이 석사 논문을 완성한 후 스승인 버니바 부시는 그를 워싱턴으로 보내 논문을 출고하도록 했다. 이듬해 전기전자공학자협회Institute of Electrical and Electronics Engineers, IEEE 학보에 발표되었는데, 이것이 20세기 가장 중요한 석사 논문[5]으로 불린다.

내용은 적고, 심지어 약간 유치한 논문이었지만, 이 논문이 바로 오늘날 모든 디지털 회로 설계의 기초를 다진 역대급 논문이다. 클로드 섀넌의 회로 설계 사상은 '모듈화'와 '등가성'으로 요약할 수 있다.

'모듈화'는 작고 간단한 모듈로 각종 복잡한 기능을 구축하는 것이다. 오늘날 IT 업계의 핵심 설계 사상이다. 기능이 매우 강력한 컴퓨터를 설계한다고 하자. 기본적인 모듈은 매우 간단하다. 슈퍼컴

---

5   1940년에 클로드 섀넌의 논문은 MIT 도서관에서 소장하게 됐다.

퓨터 한 대를 설계하려면 이 모듈을 대량으로 연결하면 된다. 많은 학자가 슈퍼컴퓨터 구축을 컴퓨터 과학 측면에서 보면 어렵지 않지만 개발자 측면에서 보면 더 어렵다고 말한다.

모듈화 콘셉트 때문에 IT 업계의 개발자는 다른 산업과 매우 차별화된다. 일반적인 산업의 생산 제품은 각기 다른 형상과 기능을 가진 대량의 부품으로 구성된다. 예를 들어 자동차 한 대만 해도 수만 개 부품이 있고 형상이 다르다. 심지어 피아노 한 대도 수천 개의 다른 부품이 있다. IT 업계의 제품은 동일한 모듈의 대량 복제로 만들어진다. IT 산업이 빠르게 발전할 수 있었으며 무어의 법칙이 성립될 수 있는 중요한 이유였다.

물론 컴퓨터와 IT 제품이 모듈화로 실현되기 쉬운 이유는 '등가성' 때문이다. 아무리 복잡한 계산이라도 많은 연산으로써 '등가'되고 나아가 스위치 회로의 논리적 연산을 할 수 있다. 즉 등가성은 후자를 성공하면 간접적으로 전자 또한 이룰 수 있다.

종종 컴퓨터 과학에서 이런 상황에 직면한다. 어떤 문제는 해결하기 어렵지만 그에 따르는 해결하기 쉬운 등가 문제가 존재한다. 먼저 등가 문제를 해결하면 원래 문제도 쉽게 풀린다. 두 삼각형의 똑같다는 정의가 세 개의 변과 세 개의 각이 모두 같다는 것과 같지만 직접 증명할 필요는 없다. 단지 삼각형의 두 각이 같고 한 변의 길이가 같다는 것만 증명하면 두 삼각형이 같다는 정의를 할 수 있다. 후자의 증명 난이도는 원래 정의한 것보다 훨씬 낮다.

컴퓨터 과학도 마찬가지다. 컴퓨터 과학자는 항상 두 가지 일이 등가라는 것을 증명해야 한다. 컴퓨터 개발자 역할은 등가를 실현하는 다리다. 뒤에서 등가성으로 어떻게 복잡한 문제를 해결하고 어떻게 등가 관계를 찾는지 전문적으로 이야기한다. 카탈랑 수Catalan number 개념을 설명하고 상관없는 것처럼 보이는 많은 문제가 '등가'할 수 있다는 것을 보여주겠다.

초기 컴퓨터가 발전한 과정을 되돌아보면 찰스 배비지처럼 미적분 계산을 직접 실현하는 것은 매우 어렵다. 미적분 계산을 덧셈, 뺄셈, 곱셈, 나눗셈으로 바꾸고 간단한 이진 논리 연산으로 바꾸면 일이 훨씬 쉬워진다. 복잡한 계산 문제를 이진 연산으로 바꾸는 것이 오늘의 소프트웨어 개발자가 해야 할 일이다. 물론 20세기 초에는 전문적인 소프트웨어 개발자가 없어서 컴퓨터 설계자가 해결해야 했다.

재미있는 사실은 모듈성의 원리로 프로그래밍이 가능한 컴퓨터를 최초로 개발한 것은 클로드 섀넌도, 클로드 섀넌의 논문 독자도 아닌 콘라트 추제였다는 것으로, 그는 역학에 정통한 엔지니어였으며 수학에 매우 조예가 깊었다. 추제는 독일이 제이차대전을 준비 중일 때 대학을 졸업해서 비행기 제조 공장에서 설계 업무를 했다. 이 작업은 대량의 계산이 필요했고, 번거로웠다. 안타깝게도 당시 계산 도구는 계산자slide rule였다. 추제는 업무에 투입된 지 얼마 되지 않아 많은 계산에 사용되는 공식이 사실은 똑같고 단지 서로 다른 데이터를 대입했을 뿐이라는 것을 알아차렸다. 즉 비행기 날개의 폭이 10미터에서 11미터까지 1센티미터씩 변할 때마다 비행기 상승력을 계산하는 따위의 일들이었다. 반복되는 업무를 많은 계산 인력을 동원하는 것이 아니라 기계에 맡겨 완성해야 한다는 생각이 들자 추제는 1936년 직장을 그만두고 집으로 돌아가 계산 기계를 연구하기 시작했다.

추제는 컴퓨터를 전혀 몰랐다. 1936년에 튜링 박사가 컴퓨팅 이론을 발표했고 클로드 섀넌은 세계를 바꿀 석사 논문을 쓰고 있었지만 추제는 제이차대전이 끝날 때까지도 튜링과 클로드 섀넌의 이론을 접하지 못했다. 심지어 1세기 전 찰스 배비지가 했던 작업도 몰랐고, 그는 26세의 어린 나이에 열정과 뛰어난 수학적 재능을 바탕으로 혼자 집에서 계산할 수 있는 기계를 개발했다. 몇 년 동안 했던 설계 업무 경험으로 기계가 한 가지나 몇 가지 특정 계산만 하는 것이 아니라 각종 다양한 계산을 할 수 있어야 한다는 것을 잘 알고 있었다.

계산에 대한 제어를 하고자 명령어가 필요했는데, 다행히 불 대수를 알고 있었고. 이진법으로 연산과 기계식 컴퓨터를 제어할 줄도 알았다. 물론 십진법과 이진법 변환도 구현해야 했다. 모두 간단한 기계적 모듈로 실현할 수 있었다. 왜 십진법에서 이진법으로, 이진법에서 십진법으로 두 번 전환해야 할까? 이유는 매우 간단하다. 0과 1(또는 스위치) 두 가지 조작은 기계적으로는 쉬우나 기계로 십진법 연산을 실현하기란 매우 어렵기 때문이었다. 그는 클로드 섀넌의 스위치 회로와 유사한 규칙을 발견했고 실물을 만들었다. 하지만 유감스럽게도 클로드 섀넌과는 달리 이론을 정립할 수는 없었다.

결국 간단한 방법으로 복잡한 계산 기능을 실현했다. 인류 최초로 프로그래밍이 가능한 컴퓨터인 Z1을 발명했다. Z는 콘라트 추제의 이니셜이다.

Z1은 기계식 컴퓨터다. 전동기가 동력을 제공하면 한 무더기의 기어를 구동해 작업했다. 단순히 숫자로만 본다면 Z1의 부품 개수는 배비지가 설계한 컴퓨터보다 적지 않았다. Z1의 디자인 논리는 매우 간단한 모듈의 대량 복사이기 때문에 추제는 하나의 모듈만으로 기계식 컴퓨터를 완성할 수 있었다.

그러나 Z1도 프로그래밍으로 기계를 제어할 수는 있었지만, 훗날 튜링 기계가 구현하는 모든 기능을 실현할 수는 없었다. Z1은 두 수치의 크기를 비교할 수 없었다. 또한, 계산 속도가 물리적인 기계 운동에 제한을 받기 때문에 매우 느렸고 초당 1회만 계산할 수 있었다.

추제는 Z1을 성공적으로 연구하고 개발한 후 독일 정부의 지원을 받았고 조수도 생겼다. 굉장히 순조롭게 진행됐다. 곧 컴퓨터를 기계에서 계전기로 바꿔 Z2라고 이름 지었다. 속도는 초당 다섯 차례에 달했다. 뒤이어 컴퓨터의 논리 제어를 개선해 세 번째 버전인 Z3을 개발했다. 2천여 개의 계전기를 사용한 Z3 컴퓨터 개발 당시에도 튜링의 이론을 알지 못했지만 튜링 기계가 묘사한 기능을 실현했다.

추제의 성공은 우연이 많은 부분을 차지했지만 배후에는 필연적인 요소가 많았다.

콘라트 추제는 찰스 배비지처럼 실패를 반복하지 않고도 매우 복잡한 컴퓨터를 개발했다. 복잡한 문제를 해결하는 정확한 방법을 찾은 것이다. 가장 기본적이면서 간단한 모듈을 먼저 실현한 후 간단한 모듈을 대량으로 복제해 각종 복잡한 기능을 실현했다. Z1에서 Z3까지 설계하는 과정에서 추제는 등가성 원칙을 교묘하게 이용해 이진 계산을 실현했고 간접적으로 10진 연산을 실현했다.

오늘날 일부 언론이 양자 컴퓨터를 보도할 때 범하는 오류 중 하나가 있다. 양자 컴퓨터는 이진법을 돌파했기에 컴퓨터가 현재 불가능한 일을 실현할 수 있다고 호도하는 것이다. 잘못된 내용이다. 컴퓨터가 몇 진법을 사용하든 현재 컴퓨터가 불가능한 일은 수학적으로 모두 '등가'이므로 이진법으로 할 수 없는 일은 4진법, 8진법 또는 십진법으로도 할 수 없다. 양자 컴퓨터가 특정 문제를 해결할 때는 분명 효율이 높겠지만 이진법 사용 여부와는 무관하다.

게다가 추제의 성공은 시기를 잘 만났기 때문이다. 인간은 일반적으로 환경의 영향을 받는다. 컴퓨터 과학은 제이차대전 전후에 미국과 유럽에서 획기적인 진전이 있었는데 환경적인 요소 때문이었다. 찰스 배비지가 살았던 시대에는 컴퓨터를 수학용 표를 계산하는 용도로만 사용했다. 제이차대전 직전부터는 무기 설계와 암호화 및 복호화를 위한 대량의 계산에 컴퓨터가 필요해졌다.

이 시기부터는 각 정부가 컴퓨터 과학 연구에 많은 지원을 하게 됐다. 필자는 《全球科技通史(전 세계 과학 기술의 역사)》에서 수많은 위대한 발명이 마지막 단계를 넘어 달성되려면 높은 에너지가 밀도 있게 집중돼야만 한다고 이야기한 적이 있다. 콘라트 추제의 시대가 그런 시대였다.

추제의 발명은 이론적 기반이 부족해 이를 바탕으로 컴퓨터 과학이 빠르게 발전하기는 어려웠다. 산업혁명 후에는 각종 발명이 끊임없이 출현했고 기술은 끊임없이 개선됐으며 새로운 버전의 제품이 끊임없이 출현했다. 이론이 기반됐기 때문이다. 컴퓨터 분야도 마찬가지였다. 제이차대전에 컴퓨터 분야에서 가장 큰 공헌을 한 이론가는 튜링이었다. 수학적으로 계산할 수 있는 문제의 이론적 기반을 다졌으며 컴퓨터의 수학 모델mathematical model인 튜링 기계를 제시했다.

요점 등가성, 모듈화 요소로 컴퓨터 설계의 복잡성을 간소화할 수 있었다.

심화 사고 문제 0.2 ★★☆☆☆
AND-NOT 연산으로 불 대수의 AND, OR, NOT 세 가지 연산을 수행하라.

0.3 튜링 기계, 컴퓨팅의 본질은 기계 운동

세상에는 두 가지 사고방식이 있다. 그중 하나는 경험에서 출발해 점진적으로 사물을 인식하는 것이다. 예를 들어, 사람들이 1, 2, 3부터 100까지 숫자를 세는 경우가 이에 해당한다. 자주 사용하는 '천릿길도 한 걸음부터', '티끌 모아 태산'은 계단식 사고에서 나온 속담이다. 컴퓨터 발전 과학사에서도 계단식 진보는 필요했다. 무어의 법칙이 가져온 진보가 계단식 진보이다. 18개월마다 두 배로 늘어나는 속도는 그리 놀랍지 않지만 10년 동안 지속되면 100배 진보한다. 튜링이 나타나기 전까지 인류가 컴퓨터를 만들 때도 이런 사고방식에 기반했다. 간단한 문제를 해결하는 컴퓨터를 연구하고 갈수록 복잡한 문제를 해결하는 컴퓨터를 제작하는 식이었다.

역사를 보면 때때로 사유가 시공을 초월하는 천재, 예를 들어 뉴턴과 아인슈타인 같은 인물이 등장한다. 컴퓨터 분야도 마찬가지인데, 바로 '컴퓨터 과학의 아버지'라고 불리는 튜링이다. 튜링은 컴퓨터를 연구하는 사람들에게 신과 같은 존재다. 전 세계에서 지능으로 아인슈타인과 동등하게 위치할 수 있는 사람은 튜링과 폰 노이만뿐일 것이다(폰 노이만의 지능은 아인슈타인을 능가한다고 여겨진다). 튜링 '신'이 일반인을 초월한 부분은 컴퓨터 관련 문제에서 구체적인 기술을 버리고 문제의 근원으로 돌아가 계산의 본질에서 컴퓨터의 한계를 찾았다는 점이다.

1930년대 중반 튜링은 세 가지 매우 근본적인 문제를 생각하기 시작했다.

1. 수학 문제는 모두 명확한 답이 있을까?
2. 명확한 답이 있다면 유한한 계산으로 답을 얻을 수 있을까?
3. 유한한 단계로 계산할 수 있는 수학 문제의 경우, 지속적으로 움직이다가 마침내 멈추면 수학 문제가 해결되는 가상의 기계가 있을 수 있을까?

많은 사람이 보면 철학적인 문제로 보여 튜링처럼 요점을 바로 알아차릴 수 없다. 그러나 튜링도 멘토는 있었다. 튜링의 두 멘토 (사실은 정신적 멘토) 중 한 명은 당시 프린스턴 대학교 교수 겸 프린스턴 고등연구소 소장이었던 폰 노이만이고 다른 한 명은 선배 수학자인 다비트 힐베르트David Hilbert였다. 튜링은 당시 프린스턴 대학교 학생이었고, 폰 노이만이 논문 지도 교수는 아니었지만 큰 영향을 미쳤다.

튜링은 폰 노이만의 《Mathematische Grundlagen der Quantenmechanik(양자 역학의 수학적 기초)》를 읽고 큰 영감을 받았다. 사람의 의식은 불확실성의 원리에 기초하지만 계산은 기계적 운동에 기초한다고 생각하게 됐다. 전자electron 운동은 기계적 운동과 같다고 여겨진다. 오늘날 인간의 의식 문제가 불확실성을 대표하고 계산적 문제는 확실성을 대표한다는 것 모두 세계의 고유한 특성이다. 튜링은 그 경계를 구분할 줄 알았다. 기계 운동으로 해결할 수 있는 문제, 즉 계산할 수 있는 문제들을 해결하는 데 주의를 기울였다.

그렇다면 어떤 문제가 계산할 수 있는 문제인지 구분할 수 있을까? 튜링은 다비트 힐베르트에게서 깨우침을 얻었다.

다비트는 유명한 수학자다. 사람들이 다비트 힐베르트를 아는 것은 알고 있는 것은 이름이 23개의 유명한 수학 문제(이른바 힐베르트 문제6)와 연결됐기 때문이다. 다비트가 수학에 공헌한 것은 여기서 그치지 않는다.

르네 데카르트, 아이작 뉴턴과 오귀스탱 루이 코시Augustin Louis Cauchy, 그리고 안드레이 콜모고로프Andrey Kolmogorov처럼 수학 분야7를 구축했다. 또한, 가장 근본적인 부분에서 출발해 수학을 하나의 사고로 정의했고, 줄곧 다음의 세 가지를 생각했다.

1. **complete**: 수학에는 완전성이 있을까? 완전성이란 어떤 명제의 옳고 그름을 증명할 수 있음을 의미한다.
2. **consistent**: 수학은 일관성이 있을까? 일관성이란 명제가 옳은 경우, 그 반대에 해당하는 명제는 증명할 수 없음을 의미한다.
3. **decisive**: 수학은 결정 가능성이 있을까? 결정 가능성이란 특정 질문에 대한 답이 있는지 여부를 결정할 수 있는지를 의미한다.

다비트 힐베르트는 본질적으로 세 가지 문제를 수학에 대한 경계로 그었다. 수학은 수학적으로 완

---

6 올긴이 다비트 힐베르트가 1900년 프랑스 파리에서 열린 세계수학자대회에서 20세기에 풀어야 할 가장 중요한 문제로 23개의 수학적 난제를 제안했고 '힐베르트 문제'라고 한다. 참고: https://ko.wikipedia.org/wiki/힐베르트_문제
7 다비트 힐베르트는 유클리드 기하학에서 누락된 모든 기본 개념을 정의해 기하학을 논리에 기반한 수학의 한 분야로 전환시켰다.

벽한 문제만 해결할 수 있을 뿐이고, 그 문제에 애매모호한 답은 없다는 것을 보장하기 때문이다. 다비트 자신도 답을 내놓지 못했지만 수학이 완전성은 물론 일관성이 있기를 원했다.

수학자 괴델은 앞의 두 가지 문제를 해결했다. 괴델은 수학은 완전성이 없고 일관성도 없다는 점을 증명했다. 이것이 수학에서 유명한 '괴델의 불완전성 정리Gödel's incompleteness theorems'다. 괴델의 이론은 현실에는 옳고 그름을 판정할 수 없는 문제가 많으며 수학으로 해결할 수 없다는 것을 알려준다.

힐베르트는 세 번째 문제를 구체적인 문제, 즉 힐베르트 문제의 열 번째 문제(이후 '10번 문제'로 통일)로 이렇게 제시했다.

> 임의의 여러 개의 미지수를 가지는 부정방정식이 있다면 유한한 연산으로 이 방정식의 모든 미지수가 정수해를 구할 수 있는 알고리즘[8]을 고안하라.

더욱 잘 이해하고자 세 가지 예를 보자.

1. $x^2 + y^2 = z^2$

이 방정식은 명확한 정수해가 있다. '피타고라스의 삼각형'이다.

2. $x^3 + y^3 = z^3$

'페르마의 마지막 정리Fermat's last theorem'다. 이 문제는 인류를 수백 년 동안 곤혹스럽게 한 후에야 영국 수학자 앤드루 와일스Andrew Wiles가 정수해가 없다는 것을 증명했다. 2번 문제와 1번 문제는 해답의 유무와 상관없이 모두 증명이 가능한지 판정할 수 있는 문제다.

3. $3x^3 + 2x^2 + y^3 = z^3$

3번 문제에 정수해가 있을까? 방정식이 성립될 수 있는지 없는지는 다비트 힐베르트 또한 몰랐고, 이 문제를 공론화했다. 1970년에 소련의 수학자 유리 마티야세비치Yuri Matiyasevich가 이 방정식과 다른 다수의 부정 방정식의 정수해 존재 유무를 증명할 수 없다는 것을 증명했다.

다비트 힐베르트의 세 가지 문제와 튜링의 세 가지 문제를 비교하면 두 사람의 시각을 알 수 있다. 다비트의 관심사는 해당 문제가 수학 문제인지, 그리고 답의 유무 여부다. 튜링은 수학 문제라고 판정되면 유한한 절차 내에서 계산 기계로 답을 찾을 수 있느냐를 봤다.

---

8 다비트 힐베르트는 독일어로 'verfahren'이라는 단어를 사용했다. 영어로 'algorithm'에 해당한다.

특히 다비트 10번 문제는 튜링의 1, 2번 문제의 전제(완전한 답이 있는지, 계산이 유한한지)다. 10번 문제의 답이 부정이라면, 튜링의 1, 2번 문제의 답도 부정이다. 물론 1936년 튜링이 10번 문제를 안 당시에도 답은 알 수 없어 자신이 제시한 1, 2번 문제의 답을 알지 못했다. 그러나 답이 정해져 있다는 것은 은연중에 느꼈다. 많은 수학 문제가 명확한 답이 없거나 있어도 유한한 단계에서 찾을 수 없다는 것이었다.

튜링은 유한한 계산으로 계산할 수 있는 수학 문제에 집중했다. 이를 위해 이후 '튜링 기계'라고 불리는 수학 모형을 설계했다. 튜링 기계의 모든 정의를 최대한 보편적으로 표현하자면 다음과 같다.

1. 한 칸(무한 길이)씩 나눠진 종이테이프가 있다. 각 칸에는 기호나 숫자가 기록됐다. 식별하고자 1, 2, 3…처럼 칸들의 번호를 매길 수 있다. 해당 종이테이프는 사람들이 수학 문제를 계산할 때 사용하는 종이에 해당한다.

2. 읽기 및 쓰기 헤더(연필로 대응할 수 있다)가 있는데 종이테이프가 좌우로 움직이면서 특정 칸에서 멈추면 해당 칸의 기호나 숫자를 바꿀 수 있다. 사람들이 문제를 계산할 때 쓰거나 연필로 쓰는 과정에 해당한다.

3. 튜링 기계의 현재 상태 기록과 읽기 헤드가 가리키는 칸에 있는 기호 혹은 숫자에 따라 규칙표를 찾아보면 다음에 무엇을 해야 할지 알 수 있다. 조작을 마친 후 튜링 기계는 새로운 상태 값을 가진다. 규칙 표는 산수 공식이나 주산 공식에 해당한다. [그림 0.5]는 튜링 기계의 상태가 바뀌는 과정이다.

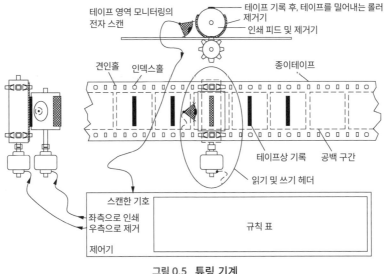

그림 0.5 튜링 기계

4. 튜링 기계의 상태는 하나의 공간, 즉 메모리에 기록해야 한다(기록 내용은 문제를 계산할 때 중간 결과에 해당한다). 튜링 기계의 상태 변동은 유한한데 그중 특수한 상태는 정지 상태다. 정지 상태는 계산이 완성된 것을 의미한다.

튜링은 이런 기계가 어떤 구체적인 계산 과정이 됐든 시뮬레이션할 수 있다고 생각했다. 하지만 어떻게 이런 컴퓨터를 실현할 수 있는지 설명하지는 않았다. 튜링 기계의 의의는 적어도 세 가지다.

첫째, 세계의 수학 문제를 두 가지로 분리한다. 두 가지 중 하나는 튜링 기계로 유한한 시간 내 계산을 끝낼 수 있는 문제로서 '유한한 시간'이 매우 길 수는 있다. 또 다른 하나는 튜링 기계로는 계산할 수 없는 문제다. 컴퓨터 과학에서 계산할 수 있는지 없는지를 말한다는 의미는 수학적으로 계산할 수 있는지가 아닌 튜링 기계처럼 간단한 로직으로 계산할 수 있는지를 가리킨다. 여기서 알 수 있듯이 튜링 기계로 계산할 수 있는 문제는 수학 문제 중 일부일 뿐이다.

둘째, 튜링 기계는 개념으로 존재했을 뿐이지만 미래 세대가 컴퓨터를 설계하는 데 효과적인 규칙을 공식화했다. 특히, 튜링은 저장 주소, 컴퓨터 변동 상태, 규칙 표(명령어) 및 읽기 및 쓰기 헤더의 현재 위치 같은 네 가지 중요한 개념을 제안했다.

결국 튜링 기계가 수학 문제를 해결하는 과정은 기계적 운동에 해당된다. 오늘날 전자 컴퓨터는 on 및 off를 제어할 수 있는 많은 스위치로 구성됐다는 것을 안다면 on 및 off 스위치의 움직임이 계산 과정과 같다는 것을 이해할 수 있다. 오늘날 컴퓨터 컴퓨팅의 본질은 기계적인 운동이다.

튜링은 시대를 초월했던 사람이다. 하나의 발전이 진행된 후에 또 다시 발전시키는 계단식 발전이 아니라 한 발 앞서서 인류에게 풀 수 있는 문제와 풀 수 없는 문제를 구분하고 풀 수 있는 문제의 해결 방안을 제시했다. 해결할 수 있는 방향이 정해졌다면 어떻게 풀어야 할지는 인류가 고민해야 할 문제다. 1946년에 등장한 전자 컴퓨터 에니악Electronic Numerical Integrator and Computer, ENIAC이 튜링의 이론을 실제로 실현한 튜링 기계였다.

> **요점** 튜링 기계와 계산 가능한 문제의 개념

심화 사고 문제 0.3 ★★☆☆☆
컴퓨팅 본질이 기계적 움직임이라면 정보 처리량과 그에 사용되는 전력 사이에는 대응 관계가 있다. 그렇다면 1946년에 에니악이 1킬로와트시(1kWh) 전기를 소비한 계산 횟수와 현재 휴대전화 화웨이 P30이 1킬로와트시 전기를 소비하는 계산 횟수를 계산해보자.

0.4 인공지능의 한계

2016년 구글의 알파고가 이세돌에게 승리를 거뒀고, 많은 사람은 모든 면에서 컴퓨터가 인간보다 더 우월한 능력을 가지게 되지는 않을까 걱정하기 시작했다. 하지만 어떤 종류의 컴퓨터가 됐든 세상에 존재하는 문제 중 일부만 해결할 수 있다. 걱정은 기우일 뿐이다.

다비트 힐베르트와 괴델 등에서 언급했듯이 세상의 많은 문제는 수학 문제가 아니다. 모든 문제를 나타내는 큰 원을 그리면(집합 S_1) 모든 수학 문제(집합 S_2)는 큰 원 안에 있는 작은 원일 뿐이다. 우리는 수학 분야에서 일부 문제만 답이 있는지 여부를 결정할 수 있다. 대부분 문제는 답이 있는지 여부를 판별할 수 없다.

1970년 유리 마티야세비치가 마침내 다비트의 10번 문제를 해결했다. 긍정적으로 보자면 인간은 또 다른 어려운 문제를 해결하고 수학의 경계, 특히 계산 가능한 문제의 경계를 넓혔다. 그러나 복잡한 수학 문제는 물론이고 단순한 부정방정식의 답이 있는지 여부조차 알 수 없다. 답이 있는지 없는지 알 수 없는 수학 문제가 너무 많으면 논리적으로 답을 도출하는 것이 더욱 불가능해진다. 이것을 [그림 0.6]처럼 일부 수학 문제에 이상이 있다고 판단할 수 있는 문제(집합 S_3)와 계산할 수 있는 질문(집합 S_4)으로 나타낼 수 있다.

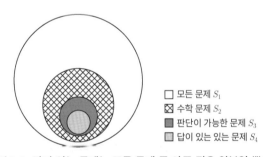

□ 모든 문제 S_1
⊠ 수학 문제 S_2
■ 판단이 가능한 문제 S_3
▦ 답이 있는 있는 문제 S_4

그림 0.6 답이 있는 문제는 모든 문제 중 아주 적은 일부일 뿐이다

답이 있는 문제 중 튜링 기계(집합 S_5)가 해결할 수 있는 문제가 있는데, 계산 가능한 문제다. 물론 튜링 기계는 이상적인 상태의 컴퓨터다. 그러나 계산에 필요한 시간이 우주의 나이를 넘어서는 1조 년처럼 매우 길 수 있어 실제 컴퓨터가 풀 수 있는 문제, 즉 공학적으로 해결할 수 있는 문제(집합 S_6)는 계산 가능한 문제 중 또 다른 부분집합일 뿐이다. 계산 복잡도가 지수함수exponential function와 같거나 초과하는 문제는 모두 공학적으로 풀 수 없는 문제다.

1만 배 더 빠른 컴퓨터가 나온다면 시간 복잡도 문제를 해결할 수 있지 않을까? 그러나 컴퓨터는 몇 단계 이상의 작업을 한꺼번에 할 수 없다. 속도가 1만 배 개선이 돼도 효과는 미미하여 의미가 없다. 2018년 구글은 일부 암호를 수억 배 더 빠르게 해독할 수 있는 혁신적인 양자 컴퓨터를 발표했다. 지금 사용하는 암호화 방법이 미래에는 안전하지 않을 것 같지만 컴퓨터 연산 능력이 좋아져도 암호 길이를 두 배로 늘리면 컴퓨터가 이를 해독하는 데 수조 배의 계산이 더 필요할 수 있다.

이론적으로는 해결되지만 실제로는 계산 시간이 매우 긴 문제는 다음과 같이 접근해볼 수 있다. 《수학의 아름다움》에서 소개한 조건부 무작위장conditional random field[9] 문제처럼 다항식 시간 복잡도에 가깝도록 변환해 접근한다면 구조적으로 풀 수 있는 문제가 되고 그렇지 않다면 구조적으로 풀 수 없는 문제다.

오늘날 인공지능은 빅데이터 기반의 딥러닝을 의미한다. 인공지능을 특정 유형의 문제를 해결하는 특정 프로그램(제어 명령어)으로 제어하는 컴퓨터로 이해할 수 있다. 음성 및 이미지 인식, 자율 주행, 자동 컴퓨터 번역, 바둑 또는 체스 게임 등처럼 유형의 문제는 일반적으로 인공지능이 해결할 수 있는 문제다. 튜링 기계의 계산 가능한 문제 범위를 벗어나지 않는다. [그림 0.7]에서 보듯이 공학적으로 해결할 수 있는 문제의 부분집합 S_7에 불과하다.

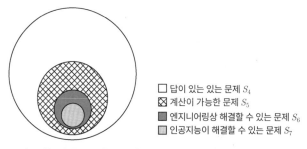

□ 답이 있는 있는 문제 S_4
▨ 계산이 가능한 문제 S_5
▨ 엔지니어링상 해결할 수 있는 문제 S_6
▨ 인공지능이 해결할 수 있는 문제 S_7

그림 0.7 인공지능이 풀 수 있는 문제는 답이 있는 문제 중 극히 일부에 불과하다

인공지능 컴퓨터가 더 똑똑해지고 많은 일을 할 수 있는 이유가 있다. 과거에는 많은 문제를 수학 문제로 변환하는 방법이 없었지만 지금은 변환 방법을 개발하고 있다. 집합 S_7(계산 가능한 문제) 범위가 [그림 0.8]처럼 확장하고 있다. 다만 아무리 확장해도 계산 가능한 문제의 범위를 넘어서지는 못한다.

---

9 [옮긴이] 참고: https://ko.wikipedia.org/wiki/조건부_무작위장

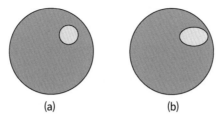

그림 0.8 인공지능 기술로 이미 해결한 문제(큰 원 안의 작은 원과 타원)는 공정으로 해결할 수 있는 문제의 일부에 불과하다

오늘날 컴퓨터 분야의 많은 종사자(특히 뛰어난 공헌을 하는 사람)는 해당 범위를 확대할 수 있는데, [그림 0.9]처럼 인공지능이 해결하는 문제 범위가 수학 모델이 해결할 수 있는 문제까지 확장했고 심지어 모든 문제의 많은 부분 중 대부분(다이어그램에서 엷은 색)이 확장된 것으로 본다.

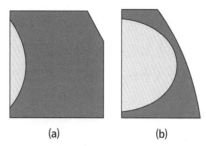

그림 0.9 많은 사람은 부분적인 진보만 보고 인공지능 기술이 이미 대부분 문제를 해결했다고 오해한다

지금까지 컴퓨터 관련 이론 및 기술 발전은 튜링 기계의 범위를 벗어나지 않았다. 컴퓨터가 풀 수 있는 문제가 튜링이 80년 전에 그은 선을 넘지 않은 것이다. 이론이 공학에 얼마나 심오한 영향을 미치는지 보여주는 대목이다. 왜 학계에서는 모두 튜링이 그린 빨간 경계선을 넘으려고 하는 것일까? 사실 이 이상이 필요하지 않음에도 말이다.

세상에는 컴퓨터와 인공지능이 풀어야 할 문제가 많다. 너무 걱정하거나 엉뚱한 생각을 하기보다는 이를 활용해 기존 문제를 해결하는 데 집중하는 것이 더 합리적이다. 미래에는 비수학적 문제를 해결할 수 있는 컴퓨터가 있을까? 혹시 있더라도 오늘날 이야기하는 컴퓨터라고 할 수는 없을 것이다.

요점 인공지능의 한계

심화 사고 문제 0.4 ★★★☆☆

디지털 컴퓨터를 발명하기 전에 아날로그 컴퓨터가 있었다. 후자가 전자의 일부와 동일하다는 것을 어떻게 증명할 수 있을까?

0.5 마무리

컴퓨터에는 계산, 저장 및 제어가 포함돼야 한다. 일반적으로 사람들이 인식하는 것은 처음 두 부분(계산과 저장)이고 제어 부분은 무시한다. 본질적으로 컴퓨터는 끊임없이 기계적인 움직임을 한다. 어떤 계산을 할 수 있고 어떤 작업을 완료할 수 있는지는 사람이 컴퓨터를 어떻게 제어하는지에 달려 있다. 컴퓨터는 주판처럼 하나하나 제어하는 것이 아니다. 모든 제어 명령을 프로그램 형태로 컴퓨터에 입력해 사람들이 원하는대로 컴퓨터가 제어할 수 있도록 한다.

컴퓨터의 초기 개발 과정에서 계산 가능한 문제가 복잡해질수록 컴퓨터 구조도 복잡해졌다. 그러나 문제가 점점 더 복잡해지고 더욱 더 복잡한 컴퓨터를 만드는 것이 불가능해졌다. 복잡한 문제를 해결하고자 복잡한 방법을 사용한다는 아이디어는 더 이상 작동하지 않았다. 클로드 섀넌, 콘라트 추제 등은 생각을 전환해서 간단한 방법으로 복잡한 문제를 해결했다. 특히 스위칭 회로의 기본인 불 대수로 다양한 계산을 했다. 복잡한 문제를 해결하려는 클로드 섀넌과 콘라트 추제의 방법론은 오늘날 컴퓨터 과학 이론을 학습하고 컴퓨터를 사용할 때 인식하고 있어야 할 가장 기본적인 원칙으로 남았다.

세상의 모든 문제는 수학 문제가 아니다. 모든 수학 문제를 컴퓨터로 계산할 수 없다. 튜링의 위대함은 전자 컴퓨터가 존재하지도 않았을 때 계산 가능한 문제의 경계를 정의했다는 사실에 있다.

1

작지만 큰 차이: Big O 개념

튜링과 폰 노이만에 이어 컴퓨터 과학에 가장 큰 공헌을 한 사람이 있다. 도널드 커누스다. 튜링이 컴퓨터의 수학 모델을 제안했고, 폰 노이만이 컴퓨터의 일반적인 시스템 구조를 결정했다면 도널드는 컴퓨터 알고리즘 기초를 마련했다. 제어 명령어는 없고 하드웨어 계산 및 저장 부분만 있다면 컴퓨터가 아니다. 프로그램은 컴퓨터에 필수이며, 프로그램의 핵심은 알고리즘이다. 1장은 알고리즘의 정규화로 시작하겠다.

1.1 알고리즘의 정규화와 정량화

초창기에는 회로를 전환하는 제어 기능을 가진 하드웨어(당시에는 하드웨어라고 하지 않았다)가 어떤 부분을 제어하고 프로그램이 어떤 부분을 제어할지, 하드웨어와 소프트웨어의 제어 경계가 매우 모호했다. 존 모클리John Mauchly와 존 에커트John Eckert가 최초의 전자 컴퓨터 에니악을 개발하기 시작한 1940년대까지도 이 문제가 아직 명확하게 대두되지 않았다. 그 결과 에니악은 장거리포의 궤도 계산만 하는 특수 목적 컴퓨터가 되고 말았다.

결함을 발견한 사람은 폰 노이만이다. 당시 폰 노이만은 미국에서 수소폭탄 프로젝트를 담당했기에 많은 궤도 계산을 해야 했다. 폰 노이만은 궤도 계산을 하는 전자 컴퓨터를 개발 중이라는 소식을 듣고 자신의 수소폭탄 궤도 계산 문제도 해결할 수 있을지 확인하고자 존 모클리와 존 에커트를 찾아갔는데, 폰 노이만의 수준이 두 사람보다 훨씬 높았다. 예를 들어 검술 수련을 열심히 하는 두 고수가 자신들의 검술에 어떤 문제가 있는지 정작 본인들은 모르지만 지나가던 진정한 고수가 한눈에 검술의 문제점을 발견하는 것과 같았다.

그러나 폰 노이만이 두 사람의 문제를 발견했을 때는 너무 늦었다. 미군은 폰 노이만에게 문제점을 개선하려면 무엇을 해야 하는지 물었지만 이미 에니악이 반쯤 만들어진 탓에 폰 노이만은 개선 방법을 제시하지 못했다. 폰 노이만은 '다른 문제의 계산이 완전히 불가능한 것은 아니기에 배선을 수정하면 계산을 수행할 수 있겠지만 굉장히 번거로울 것입니다'라고 했다. 실제로 다른 계산을 할 때 에니악을 사용했지만 매번 회로를 변경하는 것은 너무나도 번거로운 작업이었다. [그림 1.1] 은 1960년대 컴퓨터 배선도. 에니악 배선은 이보다 훨씬 복잡했다. 당시 컴퓨터를 사용했을 때는 프로그램을 변경하는 데만 며칠 또는 몇 달이 걸렸다. 그에 비해 풀어야 할 계산 자체는 몇 분밖에 걸리지 않는 문제들이었다. 효율성이 매우 낮았다.

다행히 미군은 에니악이 개발되기 전 이 사실을 알게 되었고 1944년, 새로운 범용컴퓨터를 만들기로 결정했다. 폰 노이만, 존 모클리, 존 에커트는 함께 에드박electronic discrete variable automatic computer, EDVAC이라는 새로운 설계를 제안했다. 에드박은 세계 최초의 프로그램 제어 범용 전자 컴퓨터이며, 오늘날 모든 컴퓨터의 기원이라고 할 수 있다. 에니악은 범용이기라기보다는 특수 제작 컴퓨터였다.

그림 1.1 1960년대 컴퓨터 배선도

폰 노이만이 새로운 구조의 보고서를 제출하자 미군 수뇌부는 그 컴퓨터 구조를 '폰 노이만 구조 Von Neumann architecture'라고 명명했다. 원래 다른 컴퓨터 구조와 구분하려고 붙인 이름이었지만 이후 보고서 작성에 자신들의 역할은 거의 없었다고 생각한 존 모클리와 존 에커트는 이 발명을 폰 노이만의 공헌으로 돌렸다. 에드박의 의의는 범용 컴퓨터의 아키텍처를 다루고 미래 세대에게 컴퓨터 설계는 톱 레벨에서의 설계가 필요하다는 것을 알려줬다는 것이다. 경영과 회사 문화를 이야기할 때는 톱다운 디자인은 바텀업 구조만큼 유연하지 않다는 말을 자주 한다. 하지만 컴퓨터 공학에서는 바텀업보다는 톱 레벨 디자인이 필요한 경우가 더 많다.

폰 노이만은 컴퓨터를 소프트웨어와 하드웨어로 나눴다. 이후 10년 동안 IT 업계는 하드웨어에 더 많은 관심을 기울였다. 폰 노이만의 앞을 내다본 설계 덕분에 컴퓨터는 1960년대에 이미 진공관, 트랜지스터를 거쳐 집적 회로 3세대에 진입했지만 컴퓨터 아키텍처는 여전히 폰 노이만 설계에 따르는 프레임워크 내에 있었다. 그에 반해 처음에 컴퓨터 소프트웨어는 그 기반이 탄탄하지 않았다. 초기의 소프트웨어 알고리즘은 단순했기에 대부분 상업적 용도보다는 과학적 컴퓨팅에 사용됐다.

많은 프로그램이 작성된 후 자주 사용되지 않았기 때문에 아무도 소프트웨어 품질에 주의를 기울이지 않았다. 1960년대가 되면서 비즈니스에서 컴퓨터가 대중화되면서 많은 사용자가 반복적으로 사용할 수 있도록 상용 프로그램을 제공해야 했다. 프로그램이 합리적으로 설계됐는지, 얼마나 효율적인지, 얼마나 많은 리소스를 사용하는지 진지한 고민이 필요했고, 부족한 컴퓨터 알고리즘 이론을 누군가가 채워야 했다. 이때 컴퓨터 알고리즘의 기초를 다진 사람이 바로 도널드 커누스다.

도널드 커누스는 대학을 다니면서 컴퓨터 분야에서 탁월한 재능을 보였다. 케이스웨스턴리저브대학교Case Western Reserve University에 다녔고 농구팀의 일원이었고, 매 경기 대학농구리그 선수들의 득점, 어시스트, 스틸, 리바운드, 블록 및 기타 데이터를 분석하는 프로그램을 작성했다. 스포츠 산업에서 빅데이터를 가장 먼저 성공적으로 적용한 사례다. 당시 CBS 방송국의 취재 대상이 됐고 도널드의 팀과 커누스가 사용한 컴퓨터인 IBM 650 사진은 IBM 제품 브로슈어에 인쇄됐다.

많은 뛰어난 과학자처럼 도널드 커누스 역시 우리 삶에 많은 공헌을 했다. 간단히 말해 커누스의 업적은 크게 다섯 가지로 알려졌다.

첫째, 컴퓨터 알고리즘 분석의 창시자다. 컴퓨터 알고리즘 평가 기준을 제시했다.

둘째, 컴퓨터 과학 분야의 바이블인《컴퓨터 프로그래밍의 예술》시리즈(한빛미디어)를 썼다. 당시 출판사에서는 박사 학위를 받기 1년 전 원고를 요청했지만 4년 후에도 원고를 제출하지 않았다. 출판사는 조급해졌다. 원고를 요청했지만 커누스는 3천 쪽밖에 쓰지 않았으며 아직 책 주제 또한 논의되지 않았다고 말했다. 결국 출판사는 일단 3천 쪽 분량의 원고를 별도의 책으로 출판했다. 그렇게 출판된 첫 번째 책이《컴퓨터 프로그래밍의 예술 1: 기초 알고리즘》이다. 이 책으로 알고리즘을 배운 빌 게이츠는 훌륭한 프로그래머가 되고 싶다면 이 책을 읽을 것을 추천했다. 그러나 도널드 커누스는 냉정하게 말했다. "이 책을 읽을 수 없다면 프로그래머가 되지 마시오."

셋째, 현재까지 최연소 튜링상 수상자다. 35세(1973년)에 《컴퓨터 프로그래밍의 예술 3: 정렬과 검색》을 완성했다. 이듬해 튜링상 선정 위원회는 알고리즘, 특히 불후의 책을 쓴 커누스의 공헌을 고려해 튜링상을 직접 수여했다. 《컴퓨터 프로그래밍의 예술》 세트는 현재 4권까지 출간했다(7권으로 계획했다). 각 권은 600~700쪽 정도 분량이다. 책 세트가 몇백 달러의 가격이었지만 몇 년 동안 100만 부 이상 배포됐다.

넷째, 《컴퓨터 프로그래밍의 예술》 시리즈를 집필할 때 좋은 편집 및 조판 소프트웨어가 없었기에 조판 소프트웨어로 유명한 TeX(나중에 더 편리한 LaTeX로 만들어졌다)를 만들었다. TeX는 출판계 혁명이었고, 오늘날까지도 사실상 전 세계 학문적 조판의 표준으로 남았다. TeX는 세계에서 가장 버그가 적은 소프트웨어다. TeX 버그에 2.56달러(커누스 말로는 '16진수 1달러'라고 한다)에서 시작해 기하급수적으로 증가(2.56, 5.12, 10.24, 20.48, 40.96, 81.92···)하는 현상금을 걸었다. 그러나 세 번째 현상금을 건 후에는 아무도 실수를 찾지 못했다. 만약 소프트웨어에 열여덟 개 이상의 버그가 있었다면 도널드 커누스는 파산했을 것이다. 파산할 수도 있다는 위험을 무릅쓰고 조건을 건 것은 코드 품질에 매우 자신 있었다는 것을 보여준다. 도널드 커누스는 우수한 컴퓨터 과학자와 소프트웨어 개발자의 자질을 함께 지니고 있었다.

다섯째, 도널드 커누스는 실리콘 밸리의 수많은 튜링상 수상자 중 가장 유명하고 가장 프로그래밍에 능한 사람이었다. 실리콘 밸리는 튜링상 수상자로 가득하다. 실리콘 밸리에서는 매년 프로그래밍 대회를 개최했다. 대회 참가자에는 커누스 외에도 윈도우 발명가인 앨런 케이Alan Curtis Kay (스티브 잡스가 애플 컴퓨터와 모바일 그래픽 인터페이스 운영체제를 발명하는 데 영감을 줬다), 마빈 민스키Marvin Minsky와 함께 인공지능 이론을 제시한 앨런 뉴얼Allen Newell 등이 있었다.

도널드 커누스는 이 사람들 사이에서 가장 느린 컴퓨터 한 대만으로 1등을 차지했다. 어떻게 1등을 했을까? 커누스는 프로그래밍을 배울 때 컴퓨터가 너무 느리고 메모리도 너무 적어 프로그래밍 전후로 컴파일하고 오류를 수정하는 데 너무 많은 시간이 걸렸고, 항상 처음부터 오류 없이 올바르게 프로그래밍하려고 노력했으며 최적의 알고리즘을 설계할 수밖에 없었다고 설명했다. 이는 마치 오래된 라이카Leica 카메라로도 최고의 사진을 찍을 수 있는 탁월한 사진 작가들을 생각나게 하는데, 많은 사람은 최신 DSLR로도 단순히 이미지를 기록하는 용도로만 사용한다. 커누스와 비교하면 오늘날 소위 말하는 '스타 개발자'는 모두 초등학생 정도밖에 안 된다. 진정한 일류 프로그래머를 단 한 명 꼽는다면 도널드 커누스다.

폰 노이만의 컴퓨터 아키텍처 발명과 도널드 커누스의 TeX 프로그램 작성은 모두 우연의 결과다.

폰 노이만은 단지 수소폭탄 궤도 문제를 해결하고 싶었고, 컴퓨터 아키텍쳐를 발명하고자 한 것이 아니었다. 커누스 역시 책을 쓰고 싶었을 뿐이고, 조판 소프트웨어를 발명하고자 한 것은 아니었다. 이처럼 평범한 인재가 한 발명에 평생을 바치는 것보다 천재가 업무 중 필요해서 발명한 것이 더 큰 영향을 주는 이유는 무엇일까? 능력 차이뿐만 아니라 문제를 만났을 때 해결하는 긍정적인 마인드도 있기 때문이다. 누구나 앞으로 나아가는 과정에서 문제에 부딪힌다. 여기서 운명을 결정 짓는 것은 문제를 대하는 태도다.

> **요점** 컴퓨터 아키텍처와 컴퓨터 과학에서 분리된 소프트웨어

> **심화 사고 문제** 1.1 ★☆☆☆☆
> 소프트웨어와 하드웨어가 분리된 컴퓨터와 비슷한 제품이 세상에 또 있을까?

1.2 컴퓨팅에서의 차수적 차이

물리학자이자 노벨상 수상자인 레프 란다우Lev Landau는 물리학자를 5등급으로 나눴다.

1등급은 능력과 기여도가 2등급의 열 배, 2등급은 3등급의 열 배로 한 단계씩 차이가 난다. 레프 란다우의 분류법은 다른 분야의 전문가에게도 적용된다. 실제로 스티브 잡스는 파트너인 스티브 워즈니악이 혼자서 50명의 개발자를 감당할 수 있다고 말하곤 했다. 즉 사람과 사람 수준의 차이, 물건과 물건의 질적 차이는 규모의 차수적 차이orders of magnitude로 나타난다. 그러나 한 차수의 차이, 즉 열 배는 물론 적지 않지만 최종 알고리즘 실행의 차이에서는 용납될 수 있다. 알고리즘 우열에서는 아주 조금 차이 나는 것이기 때문이다. 그러나 나중에는 알고리즘이 실행되는 시간이 천만 배까지도 차이가 날 수 있다. 책에서 배워도 직접 경험하지 않고는 깊이 체득하기 어려운데, 대학교 4학년 여름방학 때 인턴으로 일하면서 느꼈다.

몇몇 동창과 함께 중국 저장성의 한 공장에서 인턴으로 일하면서 회사를 위한 재무 소프트웨어를 개발했다. 개발이 완료된 후 공장 안의 회계 담당 직원에게 사용법을 알려줬다. 우리가 만든 소프트웨어로 한 달 동안 재무 데이터를 잘 관리하는 것을 보고 모든 것이 잘 작동한다고 안심한 후 베이징으로 돌아왔다. 1년 후, 회계 담당 직원이 소프트웨어의 회계 기능이 점점 느려진다고 했다. 프로젝트에서 해당 모듈을 개발한 동창에게 어떻게 된 일인지 물었다. 서툰 방법을 쓴 것이 문제

였다. 데이터 양이 열 배 늘어나면 원래 소요시간보다 수십 배 더 많아지는 회계 프로그램을 짰고 이것이 문제가 됐다. 처음에는 몇 초 만에 계산을 끝냈지만 나중에는 30분이 걸렸고, 결국 공장의 회계 담당 직원이 참을 수 없을 정도로 느리다고 느낀 후에야 우리에게 알린 것이다. 어쩔 수 없이 현지에 있는 친구에게 도움을 청해 수정했다. 결국 10여 줄 코드를 바꿔 문제를 해결해야 했다. 이후 컴퓨터 알고리즘에서 효율성을 크게 의식하기 시작했다. 존스 홉킨스 대학교에 있을 때는 최대 엔트로피 모델maximum-entropy model 알고리즘 속도를 100배 이상 높인 덕분에 논문을 완성할 수 있었다.

사람은 본능적으로 큰 수에 대한 개념이 없다. 이는 작은 수의 세계에 살기 때문이다. 마찬가지로 매우 느린 세상에서 사는 우리는 빠른 속도에 대한 개념 역시 없다.

저명한 물리학자 조지 가모프George Gamow[1]는 수에 대한 개념 이해를 《1, 2, 3 그리고 무한》(김영사, 2012)에서 두 원시 부족 족장의 더 큰 숫자 말하기 내기를 예로 든다. 한 족장이 3을 말하자 다른 족장이 반나절 생각한 후 네가 이겼다고 말했다.

두 족장이 멍청하게 보일 수도 있다. 4를 말했다면 이길 수 있었을 것이라고 생각할 수 있다. 하지만 두 족장에게는 세 개 이상의 소유물이 드물고 세 개보다 많으면 세지 않고 '많다'라고 표현했다. 두 족장이 사는 환경이 인식을 제한하는 것이다.

오늘날 사람들이 숫자를 인지하는 수준은 과거 두 족장보다 크게 나아지지 않았다. 2016년 왕젠린 王健林[2]이 농담조로 "개인의 자산 목표는 1억 위안(약 191억 원) 정도가 적당하다"고 말해 지탄을 받았다. 미국에서조차 평생 1400만 달러를 모으는 사람은 미국 전체 인구의 1%도 안 된다. 대부분에게 1억 위안은 경제적 자유를 의미한다. 비슷한 예로 '미국이 차세대 인공지능 기술을 개발하고자 5년간 20억 달러를 투자한다'는 뉴스에도 독자들은 별 일 아닌 것처럼 생각할 수 있다. 큰 숫자에 대한 감각이 없기 때문이다. 물론 20억 달러가 미국 경제 규모에 비하면 새 발의 피이긴 하지만 말이다.

마찬가지로 컴퓨터 속도에도 무감각하다. 중국인은 컴퓨터를 전뇌電腦(번개 두뇌)라고 한다. 영국의 해군 제독인 루이스 마운트배튼Louis Mountbatten에게서 나온 비유다. 1946년 에니악이 발명된 후 과학자들은 장거리포 탄도의 궤도를 계산했다. 포탄이 떨어지기 전 컴퓨터가 궤적을 계산해내자 현장에서 구경하던 마운트배튼 원수가 "빠르다, 정말 번개 뇌다."라고 말하며 아연실색했다. 당시 컴퓨터는 1초에 5천 번 정도밖에 계산하지 못했다.

---

1 빅뱅설 및 핵융합설을 제기했다.
2 [옮긴이] 중국 완다그룹 회장이다. "청년들은 큰 욕심을 부리기보다는 먼저 1억 위안 벌기 같은 작은 목표부터 세우는 게 좋다."라는 망언으로 유명했다.

1960년대 말 아폴로 11호가 달에 착륙했을 때 메인 컨트롤 컴퓨터는 에니악보다 수천 배 더 빨랐다. 그러나 사람들은 굉장히 빠르다고 느꼈을 뿐이지 수천 배 빨랐다는 사실에는 무감각했다. 스마트폰은 아폴로 호가 달에 사람을 보낼 당시 컴퓨터보다 훨씬 빠른 처리 속도를 자랑하지만 사람들은 여전히 무감각하다.

오늘날 사용하는 컴퓨터 두 대를 비교해보자. 한 대는 한 가지 일을 처리하는 데 1밀리 초가 걸리며 다른 한 대는 1마이크로 초 정도 걸린다고 하자. 절대 다수는 양쪽 모두 눈 깜짝할 사이에 처리돼 똑같이 빠르다고 느낄 것이다. 사실 후자가 전자보다 1천 배 더 빠르다. 대량의 처리량이 필요한 작업을 실행하면 후자는 몇 분 만에, 전자는 반나절이 걸릴 수 있다.

사람들은 컴퓨터 자원에 대한 직관적인 개념이 없다. 해당 속도가 무한하다고 생각하고 데이터 저장도 끝이 없다고 생각한다. 많은 사람이 쓸데없이 많은 자원을 낭비하는 이유다. 구글이나 마이크로소프트도 개별 소프트웨어 개발자 수준이 떨어져 무심코 컴퓨팅 자원을 수십 배 더 쓰는 일이 흔하다. 5등급 개발자의 한계다.

컴퓨터 하드웨어의 발전 속도는 결코 느리지 않다. 대략 10년마다 100배씩 증가했지만 하드웨어를 사용하는 동안의 성능은 상수다. 성능 차이는 소프트웨어의 알고리즘이 결정한다. 알고리즘의 좋고 나쁨을 측정하려면 알고리즘의 측정 기준 및 방법을 명확히 해야 한다. 과학적으로 일하는 다른 방법과 동일하다.

좋은 알고리즘은 무엇일까? 많은 사람이 '빠른 속도'와 '적게 쓰는 메모리 공간'을 생각한다. 두 기준 모두 큰 방향은 틀리지 않다. 알고리즘 속도와 소요 공간을 얼마나 많은 데이터를 대상으로 측정하느냐가 관건이다. 서로 다른 수의 데이터로 측정했을 때 두 알고리즘의 상대적인 성능이 완전히 다를 수 있기 때문이다. 다음 두 상황에서 A, B 알고리즘 속도를 살펴보자.

- **예시 1**: 1만 개의 데이터로 테스트한다. 알고리즘 A는 1밀리 초, 알고리즘 B는 10밀리 초가 소요된다.
- **예시 2**: 100만 개 데이터로 테스트한다. 알고리즘 A는 1만 밀리 초, 알고리즘 B는 6천 밀리 초가 소요된다.

A와 B 중 어떤 알고리즘이 우수할까? 단순히 예시 1로 판단하면 알고리즘 A이 더 우수하다. 예시 2만 보면 알고리즘 B가 더 우수하다. 일반인의 사고방식으로 데이터가 적을 때는 알고리즘 A가 우수하고 데이터가 많을 때는 알고리즘 B가 우수하다는 식으로 변증법적 결론을 낸 후 알고리즘 기

준을 분석할 줄 안다고 할 수도 있다. 컴퓨터 과학은 융통성이 없다. 변증법 또한 적용되지 않는다. 오로지 명확하고 일관된 기준을 세워야 한다. 문제는 명확하고 일관된 기준을 어떻게 정해야 하는가다.

컴퓨터 과학 발달 초기에는 과학자가 해당 문제의 답을 명확히 내놓지 못했고 기준도 통일되지 않았다. 컴퓨터 과학자들은 1965년 유리스 하르트마니스Juris Hartmanis와 리처드 스턴스Richard Edwin Stearns가 알고리즘 복잡도complexity of algorithms 개념을 제시하면서 공정하고 일관된 평가 방법으로 알고리즘 성능을 비교하기 시작했다.

알고리즘 복잡도를 가장 먼저 엄격하게 계량화한 것이 도널드 커누스다. '알고리즘 분석의 아버지'로 불린 이유다. 전 세계의 알고리즘 복잡도는 커누스 사상이 기준이다.

도널드 커누스의 사상은 크게 세 가지로 볼 수 있다.

1. 알고리즘 속도를 비교할 때는 데이터 양이 매우 많고 무한대에 가까울 정도로 클 때까지 고려해야 한다. 왜 작은 수가 아닌 큰 수의 경우를 비교해야 할까? 컴퓨터가 발명된 이유가 대량의 데이터를 처리하기 위한 것이고 데이터는 처리할수록 많아지기 때문이다. 필자가 대학 동기들과 개발했던 재무 소프트웨어는 데이터 양이 증가할 것을 고려하지 않아 문제가 생겼다.

2. 알고리즘 속도를 결정하는 요소는 여러 가지다. 모든 요소는 두 가지로 나눌 수 있다. 첫 번째 유형은 데이터 양에 따라 달라지지 않는 요소다. 두 번째 유형은 데이터 양에 따라 달라지는 요소다.

   예를 들어 두 개의 알고리즘이 있다고 하자. 첫 번째 알고리즘의 연산 횟수가 $3N^2$이라면 N은 처리되는 데이터 수다. 두 번째 알고리즘의 연산 횟수는 $100N\log N^3$이라고 하자. 첫 번째 알고리즘의 계수 3도 그렇고, 두 번째 알고리즘의 계수 100도 모두 상수다. N의 크기와는 상관이 없다. 10개, 100개, 1억 개 처리도 마찬가지다. 하지만 후자의 N과 관련된 부분은 다르다. N이 커질 때 N^2은 $N\log N$보다 훨씬 커진다. 수천, 심지어 수만 개 데이터를 처리할 때도 두 알고리즘 차이가 분명해 보이지 않지만 도널드 커누스는 알고리즘의 좋고 나쁨을 측정할 때 단지 N만 고려하면 된다고 했다. 데이터가 무한대에 가까운 상황을 생각해야 하는 이유는 무엇일까? 컴퓨터는 생각보다 훨씬 많은 양의 데이터를 처리해야 한다. 우리가 인식했을 때 숫자가 얼마나 어마어마한지 상상조차 하기 어렵다. 몇 가지 예를 살펴보자.

---

3 logN은 밑이 2를 기본으로 나타내며 이후에도 동일하다.

예제 1.1 ★☆☆☆☆ 바둑은 얼마나 복잡할까?

프로 바둑기사라도 바둑 수의 변화가 얼마나 되는지 정확히 알지 못한다. 수가 너무 많아 끝없이 변화한다는 '천변만화千變萬化'로 표현하기도 한다. 바둑을 '도道'나 '문화'로 분류하기도 한다. 알파고가 '바둑 문화'에 대한 정상급 기사들의 이해를 모두 뒤엎은 후에야 바둑 역시 끝이 있는 수학 문제라는 것이 인정되었다. 이른바 '천변만화'라는 말이 무색해 보이지만 실은 상한선이 있는 게임일 뿐이다.

순열과 조합을 공부해봤다면 쉽게 수를 계산해볼 수 있을 것이다. 바둑판 점에는 검은색 돌을 두거나 흰색 돌을 둔다. 또는 빈 공간이 되는 세 가지 수가 있다. 바둑판에는 361개의 점이 있으니 결국 바둑 수는 최대 $3^{361} \approx 2 \times 10^{172}$ 수가 된다. 물론 이 숫자는 상당히 크다. 앞자리 수 2 뒤에 0이 172개 정도 붙는다. 어느 정도 범주일지 상상이 되는가? 인간의 범주에서는 와 닿지 않을 것이다. 비유를 해보자. 우주 전체에 있는 소립자는 $10^{79} \sim 10^{83}$개에 불과하다.[4] 즉 이 모든 소립자가 우주라고 하고 많은 소립자 우주의 소립자를 다시 세도 바둑의 전체 경우의 수만큼 많지 않다. 이는 인간의 눈에는 무한한 숫자지만 컴퓨터는 계산해내야 하는 숫자다.

예제 1.2 ★★★☆☆ 20개 영단어로 구성된 영어 문장은 몇 개의 조합을 가질까?

영단어 개수는 10만 개 이상이다. 여기서는 10만 개로 치고 제한 없이 영어 스무 단어를 조합할 수 있다면 조합의 수는 10^{100}개다. 이 수는 구골(Googol)이며 우주의 소립자 수보다 훨씬 많다. 영어 문장을 음성인식해야 한다면 이론적으로 음성인식은 거대한 다차원 공간에서 한 점을 찾는 문제라고 할 수 있다.

물론 바둑과 영단어의 조합 숫자는 매우 크다. 어떻게든 명확하게 숫자를 적을 수 있지만 그레이엄 수Graham's number[5]처럼 기술하기에는 너무 큰 수도 있다. 이 수도 무한대가 아닌 실재하는 유한한 숫자다.

컴퓨터는 [예제 1.2] 같은 문제에 부딪히는 경우가 많다. 알고리즘 복잡도를 논할 때는 N이 무한대에 접근할 때와 N과 관련된 부분만 고려한다. 알고리즘의 시간 복잡도나 공간 복잡도를 N의 함수 $f(N)$으로 쓸 수 있다. 함수의 경계(상한 또는 하한)는 Big O의 수학적 개념으로 제한할 수 있다. Big O 개념의 수학적 정의에 따르면 두 함수 $f(N)$과 $g(N)$이 무한대로 N이 발산할 때 상수 부분만 다르다. N이 같다면 둘은 동일한 크기의 함수로 간주된다. 즉 컴퓨터 과학에서는 두 개의 알고리즘은 동일한 복잡도를 갖는 것으로 여긴다.

---

4   어떤 사람들은 양성자, 중성자, 전자 등 원자가 $10^{78} \sim 10^{82}$개라고 하지만 우주에 존재하는 대부분 물질은 원자의 형태로 존재하지 않는다.

5   그레이엄 수는 미국 수학자 로널드 그레이엄(Ronald Graham)이 제안했다. 과학적 표기법으로 표현하기에는 너무 큰 수로 1980년 기네스북에 당시 존재하는 수 중 과학적으로 증명할 수 있는 가장 큰 수로 기록됐다.

3. 두 알고리즘은 복잡도가 약간 다를 뿐이다. N이 커지면 효율성이 1조 배나 나빠질 수 있다. 예를 들어 십수억 개 이상의 텐센트 QQ[6] 아이디를 정렬할 때, 선택 정렬selection sort이나 삽입 정렬insert sort로 정렬하는 경우와 전문가들이 사용하는 퀵 정렬quick sort로 정렬하는 경우를 비교해보면 계산량은 각각 약 100억 번과 30억 번 정도 된다. 오늘날 빅데이터 처리에서 10억 개의 텐센트 QQ 번호를 정렬하는 것은 큰 문제가 아니다. 하지만 사례에서 알 수 있듯이 선택된 알고리즘의 시간 복잡도 정도가 약간 달라져도 코드 실행의 효율성은 천지 차이다.

필자는 종종 참깨, 수박, 기차, 산, 지구 크기를 비교해 알고리즘의 시간 복잡도 크기 차이를 설명한다. 사물들의 크기 차이보다도 알고리즘 시간 복잡도의 차이는 더 커질 수 있다. 알고리즘 복잡도 함수에서 N의 영향을 받지 않는 상수는 천 배 더 커져도 특별한 일이 아니다. 이것은 참깨 한 알이든 참깨 열 알이든, 결국 참깨 정도의 크기일 뿐이다. 수박 크기에는 비교할 수 없다. 실제로 컴퓨터 과학 분야에서 현재 최고의 알고리즘 속도를 두 배로 늘렸다고 발표해도 해당 논문은 게재조차 될 수 없다.

또한, 알고리즘 복잡도가 하나는 높은 $f(N)$, 다른 하나는 낮은 $g(N)$, 즉 $f(N)+g(N)$으로 구성됐다고 한다면 낮은 차수의 뒷부분 크기는 직접 생략할 수 있다. 즉 $O(f(N)+g(N))=O(f(N))$이라고도 할 수 있다. 수학적으로는 사실이 아니지만 컴퓨터 알고리즘 측면에서는 이처럼 인정된다. 수박에 참깨 두 알을 더해도 원래 수박과 같다고 말하는 것과 같다. 목적은 컴퓨터 과학자가 크기 차이에 집중할 수 있도록 하는 것이다.

> **요점** 복잡도와 규모의 차이 그리고 Big O 표기법

> **심화 사고 문제** 1.2 ★★☆☆☆
> 프로그램이 단 한 번만 실행된다면 프로그램을 작성할 때 가장 직관적이지만 덜 효율적인 알고리즘을 사용할까? 아니면 여전히 가장 복잡도가 좋은 알고리즘을 찾아 사용할까?

1.3 최적의 알고리즘을 찾는 방법

지금부터 예제 문제를 설명하면서 좋은 알고리즘과 나쁜 알고리즘의 차이점을 설명하겠다.

---

6 **옮긴이** 중국의 대표적인 메신저다. 아이디가 열 자리 숫자로 구성됐다.

[예제] 1.3 ★★★☆☆ 합산 최대 구간 문제

일련의 실수가 주어질 때 합이 가장 큰 구간을 찾는 가장 효율적인 알고리즘을 설계하라.

예를 들어 다음 수열을 보자.

1.5, −12.3, 3.2, −5.5, 23.2, 3.2, −1.4, −12.2, 34.2, 5.4, −7.8, 1.1, −4.9

합이 가장 큰 구간은 다섯 번째 숫자(23.2)부터 열 번째 숫자(5.4)까지다.

예제와 관련해 필자가 경험한 문제는 최대 이익을 가지는 주식 보유 기간을 찾는 문제였다. 주식 투자자라면 주식의 투자 이익이 가장 큰 기간, 즉 매수일부터 가장 큰 수익을 내는 매도일까지 기간이 궁금하다. 장기적으로 주식을 보유한다면 수익은 항상 증가한다. 그러나 체계적 위험[7]이 주가에 미치는 영향을 제외하면 어떤 개별 종목이 됐든 해당 종목을 사는 것이 시장 전체보다 높은 수익을 가지는 매수 매도 기간이 있다. 물론 그 시점 이후에는 지수 펀드를 매수한 것보다 실적이 안 좋을 수 있다. 미국의 다우존스 지수 초창기 구성 종목 회사들은 현재 구성 종목에는 존재하지 않는다. 즉 잘나가는 회사들도 보유 가치가 없을 정도로 '노화'되는 때가 있다. 개별 주식의 일일 가격 변동 값에서 해당일의 체계적 위험을 제외하면 일련의 양수 및 음수의 실수 수열을 추출할 수 있다. 앞선 수열은 (체계적 위험을 제거한 후) 주식의 일일 상승률 및 하락률로 간주될 수 있다. 주식 시장에서는 그 누구도 매도 시점을 예측할 수 없어 이론적인 최대 수익은 참고 기준일 뿐이다. 그래서 주식 거래자 실력을 절대적인 수치로 측정할 때 사용한다.

[예제 1.3]을 해결하기 위한 네 가지 방법이 있다. 계산 복잡도가 높은 순서대로 하나씩 소개한다.

알고리즘 1, 중학교에서 배운 순열과 조합의 방법으로 삼중 반복문을 수행한다.

해당 수열에 a_1, a_2, a_3 … a_k 순으로 K개의 숫자가 있다고 가정해보자. 구간의 시작 부분에 있는 일련번호를 p, 끝 부분에 있는 일련번호를 q라고 정의한다. 숫자 합을 $S(p, q)$라고 가정하면 $S(p, q) = ap + ap + 1 + … + aq$가 된다.

p 범위는 1에서 K이고, q 범위는 p에서 K까지다. 이중 반복문이다. p와 q를 구하는 $O(K^2)$개 조합이 있다. 각 조합의 $S(p, q)$를 계산하려면 p에서 q까지 평균적으로 $K/4$번의 덧셈이 필요하다. $K/4$번의 덧셈을 수행하는 반복문이 또 필요하다. 삼중 반복문으로 수행되는 해당 알고리즘의 복잡도는 $O(K^3)$이 된다.

---

7 〔옮긴이〕 모든 주식 종목에 동일하게 작용하는 위험 요소를 의미한다.

이 알고리즘은 작업을 완료할 수는 있지만 불필요한 작업을 너무 많이 수행한다. 제너럴 일렉트릭 General Electric, GE과 같은 100년 이상이 된 회사 주가를 분석한다면 일일 마감 주가 데이터만 해도 수만 개의 일일 주가 데이터가 있다. 이 알고리즘처럼 삼중 반복 계산을 하면 계산량이 수만 조 단위가 되고 계산이 매우 커진다.

이 알고리즘만 생각한다면 컴퓨터 공학 개념이 전혀 없어도 돼 5등급 개발자로도 볼 수 없다. 조금만 개선해도 훨씬 더 빨라질 수 있다. 바로 알고리즘 2다.

알고리즘 2, 이중 반복문을 수행한다.

알고리즘 1이 효율적이지 않은 이유는 불필요한 계산을 하기 때문이다. 예를 들어 구간의 시작점을 p 위치로 설정한 후 p에서 q까지의 숫자 합 $S(p,q)$를 구한다고 해보자. 다음 차례의 p에서 $q+1$까지의 합계 $S(p,q+1)$를 계산할 때 다시 연산을 반복하는 대신 $S(p,q)$기준으로 다른 $q+1$을 추가하기만 하면 된다. 일부는 모든 중간 결과 $S(p,q)$를 저장해놓는 추가 저장 공간이 충분할지 걱정할 수 있다. 세 가지 중간 결과 값만 기록하면 돼 걱정할 필요 없다.

기록해야 하는 첫 번째 값은 p에서 시작해 현재 위치 q에서 끝나는 합 $S(p,q)$다. $S(p,q+1)$의 다음 계산에 필요하다. 두 번째 값은 p에서 시작해 현재 위치 q까지 합계 $S(p,q)$ 중 가장 큰 값이다. Max라고 가정한다. Max 값으로 $S(p,q+1) \leq Max$라면 Max는 변경되지 않고 $S(p,q+1) > Max$면 Max를 업데이트해야 한다. 물론 $[p,q+1]$ 구간에서 Max가 업데이트됐음을 기록해야 한다. 기록할 세 번째 값은 $S(p,q)$의 최대가 되는 구간의 마지막 위치다. r로 표시할 수도 있다. Max 값이 업데이트되면 간격의 해당 r도 $q+1$로 업데이트된다.

구체적인 예로 살펴보자. 구간의 시작점이 $p=500$이고 $S(500,500)=a500$, $Max=a500$, $r=500$이라고 가정하자. 501번째 숫자를 처리하고 $a501 > 0$ 조건을 만족한다면 $S(500,501) > S(500,500)$이므로 $Max=S(500,501)$, $r=501$로 기록한다. $a501 \leq 0$이라면 가장 큰 간격 합이 여전히 $Max=S(500,500)$임을 알고 있으니 변경할 필요가 없다. 502번째 숫자를 탐색할 때 $S(500,502)$만 산출하면 된다. $S(500,502) > Max$인 경우 Max를 업데이트하고 $r=502$로 기록한다. 그렇지 않으면 원래의 Max와 r을 유지한 후 다시 탐색을 계속한다.

주어진 p의 Max를 구하고자 처음부터 끝까지 $K-p$번 계산해야 한다. $O(K)$ 복잡도다. p는 1에서 K까지 될 수 있어 K개의 경우의 수가 있다. 둘의 조합은 $O(K^2)$다. K가 수만 번이라면 계산량은 십수억 번이고, 알고리즘 1의 계산량은 알고리즘 2의 수만 배다. 해당 접근 방식을 생각할 수 있다면 어떤 계산이 중복된 계산인지 알아냈기에 기본적으로 5등급 개발자라고 할 수 있다.

$O(K^2)$ 복잡도의 답은 최적이 아니다. 더 단순한 해결 방법이 있다.

알고리즘 3, 분할 정복 알고리즘divide and conquer algorithm을 사용한다.

분할 정복 알고리즘은 나중에 더 자세히 소개하겠지만 여기서는 분할 정복 알고리즘을 이 문제에 적용하는 알고리즘만 간략히 소개한다.

먼저 수열을 1에서 $K/2$까지와 $K/2+1$에서 K까지로 나눈다.[8] 그다음 두 부분 수열에서 각 합의 최대 간격을 찾는다. 두 가지 경우로 나눌 수 있다.

첫째, 두 부분 수열의 최대 합산 구간 사이에 숫자가 없는 경우다. 즉 전자의 최대 합산 구간이 $[p, K/2]$이고, 후자의 최대 합산 구간이 $[K/2+1, q]$일 때 두 구간의 합이 양의 정수이면 전체 수열의 최대 합산 구간은 $[p, q]$이 된다. 두 구간의 합이 양수가 아닐 경우 전체 수열의 최대 합산 구간은 두 부분 수열의 최대 합산 구간 중 큰 쪽이 된다.

둘째, 두 부분 수열의 최대 합산 구간 사이에 숫자가 있는 경우다. 부분 수열의 최대 합산 구간을 각각 $[p1, q1]$와 $[p2, q2]$라고 가정한다. 이때 전체 수열 합의 최대 범위는 다음 세 가지 구간 중에 있다.

1. $[p_1, q_1]$
2. $[p_2, q_2]$
3. $[p_1, q_2]$

이렇게 도출된 이유는 해당 절이 신화 사고 문제로 남겨둔다.

세 구간의 합 중 1번 및 2번 구간은 이미 계산된 상태다. 3번 구간은 q_1+1에서 p_2-1 가격 간 수의 합을 구하는 것이다. 시간 복잡도는 $O(K)$가 된다. 세 가지 값 중 가장 큰 값을 선택하면 된다.

각 부분 수열의 최대 합산 구간은 재귀 알고리즘recursive algorithm으로 구현할 수 있다. 구현 방법은 생략한다. 궁금할 수 있다. 컴퓨터 과학 기초를 공부했다면 스스로 생각해보자. 결론적으로 알고리즘 3의 시간 복잡도는 $O(K \log K)$이다. 수만 개의 데이터 계산량은 백만 개 수준이다. 알고리즘 2의 십수억 개보다 훨씬 적은 양(알고리즘 2의 천 분의 몇 단위)이다.

---

8   K가 홀수이면 컴퓨터에서 계산된 $K/2$는 실제로 $(K-1)/2$다.

알고리즘 2를 생각해낼 수 있다면 컴퓨터 과학 이론상 4등급 개발자가 될 수 있는 조건을 갖추게 된 것이다. 물론 개발자로서 합격할지 여부는 실제 업무에 적용해낼 수 있느냐에 달려 있다. 알고리즘을 이해할 뿐만 아니라 실제 업무에서도 연습해야 한다. 알고리즘 3도 최선의 알고리즘은 아니다.

알고리즘 4, 정방향 및 역방향으로 두 번 스캔하는 방법이다.

알고리즘 4는 알고리즘 2에 기반한 개선 알고리즘이다. 알고리즘 2에서 먼저 구간의 왼쪽 경계 지점 p를 설정하고 이 조건에서 총합이 가장 큰 구간의 오른쪽 경계 지점 q를 결정한다. 그다음 왼쪽 경계 지점 p를 순차적으로 바꿔 최대 합을 확인한다. 알고리즘 4로 최대 합과 함께 가장 큰 구간의 오른쪽 경계 지점 r 또한 찾아낼 수 있었다. 이 아이디어에서 출발해 선형 복잡도의 알고리즘, 즉 $O(K)$ 알고리즘을 찾아보겠다. 알고리즘 단계는 다음과 같다.

1단계, 0보다 큰 첫 번째 수를 찾고자 수열을 탐색한다. 0보다 큰 숫자가 없다면(모든 수열의 숫자가 음수라면) 전체 수열 중 가장 큰 음수 자체가 최대 합산 구간이 된다. 이때 알고리즘 복잡도는 $O(K)$다. 이에 따라 해당 지점의 첫 번째 숫자를 양수라고 가정할 수 있다. 탐색한 숫자가 0 이하면 수열 시작에서 제외되고 이렇게 순회하고 탐색하면 연속된 음수 또는 0의 값은 시작점에서 제외된다.

2단계, 알고리즘 2와 유사한 방법이다. 좌변은 시작 숫자에 고정시킨 후 $q=2, 3 \ldots K$까지 값의 $S(1, q)$를 계산하고 누적 최댓값인 $Maxf$와 최댓값에 도달한 오른쪽 경계 지점 r을 갱신하며 기록한다.

3단계, 모든 q의 $S(1, q)>0$이거나 어떤 q_0이 존재한다면 $q>q_0$ 조건을 만족할 때 계산은 비교적 간단해진다. 마지막까지 탐색이 끝났을 때, 즉 $q=K$까지 스캔했을 때 최종적인 $Maxf$에 대응되는 r이 찾고 있는 구간의 오른쪽 경계다. 뒤의 숫자 $r+1$번째 숫자를 아무리 더해도 최종 합산 값에서 음수(혹은 0)로 더해지기 때문이다. 여기서 결정된 우측 경계 지점은 더 이상 우측으로 연장될 수 없다.

이해를 돕고자 [예제 1.3] 데이터를 사용해 단계별로 계산한 계산 결과를 [표 1.1]에 제시했다. 계산한 결과로는 $Maxf=39.3$이다. 이에 해당하는 오른쪽 경계는 $r=10$이다. 이 위치를 해당 [그림 1.2] 그래프에서 원으로 위치를 표시했다.

표 1.1 순서의 원소, 정방향 누적 및 역방향 누적 합계

순서	1	2	3	4	5	6	7	8	9	10	11	12	13
원소	1.5	-12.3	3.2	-5.5	23.2	3.2	-1.4	-12.2	34.2	5.4	-7.8	1.1	-4.9
정방향	1.5	-10.8	-7.6	-13.1	10.1	13.3	11.9	-0.3	33.9	39.3	31.5	32.6	27.7
역방향	27.7	26.2	38.5	35.3	40.8	17.6	14.4	15.8	28	-6.2	-11.6	-3.8	-4.9

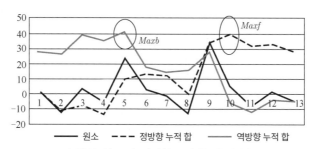

그림1.2 수열 중 원소 값, 정방향 누적 합 및 역방향 누적 합

아직 왼쪽 경계가 어디인지 모른다. 왼쪽 경계를 찾는 것은 역방향으로 탐색한다. 역방향 탐색의 합산 값은 [표 1.1]의 네 번째 행에 기록했다. 같은 방법으로 역방향 순회의 최대치 ($Maxb=40.8$)와 역방향 경계 l을 구할 수 있다. l 위치($l=5$)는 [그림 1.2]와 같다. 최대 합산 구간은 $[l, r]=[5, 10]$이다.

알고리즘 4를 생각했다면 문제를 풀 때 어떤 계산이 필요하고 어떤 계산을 생략할 수 없으며 어떤 계산이 불필요한지 완전히 이해할 수 있다는 의미다. 3등급 개발자가 될 수 있는 잠재력이 있다. 이른바 컴퓨터 하드웨어와 소프트웨어 효율을 높인다는 것의 의미는 바로 필요 없는 계산을 제거하는 것이다.

이 문제에서 구간 합산 $S(1, q)$가 한 원소부터 음수가 되고 이후로도 0보다 작다면 계산은 비교적 복잡해진다. 만약 [표 1.1] 데이터셋을 [표 1.2]에 나타낸 것과 같이 변경한다면 3단계를 적용할 때 문제가 생길 수 있다.

표 1.2 변경된 원소, 정방향 누적 및 역방향 누적 합계

순서	1	2	3	4	5	6	7	8	9	10	11	12	13
원소	1.5	-12.3	3.2	-5.5	23.2	3.2	-1.4	-62.2	44.2	5.4	-7.8	1.1	-4.9
정방향	1.5	-10.8	-7.6	-13.1	10.1	13.3	11.9	-50.3	-6.1	-0.7	-8.5	-7.4	-12.3
역방향	-12.3	-13.8	-1.5	-4.7	0.8	-22.4	-25.6	-24.2	38	-6.2	-11.6	-3.8	-4.9

[표 1.2]에서 볼 수 있듯이 정방향으로 탐색할 때 우측 경계 위치는 $r=6$이 되고 역방향으로 탐색할 때는 좌측 경계 위치가 $l=9$가 된다. 즉 우측 경계 지점 l이 오히려 왼쪽 경계치 r보다 왼쪽에 있게 된다. 앞서 수행한 알고리즘은 분명히 오류가 있다. 문제 원인은 정방향 탐색의 누적 합이 왼쪽 경계치 이후 여덟 번째 누적 합부터 0 이하로 감소했기 때문이다. 이후로도 누적 합은 음수 값으로 이어진다. 원래 [9, 10] 구간 합산 값 49.6이 총합 최대 구간으로 정답이 돼야 한다. 여덟 번째 누적 합부터 0보다 작기 때문에 [그림 1.3]의 Max_b를 찾을 수 없게 된다.

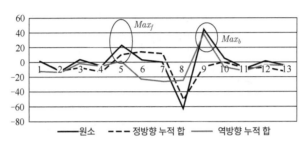

그림 1.3 정방향 누적 합이 어느 지점 이후부터 계속 0보다 작다면 정방향의 누적 최대 지점은 역방향 누적의 합이 최대 지점보다 앞에 있다

이 문제를 해결하려면 2단계와 3단계를 고쳐야 한다.

수정 2단계, 먼저 왼쪽 경계를 0보다 큰 첫 번째 원소에 고정하고 이를 p로 가정한 후 $q=p$, $p+1$ … K를 대입해 $S(p, q)$를 계산한다. 이 과정에서 최댓값 Max와 최댓값에 도달한 오른쪽 경계 r을 기록한다. 만약 $S(p, q)<0$ 조건이 될 때 위치 q에서 다시 역방향 탐색을 시작한다. 첫 번째부터 q번째까지 구간의 역방향 최대 합 Max_b를 결정할 수 있다. 이 구간을 $[l_1, r_1]$, 즉 Max_1로 가정해보자.

짚고 넘어가야 할 점이 있다. l_1은 p다. 만약 $l_1 \neq p$라면 $S(p, l_1-1)>0$에서 얻는 $S(p, r_1)=S(p, l_1-1)+S(l_1, r_1)>S(l_1, r_1)=Max$ 조건과 $[l_1, r_1]$이 q까지의 최대 합산 구간이라는 것은 모순된다.

수정 3단계, $q+1$에서 1단계부터 다시 시작하고 과정을 반복한다. 0보다 큰 첫 번째 원소를 찾아 누적 합 계산을 하다 보면 어떤 q'에 도달했을 때 $S(q+1, q')<0$이 다시 나타날 수 있다. 이때 두 번째 구간의 최대 구간 $[l_2, r_2]$와 해당 구간 합인 Max_2을 얻는다.

이제 처음부터 q'까지 구간의 최대 구간을 결정해야 한다. Max_1, Max_2와 $Max_2+Max_2+S(r_1+1, l_2-1)$, 즉 $S(l_1, r_2)$ 값을 비교하면 된다. 일단 $S(l_1, r_2)$이 최대 합산 구간이 될 가능성은 부정한다. $S(q+1, r_2)=S(q+1, l_2-1)+S(l_2, r_2)<S(l_2, r_2)$이므로 다음과 같은 결론을 얻을 수 있다.

$$S(q+1, l_2-1) < 0 \tag{1.1}$$

첫 번째 Max_1 구간을 결정한 후 두 번째 탐색을 할 때 시작 구간과 Max_2 구간 사이 구간 합은 0보다 작다고 할 수 있다.

$$S(l_1, r_1) + S(r_1 + 1, q) = S(p, r_1) + S(r_1 + 1, q) = S(p, q) < 0 \qquad (1.2)$$

또한, 종합 부등식(1.1), 부등식(1.2)으로 [수식 1.3]을 얻을 수 있다.

$$Max_1 + S(r_1 + 1, l_2 - 1) = S(l_1, r_1) + S(r_1 + 1, q) + S(q + 1, l_2 - 1) < 0 \qquad (1.3)$$

즉 다음과 같다.

$$S(l_1, r_2) + Max_1 + Max_2 + S(r_1 + 1, l_2 - 1) < Max_2 \qquad (1.4)$$

처음부터 q'까지의 가장 큰 합산 구간은 $[l_1, r_1]$이거나 $[l_2, r_2]$일 수 있다. 하지만 해당 구간이 두 구간 사이에는 있을 수 없다. 둘 중 더 큰 구간을 중간 변수 Max와 $[l, r]$로 남겨두면 된다.

4단계, 3단계와 동일한 방법으로 계속 전체 수열을 스캔한다. 국소 및 최대 구간 $[l_i, r_i]$과 해당 구간을 획득하고 Max_i와 Max를 비교해 Max 갱신 여부를 결정한다.

마지막으로 스캔이 끝나면 부분이자 최대 구간 $[l, r]$이 구해지고 이는 전체 수열의 최대 합산 구간이다.

이 문제의 간단한 경우와 복잡한 경우를 좀 더 직관적으로 이해할 수 있도록 양극단의 예를 들어 다시 설명한다.

[그림 1.4]에서 첫 번째 순열, 즉 모든 수가 양수 혹은 0(그림 1.4(a) 참조)은 이동 후 누적 합이 위아래로 변동한다. 항상 0보다 커 전체 구간을 스캔하면서 최대 구간의 오른쪽 경계를 간단하게 확정할 수 있다. 그러나 두 번째 순열에서는(그림 1.4(b) 참조) 중간에 한 번 또는 여러 번 누적 합이 0 이하로 떨어진다. 순열을 몇 개의 부분 수열로 나눴고 각 부분 수열은 모두 첫 번째 수열과 같아진다. 즉 간단한 상황과 같아진다. 각 부분 수열의 최대 총합 구간을 비교하면 된다. 두 번째 수열의 총합 최대 구간은 왜 두 하위 부분 수열에 걸칠 수 없을까? 이는 누적 합계가 0 이하로 떨어진다는 의미가 두 부분 수열의 최대 구간 사이에 원소가 더해지면서 두 부분 수열의 총합이 커지는 것이 아니라 작아진다는 것을 의미하기 때문이다.

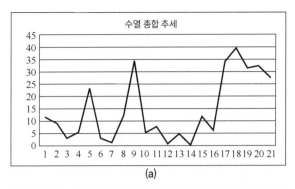

(a)

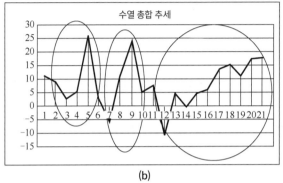

(b)

그림 1.4 누적 합계 시 나타나는 간단한 경우와 복잡한 경우 비교

수정된 알고리즘은 간단한 경우든 복잡한 경우든 전체 수열을 두 번 스캔하면 된다(처음부터 끝까지, 다시 처음부터 끝까지). 복잡도가 $O(K)$에 불과하다. 수만 개의 숫자를 계산한 양은 수만 번으로 알고리즘 3보다 수십 배 빠르다.

알고리즘 1부터 알고리즘 4까지 풀면서 한 문제의 계산량을 수십 조에서 수만으로 줄였다. 컴퓨터 과학에서는 모범 답안이나 최적의 답안이 없을 때가 많지만 좋은 알고리즘과 일반적 알고리즘은 구분한다. 차이가 많이 나지 않는 것처럼 보일 수 있으나 대량의 계산을 하게 된다면 컴퓨터에서 동작하는 효율 차이는 매우 크다. 개발자의 작은 수준 차이로 문제를 해결하는 알고리즘 선택에서 차이가 나고 결국 하늘과 땅 차이가 된다. 일류 개발자가 이류 개발자보다 열 배나 기여도가 높은 이유다. IT 업계에서 살아남고 싶다면 자신을 끊임없이 성장시켜야 한다.

[예제 1.3]은 알리바바와 마이크로소프트 등에서 있었던 면접 질문이다. 모든 지원자의 답변을 분류해보고 간단하게 통계를 내니 다음과 같았다. 자신의 답변과 대조해보자. 본인의 수준은 어떤지 평가할 수 있다.

약 30% 지원자는 알고리즘 1만 생각해냈고, 알리바바 경우 0점으로 채점했다. 약 40% 지원자는 알고리즘 2를 생각해냈으며 알리바바 기준(4점 만점)으로 2점을 받았다. 하지만 2점은 낙제점이다. 15~20% 지원자가 알고리즘 3을 생각해내거나 복잡도가 $O(N\log N)$인 비슷한 방법을 생각해냈다. 3점 받았다. 알리바바는 다른 질문에서 받은 점수가 3점이라면 면접을 통과하지 못한다. 다른 질문에서 면접관 한두 명만 3점을 주고 다른 면접관 점수가 3점 이상이어야 면접에서 통과한다.

약 10% 지원자가 선형 복잡도의 해법을 생각해냈다. 그중 절반은 복잡한 상황(수열에 음수가 있는 경우)의 알고리즘을 생각해냈고 나머지는 간단한 상황(수열에 양수만 있는 경우)만 생각해냈다. 그러나 간단한 상황만 생각했더라도 알고리즘을 잘 표현할 수 있었다면 3.3~3.5점을 받을 수 있다. 지원자가 모든 면접관에게서 해당 점수를 받았다면 합격했다. 물론 이 문제의 복잡한 상황까지도 명확하게 정의할 수 있는 사람은 다른 사람이 가지지 못한 두 가지 장점이 있다.

첫째, 문제를 매우 주도면밀하게 고려하는 능력이 있다. 물론 좋은 과학자가 되려면 뛰어난 지능과 영감이 필요하다. 하지만 좋은 개발자가 되려면 문제를 꼼꼼하게 생각해야 한다. 둘째, 복잡한 문제를 명확하게 생각할 수 있는 매우 명석한 두뇌를 가졌다. 2.5등급 개발자가 될 잠재력을 지녔다. 물론 2.5등급 개발자가 되려면 많은 조건이 있다.

필자는 [예제 1.3]이 컴퓨터를 공부하는 사람에게 아주 좋은 연습 문제라고 생각한다. 알고리즘에 따른 복잡도 차이를 이해할 수 있을 뿐만 아니라 더 깊이 생각하고 더 나은 답을 찾으면서 세부 사항을 더 명확하게 고려하게 된다. 많은 사람이 알고리즘 문제를 푸는 식으로 컴퓨터 알고리즘 원리를 배운다. 이렇게 배운 알고리즘은 명확하고 간단한 답이 정해진 문제일 때만 유효하다.

컴퓨터 알고리즘을 제대로 활용할 수 있는 사람이라면 컴퓨터 과학의 정묘함을 깨달아야 한다. 이 예제는 컴퓨터 과학의 정수를 깨우치는 데 도움이 될 것이다.

컴퓨터 과학 분야에서 단순히 문제를 해결할 수 있는 개발자에서 최적의 해결책을 찾을 수 있는 사람으로 성장하려면 컴퓨터 과학에 대한 감각을 키워야 한다. 이런 문제를 경험한 적이 있는 개발자는 처음부터 반드시 제곱 복잡도, 즉 $O(N^2)$보다 뛰어난 해법이 있을 것이라고 본능적으로 판단한다. 그래야 직접 옳은 방향으로 문제의 해결 방안을 잡고 연구할 수 있다. 컴퓨터 과학에 대한 감각은 어떻게 키워야 할까? 개인적으로 경험하며 깨달았던 세 가지 방법을 공유하고자 한다.

첫째, 문제의 한계점을 인식하는 것이다. 이 예제에서는 전체 수열을 한 번 이상 스캔해야 한다는 것을 안다. 최적인 해법의 복잡도가 선형 복잡도보다 낮아질 수는 없다.

둘째, 컴퓨터 과학에서 알고리즘 최적화에 가장 자주 쓰는 방법은 알고리즘이 필요 없는 계산을 하지 않는지 검사하는 것이다. 앞서 설명한 문제에서 $O(N^2)$ 복잡도의 알고리즘(알고리즘 2)에서 모든 요소를 N번 스캔하고 N번 더하는 데 필요 없는 계산이다. 예를 들어 i번째 요소를 더한 후 똑같은 요소를 몇 번 더하더라도 결과는 모두 같다. 선형 복잡도 알고리즘(알고리즘 4)은 구간의 경계를 결정하고자 각 원소에 대해 한 번만 덧셈을 하면 되기 때문에 불필요한 수고를 덜게 된다.

마지막으로 역발상이 필요하다. 이 문제에서 합산이 가장 큰 구간의 왼쪽 경계를 안다면 오른쪽 경계만 찾으면 된다. 한 번의 스캔만으로 쉽게 완성된다. 실제로 알리바바 지원자 중 절반은 이런 식으로 접근했다. 다만 대부분 가장 큰 합산 구간의 왼쪽 경계점을 찾는 방법을 알지 못했다. 주어진 서열을 거꾸로 돌려서 뒤에서 앞을 바라보면 저절로 풀리는 문제다.

일반적으로 인간은 앞뒤로, 차례대로 문제를 생각한다. 뒤에서 앞으로 생각하는 것 익숙하지 않다. 같은 맥락으로 사람은 덧셈과 곱셈을 좋아하고 뺄셈과 나눗셈은 좋아하지 않는다. 작은 것에서 큰 것으로, 아래에서 위로 귀납되는 것을 좋아하지만 큰 것에서 작은 것으로, 위에서 아래로 연역하는 것은 선호하지 않는다. 간단한 질문들은 정방향적인 사고로는 답을 찾을 수 없지만 역방향으로 생각하면 곧 해결할 수 있다. 인간의 사유는 컴퓨터 과학의 사유와 모순될 때가 많다. 일류 컴퓨터 과학자나 개발자가 되려면 자신의 사고방식을 의식적으로 변화시켜 일반적인 사고방식을 돌파해야 한다.

> [요점] 분할 정복 알고리즘, 재귀, 필요 없는 계산 줄이기, 역발상, 복잡도의 큰 차이

> **심화 사고 문제** 1.3
>
> Q1. ★★☆☆☆ [예제 1.3]의 선형 복잡도 알고리즘을 의사 코드로 작성하라.
>
> Q2. ★★★☆☆ (AB, FB, LK 등) 주어진 수열에서 구간의 숫자 합이 사전에 지정한 숫자와 같은 구간을 찾는 알고리즘을 작성하라.
>
> Q3. ★★★★☆ (실리콘 밸리) 2차원 행렬에서 그 안의 숫자가 최대 합이 되는 직사각형 영역을 찾는 알고리즘을 작성하라. (힌트: [예제 1.3]의 변종 문제다.)

1.4 정렬에 관한 논의

정렬 알고리즘sorting algorithm은 컴퓨터 알고리즘에서 중요한 위치를 차지한다. 역사적으로 볼 때도 정렬 알고리즘은 일찍이 사람들이 가장 많이 연구했다. 오늘날 대부분 정렬 관련 문제는 해결했다고 생

각하지만 여전히 가장 기초적이면서 프로그램에서 가장 많이 사용하는 알고리즘 중 하나다. 또한, 산업계에서는 특정 문제, 특히 대량 데이터를 서열화하는 문제의 알고리즘을 개선하고자 끊임없이 연구한다. 컴퓨터 과학을 공부하는 사람들에게 정렬 알고리즘은 컴퓨터 과학의 문을 여는 열쇠다. 지금부터 정렬 알고리즘과 관련된 문제를 풀어보고, 컴퓨터가 계산을 덜 하도록 하는 비결을 알아보자.

시간 복잡도에 따라 정렬 알고리즘은 크게 두 종류로 나눌 수 있다. $O(N^2)$을 복잡도로 하는 알고리즘과 $O(N\log N)$을 복잡도로 하는 알고리즘이다. 전자의 대부분은 비교적 직관적이며 컴퓨터 과학 지식을 요구하지 않는다. 후자는 효율성이 높지만 덜 직관적이다. 불필요한 단계를 찾아내고 제거해야 한다. 불필요한 단계 제거 방법을 이해하려면 컴퓨터 과학의 정수인 재귀와 분할 정복법을 마스터해야 한다. 두 알고리즘은 일반적인 사고로는 이해하기 어렵다. 많은 사람이 인간의 직관이라는 벽을 넘지 못하고 컴퓨터 알고리즘을 어렵다고 생각하게 된다. 컴퓨팅 사고로 전환하기만 하면 알고리즘을 어렵지 않게 느낄 수 있다.

먼저 몇 가지 흔히 볼 수 있는 복잡도가 $O(N^2)$인 정렬 알고리즘을 이야기해보자. 알고리즘 시간이 어디에서 낭비됐는지 중점적으로 분석해야 한다. 불필요한 일을 찾아내는 능력이 있다면 남들이 할 수 없는 일을 할 수 있다. 이 책에서는 일반적으로 사용하는 오름차순 정렬을 가정한다. 내림차순으로 정렬해야 하는 경우에는 별도로 설명한다.

1.4.1 직관적인 정렬 알고리즘은 어디에서 시간을 낭비할까?

N개의 원소가 있는 수열 $a[N]$이 있다고 가정해보자.

첫 번째 정렬 알고리즘은 선택 정렬이다. 각 수열에서 가장 큰 값을 하나씩 선택해 수열의 맨 끝에 놓고 여러 번 탐색을 반복하는 것으로 전체 수열이 2단계로 정렬된다.

1단계, 처음부터 끝까지, 즉 $i=1{\sim}N$은 인접한 두 원소 $a[i]$와 $a[i+1]$를 비교한다. 만약 $a[i]<a[i+1]$이면 아무 처리도 하지 않고 반대로 $a[i]$와 $a[i+1]$ 값을 교환한다. 즉 작은 것은 앞에, 큰 것은 뒤에 위치한다. 이렇게 하나씩 교환해 수열의 끝에 이르렀을 때 마지막 원소는 가장 큰 수가 된다. 이 원소는 마치 물속에서 발생한 기포가 물 밖으로 나올 때까지 끊임없이 올라가는 것과 같다. 처음부터 끝까지 한 번의 스캔으로 $N-1$회 비교와 $N-1$ 이하의 교환을 진행한다.

2단계, 두 번째 원소부터 $N-1$번째 원소까지 위 과정을 반복한다. 나머지 원소 중에서 가장 큰 수를 스캔마다 찾는다. K번 탐색을 끝내면 마지막 K개 원소 순서가 정해진다. N개 원소가 있는 수열은 N번 탐색해야 하고 탐색할 때마다 탐색 수열에서는 이전보다 원소가 하나씩 적어진다.

전체 알고리즘의 복잡도는 다음과 같다. $(N-1)+(N-2)+(N-3)+\cdots+1=\dfrac{N(N-1)}{2}=O(N^2)$

선택 정렬은 사람이 직관적으로 수를 정렬할 수 있는 것과 비교해 '최악'의 정렬 알고리즘이라고 할 정도다. N개 원소 중 가장 큰 것(또는 가장 작은 것)을 선택하는 데 최대 $O(N)$회 연산해야 하고 전체 수열의 순서를 정하고자 최대 N회 탐색이 필요하다. 정렬 알고리즘의 복잡도는 최대 $O(N^2)$이 된다. 그렇다면 어떻게 정렬 알고리즘을 개선해야 할까?

많은 사람이 정렬하라고 하면 필요 없는 작업 없이 수열을 살펴보면서 작은 숫자는 앞쪽으로 넣고 큰 숫자는 뒤쪽으로 넣어 단 한 번 탐색만으로 정렬을 끝낼 수 있도록 할 것이다. 또한, 카드놀이를 할 때 한 손으로는 기존 카드를 잡고 다른 손으로 카드를 한 장씩 뽑아 순서에 맞도록 끼우는 것처럼 정렬한다면 결국 정렬에 필요한 횟수는 카드를 뽑아 정리하는 횟수와 같다고 생각한다. 이처럼 인간에게 맞는 직관적인 알고리즘이 두 번째로 소개할 정렬 알고리즘과 대응된다. 삽입 정렬이다.

삽입 정렬 과정은 카드놀이에서 카드를 뽑고 해당 카드를 보유하고 있는 카드 내 올바른 순서에 꽂는 과정과 비슷하다. 정렬되지 않은 상태의 뽑은 카드를 보며 뒤에서 앞으로 훑어보고 뒤에서 앞으로 해당 카드를 옮겨가며 손에 쥐어진 모든 카드에 상응하는 위치를 찾아 삽입한다. 마지막으로 모든 카드를 점검한다. 모두 해당 위치에 있다면 정렬은 완료된다. 이 알고리즘은 모든 카드를 한 번만 탐색하면 끝날 것 같처럼 보인다. 그러나 해당 알고리즘의 복잡도는 $O(N^2)$이다. 선택 정렬보다 전혀 개선되지 않았다. 왜 이런 결과가 나왔을까? 삽입 정렬 과정을 일반화해 살펴보자.

먼저 가장 뒤에 있던 카드 $a[N]$를 뽑아 첫 번째 카드 $a[1]$와 비교한다. $a[1]$보다 작다면 $a[1]$ 앞에 놓는다. $a[1]$보다 크다면 $a[1]$ 뒤에 둔다. 이렇게 카드 수열 중 두 번째 카드가 결정되고 두 카드의 수열 순서가 정해진다. 단 이 작업을 완료하기 전 또 하나의 작업이 필요하다. 바로 $a[1]$ 이전 또는 기존 $a[1]$와 $a[2]$ 사이에 들어갈 마지막 카드 $a[N]$의 원래 자리를 메워야 한다. 사람이 카드를 뽑고 정렬하는 데는 이 과정이 필요 없다. 직접 카드를 삽입하면 된다. 그러나 컴퓨터에서 수열 원소는 하나가 다른 하나로 연결되며 존재한다. 하나를 뽑았는데 삽입할 자리가 없을 때 새로 뽑은 카드에 자리를 내주려면 모든 카드의 위치를 뒤로 옮겨야 한다. 하나의 카드를 삽입할 때 필요한 작업은 한 번이 아니라 $a[N]$번이 된다.

계속해서 두 번째 삽입을 해보자. 이번에 카드 $a[N-1]$이다. 이전 작업으로 앞의 두 카드($a[1]$, $a[2]$) 순서가 정해져 있다는 것을 안다. $a[N-1]$과 순서를 정한 두 개의 카드를 대조해 $a[N-1]$ 위치를 찾아낸다. 세 가지 가능성이 있다. 맨 앞에 위치하거나 두 카드 사이에 있거나 두 카드 뒤에 있다. $a[3]$ 뒤의 모든 카드를 한 칸씩 뒤로 이동시키고 $a[N-1]$의 삽입 자리를 마련한다. 이 단계에서는 여전히 $O(N)$회 동작이 필요하다. 그 후 과정을 반복해 매번 카드 하나씩 정렬하고 모든 카드가 정렬될 때까지 계속 진행하게 된다.

해당 알고리즘의 복잡도는 분명하게 $O(N^2)$이 된다. 선택 정렬보다 좋다고 할 수 없다. 비록 삽입 위치를 찾는 작업은 이분 검색[9]을 통해 $\log N$ 시간으로 줄일 수 있지만, 결국 카드를 이동시키는 데 걸리는 시간은 줄일 수 없다. 최악의 경우 하나의 카드를 삽입할 때 $N{-}1$개 요소를 이동시켜야 한다. 이분 검색에서 기억해야 하는 것은 잘 정렬된 수열에서 $\log N$번의 탐색만으로 하나의 수를 찾을 수 있다는 것이다.

두 알고리즘은 의미 없는 비교와 데이터 이동(선택 정렬에서 위치를 서로 바꾸는 것도 이동이다)이 많다는 단점이 있다. 선택 정렬로 불필요한 작업을 살펴보자.

먼저 선택 정렬은 모든 숫자를 쌍 단위로 비교했다. $X{<}Y,\ Y{<}Z$처럼 이미 비교됐다면 더 이상 X와 Z를 비교할 필요가 없다.

다음으로 선택 정렬은 무의미한 위치 교환이 많다. 극단적으로 예를 들어보겠다. 수열 a가 내림차순으로 수열됐다고 하자. 즉 $a[1]$이 최댓값이고 $a[2]$는 두 번째 값이 된다. $a[N]$은 최솟값이라면 $a[1]$와 $a[2]$를 정렬할 때 효과적인 이동은 두 개 모두 가장 뒤로 이동시키는 것이다. 실제로는 첫 번째 비교 시 $a[2]$가 $a[1]$ 앞으로 한 번 이동할 뿐이다. $a[2]$를 $a[1]$ 앞으로 옮긴 것은 의미 없는 작업이다. 수열 숫자들이 난수 상태에서 선택 정렬이 시작되면 정렬할 때 의미 없는 위치 교환이 많아진다.

선택 정렬과 삽입 정렬이라는 비효율적인 정렬 알고리즘을 알아봤다. 어떤 프로그램에서든 해당 알고리즘을 사용하지 말자. 무의미한 정렬 알고리즘이다. 두 알고리즘을 분석한 이유는 비효율적인 알고리즘의 주요 문제가 대량의 의미 없는 중복 연산이고, 알고리즘 효율을 높이려면 필수인 계산은 무엇이며 불필요한 계산은 무엇인지 분석해야 한다는 것을 설명하기 위해서였다.

1.4.2 효과적인 정렬 알고리즘 효율성은 어디에서 올까?

정렬 알고리즘의 개선 방법을 계속 알아보자. 오늘날 상용되는 정렬 알고리즘은 세 가지다. 병합 정렬merge sort(합병 정렬), 퀵 정렬quick sort, 힙 정렬heap sort이다. 평균 시간 복잡도가 모두 $O(N\log N)$이라는 공통점을 가졌다.

---

9 옮긴이 오름차순으로 정렬된 리스트에서 특정한 값의 위치를 찾는 알고리즘이다. 처음 중간 값을 임의의 값으로 선택해 그 값과 찾고자 하는 값의 크고 작음을 비교해 위치를 찾는다. 참고: https://ko.wikipedia.org/wiki/이진_검색_알고리즘

병합 정렬부터 알아보자. 병합 정렬 알고리즘은 폰 노이만이 전자 컴퓨터도 없던 1945년에 고안했다. 전형적으로 분할 정복 알고리즘과 재귀를 응용한 알고리즘이다. 병합 알고리즘을 이해하려면 일단 일반인의 사고방식에서 벗어나 거꾸로 생각해야 한다.

일단 수열 $a[1...N]$을 전후 두 부분으로 분할한다. 수열 A의 전 수열 B와 후 수열 C는 모두 $N/2$개의 원소를 가진다. 그리고 $b[1]$, $b[2]$ ⋯ $b[N/2]$와 $c[1]$, $c[2]$ ⋯ $c[N/2]$의 각자 정렬한다. 두 부분 수열을 비교하지는 않는다. 한 걸음 더 나아가 두 개의 하위 수열을 결합해보겠다. 구체적인 방법은 다음과 같다.

$b[1] < c[1]$ 조건을 만족한다면 $b[1]$을 A열로, 즉 $a[1] = b[1]$로 A 수열로 복귀시킨다. 그렇지 않으면 $a[1] = c[1]$로 지정한다. 최솟값의 원소가 정해진다. 두 번째로 작은 원소는 무엇일까? 똑같은 원리를 적용한다. 첫 원소가 $a[1] = b[1]$로 결정되면 두 번째로 작은 원소는 반드시 $b[2]$와 $c[1]$ 중 하나라고 생각하면 된다. 두 숫자를 비교해 더 작은 것을 A 수열로 복귀시킨다. 즉 $a[2] = min(b[2], c[1])$로 표현할 수 있다. 함수 $min()$은 둘 중 작은 하나를 나타내는 수식이다. 만약 B 수열의 원소 $b[2]$가 A 수열로 들어가면 다음에는 $b[3]$과 $c[1]$ 중 누가 작은지, 그렇지 않으면 $b[2]$와 $c[2]$ 중 누가 작은지 비교하면 된다.

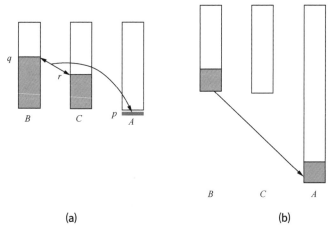

(a) (b)

그림 1.5 **병합 정렬의 병합 과정: (a) 두 수열 중 가장 작은 값을 비교해 병합된 수열에 더 작은 값을 추가한다. (b) 한 수열이 모두 병합되면 다른 수열의 나머지 부분은 병합된 수열에 바로 병합된다.**

A, B, C 위치에 각각 세 개의 포인터 p, q, r을 지정한 후 각 수열의 현재 비교 위치를 지정한다. 예를 들어 A 수열에서는 p번째 원소 값 $a[p]$에 B, C 수열 중 하나의 값을 넣은 후 B 및 C 수열의 q와 r 위치에 있는 원소를 비교한다. 다음으로 다음 원소인 $a[p+1]$를 결정한다. $a[p+1]$ 원소는 $b[q]$ 또는

$c[r]$ 중에서 결정된다. 즉 $a[p+1]=min(b[q],\ c[r])$로 표현할 수 있다. 같은 방법으로 $b[q]$가 작다고 가정한다면 포인터 q는 $q+1$로 이동한다. 포인터 p도 한 자리 내려간다. [그림 1.5(a)]와 같다.

두 가지 원소를 비교해 B 또는 C 부분 수열 중 더 작은 원소를 병합 수열에 넣는다. A 수열에 C 수열의 원소들을 모두 넣었으며 B 부분 수열에 아직 원소가 남았다고 가정해보자. 분명한 것은 B 수열에 남은 원소들은 이미 순서가 정해졌으며 모두 이미 A 수열에 넣은 원소보다 더 크다는 점이다. B 수열은 [그림 1.5(b)]처럼 A 수열의 끝에 넣어 추가하면 된다. 서열이 정해진 두 개의 부분 수열을 하나의 큰 수열로 통합했다. 이 과정에서 최대 N회 비교하며 N개의 숫자 이동을 요구한다. 시간 복잡도는 $O(N)$이 된다.

새로운 의문이 생길 수 있다. B와 C 수열은 어떻게 정렬됐는가? 답은 매우 재미있다. 앞선 과정을 반복하면 된다고 가정한다면, 즉 B 수열의 부분 수열이 절반 정도 정렬됐다고 가정하자. C 수열도 마찬가지다. 전 세계 아이들이 들었을 법한 옛날이야기(산, 절, 늙은 중, 동자승 이야기)를 떠올리게 하는 방법이다.

> 옛날에 산 하나가 있었다. 산속에 절이 있었고 절의 늙은 중이 동자승에게 옛날이야기를 했다. 무슨 이야기를 했냐면… 옛날 산속에 절이 있었고, 절의 늙은 중이 동자승에게 옛날이야기를 했다. 무슨 이야기를 했냐면….

앞서 설명한 알고리즘이 생각의 흐름이 이렇다. 컴퓨터 과학에서는 '재귀'라고 한다. 재귀는 나중에 설명하겠지만 여기서는 재귀와 옛날이야기의 차이점을 알아보자. 예시의 옛날이야기는 영원히 반복되지만 재귀는 종료 조건이 있다. 병합 정렬과 관련해 최종 하위 수열에 하나의 원소만 남은 경우 정렬할 필요가 없으며 전체 문제가 다시 단계를 하나씩 거쳐 해결된다.

병합 정렬에서 답해야 할 두 번째 질문이 있다. 병합 과정을 몇 번이나 수행해야 하는지다.

하위 수열에 하나의 요소만 남았을 때 재귀 반복문이 종료되고 각 재귀 반복문은 현재 수열의 원소 수를 절반으로 줄인다. 따라서 $\log N$번 재귀 반복문을 수행할 때 종료 조건이 발생한다. 각 재귀 반복문의 처음부터 끝까지 필요한 계산량은 다음과 같이 분석된다.

첫 번째 반복문은 $O(N)$ 계산이 필요하다. 두 번째 반복문은 두 수열이 생기고 각 하위 수열 계산량은 절반이므로 총 계산량과 동일하다. $O(N/2 \times 2)=O(N)$이다. 세 번째 반복문은 네 개의 부분 수열이 생겼다. 각각 원래 수열의 1/4이므로 총 계산량은 첫 번째와 같다. 마지막으로 $K=\log N$회까지 N개의 부분 수열이 만들어지며 각각 원래 수열의 $1/N$, 총 계산량은 여전히 처음처럼 N회다.

즉 전체 병합 정렬의 계산 복잡도는 $O(N\log N)$이다. 앞서 알고리즘 3의 최대 합산 구간에서 설명했듯이 $O(N\log N)$과 $O(N^2)$의 복잡도는 차이가 매우 크다. 병합 정렬 계산량은 직관적인 정렬 알고리즘보다 훨씬 대량인 중복 계산을 많이 제거하거나 줄인 것이다. 그렇다면 불필요한 계산은 어떻게 생략할 수 있을까? 병합의 첫 번째 단계는 B와 C의 부분 수열을 A 수열로 통합하는 과정을 다시 한번 생각하자.

병합 과정에서 가장 작은 원소를 얻으려면 두 수열의 최소 원소를 한 번만 비교하면 된다. $X<Y$, $Y<Z$일 때 반드시 $X<Z$라는 논리를 이용하기 때문이다. 선택 정렬은 어떤 비교는 명백하게 불필요하다. 하지만 거의 모든 원소와 비교해야 한다. 병합 정렬이 시간을 아끼는 근본적인 이유다. 더욱 최적화된 알고리즘을 찾는 방법은 계산을 덜 하는 데 있다.

병합 정렬에서 부분 수열 두 개를 통합하는 방법, 즉 병합 알고리즘은 컴퓨터 분야와 다른 분야에서도 더 널리 응용될 수 있다. 물론 중간 결과를 유지하려면 추가 저장 공간이 필요하다는 문제가 있다. 부분 수열 B와 C를 수열 A로 통합할 때 추가로 $O(N)$ 크기의 저장 공간이 필요하다. 부분 수열 B, C가 병합 정렬을 수행할 때는 걱정할 필요 없다. 전체 계산 과정에서는 하나의 완전한 수열만 남기면 된다. B와 C 수열의 병합 정렬 중에는 A 수열의 공간을 가져와 저장하면 된다. 병합할 때마다 병합하기 전 부분 수열 데이터는 $O(N)$ 크기의 추가 저장 공간을 사용하고 병합된 데이터는 기존 공간을 사용해 두 개의 저장 공간을 번갈아 사용한다.

컴퓨터 과학에서 절대적인 최적성을 가진다는 것은 어렵다. 최적성 기준이 많이 다르다. 특히 병합 정렬 알고리즘은 공간 차원에서 그리 경제적이지 않다. 계산 시간의 복잡도는 $O(N\log N)$이며 별도 공간을 차지하지 않는 정렬 알고리즘을 찾으려고 시도하기도 했다. 1964년 캐나다 컴퓨터 과학자 존 윌리엄스John W. J. Williams가 힙 정렬 알고리즘을 제안했다. 앞서 언급한 두 가지 요구 사항을 충족한다. $O(N\log N)$의 시간 복잡성을 가지며 추가 공간을 차지하지 않는다. 추가 공간을 차지하지 않는다는 특성을 '제자리 정렬 특징in place characteristic'이라고 한다.

시간 복잡도가 $O(N\log N)$인 정렬 알고리즘을 찾은 후에는 '규모의 차이'로 더 나은 정렬 알고리즘을 갖는 것이 불가능하다. 동일한 시간 복잡도를 가진 알고리즘이라도 상수의 차이는 있을 수 있다. Big O 개념에서 동일한 시간 복잡도를 가지는 알고리즘을 개발하는 것은 의미 없지만 누군가는 알고리즘 설계상 실제 연산량이 다른 알고리즘보다 계산량을 감소시킬 수 있는 방법을 연구한다. 이런 생각을 갖고 영국의 컴퓨터 과학자 토니 호어Tony Hoare는 병합 정렬과 (훗날의) 힙 정렬보다 두세 배 빠른 알고리즘인 퀵 정렬을 만들었다. 퀵 정렬 알고리즘은 $O(N\log N)$의 추가 공간만 필요하다. 제자리 정렬의 요구 사항을 충족하지 못하지만 무시할 수 있을 만큼 작은 공간이다.

힙 정렬과 퀵 정렬은 나중에 설명한다. 다른 정렬 알고리즘을 소개하면서 그 차이점만 살펴보겠다.

퀵 정렬과 힙 정렬은 모두 병합 정렬보다 더 완벽한 것처럼 보이지만 고질적인 문제가 있다. 알고리즘 정렬이 안정된 상태를 유지하기를 원한다. 즉 동일한 값 요소가 두 개 있다면 상대적 위치가 정렬한 후에라도 원래 순서를 유지해야 하는 경우가 있다.

예를 들어 35번째 요소와 44번째 요소 값을 정렬하기 전에 두 요소 모두 150이라 한다면 정렬 후에 원래 35번째의 150이 여전히 44번째 150 앞에 있기를 원한다. 이렇게 돼야 값의 여러 열이 있는 테이블을 정렬할 때 편리하다. Brown과 Franz는 둘 다 150근(1근=0.5kg) 무게가 나간다고 하자. 해당 테이블을 정렬할 때 일단 사람의 체중을 기준으로 정렬한다. 같은 무게의 사람들은 알파벳 순서에 따라 정렬해야 해 Brown은 Franz 앞에 위치한다. 간단한 수행 방법은 먼저 이름 순서로 정렬한 후 무게 순서로 정렬하는 것이다. 첫 번째 정렬(알파벳 순) 이후에는 Brown이 Franz보다 앞서야 한다. 두 번째 정렬(체중 순) 이후에는 149근 이하의 이름이 앞으로 오고 151근 이상은 뒤로 가지만 둘 다 원래 순서가 유지돼야 한다. 이것이 가능하려면 체중으로 정렬할 때 Brown과 Franz의 상대 위치가 변경되지 않은 상태가 유지돼야 한다는 점이다. 둘 다 같은 체중으로 순서가 무작위로 변경된다면 정렬이 불가능하다. 안정성을 유지하는 것도 정렬 알고리즘에서 고려해야 한다. 그렇게 하지 않으면 실용적이지 않은 알고리즘이 된다. 안타깝게도 병합 알고리즘과 달리 퀵 정렬과 힙 정렬은 안정적이지 않다. 병합 정렬을 사용하는 것이 합리적일 때가 있다.

또한, 퀵 정렬은 평균 시간 복잡도가 $O(N\log N)$이지만 극단적인 경우 시간 복잡도가 $O(N^2)$라는 명백한 단점이 있다. 많은 후대의 컴퓨터 과학자가 정렬 알고리즘의 최악 시간 복잡도인 $O(N\log N)$까지 개선했지만 효율성은 오히려 떨어졌다. 컴퓨터 분야에서는 개선을 하려면 그에 상응하는 대가가 필요하다.

마지막으로 [표 1.3]을 보자. $O(N\log N)$ 시간 복잡도를 가지는 세 가지 정렬 알고리즘을 비교했다.

표 1.3 효율적인 정렬 알고리즘의 비교

알고리즘	평균 시간 복잡도	최악 시간 복잡도	추가 공간 복잡도	안정성
병합 정렬	$O(N\log N)$	$O(N\log N)$	$O(N)$	✓
힙 정렬	$O(N\log N)$	$O(N\log N)$	$O(1)$	✗
퀵 정렬	$O(N\log N)$	$O(N^1)$	$O(\log N)$	✗

[표 1.3]을 보면 세 가지 정렬 알고리즘이 각각 장점을 가졌다는 것을 알 수 있다. 컴퓨터 과학에서 작업을 수행하는 두 가지 원칙이 있다. 첫째, 선택 정렬과 삽입 정렬 같은 불필요한 계산이 필요한 알고리즘 채택을 피해야 한다. 판단 착오로 채택했다면 그 피해는 치명적일 수 있다. 둘째, 이론적으로 최적화된 알고리즘 종류와 단순한 계산 시간 외에도 최적화를 위한 많은 차원이 있을 수 있다. 한 알고리즘이 다른 알고리즘보다 절대적으로 더 나은 상황은 없다. 단지 특정 조건에서 다른 알고리즘보다 더 적합한 것뿐이다.

1.4.3 특정한 경우에서 더 나은 알고리즘이 있을까?

병합 정렬, 힙 정렬 및 퀵 정렬은 반세기 이상 사용했다. 오늘날에도 여전히 사용한다. 컴퓨터 과학자는 해당 정렬 알고리즘들이 정렬 문제를 깊이 이해하며 대부분 응용 프로그램의 요구 사항을 충족한다고 한다. 그러나 만족스럽지 못한 것도 사실이다. 특히 가장 많이 사용되는 퀵 정렬은 안정적이지 않다. 다중 열 테이블을 다룰 때는 더욱 그 응용이 번거롭다. 예를 들어 엑셀 표를 정렬할 때는 퀵 정렬을 사용할 수 없다. 과학자들은 여전히 특정 응용 프로그램에서 더 나은 정렬 알고리즘을 찾는 것을 고려한다. 현실적으로 앞서 언급한 많은 차원의 다양한 요구를 고려하고자 하나의 정렬 알고리즘을 사용하는 것은 어렵다.

오늘날 정렬 알고리즘의 개선 사항은 대부분 여러 정렬 알고리즘의 아이디어를 결합hybrid sorting algorithm했다. 퀵 정렬과 힙 정렬을 합친 인트로 정렬introspective sort, introsort(내성 정렬)은 오늘날 표준 템플릿 라이브러리standard template library, STL의 대부분 정렬 기능에서 사용하는 알고리즘이 됐다. 팀정렬Timsort(팀소트)은 오늘날 자바 및 안드로이드 운영체제에서 내부적으로 사용되는 정렬 알고리즘이 됐다. 2002년에 두 가지 정렬 알고리즘(삽입 정렬은 공간 절약, 병합 정렬은 시간 절약)의 특성을 결합한 알고리즘을 발명한 팀 피터스Tim Peters에서 딴 이름이다. 그는 정렬 최악 시간 복잡도인 $O(N\log N)$ 수준으로 제어하면서 정렬 안정성을 일거에 보장해주는 하이브리드 정렬 알고리즘을 고안했다. 팀정렬은 파이썬 프로그래밍 언어에서 처음 구현됐다. 현재도 여전히 기본 프로그래밍에서 사용하는 알고리즘이다.

팀정렬은 블록 단위(알고리즘에서 run으로 단위를 지칭)의 병합 정렬로 생각할 수 있으며, 블록 내부 원소는 내림차순이나 오름차순으로 정렬된다. [예제 1.3]을 생각해보자. 임의의 수열은 일반적으로 [표 1.4]에 표시된 수열처럼 작은 수에서 큰 수로 증가하는 부분 수열이나 큰 수에서 작은 수로 감소하는 부분 수열을 가지게 된다.

표 1.4 **수열**

순번	1	2	3	4	5	6	7	8	9	10	11	12	13	14	15	16	17	18	19	20	21
원소	12	9	3	6	7	14	-6	13	24	7	6	-9	5	0	5	6	14	16	12	18	18

두 개의 인접한 숫자가 더 큰 숫자와 더 작은 숫자로 나타나는 경우는 많지 않다. [표 1.4]를 그래프 형태로 나타내면(그림 1.6) 이 수열의 원소가 항상 연속한 값의 구성이라는 것을 알 수 있다. 하락하거나 여러 번 연속해서 상승하기도 한다.

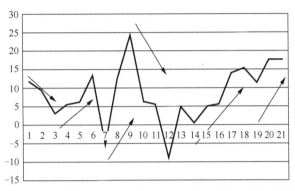

그림 1.6 **임의의 수열 내부에 여러 개의 증가나 감소되는 하위 수열이 포함될 수 있다**

팀정렬은 데이터의 해당 특성으로 정렬 비교와 데이터 이동을 줄이는 것으로서 다음과 같다.

1단계, 수열에서 각각 증가 및 감소된 부분 수열을 찾는다. 부분 수열이 너무 짧다면 미리 설정한 상수(보통 32나 64로 설정한다)보다 작다면 간단한 삽입 정렬로 부분 수열(블록 또는 run이라고 지칭)을 정렬한다. 삽입 위치를 찾을 때는 이분 검색 알고리즘을 사용한다. 그다음 [그림 1.7]처럼 순차적 하위 수열을 임시 저장 공간(스택stack)에 하나씩 넣는다. 스택 같은 데이터 구조는 다시 말하겠지만 지금은 임시 저장 공간 정도로 이해하자. [그림 1.7]에서 X, Y, Z, W 블록으로 표시된 길이를 각 길이로 이해하면 된다.

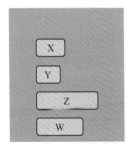

그림 1.7 **수열을 블록으로 만든 다음 스택에 넣는다**

2단계, 규칙에 따라 블록을 병합한다. 병합 과정은 긴 것과 짧은 것을 병합하는 것이 아니라 가장 짧은 것 두 개를 먼저 병합한다. 효율이 더 높다는 것이 증명된 방법이다. 병합 정렬의 두 하위 수열 병합과 동일한 방법이다. 효율을 높이고자 팀 알고리즘에서 말하는 블록은 원소의 개별적인 병합이 아닌 일괄 처리 방식으로 병합할 수 있도록 한다. [그림 1.8]에 표시된 두 개의 하위 블록을 병합할 때 수열 X의 처음 네 개의 수(7, 9, 13, 16)를 수열 Y의 3 뒤로 병합한 후, X 수열의 19를 병합하고 Y 수열의 세 개의 수(33, 36, 37)와 바로 병합한다. 그룹을 이뤄 합쳐진 숫자는 그림에서 [ ]로 표시하겠다. 물론 그룹별로 병합할 수 있는 전제는 그룹 간 경계를 안다는 것이다. 예를 들어 수열 Y의 3이 먼저 병합된 수열로 들어가면 수열 X의 7과 수열 Y의 17을 비교할 뿐만 아니라 수열 X에서 수열 Y의 17보다 큰 숫자의 위치를 알아야 한다(다섯 번째에 위치한 19가 된다). 이 위치를 순서대로 하나씩 탐색하면 전통적인 병합 정렬 알고리즘과 같아진다. 팀정렬은 일종의 뜀뛰기galloping 예측 방식[10]이다. 어떻게 뛰는지 알고 싶다면 깃허브 자료[11]를 참고하자.

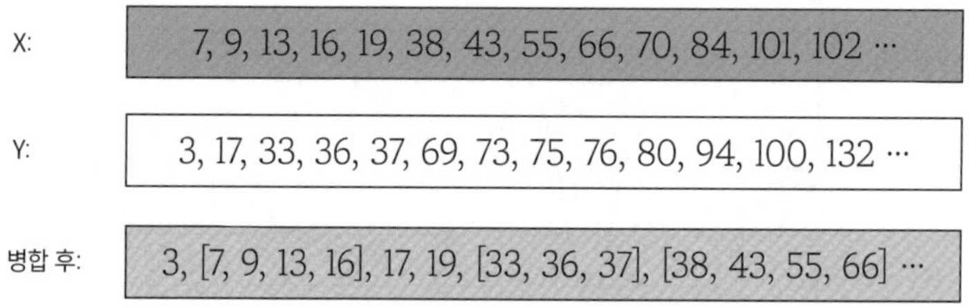

| X: | 7, 9, 13, 16, 19, 38, 43, 55, 66, 70, 84, 101, 102 ⋯ |

| Y: | 3, 17, 33, 36, 37, 69, 73, 75, 76, 80, 94, 100, 132 ⋯ |

| 병합 후: | 3, [7, 9, 13, 16], 17, 19, [33, 36, 37], [38, 43, 55, 66] ⋯ |

그림 1.8 팀정렬 블록 삽입

팀정렬의 상한 시간 복잡도는 병합 정렬과 같은 $O(N\log N)$이다. 실제 실행 시간을 보면 팀정렬은 병합 정렬보다 몇 배 더 빠르다. 많은 사람이 팀정렬을 완전한 무작위 수열로 테스트했고 기본적으로 속도가 퀵 정렬과 동일하다는 결론을 내렸다. 또한, 팀정렬은 많은 열을 가진 테이블의 정렬이 가능한 안정적인 정렬 알고리즘이기에 현재 널리 사용된다.

팀정렬의 세세한 부분을 이해하느냐가 중요한 것이 아니다. 팀정렬로 컴퓨터 본질을 이해하고 다양한 알고리즘을 잘 이용하는 것이 중요하다. 팀정렬은 삽입 정렬의 간단하고 직관적인 측면과 높은 효율성의 병합 정렬을 유연하게 활용하고, 병합 정렬이 더 개선될 수 있는 부분, 즉 너무 많은 일대일 비교 부분을 찾았다는 장점이 있다. 알고리즘 설계를 검토할 때 불필요한 작업의 최소화 규칙을 보면서 천천히 검토한다면 알고리즘 설계에 있는 실수를 찾아낼 수 있을 것이다. **실제 문제를 해결할 때 팀정렬의 원칙을 의식적으로 적용할 수 있다면 3등급에서 2.5등급 개발자가 될 수 있다.**

> **요점** 병합 정렬, 힙 정렬, 퀵 정렬, 재귀, 분할 정복법, 평균 시간 복잡도, 최악 시간 복잡도, 제자리 정렬, 정렬 안정성

---

10 [옮긴이] 한 칸씩 비교하는 것이 아닌 2^m만큼 건너뛰면서 비교하는 방식이다.

11 https://github.com/python/cpython/blob/master/Objects/listsort.txt

심화 사고 문제 1.4

Q1. ★★★☆☆ 달리기 시합 문제(GS)

상위 3위까지 놓고 경쟁하는 달리기 선수 25명이 있다. 다섯 개의 트랙이 있어 한 번에 다섯 주자가 시합할 수 있다고 가정하자. 이 시합에서는 기록 측정은 하지 않는다. 순위 측정만으로 상위 3위까지 결정한다. 단 선수들의 경기력은 모든 시합에서 일정하다. 예를 들어 한 시합에서 존이 철수보다 빨리 달렸고, 다른 시합에서 철수가 켈리보다 빨리 달렸다면 존은 켈리보다 빠른 것이다. 그렇다면 상위 3위까지 결정하는 데 필요한 최소 시합 수는 몇 번일까? (답은 6장에 있다.)

Q2. ★★★☆☆ 구간 정렬

N개 구간 $[l_1, r_1]$, $[l_2, r_2]$ ... $[l_N, r_N]$이 있고 다음 조건이 충족하면 순서를 세울 수 있다고 한다.

조건: $x_1 < x_2 < x_3 ... x_i$가 성립한다. 각 x_1, x_2, x_3 ...은 $x_i \in [l_i, r_i]$이 성립한다. 여기서 $i=1, 2 ... N$이다. 예를 들어 [1, 4], [2, 3]과 [1.5, 2.5]는 순서를 세울 수 있다. 세 구간에서 세 개의 숫자 1.1, 2.1 및 2.2를 선택할 수 있고 조건을 만족하므로 순서를 세울 수 있다고 한다. 또한, [2, 3], [1, 4]와 [1.5, 2.5]는 2.1, 2.2 및 2.4를 선택할 수 있기 때문에 순서를 세울 수 있다. 그러나 [1, 2], [2.7, 3.5] 및 [1.5, 2.5]는 순서가 없다.

임의의 구간 집합에 대해 순서를 세우는 방법은 무엇일까?

1.5 마무리

동일한 문제에 다른 알고리즘을 사용할 때 알고리즘 간의 효율성 차이는 매우 클 수 있다. IT 업계 종사자의 작업 중 많은 부분은 프로그래밍에서 더욱 효율적인 알고리즘을 찾는 것이다. 물론 다양한 알고리즘이 다양한 규모의 문제를 처리할 때 효율성은 각각 다르다. 알고리즘의 효율성을 측정할 때는 문제 규모가 매우 크고 거의 무한하다고 가정한다. 그리고 계산량과 문제 크기 N 사이의 상관관계를 찾는다. 컴퓨터 과학에서 관심을 가져야 하는 것은 구체적인 계산 함수가 아니라 상한선이다. 이 상한선은 수학에서 함수의 상한 개념, 즉 Big O의 개념이다.

이 문제는 다른 방식으로 생각해야 한다. 수열에 N개 요소가 있다고 가정하고 정렬에 필요한 최소 비교 횟수를 찾아보자. 물론 실제 정렬에 필요한 횟수는 비교 횟수보다 더 오래 걸린다.

두 개의 수열 a_1, a_2 … a_i … a_N 및 b_1, b_2 … b_i … b_N 이 있다고 가정하고 크기를 비교해보자. 규칙은 다음과 같이 결정한다. 각 수열 중 a_i 및 b_i는 서로 같지 않은 원소 쌍이고 $a_i \le b_i$ 조건을 만족한다. 각 수열의 전 원소가 모두 쌍을 이루는 경우, 즉 $a_1=b_1$, $a_2=b_2$ … $a_{i-1}=b_{i-1}$의 경우 a 수열은 b 수열보다 작다.

임의의 수열 a_1, a_2 … a_N의 원소를 무작위로 나열하면 여러 종류의 수열이 나올 수 있다. 해당 수열 중에서 가장 작은 수열은 그 원소가 더 큰 수열의 원소보다 작거나 같은 것이다. 가능한 모든 수열 중에서 요소의 비교로 가장 작은 것을 선택한 것이 정렬된 수열이다.

다음으로 무작위로 수열된 M개의 수열 크기를 비교하고자 얼마나 많은 요소 대 요소 비교가 필요한지 알아보자.

i번째 위치와 j번째 위치에 있는 요소를 제외하고 요소를 바꿀 수 있는 두 개의 수열이 있다고 가정하자. 여기서 $i<j$, 다른 요소는 동일하다. 즉 두 수열을 $a1$, $a2$ … ai … aj … aN 과 $a1$, $a2$ … aj … ai … aN 로 쓸 수 있다. $ai \le aj$이면 첫 번째 수열이 두 번째 수열보다 작고, 반대로 $ai > aj$이면 두 번째 수열이 첫 번째 수열보다 작다. 즉 두 요소 ai와 aj를 한 번 비교하는 것으로 겨우 서로 다른 두 개 수열의 크기를 구별할 수 있다.

비교를 두 번 수행하면 최대 몇 개의 수열 크기를 구별할 수 있을까? 기껏해야 네 개 정도다. 마찬가지로 k번 비교를 수행하면 최대 2^k의 서로 다른 수열 크기를 구별할 수 있다. 반대로 M 종류의 수열이 있다면 크기를 구별하는 데 $\log M$ 비교가 필요하다.

다음으로 N개 요소의 수열로 얼마나 많은 가능한 수열을 만들 수 있는지 생각해보자. 분명히 $N!$ 계승의 개수다. 많은 수열의 크기를 구별하고 가장 작은 수열을 선택하려면 [그림 1.9]처럼 최소한 $\log N!$ 비교가 필요하다.

$\log N!$ 계산은 스털링 공식,[12] 즉 $\ln N! = N \ln N - N + O(\ln N)$를 사용해야 한다. $\log N! = O(N\log N)$이라는 결론을 내릴 수 있다. 정렬에 필요한 비교 횟수의 하한을 추정했다. 정렬 알고리즘 복잡도는 $O(N\log N)$보다 더 작아질 수 없다.

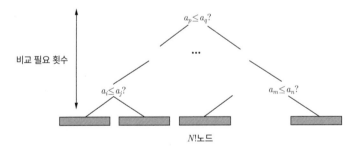

그림 1.9 $N!$개의 서로 다른 수열 크기를 구별하는 데 필요한 비교 횟수는 N!개의 리프 노드(leaf node, 잎 노드)를 포함하는 이진 트리의 높이(루트 노드(root node)에서 가장 먼 리프 노드까지의 노드 수)보다 작을 수 없다

---

12 옮긴이 큰 수의 팩토리얼 계산을 적분으로 풀어낸 공식이다. 참고: https://ko.wikipedia.org/wiki/스털링_근사

CHAPTER 2

역방향 사고: 순환에서 재귀로

인간이 지각할 수 있는 공간 크기는 넓지 않다. 인간은 세계를 가까운 곳에서 먼 곳으로, 좁은 곳에서 넓은 곳으로 확장하는 방식으로 인식한다. 유전자에 깊게 박힌 인간 고유의 인식과 사고방식이다. 이런 종류의 인지와 사고방식은 구체적인 사물을 이해하기 쉽게 해주지만 상상력과 큰 그림은 제한한다. 상상력이 생생한 경험에서 멀리 떨어진 곳까지 도달해야 할 때부터는 이해의 장벽에 부딪힌다. 예를 들어, 지금까지도 많은 사람이 상대성 이론을 이해하지 못하는데 어떻게 빛의 속도가 일정한 이유를 이해할 수 있겠는가?

인간과 달리 컴퓨터는 처음부터 훨씬 더 큰 문제를 처리하도록 설계되었고, 인간과는 완전히 다른 방식으로 문제를 해결한다. 컴퓨터 관점에서 문제를 생각할 수 있다면 과학적 사고나 공학적 사고를 한다고 하는 것처럼 '컴퓨팅 사고'를 하는 것이다. 컴퓨터 기반의 문제 해결 방법으로 일을 한다면 '컴퓨터적 방법론'이 있다고 할 수 있다. 컴퓨팅 사고에서 가장 중요한 것은 하향식, 연역적 사고, 그리고 재귀적recursive 사고다. 인간이 채택한 상향식, 귀납적 사고는 순환적iterative 사고다. 재귀적 사고와 순환 사고는 생각 및 행동 방식이 완전히 다르다. 컴퓨터 실무자가 최고의 과학자나 뛰어난 개발자, 즉 높은 수준의 인재가 되려면 직장에서 생각하는 방식을 바꾸고 컴퓨팅 사고를 해야 한다. 즉 재귀적 사고를 마스터해야 한다.

2.1 재귀: 컴퓨팅 사고의 핵심

재귀를 이야기하려면 순환적 사고를 알아야 한다.

순환적 사고는 인간의 본능적인 사고다. 어렸을 때 1, 2, 3에서 100까지 세는 것을 배우는데, 전형적인 순환적 사고다. 순환적 사고는 작은 것에서 큰 것으로, 쉬운 것에서 어려운 것으로, 부분에서 전체로 가는 사고여서 이해하기 쉽다. 중학교에서 배우는 수학적 귀납법도 순환적 사고방식이다. 수학적 귀납법은 수 N에 대해 수학적 법칙이 성립한다는 것을 가정하는 것이다. $N+1$도 성립될 수 있다는 것이 증명되면 모든 자연수도 성립될 수 있다. 순환적 사고방식의 본질은 작은 것과 큰 것을 동일한 규칙으로 확대 및 일반화하는 것이다.

순환적 사고 방법으로 정수의 계승을 계산하는 경우를 보자. 5의 계승이라면 작은 것부터 큰 것으로 하나씩 곱해야 한다. 즉 $5! = 1 \times 2 \times 3 \times 4 \times 5$다. 5!를 계산하는 방법을 배운 후에는 100!을 계산해보자. 우선 1에서 100까지 곱한다. 일반적인 상황에서는 지극히 자연스럽고 합리적이며 아무 문제가 없다.

재귀적 사고로 계승을 계산한다면 어떻게 될까? 순환적 사고 방법의 과정을 반대로 하면 된다. 5!를 계산하려면 먼저 4!를 안다고 가정하고 4!에 5를 곱한다. 4!가 어떻게 계산되는지 궁금할 수 있다. 아주 간단하다. 같은 방법을 사용해 $3! \times 4$로 바꾼다. 3!도 같은 방법으로 처리한다. 마침내 1!에 도달하면 1!은 1과 같다는 것을 알고 더 이상 진행하지 않는다. 1!, 2!에서 5!까지 모든 결과를 다시 차례대로 한다.

재귀적 사고에는 두 가지 장점이 있다. 첫째, 현 단계의 문제가 해결된다면 전체 문제를 해결할 수 있다. 예를 들어 계승 $N!$을 계산할 때 N에 특정 숫자를 곱하는 것만 신경 쓰면 된다. 곱할 숫자는 $N-1$ 계승인 $(N-1)!$이다. $(N-1)!$은 어떻게 계산할까? 둘째, 동일한 계산 과정을 진행한다. 물론 두 가지 전제 조건이 있다. 첫 번째 조건은 각 단계의 문제 형식이 동일해야 한다는 점이다. 그렇지 않으면 동일한 계산으로 다른 단계의 계산을 완료할 수 없다. 두 번째 조건은 최종 종료 조건이 존재해야 한다는 점이다. 그렇게 하지 않으면 1장에서 말한 '산, 절, 늙은 중, 동자승 이야기' 이야기처럼 계산이 끝나지 않는다.

대부분 컴퓨터 과학을 공부할 때 직관적이지 않고 역방향으로 생각해야 하는 재귀적 사고에 익숙하지 않다. 계승 연산처럼 작은 것부터 큰 것까지 하나씩 곱하는 정방향적 사고는 쉽다고 생각한다. 왜 복잡하게 거꾸로 생각해서 계산해야 할까? 많은 문제는 거꾸로 봤을 때 더 명확해진다. 거꾸로 볼 수 있는 단계를 통과하지 못한다면 백미러를 사용하지 않는 운전자가 운전면허증을 얻을 수 없듯이 평생 컴퓨팅 사고를 익힐 수 없다.

거꾸로 보는 사고의 중요성을 더 자세히 살펴보자.

2.1.1 간단해 보이는 순환적 사고 공식

예제 2.1 ★★☆☆☆ 20을 외쳐라!(AB)

당신은 한 명의 상대와 게임을 한다. 한 사람이 1 또는 2 를 선택해 말하면 다른 한 사람은 그 숫자에 1 또는 2를 추가한 숫자를 외친다. 다른 사람의 차례가 되며 다시 이전 숫자에 1 또는 2를 추가해 선택한다. 그 후 양측은 교대로 1을 더하거나 2를 더한 숫자를 외치고 최종적으로 정확히 20을 외치는 사람이 승리한다. 이 게임에서의 필승법은 무엇일까?

이 질문을 정방향으로 생각해보자. 다소 어렵게 느껴진다. 만약 5를 외치는 사람이 이기는 것으로 조건을 변경하면 모든 가능한 수가 명확하게 보여 간단해진다. 그러나 10을 외치는 것으로 바꾼다면 정방향으로 진행할수록 복잡해진다. 20은 더 복잡하다. 이 유형은 경우의 수를 일일이 열거하면서 해결하기 어렵다.

문제를 역방향으로 생각하면 매우 간단해진다. 내가 20을 외치려면 17을 먼저 외쳐야 한다. 17을 외친 후에는 상대방이 그 숫자에 1을 추가하든 2를 추가하든 결국 내가 20을 외칠 수 있다. 17을 외치려면 14를 외쳐야 한다. 즉 11, 8, 5, 2를 외쳐야 한다. 이 질문은 먼저 2를 외치는 것이 필승법이다. 이것이 재귀의 개념이다. 30을 외쳐야 하든 50을 외쳐야 하든 해당 사고방식으로 문제를 생각하면 된다. 핵심은 상대방이 1이나 2를 추가할 수 있어 각 라운드에서 두 사람이 외치는 숫자 합을 3으로 제어할 수 있으며 결국 전체 프로세스를 제어할 수 있다는 점을 이해하는 것이다.

필자의 동료와 친구 중 일부는 이 질문으로 지원자를 대상으로 질문을 했다. 놀랍게도 구글 지원자의 30%가 대답하지 못했다. 질문에 대답하지 못하는 사람들은 작은 것에서 큰 것을 확장하는 순환적 사고로 문제에 접근했다. 일단 2를 시도해보고, 3을 시도해보고, 4를 시도해보는 식으로 일련의 상황에 대한 반복 공식을 찾았다. 특정 문제를 해결하는 프로그래밍에 사용할 수는 있지만 컴퓨터 공학의 본질을 전혀 이해하지 못하고 있는 접근 방식이다. 이런 사고방식을 뛰어넘지 못한다면 아무리 경력이 쌓여도 5등급 수준의 개발자 수준에서 더 발전할 수 없다.

[예제 2.1]은 꽤 단순하다. 순환적으로 총합을 더하면서 필승법을 만들 수도 있다. 문제를 조금만 바꾸면 훨씬 더 복잡해진다. [예제 2.1]의 변형을 살펴보자.

예제 2.2 ★★★☆☆ 계단 오르기(AB, FB 등)

[예제 2.1]과 같은 방식으로 상대방과 같이 첫 번째 계단(1을 시작점으로)에서 시작해 스무 번째 계단을 밟는 사람이 이긴다. 매번 한 계단 또는 두 계단을 추가할 수 있다. 이때 스무 번째 계단까지 올라가는 경우의 수는 얼마나 있을까? 예를 들어 1, 4, 7, 10, 12, 15, 18, 20이 하나의 경우다. 1, 2, 5, 8, 11, 14, 17, 20이 또 다른 하나의 경우다. 얼마나 많은 다른 방법의 수가 있을까?

계단 오르기 문제다. 매번 한두 개의 계단을 올라갈 때 스무 번째 계단을 오를 수 있는 방법의 수는 몇 가지가 될지 묻는 문제다. 필자와 일부 동료는 지원자에게 계단 오르기 문제를 냈으나 절반 정도 대답하지 못했다.

대답하지 못한 사람은 예외 없이 $n=1, 2, 3$의 몇 가지 경우를 직접 시도해보면서 일반적인 규칙을 유도하려고 했다. 간단한 배열 조합 문제로 생각하고 반복 순환적인 계산으로 계단의 총 수 n과 계단을 오르는 경우의 수 사이의 관계를 구하는 함수 $F(n)$ 공식을 찾으려고 했다. 결국 $n=20$을 대입하면 스무 번째 계단에 오르는 경우의 수 공식을 구할 수는 있다. 안타깝게도 이런 방식으로 문제를 풀었던 사람은 거의 면접에 합격하지 못했다. n을 변수로 하는 함수가 분명 존재는 하지만 공식은 다음과 같기 때문이다.

$$F(n) = \frac{1}{\sqrt{5}}\left[\left(\frac{1+\sqrt{5}}{2}\right)^n - \left(\frac{1-\sqrt{5}}{2}\right)^n\right] \tag{2.1}[1]$$

수학적 귀납법으로 도출하는 것이 매우 쉬운 공식이라고 생각할 수 있는데, 결코 쉽지 않다. 거꾸로 해당 문제를 생각하면 쉽다. 바로 이 기술이 재귀다. 스무 번째 계단까지 $F(20)$가지의 다른 경로가 있다고 가정해보자. 스무 번째 계단에 이르기까지 직전 상황은 두 경우가 있다. 열여덟 번째에서 20$(18+2=20)$번째로 오르거나 열아홉 번째에서 스무 번째로 오르는 것이다. 두 가지 상황은 별개 상황이다. 스무 번째까지 경우의 수는 사실 $n=18$ 경우의 수와 $n=19$까지 경우의 수 합, 즉 $F(20) = F(18) + F(19)$가 된다. 마찬가지로 $F(19) = F(17) + F(18)$이 된다. 재귀 공식이다. 공식의 일반적인 형식은 다음과 같다.

$$F(n) = F(n-1) + F(n-2) \tag{2.2}$$

마지막으로 종료 조건이 필요하다. $F(1)$은 단지 시작점의 경우, 즉 $F(1)=1$이다. 유사하게 $F(2)$는 두 가지 경우가 있다. $F(2)=2$이다. $F(1)$과 $F(2)$를 알면 $F(3)$을 알 수 있으며 $F(20)$까지 계산이 가능하다.

[수식 2.2]는 피보나치 수열Fibonacci numbers이다. $F(20)=10946$은 상상해서 이야기할 수 있는 작은 숫자가 아니다. 하나하나 차근차근 대입해도 모든 식을 계산할 수 없다.

[예제 2.2]처럼 많은 등가성을 가지는 문제가 있다. 답은 모두 피보나치 수열이다. 컴퓨터 과학에서 등가 문제는 매우 중요하다. 하나의 등가 문제를 해결하면 나머지를 해결할 수 있다. 이후 카탈랑

---

1   이 번호는 수식 번호를 나타낸다.

수를 소개할 때 다시 등가 문제를 이야기하겠다. 만약 해결하려는 문제가 장기 미해결 난제와 등가적인 관계라는 것을 발견한다면 일단 포기하는 것이 좋다. 모든 NP-완전NP-complete, NP-C[2] 문제가 모두 등가적 문제다. NP 완전 문제가 간단해 보여 해결을 시도해도 해결할 수 없다.

피보나치 수열의 재귀 공식에서 [수식 2.1]의 해를 구하는 방법은 2장 부록 1을 참조하라.

2.1.2 하노이의 탑과 구련환: 재귀로 표현되는 문제

컴퓨터 공학에서는 앞선 숫자 계산 문제뿐만 아니라 순서를 정렬하고 자연어를 분석하며 주행 경로를 계획하고 두 가지 유형의 집합 간 관계 매칭 등 더 복잡한 문제에서도 종종 재귀적 사고를 사용한다. 비교적 간단한 문제인 하노이의 탑 문제부터 시작해 복잡한 프로세스를 재귀적 방식으로 어떻게 완료할 수 있는지 단계별로 확인해보자.

예제 2.3 ★☆☆☆☆ 하노이의 탑 문제

A, B, T 세 개의 기둥이 있다. A 기둥에는 64개의 원판(일반적으로는 N개의 판으로 가정)이 쌓였고, 작은 원판부터 큰 순서로(가장 작은 것은 맨 위에, 가장 큰 것은 맨 아래) 위부터 쌓였다. 다음 규칙에 따라 모든 원판을 A열에서 B열로 이동할 수 있다.

1. 한 번에 하나의 원판만 이동할 수 있다.

2. 원판은 더 큰 원판 아래에 놓을 수 없다.

3. T 기둥은 원판를 임시로 배치하는 데 사용할 수 있지만 원판을 쌓는 순서는 규칙 2를 위반해서는 안 된다.

최종 목표는 규칙에 따라 64개 원판을 A 기둥에서 B 기둥으로 모두 이동하는 것이다.

[예제 2.3]은 처음 두 문제보다 더 추상적이다. N=1, 2, 3의 간단한 경우를 먼저 살펴보자. N=1일 때 비교적 간단하게 A 기둥에서 B 기둥으로 유일한 원판을 옮긴 후 A1→B1으로 기록하면 된다. N=2일 때는 더 직관적이다. A 기둥의 작은 원판을 임시로 보관되는 T 기둥으로 이동한 후 큰 원판을 A 기둥에서 B 기둥으로 옮기고(이때 큰 원판은 가장 위에 있게 된다), 마지막으로 T 기둥의 작은 원판을 B 기둥으로 옮긴다. [그림 2.1]을 보자.

그림 2.1 두 개의 원판을 A 기둥에서 B 기둥으로 옮긴다

세 단계로 요약하면 다음과 같다.

---

2 [옮긴이] 참고: https://ko.wikipedia.org/wiki/NP_완전

1. A1 → T1;

2. A2 → B2;

3. T1 → B1.

$N=3$은 훨씬 더 복잡하지만 시행착오를 거치면 이동하는 방법을 찾을 수 있다.

A 기둥의 최상단 원판을 옮기는 방법은 두 가지 있다. T 기둥으로 이동하는 것이나 B 기둥으로 이동하는 방법이다. 다음으로 A 기둥의 중간 (두 번째) 원판을 놓는 방법은 아직 원판이 없는 기둥에 놓는 방법밖에 없다. 첫 번째 단계를 수행하는 방법에 따라 세 개의 원판이 규칙에 따라 B 기둥으로 이동할 수 있는지, T 기둥으로 이동할 수 있는지 결정된다. 이는 직접 이동시켜보지 않으면 알기 쉽지 않다.

N이 크면 클수록 문제를 더욱 풀기 어려워진다. 원판이 64개가 될 정도면 이동해야 할 단계가 너무 많아져 방법을 생각하기 어렵다. 역으로 생각해보자. 매우 간단해진다.

A 기둥에서 위부터 64번째, 즉 가장 하부의 원판을 B 기둥으로 이동하려면 먼저 위쪽 63개의 원판을 T 기둥에 이동시킨다. 그다음 64번째 원판을 B 기둥에 놓고 다시 T 기둥의 모든 원판을 B 기둥으로 이동한다. 명확하고 작동하기 쉬운 방법이다.

나머지 63개 판은 어떻게 이동시킬까? 충분히 궁금할 수 있다. 규칙에 따라 63개의 접시를 한 번에 제거할 수 없다. 재귀 알고리즘에서는 64개의 원판 이동 문제에 딱 맞춘 해법 하나로 사용하면 되기에 이 문제는 신경 쓰지 않는다. A 기둥에서 B 기둥으로 64개의 원판을 이동하는 알고리즘 프로세스를 Hanoi(64, 출발지 기둥, 목적지 기둥, 중간 임시 저장 기둥)로 표현하면 63개 디스크를 이동하는 프로세스는 Hanoi(63, 출발지 기둥, 목적지 기둥, 중간 임시 저장 기둥)로 표현된다. 62, 61, 60… 같은 방식으로 한 원판의 경우까지 정의할 수 있다. 원판 수가 달라져도 작동 방식에는 차이가 없다.

하노이의 탑 문제가 실제로는 Hanoi(64, A, B, T)이며 다음 3단계로 분해될 수 있다.

1. Hanoi(63, A, T, B): A 기둥의 63개 판을 T 기둥으로 옮기고 B 기둥을 임시 공간으로 중간에 활용한다.

2. A 기둥의 가장 하부의 원판(현재 유일한 원판)을 B 기둥으로 이동한다.

3. Hanoi(63, T, B, A): T 기둥에 있는 63개 판을 B 기둥으로 옮기고 A 기둥을 중간 임시 저장 공간으로 활용한다.

이 과정은 종료 조건이 있어야 한다. 시작점 기둥에서 원판 하나만 남고 이 원판을 목적지 기둥으로 이동시킬때가 된다. Hanoi(1, 출발지 기둥, 목적지 기둥, 중간 임시 저장 기둥) 알고리즘은 '시작점에서 목적지로 원판을 이동시키는 것'이다.

64개 판이 이동하는 과정을 분석한 것은 [그림 2.2]를 보자. 매 단계에서 이전 단계 호출의 중첩 관계를 요약할 수 있다.

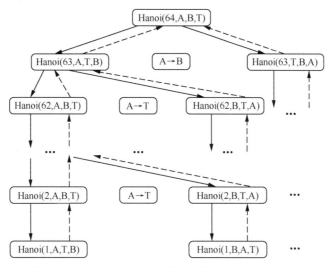

그림 2.2 하노이의 탑 문제의 재귀적 해결 프로세스 호출 요약

[그림 2.2]에서 알 수 있듯이 64개 판을 움직이는 과정은 63개 판이 두 번 이동하는 과정을 호출하고, 63개 판을 이동하는 과정은 62개 판을 두 번 이동하는 과정을 호출한다. 재귀적으로 호출하는 과정이 한 단계씩 내려가다가 맨 아래까지 내려가면 다시 위로 돌아가기 시작해 맨 꼭대기로 돌아간다. 전체 알고리즘은 전형적인 완전 이진 트리complete binary tree 탐색 알고리즘이 된다. 먼저 왼쪽을 탐색하고 상부의 중간 단계에서 이동 작업을 완료하면 오른쪽을 탐색한다.

나는 조지 가모프George Gamow의 《1, 2, 3 그리고 무한》을 읽으면서 이 질문을 처음 알았다. 책에 따르면 이 문제는 베트남 하노이의 한 수도원에서 나왔다.[3] 수도원에는 세 개의 은기둥이 있는데 그중 하나는 아래에서 위로 64개 원판을 가졌다. 승려 사이에는 규칙에 따라 64개 판을 모두 이동시키면 세상이 멸망할 것이라는 예언이 내려왔다. 조지 가모프에 따르면 64개 판의 이동을 완료하는 데 $2^{64}-1$번의 작업이 필요하다. 맨 아래의 64번째 원판을 이동하려면 상단의 63개 원판을 먼

---

3 옮긴이 실제는 고대 인도 베나레스(현 바라나시) 사원이라고 한다.

저 제거해야 하고, 64번째 판을 이동시킨 후에는 63개 원판을 64번째 원판 위로 다시 이동시켜야 한다. 즉 이동하는 64개 원판 이동에 필요한 작업 횟수는 63개 원판 이동 작업 수의 두 배에 1을 더한 것과 같다. 다음과 같다.

$$S(64) = 2S(63) + 1 \qquad (2.3)$$

$S(64) = 2^{64} - 1$이라는 것은 유추하기 쉽다. $2^{64} - 1$은 약 1.8×10^{19} 또는 1800경의 매우 큰 수다. 하노이 승려들이 1초에 한 개씩 움직여도 우주의 역사(138억 년)보다 5800억 년 더 걸린다. 최초로 질문을 제기한 사람은 프랑스 수학자 에두아르 뤼카Édouard Lucas라고 하나 고증되지는 않았다.

해당 문제의 해결 방법이 완전히 재귀적 사고에서 나온다고 할 수는 없지만 이 과정을 구현하는 알고리즘은 반복적 사고로 작성하기 어렵다. 이 알고리즘이 단계 간 중첩돼 있어 논리가 매우 복잡하기 때문이다. 팩토리얼이나 피보나치 수열 계산과는 다르다. 팩토리얼과 피보나치 알고리즘은 작은 수에서 큰 수로 향하는 반복적 사고로 작성할 수 있다. 위에서 아래로 향하는 재귀적 사고로 프로그램을 작성하면 몇 줄의 코드만으로 충분하다. 다음은 이 알고리즘의 의사 코드다.

알고리즘 2.1 하노이의 탑 문제

```
// source에서 target으로 n개 원판을 이동하고 auxiliary를 임시 기둥으로 사용한다.
void Hanoi(n, source, target, auxiliary) {
  if (n>0) {
    // source에서 auxiliary로 n-1개 원판을 이동하고 target을 임시 기둥으로 사용한다.
    Hanoi(n-1, source, auxiliary, target);
    MoveTop (source, target); // source 기둥의 원판을 target으로 이동
    // 세 기둥의 상태를 출력한다. 실제로는 필요하지 않은 작업이나 매번 움직이는 상태를
확인하고자 작성한다.
    PrintStatus();
    // source를 임시 기둥으로 사용해 auxiliary에서 target으로 n-1개 원판을 이동한다.
    Hanoi(n-1, auxiliary, target, source);
  }
}
```

[알고리즘 2.1]에서 알 수 있듯이 재귀 코드는 자신을 호출하기 때문에 간단하다. 현실에서는 상상하기 어렵지만 컴퓨터 세계에서는 매우 흔한 일이다. 컴퓨터 문제를 해결하려면 생각을 바꿔야 한다.

하노이의 탑 문제와 똑같은 중국의 구련환 문제도 있다. 구련환은 와이어로 만든 아홉 개 링과 금속 틀, 링 핸들로 구성된다. 구련환 퍼즐을 풀 때 특정 단계를 따라 작업을 반복하고 프레임에 아홉 개 링을 차례로 끼우거나 프레임에서 꺼낼 수 있다. 아홉 개 링을 빼는 원리는 복잡하지 않다.

아홉 번째를 배려면 먼저 틀의 앞쪽에 있는 여덟 개를 임시로 이동한 후 아홉 번째 링을 틀에서 제거한 다음 처음 여덟 개를 순서대로 제거해야 한다.

하노이의 탑 문제와 비슷하다. 원리 역시 완전히 동일하며 필요한 작업 횟수는 $2^9 - 1 = 511$번이다. 1초에 한 번씩 링을 옮긴다면 한다면 전체 작업을 10분 이내에 완료할 수 있다. 필자가 구련환을 처음 분석한 것은 고등학생 때였다. 작동 원리를 완전히 알아내고자 일정한 시간이 걸렸고 원리를 파악한 후 빼낼 수 있었다. 감탄했던 점은 구련환이 아홉 개인 것이 매우 합리적이라는 점이었다. 세 개나 다섯 개 링으로 만들어졌다면 원리를 제대로 이해하지 못하더라도 요행으로 해결할 수 있다. 그렇다고 열아홉 개 링을 사용한다면 1년이 걸려도 해결하지 못한다. 아무도 재미를 느끼지 못할 것이다.

2.1.3 가우스조차 해결하지 못한 여덟 개 퀸 문제

하노이의 탑 및 구련환 문제는 사람이 일상적인 사고에 따라 규칙을 추출해가며 해결할 수 있다. 지금부터 풀어볼 [예제 2.4]는 불가능하다. 완전히 재귀적인 사고가 필요하다.

예제 2.4 ★★☆☆☆ 여덟 개의 퀸 문제

19세기 체스 선수 맥스 베셀Max Bethel이 한 질문이다. 8×8 체스판의 정사각형에 여덟 개의 퀸을 놓았을때 서로 공격할 수 없도록 배치하는 방법은 몇 가지일까? 또한, 어떻게 배치해야 할까?

체스에서 퀸은 같은 행, 열, 대각선에 있는 말을 잡을 수 있다. 동일한 행과 열, 대각선에는 두 개의 퀸이 있을 수 없다. 일반적인 사고방식에 따른다면 다음과 같은 방식으로 해결해야 한다. 먼저 다른 퀸과 충돌하지 않는 1행에 퀸을 배치한 다음 2행에 퀸을 놓고 첫 번째 퀸 및 세 번째 퀸과 충돌하지 않는지 확인한다. 가능한 해법 중 하나는 [그림 2.3]을 보자.

그림 2.3 규칙에 맞는 여덟 개의 퀸 배치 방법

[예제 2.4]는 여덟 개 줄에 여덟 개 퀸을 놓는 조합이 4만여 개밖에 없다(8! = 40320). 문제가 어려울 것 같지 않다. 가능한 모든 경우의 수를 찾을 수 있을 것 같다고 생각하기 십상이다. 그런데 생각보다 복잡하다. 많은 사람이 시도했지만 계속해서 가능한 경우가 나왔고, 요구 사항을 충족하는 경우의 수를 모두 찾을 수 있는 사람은 아무도 없는 것 같았다. 위대한 독일 수학자 프리드리히 가우스 Johann Carl Friedrich Gauß 또한 평생 단 76개 경우의 수를 찾았으나 사실 92개였다. 당시 많은 체스 선수도 이 문제를 풀었다. 그러나 가우스보다 훨씬 부족한 20여 개밖에 발견하지 못했다. 그들은 인간

본연의 사고방식, 즉 앞에서 뒤로, 작은 것에서 큰 것이라는 반복적 사고방식으로 접근한 것이다. 이 것은 적합하지 않았다. 오늘날 사람들 또한 이 사고방식을 고수한다면 복잡하지 않은 문제의 알고리즘조차 작성하기 어렵다. 문제를 해결하고자 재귀적 사고를 하면 답은 매우 직관적으로 나온다.

여덟 개의 퀸 문제에 대한 재귀 알고리즘 원리는 다음과 같다.

체스판의 처음 일곱 개 행에 이미 일곱 개 퀸이 배치돼 있고 그 위치가 서로 충돌하지 않는다고 가정한다. 실제로 일곱 개의 퀸이 올바른 위치에 있는지 여부는 알 수 없다. 올바른 위치에 없을 수도 있다. 어쨌든 여덟 번째 줄에서 1행부터 8행까지 하나씩 테스트한다. 특정 위치의 여덟 번째 퀸이 이전의 퀸들과 충돌하지 않는다는 것이 확인된다면 기존 일곱 개의 퀸은 본래 자리에 배치하는 것이 가능하다는 결론이 나온다. 만약 여덟 번째 퀸이 적정한 위치를 찾지 못한다면 일곱 개의 퀸 위치가 틀렸다는 뜻이다. 일곱 번째 퀸의 위치를 재조정한 후 여덟 번째 퀸을 배치해 일곱 개 퀸이 제대로 배치됐는지 확인한다.

다시 의문이 생길 수 있다. 일곱 번째 퀸이 어떻게 위치하더라도 여덟 번째 퀸의 적합한 위치를 찾지 못한다면 어떻게 될까? 이는 여섯 번째 퀸 배치가 틀렸고 여섯 번째 퀸을 새로운 위치로 수정해야 한다는 의미다. 이런 식으로 알고리즘은 첫 번째 퀸을 체스판에 배치할 때까지 앞으로 계속 역추적하고 첫 번째 퀸의 적합한 위치를 찾는다. 해당 알고리즘의 의사 코드는 2장 마무리에 수록했다(부록 2).

물론 연산 과정에서 대부분 배치 계획은 여덟 번째 퀸까지도 갈 필요 없이 이 배치가 불가능하다는 것을 알게 된다. 예를 들어 퀸을 네 개째 배치했으나 다섯 번째 퀸은 어떻게 해도 배치가 불가능하다는 것을 알게 된다면 프로그램은 네 번째 퀸을 다른 위치로 바로 바꾸며 수행을 계속한다. 여덟 번째 퀸까지 적합한 자리에 배치하는 방법은 극소수에 불과하다. 전체 방법의 약 0.2%를 차지하는 92개 경우다. 스마트폰 정도 되는 컴퓨터를 이용한다면 92가지 경우를 도출해내는 계산 시간은 1초도 걸리지 않는다.

[예제 2.4]에서 알 수 있듯이 인간은 사물을 가까운 곳에서 먼 곳으로, 작은 것에서 큰 것으로 확장해 인지한다. 8단계로 가고자 한다면 먼저 7단계까지 가는 방법을 알아야 한다. 이런 논리로는 8단계까지 도달하는 것이 매우 복잡하고 이해하기 어려워진다. 컴퓨터는 대용량의 계산을 처리할 수 있도록 설계됐다. 성능이 매우 강력하기에 눈 깜짝할 사이에 수만 번의 계산을 완료할 수 있다. 컴퓨터 자체에는 추론 능력이 없기에 사람이 추론 능력을 작성해야 한다. 프로그램의 구조가 단순해야 하는 이유다.

재귀 알고리즘의 가장 큰 장점은 보편적인 법칙을 정의할 필요가 없고 문제를 분해하는 방법만 알아내면 된다는 것이다. 일반적으로 재귀 알고리즘에 해당하는 코드는 논리가 매우 간결하다. 최상위 논리만 정의하면 된다. 다음 단계의 논리는 최상위 논리와 자동적으로 복사된다. 복사된 코드를 구현하면서 끊임없이 자기 자신을 호출하는데 이 사고방식은 인간의 사고력으로는 이해하기 힘들다. 재귀를 이해하기 어려운 가장 큰 이유다. 좋은 컴퓨터 과학자나 컴퓨터 개발자가 되고 싶다면 사람의 사고방식을 넘어 컴퓨터 관점에서 생각해야 한다.

하노이의 탑 및 여덟 개의 퀸 문제는 유희에 불과하다. 응용 가치가 별로 없다. 그러나 이런 문제를 해결하는 방법은 컴퓨터 문제를 해결하는 데 널리 사용된다. 다음 절에서 좀 더 흥미로운 두 가지 예제를 살펴본다. 트리와 그래프 탐색 알고리즘, 즉 자연어 처리의 구문 분석을 알아보겠다.

> **요점** 일반적으로 인간은 작은 것에서 큰 것으로, 단순한 상황에서 복잡한 상황으로, 아래에서 위로 확장하는 순환적 사고를 한다. 먼저 간단한 문제를 명확히 알고 패턴을 찾을 수 있는지 확인해야 복잡한 문제를 해결할 수 있다. 컴퓨팅 사고는 재귀적이고 하향식이다. 큰 문제를 작은 문제로 분해하고 큰 문제와 작은 문제를 동일한 구조 및 해법을 적용해 해결한다.

> **심화 사고 문제** 2.1 ★★★☆☆ 계단 오르기 확장 문제
> n개의 계단이 있고 한 번에 k개의 계단을 오를 수 있다고 한다면 몇 가지 다른 방법으로 올라갈 수 있을까? (힌트: n번째 계단으로 이동하기 직전 단계에서 $n-1$번째, $n-2$번째 ... $n-k$번째 계단 중 하나에 올라가 있어야 한다.)

2.2 순회: 재귀적 사고의 전형적 응용

순회 알고리즘을 이야기하기 위해 먼저 컴퓨터 과학에서 매우 중요한 개념인 트리tree를 소개한다. 컴퓨터 과학에서 트리는 뿌리, 가지, 잎이 있는 자연 나무의 특성을 모방한 추상 데이터 구조다. 트리의 데이터 구조에는 루트 노드root node(뿌리 노드)가 있으며 루트 노드 아래에 일부 자식 노드child node가 있을 수 있다. 자식 노드 역시 자신의 자식 노드를 가질 수 있다. 더 이상 자식이 없는 노드는 리프 노드leaf node(잎 노드)[4]라고 한다. 루트 노드를 시작으로 각 노드는 [그림 2.4]처럼 계층적 관계를 구성한다.

---

4 옮긴이 말단 노드(terminal node, 터미널 노드)라고도 칭한다.

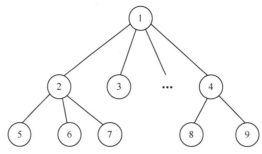

그림 2.4 컴퓨터 데이터 구조 중 전형적인 트리 구조

누구나 처음 읽더라도 쉽게 이해할 수 있도록 트리를 간략하게 설명했다. 컴퓨터 데이터 구조에서 트리 구조는 재귀적으로 정의된다. 트리 구조는 두 가지 의미나 두 가지 경우를 가진다. 첫째, 단일 노드 자체가 트리가 된다. 둘째, 어떤 트리에도 루트 노드가 있고 루트 노드 아래에는 자식 노드가 있다. 모든 자식 노드 또한 하나의 트리이고 루트 노드의 자식 노드가 하위 트리의 루트 노드가 된다.

첫 번째 의미는 재귀의 종료 조건을 정의한다. 두 번째 의미는 트리와 하위 트리 간 재귀적 관계를 정의한다. 예를 들어 [그림 2.4]에서 네 개의 노드 2, 5, 6, 7은 자체적으로 트리를 구성하는 동시에 전체 트리의 하위 트리다. 노드 2, 3, 4는 모두 루트 노드 1의 자식이다. 노드 5, 6, 7은 노드 2의 자식이다. 하위 트리가 없는 노드 5, 6, 7는 리프 노드다. 자식 노드가 있으면 부모 노드parent node가 있고 노드 x가 노드 y의 자식 노드라면 노드 y는 노드 x의 부모 노드다.

트리의 각 노드에 대한 자식 노드의 수를 '노드의 차수degree of node'라고 한다. [그림 2.4]에서 노드 2의 차수는 3, 노드 4의 차수는 2, 모든 리프 노드의 차수는 0이다. 트리에는 세 가지 중요한 특성이 있다.

1. 각 노드에는 노드(상위)가 단 하나만 있다. [그림 2.5(a)]는 트리의 이 요구 사항을 충족하지 않는다. 오른쪽 아래 노드에 두 개의 부모 노드가 있기 때문이다.

   각 노드는 부모 노드가 하나만 있어 임의의 노드 x에서 몇 개의 노드를 통과했던 부모 노드와 연결하는 경로는 유일하다. 유일한 경로에 있는 모든 노드 y는 x의 조상 노드ancestor node다. 반대로 x를 y의 자손 노드descendant node라고도 한다. 부모 노드와 자식 노드 관계는 실제로 조상과 자손 관계 중 하나의 특수한 경우이다.

2. 연결성이 있다. 트리 내 노드는 자식 노드와 부모 노드 간 관계로 서로 연결돼야 한다. [그림 2.5(b)]는 왼쪽에 있는 세 개의 노드와 오른쪽에 있는 두 개의 노드가 연결되지 않아 이 요구

사항을 충족하지 않는다. 이 그래프는 두 개의 트리를 표현한 것이다. 포레스트_{forest}(숲)라고도 한다.

3. 순환이 없어야 한다. [그림 2.5(c)]는 무순환 원칙을 따르지 않아 트리가 아니다. 이 특성은 첫 번째 특성인 부모 노드의 유일성이 보장한다.

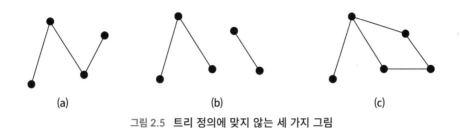

(a)   (b)   (c)

그림 2.5 트리 정의에 맞지 않는 세 가지 그림

회사의 인사 구조가 트리 구조 특성을 가진 경우가 많다. 조직 리더가 인사 구조 트리의 루트 노드다. 아래에 층층의 직급이 있고 팀원은 리프 노드, 매니저는 중간 노드가 된다.

2.2.1 이진 트리와 그 순회

컴퓨터 알고리즘에서는 특수한 종류의 트리인 이진 트리가 사용된다. 이진 트리의 각 노드는 [그림 2.6]처럼 두 개 이상의 하위 트리를 가질 수 없다.

이진 트리 노드의 하위 트리는 두 개 이하다. 보통 하위 트리를 왼쪽 또는 오른쪽 하위 트리로 구분한다. 왼쪽이나 오른쪽 하위 트리의 루트 노드는 상위 노드의 왼쪽 혹은 오른쪽 자식 노드다. 왼쪽 자식 노드에는 항상 자신보다 작은 값을, 오른쪽 자식 노드에는 항상 자신보다 큰 값이 있다는 원리를 따른다면 이 트리는 정렬됐다고 할 수 있다. 수학 예시는 트리 정렬_{tree sort}이라고 한다(그래프 이론). 왼쪽 및 오른쪽 자식 노드는 서로 형제(또는 자매) 노드가 된다.

그림 2.6 이진 트리
(r은 루트 노드, y와 x는 자손, y는 x의 부모 노드, x는 y의 왼쪽 하위 노드, y와 r은 x의 조상)

컴퓨터 과학에서 이진 트리가 가장 많이 사용되는 이유는 무엇일까? 첫째, 자식 노드 수가 적어 가장 단순하다. 둘째, 이진 트리 구조가 OX로 결과를 내는 일반적인 인간의 논리 판단 방법과 맞다. 셋째, 컴퓨터의 이진법에 부합한다.

실제로 문제의 논리 판단 방법은 직접적인 이진 트리 법칙 설명과 일치한다. 지금부터 재귀적 사고 방식으로 생각하기 시작했으니 재귀를 사용해 이진 트리를 재정의해보자.

트리 정의 방식에 따라 이진 트리를 재귀적으로 엄격하게 정의할 수 있다.

1. 한 개의 빈(아직 아무것도 없는) 노드는 이진 트리다.

2. 이진 트리에는 루트 노드가 있고 루트 노드의 왼쪽과 오른쪽 하위 트리가 있을 수 있으며 하위 트리 또한 그 자체로 이진 트리다.

이 정의는 모든 집합의 부분집합이 공집합으로도 정의된다는 집합론과 일치하지만 더 추상적이다. 다른 종류의 이진 트리를 보면서 두 정의를 이해해보자. 더 이해하기 쉬울 것이다.

[그림 2.7]은 네 개의 서로 다른 이진 트리를 보여준다. [그림 2.7(a)]는 빈 트리다. [그림 2.7(b)]는 루트 노드가 하나만 있는 트리이므로 왼쪽 및 오른쪽 자식 노드가 빈 노드라고 생각할 수 있다. [그림 2.7(c)] 노드에는 비지 않은 왼쪽 자식 노드가 있지만 오른쪽 자식 노드는 비었으며, [그림 2.7(d)] 루트 노드에는 비지 않은 두 개의 왼쪽 및 오른쪽 자식 노드가 있다.

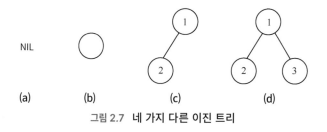

그림 2.7 네 가지 다른 이진 트리

해당 정의를 바탕으로 이진 트리의 데이터 구조를 다음처럼 의사 코드로 나타낼 수 있다.

알고리즘 2.2

```
struct BinaryTree {
  AnyDataMember; // 모든 데이터 항목
  BinaryTree left_subtree; // 왼쪽 트리
  BinaryTree right_subtree; // 오른쪽 트리
}
```

현실의 모든 트리가 이진 트리라고 할 수는 없지만 수학적으로 모든 트리와 이진 트리가 등가적이라는 것을 증명하는 것은 쉽다. 관심 있다면 2장의 부록 3을 읽어보기를 권한다. 컴퓨터 과학에서는 이진 트리와 관련된 알고리즘에만 집중하면 된다.

이진 트리 알고리즘 중에서 가장 중요하고 일반적인 것은 순회 알고리즘, 즉 이진 트리 경로를 따라 이진 트리의 각 노드를 통과하는 것이다.

[그림 2.8]은 일반적인 이진 트리다. 각 노드를 구별하고자 노드에 번호를 지정한다. 트리 순회 방법은 여러 가지 있다. 가장 위에서 출발해 아래로 향하며 왼쪽 노드부터 우선 순회하다가 마지막 리프 노드에 도달하면 다시 한 단계 올라가 오른쪽 노드로 가는 방법이 있다. 만약 오른쪽에 자식 트리가 없으면 한 단계 더 위로 이동한다. 구체적으로 [그림 2.8]에서 노드를 방문하는 순서는 1 → 2 → 4 → 2 → 5 → 2 → 1 → 3 → 6 → 7이다.

두 번 이상 방문한 노드의 첫 번째 방문 기록만 남긴다면 [그림 2.8] 순회 순서는 1 → 2 → 4 → 5 → 3 → 6 → 7(순서 2.1)로 기록된다.

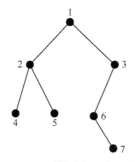

그림 2.8 전형적인 이진 트리

오른쪽 노드를 우선 순서로 순회할 수 있다. 이때 [그림 2.8] 순회 순서는 1 → 3 → 6 → 7 → 2 → 5 → 4(순서 2.2)가 된다.

실제로 간단한 세 가지 규칙을 순회에서 사용했다.

 1. 위에서 아래로 순차적으로 방문한다.
 2. 왼쪽 노드 방문 후, 오른쪽을 방문한다(또는 먼저 오른쪽 방문 후 다음 왼쪽 방문).
 3. 마지막까지 방문했다면 더 위 노드로 돌아간다.

해당 탐색 방법은 이진 트리의 가장 깊은 부분으로 먼저 이동한다. '깊이 우선 탐색depth-first search, DFS' 알고리즘이라고 한다. 또는 행 단위로 순회하며 노드 1 → 2 → 3 → 4 → 5 → 6 → 7 순으로 방문할 수도 있다.

규칙은 더 간단하다.

 1. 전체 이진 트리를 위에서 아래로 계층화하고 계층별로 탐색한다.
 2. 각 계층에서는 왼쪽에서 오른쪽으로(또는 오른쪽에서 왼쪽으로) 탐색한다.

수평적으로 먼저 넓게 탐색한 후 다음 계층으로 이동하기 때문에 '너비 우선 탐색breadth-first search, BFS' 알고리즘이라고 한다.

어떤 방법이든 사람이 직접 하기에는 쉽다(속도가 충분히 빠르지 않더라도). 그러나 컴퓨터를 사용하려고 프로그램으로 작성하는 것은 쉽지 않다. 이는 두 가지 면에서 사람이 컴퓨터보다 우위를 차지하기 때문이다.

첫째, 사람은 전체 그림을 볼 수 있다. 미로를 풀 때 전체 그림에서 본다면 우측으로 가야 할 때와 좌측으로 가야 할 때를 구분하기 쉽다. 좌우 갈림길만 보인다면 어느 쪽으로 가야 할지 판단하기 매우 어렵다. 큰 미로를 걸어본 사람이라면 종이에서 미로 탈출 게임을 하는 것보다 훨씬 어렵다는 것을 알고 있을 것이다.

둘째, 인간은 그림에 제공되지 않은 많은 정보도 사용해 문제에 접근할 수 있다. 깊이 우선 탐색 알고리즘의 경우 각 노드의 부모 노드 정보가 직접적으로 그래프에 주지 않는다. 노드 2가 노드 4 부모 노드라는 것을 한눈에 알 수 있지만 컴퓨터에 주는 원본 정보에는 노드 4가 노드 2의 왼쪽 자식 노드라는 정보만 있을 뿐이다. 부모 노드 정보를 사용하려면 이를 보완할 방법을 찾아야 한다. 너비 우선 탐색 알고리즘은 해당 계층에 있는 노드들을 쉽게 구분하고, 좌측에서 우측으로 노드의 번호 정보를 차례로 사용할 수 있다. 사실 두 가지 정보는 원본 정보에는 존재하지 않는다. 형제 노드를 제외한 다른 노드의 좌우 순서를 판단하기도 쉽지 않다. 예를 들어 [그림 2.8]에서 노드 6은 노드 5와 동일한 레이어에 속하면서 오른쪽에 위치하지만 컴퓨터는 이를 알기 어렵다.

컴퓨터 프로그래밍을 접한 초보자라면 누구나 경험할 수 있다. 사람에게 매우 직관적인 방법이 컴퓨터의 프로그래밍 언어로는 구현하기 어렵다는 점이다. 프로그래밍 언어 자체가 충분히 강력하지 않아서가 아니라 인간의 직관적인 문제 해결 방법을 실현하는 데 프로그래밍을 사용하는 것은 좋은 방법이 아니다. 해야 할 일은 원점으로 돌아가 컴퓨터 관점에서 문제를 고려해 컴퓨터의 프로그래밍 언어로 문제를 논리적으로 해결하도록 하는 것이다.

2.2.2 재귀를 사용한 이진 트리 순회 구현

재귀를 사용해 이진 트리 순회 문제를 해결하는 방법을 살펴보자.

우선 트리의 루트 노드는 당신이 어떤 처리나 조작을 하든 결국 방문하게 된다. 다음으로 좌우 하위 트리를 방문해야 한다. 재귀의 원리에 따라 처리하는 방법 역시 전체 트리와 같다. 좌우 하위 트리를 순회할 때 재귀적으로 자신을 호출하도록 하면 된다. 물론 이런 호출에는 항상 종료 조건이 있다. 빈 트리를 만났을 때 돌아가는 것이다. 이를 기반으로 깊이 우선 탐색 알고리즘은 다음과 같은 의사 코드로 구현할 수 있다.

알고리즘 2.3 트리의 깊이 우선 탐색

```
DepthFirstTraverseTree (BinaryTree tree) {
  if (tree = NIL[]) return; // 트리가 비었으면 아무것도 하지 않고 직접 반환한다.5
  DepthFirstTraverseTree (tree.left_subtree); // 왼쪽 하위 트리를 탐색한다.
  PrintNode(); // 현재 노드 정보를 출력하는 등 현재 노드에 해당하는 처리를 한다.
  TraverseTree(tree.right_subtree); // 오른쪽 하위 트리를 탐색한다.
}
```

[알고리즘 2.3]을 실행한 결과가 '순서 2.1'이다.

코드의 3~5행에서 먼저 왼쪽 하위 트리를 처리한다. 그 후 루트 노드를 방문하고 마지막으로 오른쪽 하위 트리를 처리하는 것을 '중위 순회in-order traversal'라고 한다. 루트 노드를 먼저 방문한 후 왼쪽 및 오른쪽 하위 트리를 탐색할 수도 있다. 이를 '전위 순회preorder traversal'라고 한다. 마찬가지로 왼쪽 및 오른쪽 하위 트리를 먼저 탐색하고 루트 노드 정보를 마지막에 처리하는 탐색을 '후위 순회postorder traversal'라고 한다. 앞서 설명한 알고리즘과 매우 유사하다.

[알고리즘 2.3]의 재귀 알고리즘이 어떻게 구현되는지 더 잘 이해하고자 [그림 2.8]의 이진 트리로 프로그램의 호출 관계를 설명하겠다. i번째 노드에 뿌리를 둔 하위 트리를 tree_i로 설정해보자.

알고리즘 2.4

```
DepthFirstTraverseTree(tree_1) 호출 ;
DepthFirstTraverseTree(tree_2) 호출 ; // 알고리즘 2.3 3단계
DepthFirstTraverseTree(tree_4) 호출 ; // 알고리즘 2.3 3단계
DepthFirstTraverseTree(NIL) 호출, 이전 레이어로 돌아가기; // tree_4의 왼쪽 하위 트리는 NIL이다.
노드 4 처리; // 알고리즘 2.3의 4단계
DepthFirstTraverseTree(NIL) 호출, 이전 레이어로 돌아가기; // tree_4의 오른쪽 하위 트리는 NIL이다.
이전 레이어인 노드 2로 돌아가기
노드 2 처리; // 알고리즘 2.3 4단계
DepthFirstTraverseTree(tree_5) 호출; // 알고리즘 2.3 5단계
DepthFirstTraverseTree(NIL)를 호출해 이전 레이어로 돌아가기; // tree_5의 왼쪽 하위 트리는 NIL이다.
노드 5 처리; // 알고리즘 2.3 4단계
DepthFirstTraverseTree(NIL)를 호출해 이전 레이어로 돌아가기; // tree_5의 오른쪽 하위 트리는 NIL
이다.
```

---

5   [옮긴이] Null과 같은 비슷한 표현으로 이해하면 된다. Objective-C에서 클래스 객체의 빈 값 참조 시 사용한다.

```
이전 레이어로 돌아가서 노드 2로 돌아간다.
이전 레이어로 돌아가서 노드 1로 돌아간다.
노드 1 처리; // 알고리즘 2.3 4단계
DepthFirstTraverseTree(tree_3) 호출; // 알고리즘 2.3 5단계
...생략...
(노드 6에서) 노드 3으로 돌아간다.
노드 3 처리; // 알고리즘 2.3 4단계
DepthFirstTraverseTree(NIL)를 호출해 이전 레이어로 돌아가기; // tree_3의 오른쪽 하위 트리는 NIL
이다.
노드 3으로 돌아가기;
노드 1로 돌아가기; // 프로그램 종료
```

재귀적 사고방식에 익숙해진다면 이진 트리의 깊이 우선 탐색이 컴퓨터 알고리즘 중 매우 간단한 편이라는 것을 알게 된다. 인간 고유의 사고방식에 머무르면 이런 알고리즘을 이해하기 어렵다. **컴퓨터 과학에서 원하는 것을 하려면 인간 고유의 사고방식에서 벗어나야 한다. 그래야만 4등급 개발자가 될 수 있다.**

프로그램을 실행하는 동안 동일한 알고리즘이 레이어별로 계속 호출되고 리프 노드까지 도달하면 루트 노드로 돌아가며 리턴된다. 컴퓨터가 해당 프로그램을 실행하려면 이를 지원하는 특별한 데이터 구조가 필요하다. 다음에 살펴볼 스택이다.

> **요점** 이진 트리, 깊이 우선 탐색

심화 사고 문제 2.2

Q1. ★☆☆☆☆ [알고리즘 2.3]의 중위 순회를 수정해 전위 순회 또는 후위 순회 알고리즘으로 구현하라.

Q2. ★★☆☆☆ 5, 2, 8, 0, 10, 7, 18, 20, 30, 12, 15, 1과 같은 수열이 있으며 이 수열을 이진 정렬 트리로 구성하려고 한다. 트리는 다음 조건을 만족해야 한다.

- 왼쪽 하위 트리의 모든 노드 값은 트리의 루트 노드 값보다 작다. 마찬가지로 오른쪽 하위 트리의 모든 노드는 트리의 루트 노드 값보다 큰 값을 갖는다(왼쪽과 오른쪽 하위 트리가 안 비었다는 전제).
- 왼쪽 및 오른쪽 하위 트리 역시 이진 정렬 트리다.

위 수열에 대해 이진 정렬 트리를 구축할 때 먼저 루트 노드에 첫 번째 숫자 5를 놓고 두 번째 숫자 2를 스캔한다. 2는 루트 노드의 숫자 5보다 작아 하위 트리 왼쪽으로 2를 배치한다. 다음으로 세 번째 숫자인 8을 스캔한다. 루트의 숫자 5보다 크므로 오른쪽 하위 트리에 배치한다. 이 과정을 반복하면 완전한 이진 정렬 트리를 만들 수 있다. 다음의 세 가지 질문에 답변하라.

1. 연산을 수행하는 알고리즘을 작성하라.
2. 이 알고리즘의 시간 복잡도는 얼마일까?
3. 순회 알고리즘의 방문 기록이 위 수열과 같은 값을 얻으려면 어떤 종류의 순회 방법이 사용돼야 하는가?

2.3 스택과 큐: 순회의 데이터 구조

재귀 알고리즘을 구현할 때는 처음부터 마지막까지 중간 상태 값을 보관해야 한다. 가장 하부에 도달하면 기본 작업을 완료한 후 보관했던 중간 상태 값에 따라 가장 상부까지 하나씩 역추적해야 한다. 이런 유형의 알고리즘을 수행하려면 후입선출last in, first out, LIFO할 수 있는 데이터 구조를 갖는 것이 좋다. 재귀 중에는 나중에 보관된 상태가 먼저 처리된 후 지워지고 마지막에는 가장 처음(상단) 상태를 꺼내 처리해야 한다. 이와 같은 자료구조를 스택stack이라고 하고, 해당 정보를 수신 및 처리, 삭제하는 전략은 LIFO라고 한다.

스택을 이해하고자 하노이의 탑 문제를 검토해보자. 64번째 판을 옮기려면 먼저 위의 63개 판을 제거해야 한다. 이는 Hanoi(64, A, B, T) 과정 중 Hanoi(63, A, T, B)를 호출하는 것이다. 계속해서 Hanoi(62, A, B, T) ... Hanoi(1, A, T, B)까지 호출해야 한다. 프로세스를 계속 호출하면 [그림 2.9]처럼 스택으로 표현된다.

스택의 가장 상부는 Hanoi(1, A, B, T)다. 가장 하부가 Hanoi(64, A, T, B)다. 호출이 쌓이면 Hanoi(1, A, T, B)가 맨 마지막에 와서 가장 상부에 놓인다. 이 프로세스가 모두 스택에 저장된 후 최상위 Hanoi(1, A, T, B)가 먼저 실행된 다음에는 해당 프로세스가 스택에서 지워진다. 다음은 Hanoi(2, A, B, T)의 두 번째 라인이 실행되고 스택에서 지워진다. 마지막으로 가장 먼저 스택에 진입하고 가장 나중에 실행된 Hanoi(64, A, B, T)가 스택에서 지워진 후 스택은 비워지고 전체 프로그램이 완료된다.

Hanoi(1, A, T, B)
Hanoi(2, A, B, T)
...
Hanoi(62, A, B, T)
Hanoi(63, A, T, B)
Hanoi(64, A, B, T)

그림 2.9 **하노이의 탑 문제 프로세스 호출 스택**

자료를 역순으로 처리하는 스택은 '비합리적'이다. 실생활에서 사용하는 경우가 드물다. 일반적으로 먼저 온 것부터 처리하는 것을 공정하다고 생각하며 오래 기다리는 것은 불공평하다고 생각한다. IT 업계에 입문하면 왜 이런 메커니즘이 필요한지 궁금할 수 있다. 컴퓨터는 문제를 처리할 때 큰 문제를 위에서 아래로, 그리고 수많은 작은 문제로 분해한다. 하나씩 분해하고 별도로 해결한 후 다시 돌아가 전체 문제의 답을 얻어야 한다. 이 경우가 많다. 스택은 복잡한 단계별 분해 중간 과정을 기록할 수 있다. 최종 병합 과정은 처음 분해 과정과 정확히 반대이므로 LIFO 기능으로 자연스럽게 분해된 문제를 다시 병합할 수 있다. 이를 이해하고자 스택으로 이진 트리의 깊이 우선 탐색을 구현하는 알고리즘을 고안해보길 바란다.

소프트웨어 개발자가 더욱 성장하고 싶다면 더 높은 요구 사항을 스스로 제시해야 한다. 자신이 다루는 모든 프로그램의 다양한 함수와 그 안의 프로시저procedure 호출 간 관계를 이해해야 한다. 이 호출은 스택으로 구현된다. 스택을 깊이 이해하는 것은 개발자가 프로그램의 전체적인 그림을 보는데 도움이 된다.

많은 대학에 있는 컴퓨터공학과의 프로그래밍이나 데이터 구조 수업에서 학생은 스택으로 간단한 계산기를 구현해야 한다. [예제 2.5]는 일부 대기업 면접에서도 사용되지만 테스트 초점은 약간 다르다. 여기에서는 간단한 계산기를 구현한 스택 사용 방법을 추가로 소개한다. 11장에서는 제품 사용 관점에서 유명 IT 회사들이 지원자를 테스트하는 것에 초점을 두고 [예제 2.5]를 다시 분석한다.

예제 2.5 ★☆☆☆☆ 간단한 계산기 문제

괄호가 없는 네 개의 산술연산을 계산하는 간단한 계산기를 구현하라. 계산기는 곱셈과 나눗셈을 먼저 계산하고 덧셈과 뺄셈을 나중에 계산하는 규칙을 충족해야 한다.

먼저 $5+4-2=$ 및 $5-4\times3/4=$라는 간단한 네 가지 산술 예제를 보자.

일반적으로 계산기 입력은 문자열이다. 왼쪽에서 오른쪽으로 문자열을 스캔하고 포인터를 사용해 위치를 가리킨다. 첫 번째 문제는 간단하다. 스택에 5를 넣은 후 +와 4를 넣고 임시 변수를 사용해 스택의 최상위 연산자로 저장한다. 다음으로 −를 넣는다. 스택의 −와 상위 연산자 +는 우선 순위가 같다. 이때 스택에서 +와 5를 차례로 가져온다. 덧셈은 교환 법칙을 따른다. $4+5$로 계산하고 그 결과 9를 스택에 다시 넣을 수 있다. −가 입력되면 스택에서 나중에 나가는 5에서 4를 배야 한다. 다음으로 −와 2를 스택에 푸시하고 등호 =가 보이면 두 개의 단계를 수행한다. 첫 번째 단계는 이전 단계와 동일하게 $9-2=7$ 연산을 완료하고 두 번째 단계는 결과를 출력해 스택이 비었는지 확인하는 것이다. 전체 프로세스는 [그림 2.10]과 같다.

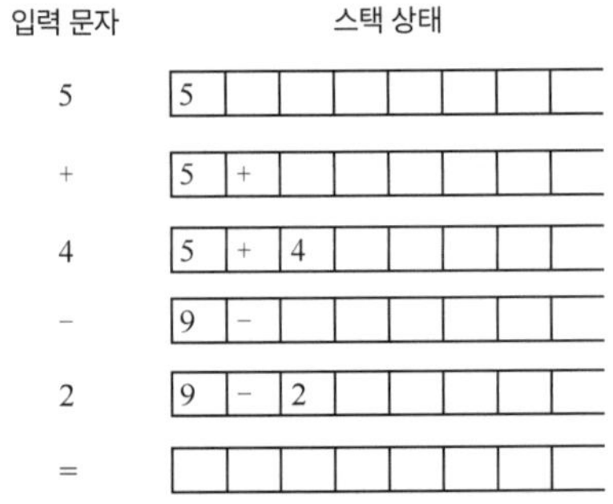

그림 2.10 $5+4-2=$를 계산할 때 스택 상태가 입력된 문자에 따라 변하는 과정

앞선 설명을 프로그램에 작성하는 것은 어렵지 않다. 의사 코드는 넘어가겠다. 주목해야 할 것은 등호 =를 만난 후 처리는 다른 연산자를 만나는 것과 다르다는 점이다. 단순히 결과 7을 스택에 다시 푸시할 수 없으며 대신 결과를 출력하고 스택이 비었는지 확인해야 한다. 일부 회사는 인터뷰 중 세부 정보를 요구하기도 한다.

수식 $5-4\times3/4=$를 다룰 때 처음 세 단계의 스택은 앞선 예와 같다. 네 번째 단계에서는 곱셈 기호 ×가 입력되므로 5를 수행할 수 없다. 먼저 −4의 연산이 완료되고 이 연산자와 다음 숫자 3을 스택에 푸시해야 한다. 나눗셈 연산자 /를 만난 후 스택 맨 위에 있는 곱셈 기호 ×와 우선순위가 같으므로 4×3 연산(결과는 12)을 수행하고 스택의 맨 위에 결과가 표시된다. 기본적으로 후속 계산은 이전 계산과 동일하지만 등호 =가 발생한 경우 12/4(결과는 3) 연산을 먼저 수행한 후 $5-3$ 연산을 수행한다. 이 과정을 거치면 결과가 출력되고 스택이 비워진다. 해당 과정에서 나눗셈이 발생하면 나누고자 하는 수가 0이 아님을 판단해야 한다. 전체 프로세스는 [그림 2.11]을 보자.

입력 문자	스택 상태							
5	5							
-	5	-						
4	5	-	4					
×	5	-	4	×				
3	5	-	4	×	3			
/	5	-	12	/				
4	5	-	3					
=								

그림 2.11 $5-4\times3/4=$**를 계산할 때 스택 상태가 입력된 문자에 따라 변하는 과정**

스택의 자료구조가 없다면 앞선 간단한 문제는 풀기 어렵다. 스택을 사용한 후에는 간단한 계산기를 구현하는 논리가 매우 명확해진다. 스택을 활용하려면 특정 문제에 따라 약간의 기술과 유연성이 필요한 경우가 많다. 어떤 사람들은 이 테스트에서 실패한다. 스택을 사용하지 않아서가 아니라 스택을 잘못 사용했기 때문이다. 스택을 사용할 때는 스택을 푸시하는 동시에 처리해야 한다. 그러나 전체 수식을 스택에 넣은 후 처리하는 방법만 고려한다. 따라서 $5-4-3=$와 같은 수식이 들어왔을 때, $4-3$의 연산이 불가능하므로, 어떻게 처리되어야 할지 알 수가 없다.

스택을 사용하면 선입선출first in, first out, FIFO 및 LIFO가 필요한 모든 알고리즘을 쉽게 구현할 수 있다. 하지만 어떤 것들은 먼저 처리돼야 한다. 데이터는 FIFO여야 한다. 큐queue의 데이터 구조는 이를 충족한다.

컴퓨터 과학의 어떤 데이터 구조는 일상의 어떤 것과 일치하기도 한다. 예를 들어 동영상을 처리하려면 프레임 단위의 이미지로 변환한 후 영상의 시간 순서대로 하나씩 처리해야 한다. 처리 후에는 하나의 완전한 동영상으로 병합한다. 동영상 파일에서 다음 프레임 내용은 이전 프레임과 관련이 있어 프레임 순서가 동일하게 유지돼야 하며 임의로 변경할 수 없다. 먼저 온 것이 먼저 제공되고 먼저 들어온 것이 먼저 나와야 한다.

큐와 같은 데이터 구조는 컴퓨터에서 일반적으로 수열(또는 선형 리스트)과 두 개의 포인터로 구현된다. 첫 번째 포인터는 현재 큐의 첫 번째 데이터 위치를 가리키므로 헤드 포인터head pointer라고도 한다. 두 번째 포인터는 큐의 마지막 데이터 위치를 가리켜 테일 포인터tail pointer라고도 한다. 새로운 데이터가 들어오면 큐의 끝에 놓고 테일 포인터는 그에 따라 위치를 뒤로 이동한다. 큐 중간에 있는 데이터는 액세스하거나 처리할 수 없다. 큐의 데이터 구조는 다음과 같이 정의할 수 있다.

```
struct Queue {
  array_of_any_kind_of_data; // 모든 데이터 유형의 배열
  int start_pointer; // 헤드(스타트) 포인터
  int end_pointer; // 테일(엔드) 포인터
}
```

[그림 2.12]는 큐에 들어오고 나가는 요소의 헤드 및 테일 포인터의 변화를 보여준다.

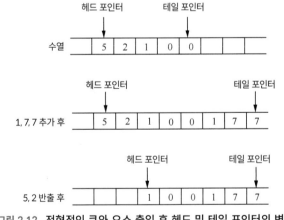

그림 2.12 **전형적인 큐와 요소 출입 후 헤드 및 테일 포인터의 변화**

큐의 데이터 구조를 사용하면 수평으로 스캔하고 이진 트리를 '행 단위로' 탐색하는 알고리즘을 쉽게 구현할 수 있다. 너비 우선 탐색 알고리즘이다. 의사 코드는 다음과 같다. 큐를 사용한다.

```
BreadthFirstTraverseTree(BinaryTree tree) {
  if (tree = NIL) return; // 트리가 비었으면 아무것도 하지 않고 직접 반환한다.
  // 큐에 새 데이터를 추가하면 해당 테일 포인터의 조정이 자동으로 수행된다.
  루트 노드를 큐로 보낸다.
  while(큐가 비어 있지 않음) {
    큐의 첫 번째 데이터 노드(이진 트리의 노드)를 꺼낸다.
    if (node.left_subtree ≠ NIL) { // 노드의 왼쪽 하위 트리는 빈 트리가 아닐 때
      node.left_subtree를 큐에 넣는다.
    }
    if(node.right_subtree ≠ NIL) { // 노드의 오른쪽 하위 트리가 빈 트리가 아닐 때
      node.right_subtree를 큐에 넣는다.
    }
  }
}
```

해당 알고리즘을 [그림 2.8]에 표시된 이진 트리를 순회하면 처음에 루트 노드 1이 큐에 놓이고 루트 노드가 제거될 때는 두 개의 자식 노드 2와 3이 놓인다. 노드 4와 5를 노드 3 뒤에 배치하면서 2가 처리된다. 이때 노드 3은 큐의 맨 앞에 있고 노드 3이 처리되면 노드 6은 큐의 끝, 즉 노드 5 뒤에 배치된다. 노드 4와 5가 처리되면 자식 노드가 모두 비었으므로 새 노드가 큐에 추가되지 않는다. 노드 6이 처리되는 동안 노드 7은 큐에 삽입된다. 마지막으로 노드 7이 처리된 후에는 더 이상 노드가 큐에 들어가지 않고 큐가 비었으면 전체 알고리즘이 종료된다. 노드들이 큐에 들어가 처리되는 순서에 따라 전체 이진 트리의 너비 우선 탐색 과정을 완료한다.

큐는 2장에서 중점적으로 다루는 재귀와 크게 관련은 없다. 스택과 대비되는 자료구조다. 함께 학습하면 이해하는 데 도움이 돼 간단하게 설명했다.

재귀 문제 외에도 스택의 또 다른 주요 응용은 프로그램에서 서로 다른 기능인 모듈의 상호 호출을 실행하는 것이다. 오늘날 거의 모든 컴퓨터 프로그램은 서로 중첩된 기능 모듈(일반적으로 함수 또는 프로시저라고 한다)로 구성된다. 중첩된 모듈이 서로를 호출할 때 호출 프로세스를 스택으로 기록해야 한다.

> **요점** 스택은 LIFO(last in, first out, 후입선출)이고, 큐는 스택의 반대인 FIFO(first in, first out, 선입선출)이다.

심화 사고 문제 2.3

Q1. ★☆☆☆☆(AB, FB 등) 간단한 계산기에 대한 의사 코드를 작성하라.

Q2. ★★★☆☆(필자가 했던 면접 질문) 이진 트리의 노드를 반대 방식으로 출력하라. 이진 트리의 너비 우선 탐색 알고리즘을 수정해 짝수 행의 노드는 왼쪽에서 오른쪽으로, 홀수 행의 노드는 왼쪽에서 오른쪽으로 탐색하도록 들어라. 예를 들어 [그림 2.8]의 이진 트리에서 순회 순서는 1→2→3→6→5→4→7이다.

2.4 중첩: 자연어의 구조적 특징

재귀의 특징은 중첩된다는 점이다. 러시아 인형인 마트료시카와 비슷하다. 중첩은 컴퓨팅 사고의 또 다른 핵심 아이디어다. 중첩을 재귀적 사고의 확장이라고 생각하거나 재귀를 중첩의 특별한 경우로 생각할 수 있지만 재귀는 항상 자기만을 중첩한다. IT 업계에서 일한다면 중첩을 얼마나 깊게 이해하냐에 따라 프로그램 설계 수준이 달라진다. 직접적인 영향을 미친다. 오늘날 객체지향 프로그래밍에서는 내부 절차나 기능 간 관계가 중첩됐기 때문이다.

독립적으로 작동되는 하나의 프로그램은 기능 모듈을 호출해 실제 작업을 완료하는 main 함수(일반적으로 거의 내용은 없다)를 갖는다. 각 기능 모듈은 전체 프로그램에서 완성해야 할 기능을 캡슐화된 독립 모듈로 분해해 서로 호출할 수 있다. 최종적으로 전체 프로그램의 설계 기능에 따라 실행된다. 프로그램 디자인은 프로그램 실행 순서에 따라 단계별로 진행되기보다 하향식 재귀 원칙을 따른다. 두 설계 아이디어가 어떻게 다른지는 [그림 2.13]을 보면 알 수 있다. [그림 2.13(a)]는 모든 실무자가 갖추어야 할 컴퓨터 사고방식이다. [그림 2.13(b)]는 매일 차근차근 일을 처리하는 사고방식이다.

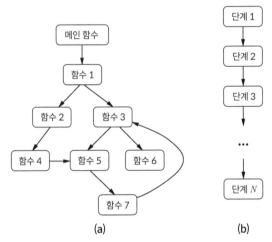

그림 2.13 **컴퓨터와 일반인의 사고방식 차이**

초기 컴퓨터 프로그램은 대부분 [그림 2.13(b)]처럼 작성됐다. 당시 프로그램은 매우 간단했다. 기본적으로 하나의 작업을 완료했기에 프로그래머는 모든 단계를 명확하게 파악할 수 있었다. 1천 줄이 넘어가는 프로그램은 아주 큰 프로그램으로 여겨졌다. 널리 사용되는 언어는 포트란Fortran이었다. Formula Translation의 약자다. 이름에서 알 수 있듯이 컴퓨터가 '이해'할 수 있는 언어로 명확한 방법을 작성하는 프로그램이었다.

컴퓨터가 발달하면서 프로그램도 점점 더 복잡해졌다. 현대의 프로그램은 수백만 줄의 코드를 갖는 것이 일반적이다. 프로그래머가 프로그램의 모든 단계를 알아내는 것은 불가능하다. 큰 틀에서 먼저 생각하고 명확하게 생각한 후 단계별로 세부 사항을 해결하면 된다. 세부 사항이 다른 단계에 영향을 미치지 않도록 하려면 각 모듈을 캡슐화해야 한다. 이런 모듈을 나중에 재사용할 수 있도록 하고자 각 모듈은 하나의 기능만 가져야 한다. 다른 기능을 사용하려면 다른 모듈을 호출해야 한다. 프로그램 구조는 [그림 2.13(a)]처럼 중첩된다. 객체지향 및 모듈화 설계는 이후 다시 이야기한다.

모듈 3, 모듈 5 및 모듈 7(그림 2.13(a) 함수 3, 함수 5 및 함수 7)이 서로 중첩된 것처럼 보인다. 현재 프로그램 설계에서 허용되는 디자인이다.[6] 재귀는 중첩의 특수한 종류의 상호 중첩이기도 하다. 각 단계에서 자기 자신을 호출할 뿐이다. 또한, 각 함수 모듈 내부의 코드도 구조상 계층별로 중첩됐다. 예를 들어 반복문은 함수 내부에 중첩될 수 있으며 다른 함수의 호출도 반복문 내에서 중첩될 수 있다.

물론 자바, C++, 파이썬 등 프로그래밍 언어로 작성된 컴퓨터 프로그램을 실행하려면 컴파일하거나 바이너리binary로 해석해야 한다. 컴파일 과정은 중첩을 해제하는 과정이다. 해당 과정은 상대적으로 추상적이기에 직관적으로 설명하기 힘들다. 대신 자연어에 대한 컴퓨터 분석을 예로 들겠다. 컴퓨터의 프로그래밍 언어를 분석하는 것이 자연어를 분석하는 것보다 훨씬 쉽다.

자연어 문법 분석은 문장의 문법 구조를 단위별로 분석하는 것이다. 문장의 문법 구조를 알면 기계번역의 결과를 대조하기 쉬워진다. 일정한 단위의 어구 의미를 추출하고 서로 다른 개념 간 상관관계를 추출하며 개념 간 지식 그래프knowledge graph를 만들어 컴퓨터가 적절한 답변이나 질문을 작성하는 데 도움이 될 수 있다. 결론적으로 해당 작업은 자연어를 이해하는 데 의의가 있다. 그렇다면 어떻게 자연어 처리를 해야 할까? 두 가지 접근 방식이 있다. 하나는 상향식bottom-up 분석 방법이다. 수학적으로 다소 까다롭나. 여기서는 생략한다. 관심 있다면 《수학의 아름다움》을 참고하자. 또 다른 접근 방식은 하향식 재귀 알고리즘이다. 먼저 다음 문장을 살펴보자.

올해 베이징 이화원의 관광객 수는 전년 대비 10% 감소했다.[7]

우리는 어릴 때부터 언어를 배운다. 글자를 사용해 단어를 만들고 단어를 사용해 문장을 만들면서 차근차근 순서대로 배운다. 구문 분석을 수행하는 더 효과적인 방법은 먼저 문장의 주어와 술

---

6 실제 프로그램 코드에서 상호 중첩을 사용하는 것은 코드 이해에 도움이 되지 않는다. 오류가 발생하기 쉬운 복잡한 논리적 관계를 야기하므로 권장하지 않는다.

7 옮긴이 한국어 형태소 분석(품사 태깅)은 좀 더 상세하게 나뉘지만 책 내용과 일치하도록 단순하게 설명한다.

어 부분을 분리한 후 주어 부분을 핵심 명사구와 이를 수식하는 구로 나누는 것이다. 술어 부분도 유사하게 분해된다. 여기에서 언급된 '주어부', '관형어' 및 '명사구'는 문장 성분이라고 통칭한다. '명사', '동사' 및 '부사'는 품사다. 특수 문장 구성 요소이지만 더 이상 나눌 수 없다. 다음은 일반적인 문법 규칙 집합이다.

- 문장 = 주어부 + 술어부

- 주어부 = 한정어 + 명사구

- 관형구 = 명사구 | 형용사구

- 명사구 = 형용사 + 명사

- 명사구 = 명사

- 술어부 = 술어 + 목적어

- 술어부 = 술어 + 부사

- 목적어 = 문장 | 명사구

- 부사어 = 부사 + 동사

각 규칙을 품사의 계층구조라고 한다. 규칙에서 왼쪽에 있는 문장 구성 요소는 오른쪽에 있는 문장 구성 요소 또는 문장 구성 요소 그룹으로 대체될 수 있다. |는 'OR'를 나타낸다. '관형어 = 명사구 | 형용사구'는 속성이 명사구 또는 형용구일 수 있다는 것을 의미한다. 규칙을 보면 위에서 아래로 중첩됐다는 것을 알 수 있다. 두 번째로 문장이 대상을 포함할 수 있고 대상이 문장을 포함할 수 있는 것처럼 서로 포함될 수 있다.

문법 집합으로 앞선 예시 문장을 분석하는 것은 어렵지 않다. 어법 분석 프로그램이 먼저 '관광객 수는'과 '전년'이라는 단어 사이에 선을 그려 주어 및 술어 부분으로 나눈다. '이화원의'와 '관광객 수'라는 단어 사이에 또 다른 선을 그려 주어를 관형어와 명사구로 나눈다. [그림 2.14]처럼 모든 단어가 분석될 때까지 이 작업을 수행한다.

초등학교 교사가 문장을 위에서 아래로 단어로 분해하면서 언어를 가르친다면 아이들이 아무리 똑똑하더라도 이해하지 못한다. 사람들은 아래에서 위로 배우게 된다. 하향식 사고에 적응하지 못하고 상향식 사고방식으로 자기 자신을 제한하게 된다. 따라서 컴퓨팅 사고는 새로운 영감을 준다.

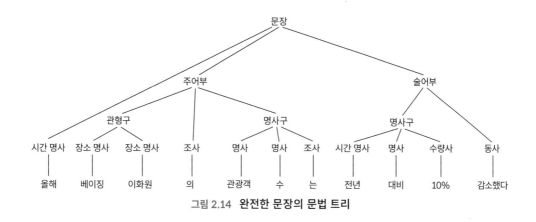

그림 2.14 완전한 문장의 문법 트리

인간의 언어는 자연스럽게 재귀 원리에 부합한다. 다만 오늘날 자연어 분석기가 사용하는 문법 규칙은 사람이 작성한 것이 아니라 언어 과학을 기반으로 컴퓨터가 스스로 학습한다는 점에 유의해야 한다. 예시에서는 국어 수업에서 배운 것에 맞도록 문법 규칙을 다소 단순화했다. 실제 자연어 처리의 문법 단위와 문법 규칙은 훨씬 세세하며 복잡하다.

재귀 알고리즘으로 언어를 분석하면 시간 복잡도는 사실 매우 높다. 문법 규칙을 문맥 자유 문법 context-free grammar, CFG(문맥 무관 문법)이라고 한다. 규칙에서 등호 =의 왼쪽에 있는 어절을 구성하는 품사는 문맥 자유 문법으로 완전히 독립적이다. 자연어 문장을 분석하는 복잡도는 $O(N^3)$이다. 변수 N은 문장 길이다. 컴퓨터 프로그래밍 언어의 문법은 모두 문맥이 없다. $O(N^3)$의 복잡도는 구조상 매우 복잡하지만 여전히 '감수'할 수 있다. 그러나 실제 자연어 문법 구조는 앞뒤 문장에 민감context-sensitive하다. 즉 문장 구성 요소를 하나의 문장 구성 요소나 다른 문장 구성 요소 그룹에 다시 사용할 수 있는지 여부는 문맥에 따라 다르다. 다음 예시는 전형적으로 문맥에 따른 문법 규칙이다.

$$(전치사)명사구(부사) = (전치사)수량사 + 형용사 + 명사(부사)$$

=의 왼쪽에 있는 명사구가 오른쪽에 '수량사+형용사+명사'로 중첩돼 쓸 수 있는지 여부는 문맥 조건, 즉 ( )의 조건 여부에 따라 다르다. 전치사는 올바른 접두사 부사에 올바른 접미사가 오느냐가 문법 조건이 된다. 이에 상응하는 문맥 자유 문법을 비교하면 다음과 같다.

$$명사구 = 수량사 + 형용사 + 명사$$

이 문법은 문맥 없이도 성립한다.

자연어는 실제로 문맥에 민감하다. 이미 문장에서 단어가 하는 일은 문맥에 따라 달라진다는 것을 안다. 예를 들어 '개혁'이라는 단어는 문맥에 따라서 주어로서의 명사 혹은 술어로서의 동사가 될 수 있다. 자연어를 분석할 때 단순한 문맥 자유 문법 대신 문맥 민감 문법context-sensitive grammar, CSG(문맥 의존 문법)을 사용해야 한다. 그러나 이 방식으로는 문장의 문법적 구조를 분석하는 알고리즘의 시간 복잡도가 크게 증가한다. 그 자체로 NP 난해 문제이지만 일반적인 상황에서는 대략적으로 계산해도 문맥 자유 문법의 $O(N^3)$ 복잡도보다 훨씬 높은 $O(N^6)$이 될 수 있다. 컴퓨터 공학에서 자연어를 분석할 때 문맥이 없는 문법만을 기반으로 할 수 있으며, 특정 상황에만 소수의 문맥에 민감한 문법 규칙을 도입하는 것을 고려할 수밖에 없다.

1980년대 이후 확률과 통계는 자연어 처리에서 큰 역할을 했다. 전산 언어학자들은 구문 분석에서 각 문법 규칙의 적용 범위와 빈도를 고려하기 시작했다. 빈도가 높은 규칙을 우선시해 문법 분석의 어려움을 크게 줄이고 문법 분석의 정확성을 향상시켰다.

문법 규칙의 확률을 고려한 문맥 자유 문법을 확률적 문맥 자유 문법probabilistic context-free grammar, PCFG이라고 한다. 머신러닝 관점에서는 기본적으로 마르코프 모델Markov model[8]과 동일하다. 또한, 확률을 고려한 문맥 인식 문법은 연산 양을 크게 줄일 수 있었는데 현재 많이 쓰는 심층 신경망 deep neural network, DNN은 기본적으로 동등한 조건부 랜덤 필드conditional random field 방식과 거의 대등하다. 오늘날 많은 자연어 처리 문제를 심층 신경망(즉 심층 학습)의 머신러닝으로 개선할 수 있는 이유 중 하나다.

자연어 처리가 점점 유행하고 있다. 그러나 많은 컴퓨터 실무자는 평생 자연어 처리와 관련된 일을 할 기회가 없을 수 있다. 다만 컴퓨터가 자연어를 분석하는 원리를 조금만 이해해도 컴퓨터를 배우는 사람에게 두 가지 이점이 있다.

첫째, 계산적 사고, 특히 재귀 및 중첩, 모듈성을 깊게 이해하는 데 도움이 된다. 앞서 언급했듯이 재귀적 사고 핵심은 큰 문제를 작은 문제로 분해하는 것이다. 분해 방법에는 인간의 지혜가 필요하다. 자연어 이해에서 문법 규칙은 인간이 컴퓨터에게 지시하는 명령이다.

둘째, 많은 컴퓨터 응용 프로그램에서 계산 집약적인 문제가 얼마나 많은지 이해하는 데 도움이 된다. 많은 문제에 대해서 최적의 알고리즘을 찾아도 복잡도는 상상보다 훨씬 높다. 구문 분석으로 스

8　[옮긴이] 확률 모델의 유형이다. 상태 간 전이 확률을 바탕으로 만든 모형이다. 자연어에서는 이전 단어에서 유추한 다음 단어 중 전이 확률이 가장 높은 단어를 선택하는 식의 모델이 된다.

무 단어 문장에 대한 구문 트리를 작성하는 것은 어렵지 않다. 대학생 정도의 학식을 가진 이가 훈련한다면 1~2분이면 된다. 1분에 수조 번의 연산을 할 수 있는 현대의 컴퓨터라도 알고리즘이 극단적으로 최적화되지 않았다면 1분 정도 걸린다. 자연어 처리의 복잡성이 높은 이유는 무엇일까? 주요 문제는 구문을 분석할 때 문법적으로 맞는 구문 트리가 너무 많다는 것이다. 이는 4장에서 설명한다.

일반 산업 분야에서 효율성이 향상됐다고 하면 수십 퍼센트 또는 몇 배 더 높아지는 것이다. 컴퓨터 공학에서는 알고리즘 효율성의 개선되면 작업 시간이 크게 단축되고(원래 시간의 10분의 1 또는 그 이하로) 이전에는 수행할 수 없었던 많은 일을 수행할 수 있다. 특히 자연어 구문 분석은 알고리즘을 신중하게 설계할 수 있다면 실행 시간을 100배 단위로 줄일 수 있다. 이 차이가 제품에 반영된다면 최적화된 알고리즘을 가진 제품이 시장을 장악한다. 즉 최적화된 알고리즘이 없는 경쟁 제품은 경쟁력이 없어진다. 컴퓨터 실무자가 알고리즘을 능숙하게 숙달하는 것은 핵심적인 경쟁력이다. **각 등급의 개발자에 따라 해당 개발자가 만드는 소프트웨어 차이는 수십, 수백, 수천 배로 생길 수 있다.**

> **요점** 자연어의 문법적 분석은 선형성을 가진 문장을 구문 트리로 바꾸는 것이다. 문장을 파싱하려면 과거에 인간이 작성했거나 오늘날 머신러닝으로 학습되는 많은 문법 규칙이 필요하다. 문법 규칙은 문맥이 없을 수도 있고(context-free), 문맥에 따라 달라질 수 있다(context-sensitive).

심화 사고 문제 2.4
Q1. ★☆☆☆☆ (AB) 이진 트리의 최대 깊이(트리 높이)는 루트 노드에서 가장 먼 리프 노드까지의 노드 수다. 이진 트리의 최대 깊이를 결정하는 알고리즘을 작성하라.
Q2. ★★☆☆☆ (FB) 이진 정렬 트리에서 두 번째로 큰 값의 노드를 찾는 방법을 구현하라.

2.5 마무리

컴퓨팅 사고는 사람들이 일반적으로 생각하는 방식과 다르다. 일반적으로는 작은 것에서 큰 것, 가까운 곳에서 먼 곳으로 인식을 확장하는 데 익숙하다. 그러나 컴퓨팅 사고는 재귀적 사고다. 위에서 아래로, 전역적에서 부분으로 순환적인 분해를 강조한다. 재귀는 전체 문제가 분해된 부분 문제와 같은 방식으로 처리되고 코드가 매우 간결하고 이해하기 쉽다. 재귀 개념을 한 단계 더 확장하면 복잡한 문제를 더 간단한 문제로 분해할 수 있는 중첩 개념이 된다. 물론 분해 과정에는 규칙과 논리가 필요하다. 예를 들어 자연어 처리에서 문법 규칙은 분해 문제에 대한 규칙이다.

컴퓨터 실무자들이 프로그래밍을 자유자재로 할 수 있는 수준에 도달하려면 컴퓨터 사고방식으로 문제를 생각해야 한다.

부록1 **피보나치 수열의 재귀 공식 유도**

피보나치 수열의 n번째 항목인 F_n에 대한 유도 공식을 찾고자 한다면 조합론의 점화식을 사용한다. 여기서는 대부분 사람이 조합론의 생성 함수(generating function)를 배우지 않았다고 가정한다. 초급적인 대수학을 사용해 생성 함수로 답안을 도출한다.

피보나치 수열의 인접한 두 항의 비율을 p라고 가정하면 다음과 같이 표현된다.

$$F_n = pF_{n-1} \tag{2.4}$$

당연히 다음도 성립한다.

$$F_{n-1} = pF_{n-2} \tag{2.5}$$

[수식 2.4]를 얻기 전에 피보나치 수열의 인접한 두 항 비율이 수렴한다는 것을 증명해야 한다. 이 부분은 생략하겠다. 기초 대수학에 대해 엄격하게 진행하지 않는다.

다음으로 F_n과 F_{n-1}의 선형 결합 F_{n+q} F_{n-1}을 구성해보자. 일반인은 생각할 수 없는 노하우다. 다음을 얻을 수 있다.

$$F_n + qF_{n-1} = p(F_{n-1} + qF_{n-2}) \tag{2.6}$$

q F_{n-1}을 방정식의 오른쪽으로 이동하고 단순화하면 다음 방정식을 얻는다.

$$F_n = (p - q)F_{n-1} + pqF_{n-2} \tag{2.7}$$

이를 피보나치 수열의 재귀 공식 $F_n = F_{n-2} + F_{n-1}$과 비교하면 다음과 같은 사실을 알 수 있다.

$$p - q = 1 \tag{2.8}$$

$$pq = 1 \tag{2.9}$$

미지수 q를 제거하면 다음을 얻는다.

$$p^2 - p - 1 = 0 \tag{2.10}$$

황금비 ϕ를 계산하는 데 사용하는 동일한 방정식이다. 다음을 얻을 수 있다.

$$p = \frac{1 + \sqrt{5}}{2} \tag{2.11}$$

이것 또한 더 계산할 수 있다.

$$q = \frac{\sqrt{5} - 1}{2} \tag{2.12}$$

그런 다음 p와 q에서 시작해 $F_1=1$, $F_2=1$으로 피보나치 수열에서 F_n과 n의 각 항목 간 관계를 계산한다.

$$F_n = \frac{1}{\sqrt{5}} \left[\left(\frac{1 + \sqrt{5}}{2} \right)^n - \left(\frac{1 - \sqrt{5}}{2} \right)^n \right] \tag{2.13}$$

[수식 2.13]에는 루트 계산이 있지만 흥미롭게도 연산 결과는 항상 양의 정수다. 또한, 피보나치 수열의 인접한 두 항목 비율이 황금비에 가깝다는 것을 쉽게 확인할 수 있다. 다음으로 피보나치 수열의 분석 공식을 계산하고자 함수 생성 방법을 사용해보겠다. 생성 함수를 정의해보자.

$$G(x) = \sum_{n=0}^{\infty} F_n x^n \tag{2.14}$$

이 중 F_n은 피보나치 수열의 n번째 항목, 즉 $n>1$일 때 $F_n = F_{n-1} + F_{n-2}$, $F_0=0$일 때 $F_1=1$이다. $F_2=1$이므로 [수식 2.14]에서 F_0, F_1 및 F_2 값을 대입해 생성 함수를 푸는 방정식을 얻을 수 있다.

$$\begin{aligned}
G(x) &= \sum_{n=0}^{\infty} F_n x^n \\
&= \sum_{n=1}^{\infty} F_n x^n \\
&= x + \sum_{n=2}^{\infty} F_n x^n \\
&= x + \sum_{n=2}^{\infty} (F_{n-1} x^n + F_{n-2} x^n) \\
&= x + x \sum_{n=2}^{\infty} F_{n-1} x^{n-1} + x^2 \sum_{n=2}^{\infty} F_{n-2} x^{n-2} \\
&= x + x G(x) + x^2 G(x)
\end{aligned}$$

생성 함수의 방정식에서 다음 수식을 얻을 수 있다.

$$G(x) = \frac{x}{1 - x - x^2} \tag{2.15}$$

유리 함수를 전개해 다음을 얻는다.

$$G(x) = \sum_{n=0}^{\infty} \frac{1}{\sqrt{5}} \left[\left(\frac{1 + \sqrt{5}}{2} \right)^n - \left(\frac{1 - \sqrt{5}}{2} \right)^n \right] x^n \qquad (2.16)$$

결론적으로 다음을 얻을 수 있다.

$$F(n) = \frac{1}{\sqrt{5}} \left[\left(\frac{1 + \sqrt{5}}{2} \right)^n - \left(\frac{1 - \sqrt{5}}{2} \right)^n \right] \qquad (2.17)$$

부록2　　**여덟 퀸 문제 알고리즘의 의사 코드**

```
// 퀸을 하나씩 배치한다.
// 현재 체스판에 놓인 퀸 상태를 board 수열에 저장한다.
// row 행과 column 열에 퀸을 배치한 후 isValid() 함수를 호출한다.
// 현재 보드 상태가 적합한지 확인한다. 이 기능은 구현하기 어렵지 않다. 여기에서는 의사
코드를 생략한다.
boolean Find8QueenSolution(int board[], int column) {
  if(모든 열이 적합하게 배치됨)
    return true;
  for each row of the board {
    if isValid(board, row, column) {
      board[column] = row; // 보드의 행과 열에 퀸을 넣는다.
      // 다음 열에서 퀸의 위치를 찾을 수 있는지 확인하고자 함수 자체를 재귀적으로
      호출한다.
      // 가능한 경우 column 열에 대한 배치가 유효하다.
      // 그렇지 않으면 row 행, column 열에 퀸을 넣을 수 없다는 것을 의미한다.
      // 이 열이 적절한 배치를 찾을 수 없는 경우 이전 열로 역추적하려면 새 위치를
      다시 테스트한다.
      if (Find8QueenSolution(board, column+1)) {
        return true;
      } else {
        board[column] = 0; // row 행과 column 열의 퀸을 제거한다.
      }
    }
  }
  return false;
}
```

[그림 2.4]의 이진 트리로 설명하겠다. 단순화하고자 그래프의 루트 노드에는 [그림 2.15]처럼 네 개의 자식 노드 (2, 3, 4, 5)가 있고 번호가 다시 매겨진 것으로 가정한다.

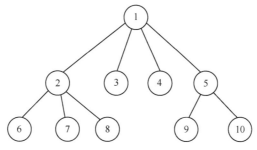

그림 2.15   **임의의 트리**

다음과 같이 재귀적으로 정의할 수 있다.

```
struct Tree {
  AnyData Member; // 노드의 정보
  Tree *subtrees; // 하위 트리의 선형 테이블
}
```

루트 노드 내에 루트 노드의 정보를 기록하고 하위 트리의 수열을 포함한다. 이전 자료구조에서는 포인터 형태를 사용했지만 노드당 노드 수의 상한선을 알면 수열을 사용할 수도 있다. 이 데이터 구조로 [그림 2.15]를 다시 그리면 [그림 2.16]과 같은 구조가 생성된다.

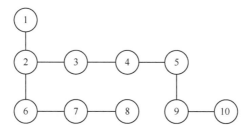

그림 2.16   **각 노드의 하위 트리를 선형 리스트(배열 또는 포인터)에 넣은 후의 트리 구조**

이진 트리로 안 보인다. 그러나 [그림 2.16]은 확실히 이진 트리다. [그림 2.15]와 같은 모양으로 복원할 수 있어 두 개의 이진 트리는 동일하다고 할 수 있다. [그림 2.15]에서 [그림 2.16]으로 변경할 때는 다음 두 가지 규칙을 따른다.

1   그래프의 각 노드에 대해 해당 하위 트리의 첫 번째 노드를 왼쪽 하위 트리로 변경한다.

2   오른쪽 형제 하위 트리를 오른쪽 하위 트리로 만든다.

3 CHAPTER

모든 것이 코드다: 추상화와 표현

컴퓨터 기능은 '정보를 전송 및 저장, 처리하는 것'이라고 정의할 수 있다. 작업을 수행하려면 정보 자체와 정보가 전송될 대상, 정보가 저장되는 물리적 단위를 인코딩해야 한다. 효율적인 인코딩 방법은 컴퓨터 과학의 기초이자 해당 분야를 마스터하는 중요한 포인트다.

인코딩을 이야기하기 전 중학생 컴퓨터 입문 과정에서 사용하는 아주 간단한 질문을 살펴보자. 질문은 다음과 같다.

손가락 열 개로 표현할 수 있는 숫자는?

많은 사람이 일반적으로 계산하는 방식으로 열 개의 숫자를 표현할 수 있다고 생각한다. 깊게 생각해본 사람이라면 한 손으로도 열 개 숫자를 나타낼 수 있으니 두 손으로는 100개 숫자를 나타낼 수 있다고 말한다. 꽤 참신한 생각이다. 이와 같은 인코딩 방식은 이전 인코딩보다 분명히 더 효율적이다. 그러나 여전히 가장 효율적이지는 않다. 인코딩을 십진수 대신 이진수로 고려하면 1024 개의 다른 숫자를 나타낼 수 있다. 구체적으로 보자. 열 개의 손가락을 펴고 왼손 새끼손가락에서 엄지손가락까지 0~4번, 엄지손가락에서 오른손 새끼손가락까지 5~9번으로 지정한다. 열 개의 손가락은 각각 굽히거나 편 상태다. 각 상태는 이진수 비트에 해당된다. 열 개의 손가락은 10비트, 즉 1024까지 표현할 수 있다.

물론 각 손가락에 세 가지 상태, 즉 굽힌 상태, 반만 편 상태, 완전히 편 상태가 있다면 더 많은 가능성을 나타낼 수 있다고 말할 수도 있다. 나쁜 생각은 아니지만, 문제가 있다. 반만 편 상태와 완전히 편 상태를 구분하기 어렵다.

손가락 예에서 알 수 있듯이 다른 방식의 인코딩은 정보를 표현하는 데 차이가 많이 생긴다. 컴퓨터에서 사용되는 코딩, 즉 인코딩은 인간의 생각이나 습관의 모호함과 다르다. 인간과 기계의 코드 차이부터 알아보자.

3.1 인간과 컴퓨터 사이의 정보 인코딩의 차이점

코드는 실제로 전자 컴퓨터가 발명되기 훨씬 이전부터 존재했다. 예를 들어 단어 또한 일종의 정보 코드이고 숫자도 마찬가지다. 당연히 이름, 도로명, 화학 기호, 수학 방정식 등 정보가 모두 인코딩된 것이다. 컴퓨터에서 사용하는 코드와는 큰 차이가 있다. 정보이론이 도입된 후에 컴퓨터의 다양한 코드가 만들어졌기 때문이 아니다. 컴퓨터의 코드는 의식적으로 설계되고 종합적으로 고려된 반면 생활 속에서 사용되는 코드는 계속해서 변화된 결과다. 즉 사람들은 정보를 코드로 만들 때 주변 상황만을 기준으로 생각한다. 전체 상황을 이해하지 못하며 심지어 이해할 필요도 없이 만든다. 또한, 컴퓨터는 효율성을 강조하지만 사람들은 정보를 인코딩할 때 주로 기억하기 쉬운지 여부를 고려한다.

사람들의 이름을 인코딩하는 것부터 시작해보자. 부모가 자녀의 이름을 지을 때 다른 사람과 구별할 수 있는 이름을 고려하지는 않는다. 흔히 듣기 좋고 뜻이 좋다는 이유로 짓는다. 그래서 중국에서 동명이인은 너무나 흔한 현상이 됐다. 예를 보자. 'Li Qiang'라는 동료가 있다. 수백만 명의 Li Qiang이라는 중국인이 있어 해외 출입국 때마다 매우 번거롭게 오랫동안 심문을 받아야 한다. 서양에서는 가족이 특정 이름을 좋아하면 할아버지, 손자, 아버지와 아들이 몇 세대 동안 사용하기도 한다. 자신을 구분할 수 있도록 '늙은' 또는 '작은' 같은 수식어를 추가하기도 하고, 1세, 2세, 3세 등의 수식어로 세대를 구별하기도 한다.

빈면 컴퓨터 시스템에서 사용하는 이름은 중복될 수 없다. 웹사이트 이름은 중복될 수 없으며 컴퓨터 주변 장치 인터페이스 이름 또한 중복될 수 없다. 중복된다면 컴퓨터 시스템은 중복을 제거하는 데 수많은 추가 작업을 수행해야 한다.

사람들이 생활에서 사용하는 코드의 또 다른 특징은 모두 구체적인 것에서 추상적인 것으로 천천히 진화한다는 점이다. 주소는 장소에 대한 코드다. 주소는 대부분 지역의 특성을 표현한 것에서 파생된다. 예를 들어 베이징의 시산치西三旗(서쪽 세 번째 깃발), 텐텐수이징후퉁田甜水井胡同(달콤한 물 우물 뒷골목), 차이스커우菜市口(야채시장 입구), 시즈먼西直门(서쪽 정문) 등이 장소 특징을 기반으로 만들어진 것이다. 그러나 지명 정보에 관심을 두는 사람이 거의 없다. 이는 주소를 일컫는 추상적인 코드가 된다. 결국 주소만으로는 특정 장소를 정확히 가르킬 수 없고 많은 장소가 중복된 이름을 가지게 된다. 중국 서부 도시에서 특히 많이 볼 수 있는 현상이다.[1]

영국인은 주소의 중복된 코드를 해결하고자 우편번호를 발명했다. 각 영역에 고유 번호를 갖도록 번호를 매기고 반복되지 않는 문자로 영역을 세분화했다. 초기에 우편번호를 디자인할 때는 훗날 발생할 문제를 상상하지 못했고 당시(19세기) 직면했던 상황만 고려했다. 도시의 약어 번호를 입력한 후 도시 여러 구역에 순차적으로 번호를 부여했다. 예를 들어 SW는 런던 남서부 지역을 나타내고 구성하는 하위 구역 중 하나를 1W로 나타냈다. 외부outward 우편번호였다. 훗날 외부 우편번호가 상세하지 않고 범위가 너무 커서 위치를 파악하기 어렵다는 것을 깨달았다. 하위 구역을 더 세분화하고자 하위 구역에 숫자 번호를 매기고 마지막으로 두 글자를 사용해 거리나 장소를 나타냈다. 내부inward 우편번호다. 구글의 런던 사무실 위치는 SW1W 0NY다. 영국 우편번호가 만들어지는 과정은 전형적인 인간의 사고방식이다. 특정 상황에서 코드를 추상화하고 현재 상황만 해결하는 것부터 시작해 조금씩 지속적으로 추가 및 변경하면서 발전시킨다.

컴퓨터의 인코딩 목적은 다른 개체를 완전히 구별하는 데 있다. 인간의 인코딩 목적과 다르다. 개발자들은 구별할 개체 수에 따라 코드를 설계한 후 실제 세계의 개체를 특정 코드에 매핑한다. 즉 컴퓨터 코드는 처음부터 추상적이다. 컴퓨터 코드를 예로 들겠다. 인터넷의 다른 IP 주소, 컴퓨터의 다른 포트 주소, 내부 레지스터 주소 등이 있다. 인터넷 아키텍처를 설계할 때 과학자들은 미래에 필요할 서버 수를 예상해 가능한 모든 네트워크 서버 수에 대한 IP 주소를 지정했다. 이를 IPv4[2]라고 한다. 0에서 255 사이의 네 개 숫자 집합이다. 대학에서 인터넷에 연결할 때는 특정 IP 주소 옥텟octet[3]을 실제 서버에 매핑한다. 실제로 171.66 및 171.64로 시작하는 IP 주소는 스탠퍼드 대학교 서버가 사용한다. 마찬가지로 과학자는 컴퓨터 프로세서 칩을 설계할 때 데이터를 저장하고자 칩의 레지스터를 먼저 설계하고 제작한다. 프로세서 칩의 레지스터를 제작하기 전에 프로세서의 명령어 집합instruction set을 먼저 설계해야 한다. 명령어 집합에서 과학자는 R0~R31과 같은 레지스터에 번호를 매긴다. 각 실제 레지스터는 이 번호에 해당한다. 중국의 우편번호(여섯 자리), 미국의 우편번호(다섯 자리) 등 생활 속에서 볼 수 있는 코딩 원칙 역시 이런 식으로 설계됐다.

---

1   [옮긴이] 중국 서부 도시의 경우 동부 도시보다 비교적 발달되지 않아 자연의 특징을 따른 지역명이 많다. 우리나라로 치면 소나무가 많은 섬을 지역명으로 한 부산과 인천의 송도(松島)를 예로 들 수 있다.

2   IPv4는 40억 개의 서버를 가질 수 있다. 당시 전 세계에 컴퓨터는 1만 대도 없었고, 사람들은 그 수의 1만 배 정도면 충분히 모든 서버를 감당할 수 있을 것이라 생각했다. 그러나 오늘날 전 세계의 서버 수는 40억 대가 넘었다. 이에 따라 과학자들은 현재의 서버 수를 감당할 수 있는 IPv6 주소를 홍보하고 있다.

3   [옮긴이] 옥텟은 8비트씩 잘라 부르는 IPv4의 각 마디를 부르는 호칭이다.

컴퓨터 코딩 방식은 내부적으로 해당 코드와 매칭된 컴퓨터는 '이해'할 수 있지만 사람들은 코드를 읽어도 의미를 이해하지 못한다. 18.0.0.18을 보고 www.mit.edu 웹 서버의 IP 주소라는 것을 아는 사람은 거의 없다. 전자사전에서 'stone'이라는 단어는 메모리 주소 번지 37284096번에 위치하지만 단어 '돌'에 해당하는지 알 방법이 없듯이 말이다.

사람이 사물을 구별하는 방식은 컴퓨터 방식과 완전히 다르다. 컴퓨터가 효율적으로 작동하는 데 필요한 코드 역시 인간이 사고하는 방식과 다르다. 우수한 IT 업계 종사자라면 일반인이 할 수 없는 두 가지 일을 해야 한다.

첫째, 인간의 사고방식을 잠시 잊고 컴퓨터 관점에서 코드를 설계해야 한다.

컴퓨터 소프트웨어가 됐든 하드웨어가 됐든 인코딩 방법이 한 번 설계되면 바꾸는 것이 어렵다. 설계하기 전에 다양한 상황을 고려해야 한다. 2000년 즈음에 발생한 밀레니엄 버그_{millennium bug}는 연도를 인코딩할 때 두 개의 숫자로만 지정한 탓에 컴퓨터가 1901년과 2001년을 구분하지 못하게 된 문제였다. 또 다른 예로 중국의 유명 IT 회사를 보자. 훗날을 생각하지 않고 사용자 ID 번호의 최댓값을 설정했다. 10년이 지나고 사업이 발전하면서 사용자는 계속 증가했다. 결국 사용자 최대 번호가 넘어가자 ID 번호는 초기화되었고, 신규 가입자와 기존 사용자 ID 번호가 중복되는 문제가 발생했다. 밀레니엄 버그 문제와 마찬가지로 엄청난 비용을 들여 해결해야 했다. 처음부터 잘 생각하면 많은 문제를 줄일 수 있다. **컴퓨터 업계에서 개발자가 충분한 경험이 있는지는 작업을 시작하기 전 컴퓨터 관점에서 개발자 자신의 생각을 검토할 수 있는지 여부에서 확인할 수 있다. 4등급 개발자와 5등급 개발자 차이가 여기서 온다.**

둘째, 컴퓨터 내부의 추상 코드와 사람이 이해할 수 있는 코드로 매칭을 실현할 수 있는 연결 통로를 잘 만들어야 한다.

컴퓨터 인코딩은 효율성을 우선시한다. 그러나 연결 통로가 없다면 사람들이 읽기가 너무 어렵다. 코딩이 어렵다면 작업 능률을 떨어뜨리고 기계가 가져다주는 효율성 향상 역시 반영하기 어렵다. 거의 사용되지 않는 코드인 중국의 우편번호를 보자. 심지어 사람들은 자신이 있는 위치의 우편번호를 모른다. 택배를 보낼 때도 우편번호가 필요하지 않다. 주소를 찾을 때 우편번호가 아니라 택배원의 노하우에 의존한다. 실제로 주소 찾는 노하우를 공유하는 편이 택배 업계의 배달 속도의 더 도움이 된다. 우편번호의 문제는 사람들이 사용하는 데 익숙한 주소와 컴퓨터에서 사용하는 우편번호 사이의 연결이 제대로 되지 않았다는 것이다.

컴퓨터 사고방식으로 전환하면 정보를 직접 보거나 특성을 이해하기 전에 컴퓨터가 정립한 코드를 보고 해당 코드가 가르키는 위치로 이동해 정보를 봐야 한다. 인터넷을 사용해 이메일을 보내려면 mit.edu가 가르키는 위치보다는 먼저 이 주소가 가리키는 해당 서버의 네트워크 IP 주소를 알아야 이메일을 보낼 위치를 알 수 있다. 택배원이 이런 식으로 일한다면 손님이 적어준 주소에 따라 정확한 위치를 분석한 후 그곳으로 가야 한다. 너무 복잡하다. 초보 개발자가 자주 헷갈리는 것 중 하나다. 컴퓨터가 변수에 저장된 내용을 찾을 때 또 다른 내부 주소를 거친 후에야 내용을 찾을 수 있다는 점이다. 이는 컴퓨터가 사람의 사고방식과는 다르게 설계됐기 때문이다.

컴퓨터 내부 작동 메커니즘과 사람의 사고방식 차이를 이해했다면 정보와 다양한 대상을 매칭할 때 효율성 원칙을 우선시해야 한다. 컴퓨터 내부에서 이진법을 사용하는 것은 매우 의미 있는 이유다. 세상의 모든 정보는 이진법으로 결정될 수 있으며 매우 효율적이다. 예를 들어 양수는 0, 음수는 1로 표현하거나 작은 경우는 0, 큰 경우는 1로 표현할 수 있다. 즉 4비트로 16개의 컴퓨터 하드웨어를 인코딩해 차이를 표시하는 것과 같다. 컴퓨터 내부에서 이진법으로 표시되는 코드로 스위칭 회로를 통제해 생성 및 출력, 식별하기 쉽기 때문이다.

물론 이진법 인코딩은 인간에게 직관적이지 않아 인간이 쉽게 인식할 수 없는 코딩이 많이 있다. MIPSmicroprocessor without interlocked pipeline stage 프로세서[4]에서 001000은 덧셈 연산을 나타낸다. 이처럼 프로그램을 작성하면 아무도 이해하지도 못하고 오류를 확인하기도 어려워 코드 001000를 ADD라는 세 글자에 매칭했다. 즉 컴퓨터 내부에서 사용되는 코드와 종이에 기록하는 코드는 서로 다르다. 전자는 이진법이고 후자는 기억할 수 있는 기호에 더 가깝다. 컴퓨터 개발 과정에서 C, C++ 및 자바 같은 많은 고급 언어가 발명됐다. 직관적이지 않은 기계어를 보완하고자 발명된 것이다. 결국 고급 언어의 본질은 인간의 문제 해결을 위해 작성하는 코드와 기계가 실행하는 코드 사이의 연결 통로다.

훌륭한 컴퓨터 전문가는 모든 종류의 정보와 개체를 이진법으로 인코딩하는 데 익숙해져야 한다. 컴퓨터 업계 종사자가 이 장애물을 넘지 못하면 IT 업계를 선도하는 사람이 될 수 없다. 다른 사람의 아이디어를 실행하는 사람이 될 뿐이다. 생활 속 많은 정보를 어떻게 이진법 코드와 매칭할지 생각해야 한다. [예제 3.1]과 [예제 3.2]를 살펴보면서 어떻게 이진법과 정보를 매칭할지 생각해 보자. 두 예제는 유명 IT 회사인 마이크로소프트와 알리바바에서 소프트웨어 개발자를 채용할 때 자주 묻는 질문이다. 지능을 테스트하려는 것이 아니라 지원자의 사고방식이 사람들의 사고방식에서 컴퓨팅 사고력으로 전환할 수 있는지 여부를 확인하는 의도다.

4　옮긴이 MIPS는 RISC 계열의 프로세서 명령어 집합 체계다.

요점 인간의 정보에 대한 코딩이 편의성을 목표로 점진적으로 발전시킨 결과라면 컴퓨터 코딩은 효율성을 목표로 모든 상황을 한 번에 가능한 명확하게 고려하도록 한다. 두 코딩을 연결하는 연결 통로가 필요하다.

심화 사고 문제 3.1 ★★☆☆☆ (AB)

하나의 집합이 주어진다면 집합의 멱집합(power set)을 어떻게 출력할 수 있을까? (힌트: 멱집합에 추천하지 않는 접근 방식은 하나의 요소를 가진 집합을 출력하고, 두 개의 요소를 가진 집합을 출력하고, 세 개의 요소를 가진 집합을 출력하는 방법이다. 추천하는 접근 방식은 멱집합의 모든 원소를 통일시켜 인코딩하는 것이다.)

3.2 황금 분할 문제와 실험 쥐 문제

예제 3.1 ★★★☆☆ 황금 문제 분할(MS)

타일러는 보니를 고용해 7일 동안 새 집 마당에 타일을 붙였다. 타일러는 총 한 개의 금괴를 지불하기로 했다. 이후 보니는 매일 금괴의 1/7을 일급으로 지불할 것을 요구했다. 타일러는 이에 동의했다. 어떻게 해야 금괴를 두 번 잘라 보니가 받을 급여의 1/7을 정확히 매일 지불할 수 있을까?

마이크로소프트 면접을 봤던 학생이 필자에게 문의했던 내용이다. 한참 고민해도 답이 나오지 않아 물어보러 온 것이었다. 이후 다른 IT 회사에서도 해당 질문을 사용한다는 것을 알게 됐다. 인터넷에서 답을 찾을 수 있지만 인터넷에서 제공하는 내용에는 IT 회사가 지능 테스트 같은 질문을 하는 이유는 분석하지 않고 답만 제공한다.

탈락자의 사고방식부터 보자. 칼로 금괴를 7등분으로 나눌때 아무리 균등하게 잘라도 두 번 절단해서는 네 개로만 나눌 수 있어 불가능하다고 생각한다. 완전히 잘못된 생각이며 편향적인 사고다.

사실 어려운 질문이 아니다. 핵심은 질문을 풀기 전 '어떻게' 할 것인지 생각하지 말고 유명한 IT 회사가 왜 이런 질문을 하는지 생각하는 것이다. 단지 지능을 테스트하려는 것일까? 아니다. 컴퓨팅 사고력과 관련 있다. 이유를 알게 된다면 문제를 해결하는 생각이 정상적인 궤도로 돌아오고 답 도출이 쉬워진다.

답은 아주 간단하다. 금괴를 1/7 지점에서 한 번 자르고 다음에는 3/7 지점을 잘라 금괴가 세 개의 작은 금괴가 되게 한다. 각 질량이 1/7, 2/7, 4/7에 해당하는 금괴로 나눠진다. 계속해서 세 개의 숫자 1, 2, 4로 1에서 7까지의 일곱 개 숫자를 나타낼 수 있다. 구체적인 표현 방법은 다음과 같다.

$$1 = 1$$

$$2 = 2$$

$$3 = 2 + 1$$

$$4 = 4$$

$$5 = 4 + 1$$

$$6 = 4 + 2$$

$$7 = 4 + 2 + 1$$

이 계산식을 사용하면 타일러는 급여를 지급할 때 첫날에는 보니에게 1/7의 금을 주고 둘째 날에는 보니에게 2/7의 금을 준 뒤 보니에게 첫날 1/7의 금을 돌려받는다. 셋째 날에 보니에게 또 다른 1/7 질량의 금을 주면 총 3/7의 질량에 해당하는 금괴를 가지게 된다. 넷째 날에는 보니에게 4/7 질량의 금을 주고 이전에 줬던 두 개의 금괴를 돌려받는다. 이런 식으로 진행하면 일곱째 날에 모든 금을 보니에게 줄 수 있다. 물론 보니가 도중에 금괴를 팔아서 타일러에게 돌려줄 금괴가 없다면 어떻게 해야 하는지 질문할 수 있다. 해당 질문은 답을 맞혀야 하는 것이 아니다. 지원자라면 반드시 숙달해야 하는 기술인 면접관 의도를 파악하는 능력 시험이다. 필기시험 대신 면접을 시행하는 이유 중 하나는 구두 의사소통 능력을 시험하려는 것이다.

해당 문제를 푸는 열쇠는 1, 2, 4 숫자가 1부터 7까지의 모든 숫자를 표현할 수 있다는 점이다. 1, 3, 3으로 자른다면 할 수 없다. 왜 1, 2, 4는 가능할까? 1, 2, 4가 이진법 '0번째 비트', '1번째 비트' 및 '2번째 비트'이기 때문이다. 이진수는 0과 1 두 자리만 있기에 각 비트의 0 또는 1 조합으로 다양한 숫자를 나타낼 수 있다. 일곱 개의 숫자를 이진법으로 다시 작성할 수도 있다(이진법은 0b로 시작).

$$1 = 0b001$$

$$2 = 0b010$$

$$3 = 0b011 = 0b010 + 0b001$$

$$4 = 0b100$$

$$5 = 0b101 = 0b100 + 0b001$$

$$6 = 0b110 = 0b100 + 0b010$$

$$7 = 0b111 = 0b100 + 0b010 + 0b001$$

[예제 3.1]은 컴퓨터 실무자가 얼마나 이진 코드를 이해하며 실제 문제를 하는 데 이진 코딩을 얼마나 유연하게 적용하는지 능력을 시험하는 좋은 테스트가 될 수 있다. 4등급 개발자라면 답할

수 있어야 한다.

[예제 3.1]은 지원자가 이진 코드를 이해하지 못하더라도 많은 시도를 하면 답을 생각해낼 수 있다. 그러나 [예제 3.2]는 지원자가 바이너리 인코딩의 본질을 깊이 이해해야 풀 수 있다.

예제 3.2 ★★★☆☆ 실험 쥐 테스트 문제(AB)

서로 다른 64종류 약병이 있다. 그중 63병은 무독성이지만 한 병은 독약이다. 실험 쥐가 독약을 먹으면 3일 후에 죽는 다. 당연히 무독성(모든 무독성 약은 동시에 마셔도 서로 반응하지 않으며 복합 효과도 일어나지 않는다) 물질은 먹어도 괜찮다. 실험 마감 기한은 3일밖에 안 남았고 한 마리 쥐가 실험에 한 번만 참가할 수 있다면 어떤 병에 독이 있는지 테스트하는 데 최소한 몇 마리의 쥐가 필요할까?

많은 사람이 질문을 읽으면 직관적으로 64마리 실험 쥐가 64종류 약을 복용할 수 있다고 답한다. 이렇게 실험을 수행해도 문제는 없다. 하지만 열 개의 손가락으로 열 개의 숫자만 나타내는 것처럼 효율적이지는 않다. 문제의 핵심은 검사할 64병을 이진 코드로 만든 후 실험에 참가한 쥐를 약병에 적힌 코드와 일치하도록 하는 것이다. 구체적인 접근 방법은 다음과 같다.

첫째, 약품은 0에서 63까지, 즉 000000(6개의 0)에서 111111(6개의 1)까지의 이진수로 번호가 매겨진다. 표에서 첫 번째 숫자는 맨 왼쪽에, 여섯 번째 숫자는 맨 오른쪽에 둔다.

둘째, [표 3.1]처럼 이진 코드의 각 위치에 해당하는 왼쪽에서 오른쪽으로 정렬할 여섯 개의 실험 쥐를 선택한다.

표 3.1 실험에 참여한 각 실험 쥐가 복용한 약물(1은 복용, 0은 복용하지 않음)

약병 번호	A	B	C	D	E	F
0	0	0	0	0	0	0
1	0	0	0	0	0	1
2	0	0	0	0	1	0
3	0	0	0	0	1	1
...	...	...	...	...	...	...
31	0	1	1	1	1	1
32	1	0	0	0	0	0
...	...	...	...	...	...	...
61	1	1	1	1	0	1
62	1	1	1	1	1	0
63	1	1	1	1	1	1

셋째, 각 실험 쥐는 테이블의 해당 열에 해당하는 이진 코드가 1인 약을 먹는다. 첫 번째 실험 쥐는 약병 중 32, 33, 34 ⋯ 63번 약을 먹고, 두 번째 실험 쥐는 16, 17 ⋯ 31, 48, 49 ⋯ 63번 약을 먹고, 마지막으로 여섯 번째 쥐가 약 1, 3, 5 ⋯ 63번 약을 먹는다.

넷째, 약을 복용한 지 3일 후 일부 실험 쥐가 사망했을 것이다. 첫 번째, 두 번째, 여섯 번째 실험 쥐는 죽고 나머지는 살아 있다고 가정하자. 무엇을 의미할까? 바로 110001번 약이 문제가 있다는 의미다. 첫 번째, 두 번째, 여섯 번째 쥐가 모두 이 약을 먹었는데(해당 위치는 1), 세 번째, 네 번째, 다섯 번째 쥐는 먹지 않았다(해당 위치는 0). 110001은 십진수 49에 해당한다. 즉 약병 49번이 독이다. 다른 조합도 이렇게 추론할 수 있다. 만약 실험 쥐가 한 마리도 죽지 않았다면 0번 약이 독이라는 뜻이다. 이 병만 유일하게 실험 쥐가 먹지 않았다.

이 방법으로 여섯 마리의 실험 쥐를 사용해 한 번에 64개 중 한 개를 선택할 수 있다.

물론 정보이론에 기반해 문제를 풀어 여섯 마리의 생쥐라는 답을 낼 수도 있다. [예제 3.2]는 64:1 작업이다. 정보이론상으로 log64=6비트의 정보만 있으면 된다. 실험에 참여한 각 실험 쥐의 실험 결과는 두 가지를 나타낸다. 생존 또는 사망이다. 결과에 관계없이 각 실험 쥐는 1비트의 정보를 제공한다. 이론상으로는 실험 쥐 여섯 마리면 충분하다. 여섯 마리의 실험 쥐가 필요하며 각 실험 쥐는 0과 1 두 가지 결과만 있다는 것을 알면 6비트 이진 인코딩을 생각할 수 있다. 이는 이론적으로 코드 길이를 구한 후 코드를 디자인하는 방법이다.

다른 사람에게 들은 질문이지만, 필자는 굉장히 좋은 질문이라는 생각에 면접에서 활용했다. 왜 '굉장히' 좋다고 생각했는지 궁금할 수 있다. 이 질문은 지원자가 얼마나 이진 인코딩을 이해하는 지 테스트할 수 있을 뿐만 아니라 컴퓨터 과학자로서 실험과 연구를 어떻게 수행해야 하는지 이해 여부를 테스트할 수 있다.

많은 컴퓨터 제품(특히 소프트웨어)은 사용자가 해당 서비스에 만족할지 여부를 사용자 피드백으로 테스트해야 한다. 제품 관리자나 개발자가 결정할 수 없다. 특정한 누군가의 판단을 신뢰할 수 없기 때문이다. '좋은 판단'은 행운이 따르는 것이다. 계속 적용될 수 없다. 회사가 비즈니스 성공을 '좋은 판단'에 둔다면 조만간 실패한다. 구글은 데이터 없이 결론을 내리지 않는 원칙이 있다. 빅데이터 사고방식과도 일맥상통한다. 제품에 대해 A 방식과 B 방식이 있다고 해보자. 어느 방식이 더 낫다고 할 수 있을까? 인터넷을 활용해 다수 사용자에게 받은 피드백으로 해당 통계를 작성한다면 이 질문에 대답하는 것은 어렵지 않다.

사용자의 빅데이터로 A 방식과 B 방식의 장단점을 비교하는 것은 불가능하다. 또한, 모든 사용자가 평가에 참여해야 하는 것도 아니다. 비용이 너무 높을 뿐만 아니라 프로그램에 중대한 결함이 있다면 전체 사용자가 결험을 알게 돼 여파가 심각해질 것이다. 일반적으로 비교 실험을 하고자 1%(또는 더 적은 비율) 테스터를 무작위로 선택하게 된다. 어떤 테스터들은 A 방식을 사용하고 또 다른 테스터는 B 방식을 사용한다. 신약 개발에서 수행되는 맹검법blind test과 유사한 방식이다. 테스트 결과에 시간적 영향도를 제거하고자 이런 종류의 테스트는 일반적으로 약 일주일 전후의 기간만 시행한다. 때로는 2회 차, 3회 차로 반복돼 수행되기도 한다.

그렇다면 해결해야 할 문제가 있는데 이런 실험을 수행해야 모든 제품을 개선할 수 있을 때 시간적으로 다음 일정을 계획할 수 없다. 수만 명의 개발자가 있는 구글 같은 대기업에서는 매일 다양한 개선이 이뤄진다. 하루에 100개의 개선 사항이 있다면 일주일에 500개의 비교 실험이 동시에 수행된다. 만약 실험에 매번 1%의 사용자를 사용한다면 곧 모든 사용자를 사용하게 될 것이다. 0.0001% 사용자를 실험에 사용하면 안 되는지 묻는 사람이 있을 수 있다. 구글처럼 수십억 명의 사용자가 있는 회사라도 0.0001% 사용자는 테스트 대상으로 충분하지 않다. 게다가 국가, 언어, 학력, 종교 등 이용자의 다양한 측면 때문에 선호도에 영향을 받는다. 표본 수가 너무 적어 대표성이 없다. 일반적으로 1%를 표본 추출하는 것이 적절하다. 적은 수의 사용자를 이용하면서 동시에 많은 테스트를 진행해야 하는 문제를 해결하려면 실험 쥐 같은 방법으로 실험을 수행한다. 서로 충돌하지 않도록 다양한 테스트를 이진 코드로 지정하고 여러 그룹을 실험 쥐처럼 동시에 수행하게 한다.

베테랑 개발자라면 회사 차원에서 연구 개발을 고려할 수 있어야 한다. 비교 실험을 할 때 여러 작업을 동시에 완료하려면 가능한 적은 리소스를 사용해야 한다. 다시 계산적 사고가 필요하다. **앞 문제에서 코딩 원칙을 유연하게 적용해 회사 차원에서 문제를 해결할 수 있는 사람은 3등급 개발자가 될 수 있다.**

이진법으로 다양한 목표나 대상, 더 나아가 일의 흐름을 효과적으로 인코딩할 수 있다면 인간의 선형적 사고에서 컴퓨터의 기하급수적 병렬 사고로 전환할 수 있다. 세상의 모든 일을 더 짧은 코드로 작성해 더 많은 객체를 구별하기를 원하나 때로는 모순점이 있다. 전체 코드가 제한돼 있고 구별하거나 표현해야 할 것이 너무 많으면 절충점이 있어야 한다. 이진법으로 숫자를 표현할 때 표현할 수 있는 숫자 범위가 너무 크면 아주 가까운 숫자는 명확하게 구분할 수 없는데 이것이 범위와 정밀도의 모순이다. 인간은 살면서 그런 문제를 겪지 않는다. 숫자를 필요한 만큼 쓰면 되기 때문이다. 인간은 더 높은 정밀도가 필요하면 몇 자릿수를 더 쓰면 되지만 컴퓨터에서는 불가능할 수 있다. 컴퓨터에서 좋은 코드의 조건은 범위와 정밀도 사이의 균형을 찾는 것이다.

> **요점** 모든 대상은 번호를 지정해 구별할 수 있으며 이진 코드로 모든 번호를 지정할 수 있다.

> **심화 사고 문제** 3.2
>
> **Q1. ★☆☆☆☆(FB)** 정삼각형의 각 꼭짓점에 개미가 있다고 가정한다. 무작위로 방향을 선택하고 삼각형의 변을 따라 같은 속도로 걸어간다면 개미들이 충돌하지 않을 확률은 얼마인가?
>
> **Q2. ★★☆☆☆(FB)** 정N각형의 꼭짓점에 위 과정을 반복하는 n개의 개미가 있을 때 그 확률은 얼마인가? (힌트: 세 개미의 가능한 방향을 인코딩한다. 각 개미의 결정은 독립적이므로 각 선택은 3비트의 이진 코드 중 한 자리의 비트로 볼 수 있다. 가능한 모든 인코딩과 적합한 인코딩을 찾아라.)

3.3 데이터 표현: 정밀도와 범위

코드 길이가 정해지면 표현할 수 있는 정보 수가 제한된다. 컴퓨터에서도 마찬가지다. 16비트 이진수가 주어지면 코딩 방식에 관계없이 최대 65536개 수를 나타낼 수 있다. 양수, 음수에 관계없이 16비트 이진수가 표현할 수 있는 수의 범위는 0~60000 이상까지다. 정밀도는 정수 1단위의 간격을 가진다. 실생활에서는 충분한 범위다. 숫자의 정밀도를 향상시켜야 하는 경우, 예를 들어 상품 가격에서 정수 뒤에 0.99위안 또는 0.88위안처럼 소수점 아래 두 자리 단위까지 붙는 경우다. 이렇게 표현해야 한다면 16비트로 표현할 수 있는 것은 0~600의 범위[5]로 줄어든다.

숫자 범위와 정밀도를 모두 늘리려면 코드 길이를 늘려 더 많은 정보를 사용하는 것이 유일한 방법이다. 32비트 이진수는 약 43억 개의 정수 범위를 나타낼 수 있다. 소수점 이하 네 자리까지 정밀도를 설정하면 정수 범위는 수백만 개 숫자로 제한된다. 이는 16비트의 정수를 표현할 수 있는 숫자이기에 일반적인 상황에는 대처할 수 있지만 세상의 모든 것을 설명하기에는 충분하지 않다. 지구 무게는 5.965×10^{24}Kg이고 수소원자 무게는 약 1.674×10^{-27}Kg이다. 이진 코드의 길이를 늘려 컴퓨터에서 극단적인 두 사물의 무게를 동시에 나타내려면 약 170개의 이진수가 필요하다. 효율적인 방법이 아니다.

어떻게 해야 범위와 정밀도 균형을 맞출 수 있을까? 과학적으로 정밀도를 나타내는 부동소수점 숫자와 크기를 나타내는 지수로 숫자를 바꾸는 표기법을 생각해볼 수 있다. 컴퓨터에서 일반적으로 사용하는 IEEE 754-2008[6](부동소수점 연산 표준)은 이런 방식으로 설계됐다. 부동소수점 연산

---

5 0.00, 0.01~655.36까지다.

6 울긴이 번역 시점 가장 최신 버전은 IEEE 754-2019이다. https://ko.wikipedia.org/wiki/IEEE_754

표준에서는 64비트를 사용한다. 그중 1비트를 사용해 부호를 나타내고 11비트(−1024에서 1023까지)까지 사용해 크기의 동적 범위를 나타내며 52비트를 사용해 정밀도(십진수로 변환하면 약 16자리 숫자)를 표현한다. 10^{-308}만큼 작은 숫자와 10^{308}만큼 큰 숫자를 (절댓값으로) 나타낼 수 있는 설계 방법이다.

10^{308}은 비교할 대상이 없는 엄청난 숫자다. 우주에 있는 모든 원자[7]가 또 하나의 우주라고 생각하고 그 우주를 구성하는 원자가 또 우주라고 생각하고, 그 우주를 구성하는 모든 원자의 수, 즉 이렇게 원자가 우주로 구성을 세 번이나 해야 원자의 총 수가 약 10^{308}이 된다. 그렇다면 64비트 이진 코드로 어떻게 많은 숫자를 표현할 수 있을까? 이 표기법은 동시에 너무 많이 다른 숫자를 나타낼 수는 없다. 중간에 많은 숫자가 누락된다. 만약 길고 긴 숫자 그래프를 그리고 그래프 범위가 0에서 10^{308}까지 뻗어나간다고 하면 컴퓨터의 double 형식으로는 이 숫자로 이루어진 선의 일부 '지점'만을 차지하며 대부분 영역은 포함되지도 않는다. 임의의 정밀도와 크기를 과학적 표기법을 사용해 표현할 수 있는 것과 구별된다.

컴퓨팅 사고와 일상적 사고의 차이는 숫자를 어떻게 인코딩하는지 보면 알 수 있다. 인간은 사물을 보면 수치화가 가능하다. 작으면 얼마나 작은지, 크면 얼마나 큰지, 정확하면 얼마나 정확한지 말할 수 있다. 반면 컴퓨터는 초기에 주어진 정보 자원(코드 길이)에 따라 코드 범위와 정밀도를 설계하고 현실의 실제 값에 설정된 코드 중 하나로 매칭한다. 예를 들어 10^{307}에서 10^{308} 사이 정수는 9×10^{307}개이지만 컴퓨터의 Double 형식에서 그 사이의 정수는 약 10^{17}개만 존재한다. 9×10^{307}개 숫자들이 10^{17}개 범위 내에서 존재한다는 것을 의미한다. 많은 숫자 코드가 중복되지 않을지, 구별하는 방법은 없는지 궁금할 수 있다. 구별할 수 없다. 코드 길이와 표현할 수 있는 숫자의 범위 사이에서 균형을 맞춰야 하는 이유다.

많은 컴퓨터 응용 프로그램은 데이터를 나타내고자 더 적은 정보를 사용해야 한다. 일부 GPU 응용 프로그램에서 부동소수점 숫자는 8비트(1바이트)로 표현돼야 한다. 1바이트 정보로 정수를 표현하면 256개 숫자만 표현할 수 있다. 부동소수점을 표현하기에는 범위가 너무 작다고 생각하는가? 실제로는 정확도와 범위를 모두 고려해 ±0.0078에서 480까지 숫자를 표현할 수 있다. 물론 이 표기법이 범위를 나타내는 것이지 숫자를 정확하게 표현할 수 있다는 것은 아니다. 해당 범위는 실제로 사운드 및 이미지 합성 같은 많은 응용 프로그램에 충분하다. 64비트에서 8비트로 범위를 줄이면 저장 공간의 7/8을 절약할 수 있을 뿐만 아니라 최소 열 배 이상 더 빠르게 처리할 수 있어

---

7 [옮긴이] 우주를 이루는 원자의 개수는 10^{82}이라고 한다. 출처: 이광식, 우주에 있는 원자는 과연 모두 몇 개일까?, 나우뉴스, 2020.9.25, https://nownews.seoul.co.kr/news/newsView.php?id=20200925601005

많은 이점이 있다. 또한, 프로세서의 성능, 특히 에너지 소비 단위당 컴퓨팅 성능을 크게 향상시킬 수 있다. 프로세스 코어가 8비트 부동소수점 연산을 사용하기에 현대의 많은 GPU는 수천 개의 코어를 단일 칩에 통합할 수 있다.

정보 표현뿐만 아니라 많은 계산에서 범위와 정확성을 고려해야 한다. 머신러닝이 모델을 훈련시키려면 다수의 학습이 필요하다. 학습할 때마다 변경 사항(학습율)이 너무 크면 해당 모델은 최적 모델에서 벗어난다. 하나의 모델에는 수백만 또는 수억 개의 매개 변수가 있어 조정하는 것이 매우 어렵다. 반대로 각 학습의 변경이 너무 작으면 최종 최적화 지점에 도달할 수 있지만 매우 오랜 시간이 걸린다. 컴퓨터 개발자는 큰 조정과 미세 조정 사이의 관계를 파악해야 한다. 다음 예제를 보자.

예제 3.3 ★★★★☆ 두 개의 유리 공 문제(AB)

두 개의 동일한 유리 공이 있다. 일정 층 높이 이상에서 땅으로 떨어뜨리면 산산조각나지만 일정 높이 미만 층에서 떨어뜨리면 깨지지 않는다. 공이 깨지는 일정 층 높이가 1층에서 100층 사이에 있다면 두 개의 유리 공을 사용해 최소 시도 횟수로 공이 깨지는 층 높이를 알아보는 방법은 무엇일까?

또 다른 지능 테스트처럼 보일 수 있다. 지원자가 개발자적 사고방식을 가졌는지 여부를 확인하는 질문이다. 질문을 더 쉽게 이해할 수 있도록 두 가지 전략을 일단 이야기해보자.

첫 번째 전략은 1층에서 시작해 위로 점점 올라가는 것이다. 1층에서 떨어뜨려도 깨지지 않는다면 2층에서 떨어뜨리는 식으로 진행한다. 결국 공이 깨지는 높이가 59층이라는 것을 알게 된다. 성공은 보장할 수 있지만 그다지 효과적이지 않은 전략이다.

두 번째 전략은 무작위 추측을 통한 시도다. 예를 들어 30층에서 시도했을 때는 깨지지 않았고 80층에서 시도할 때 부서졌다면 정답 범위는 30에서 80으로 줄였지만 공이 하나밖에 남지 않기 때문에 난항을 겪게 된다. 이전처럼 예감으로 시도하다가 두 공이 모두 깨진다면 공이 깨지는 정확한 높이를 측정할 수 없게 될 수 있다.

[예제 3.3]을 해결하는 좋은 방법은 무엇일까? 두 개의 공을 두 자리 숫자로 생각해보자. 1에서 100까지의 100개 숫자를 두 자리 숫자로 코딩하는 것이다. 첫 번째 공은 십의 자리에 해당하고 두 번째 공은 일의 자리에 매칭한다. 우선 첫 번째 공을 10층으로 가져가서 시도한다. 깨지지 않으면 20층으로 올라간다. 이런 식으로 매번 10층씩 추가한다. 60층과 같은 특정한 10층 단위에서 깨지면 공이 깨지는 높이 범위를 51~60층으로 추측할 수 있게 된다. 그다음 두 번째 공을 사용해 51층부터 테스트를 시작한다. 유리 공이 깨지는 높이를 얻기 위한 시도는 최대 19번이 된다. 1~100층까지 공이 깨지는 가능성이 동일하다면 이 방법은 공이 깨지는 높이를 측정하는 횟수는 10번이 된다.

이후 살펴볼 3장의 부록 1 방법으로 해당 질문의 답을 더 최적화할 수도 있다. 그러나 유리 공을 코드에 매칭한다는 것은 [예제 3.3]을 해결하는 최적의 답을 얻을 수 있을 뿐만 아니라 이런 유형의 문제가 변형됐을 때 더 유연하게 대처하고 논리적으로 해결할 수도 있다. 예를 들어 세 개의 공으로 1000층 높이에서 공 높이를 테스트하는 방법 중 가장 적은 횟수의 방법은 무엇일까? 1000 이내 숫자를 백, 십, 일 단위로 코딩하면 된다.

[예제 3.3]은 실리콘 밸리의 일부 회사에서 개발자 면접을 할 때 사용한다. 지능을 테스트하는 것이 아니라 지원자의 대폭 조정과 미세 조정, 범위 및 정밀도에 대한 이해도를 테스트하는 것이 목적이다. 많은 광학 기기(렌즈)는 두 개(또는 그 이상)의 조정으로 설계됐다. 하나는 대폭 조정용이고 다른 하나는 미세 조정용이다. 컴퓨터 소프트웨어에는 없는 조정이지만 많은 메모리 주소를 검색하거나 데이터를 훈련하고 계산할 때 이 원리가 똑같이 적용된다. 데이터베이스 검색의 경우 먼저 범위를 결정한 후 하나씩 검색한다. 머신러닝 알고리즘도 마찬가지다. 학습률을 조정할 때 초기에 크기를 크게 해야 최종 결과에 빠르게 접근할 수 있다. 나중에 학습률 크기를 줄여 최적의 포인트를 놓치는 실수를 방지해야 한다. 4등급 개발자는 대략적인 조정과 미세 조정 원칙을 유연하게 적용할 수 있어야 한다. 물론 IT 업계 종사자가 3장의 부록 1에 설명된 최상의 방법을 알아낼 수 없다고 문제가 되는 것은 아니다. 이 해답을 기준으로 오답 여부를 결정한다면 사실상 면접은 수학 시험이 된다.

20여 년 전 박사 학위 논문을 쓸 때 한 문제에 직면한 적이 있다. 머신러닝 알고리즘으로 통계 모델을 훈련시킬 때마다 항상 오류가 발생했다. 공식, 프로그램 및 데이터를 모두 확인해도 버그를 발견하지 못했다. 수도 없이 수정했지만 오류는 항상 생겼다. 나중에 단계별로 동작을 추적해봤다. 머신러닝 알고리즘이 모델을 완성시키기 전 단계에서 오류가 난 것이다. 일부 매개변수는 매우 커지는 반면 일부 매개변수는 매우 작아졌다. 큰 수의 절댓값을 작은 수의 절댓값으로 나누게 된 결과에서 오버플로_{overflow}[8]가 발생했다. 그 값이 10^{308}을 초과했다. 일반인은 상상하기 어렵지만 머신러닝에서는 종종 발생하는 상황이다. 오버플로를 방지하고자 두 개의 매개변수를 다 로그로 변경하고 곱셈 및 나눗셈 연산을 로그의 덧셈과 뺄셈으로 변경했다. 오버플로 문제를 해결한 것처럼 보였다. 그러나 큰 수와 작은 수를 더하거나 뺄 때 작은 수가 항상 무시되는 정밀도 문제가 발생했다.

그제서야 컴퓨터가 표현할 수 있는 숫자가 넓은 범위를 가졌고 선언된 정밀도를 동시에 충족하는 것처럼 보이지만 절대 동시에 두 개를 모두 고려할 수 없으며 수의 축에 있는 숫자를 모두 표현할 수는 없다는 것을 깨달았다. 예를 들어 매우 큰 수 $X = 3.625 \times 10^{10}$과 매우 작은 수

---

8 옮긴이 오버플로는 계산 과정에서 결괏값이 현재 데이터 용량보다 너무 크거나 너무 작을 때 생기는 현상이다.

$y=1.457 \times 10^{-10}$을 더한다고 해보자. 이론적으로 보면 $3.625000000000000001457 \times 10^{10}$이 되지만 double 형식으로도 이 숫자를 나타낼 수 없다. 값은 X 자체인 3.625×10^{10}으로 근사하게 된다. 이 때 y를 10^{20}번 더한다 해도 매번 무시되기 때문에 의미가 없다. 따라서 X에 y를 10^{20}번 더한 실제 결과가 5.082×10^{10}이라는 것을 알지만, 컴퓨터가 계산하는 결과는 여전히 3.625×10^{10}이며 실제 결과와는 당연히 다르다. 물론 문제를 알아차린다면 해결할 수는 있다. 필자는 이후 컴퓨터로 데이터를 처리할 때, 특히 일부 값이 매우 다른 경우에는 매우 주의하게 됐다. 큰 수는 큰 수와 함께, 작은 수는 작은 수와 함께 다뤄야 하며 먼저 대략적인 조정을 한 후 미세 조정을 해야 한다. 대폭 조정과 미세 조정을 고려해야 오버플로 및 정밀도 문제를 해결할 수 있다.

> **요점** 특정 코드의 길이(이진수)가 정해진 경우 해당 코드로 표현할 수 있는 정보 수는 제한된다. 정보의 동적 범위와 정밀도는 모순 관계이기에 동적 범위가 크고 정밀도가 높을 수 없다. 응용 프로그램에 따라 둘 사이의 관계를 균형 있게 조정하는 것이 정보 인코딩의 기술이다.

> **심화 사고 문제** 3.3 ★★★☆☆
> 부동소수점 수를 8비트 이진수로 표현하는 인코딩 방법을 설계하라.

3.4 비선형 코딩과 차등 코딩

오늘날 컴퓨터는 멀티미디어 정보의 압축 및 전송, 처리 등 정보 인코딩에 사용된다. 범위와 정밀도 균형을 맞추는 것이 핵심이다. 실현 가능한 방법은 비선형 코딩으로 범위를 확장하고 대략적인 조정을 완료하고 차등 코딩differential coding으로 코드 길이를 줄여 미세 조정을 완료하는 것이다. 두 인코딩 원리를 설명하기 전 음성 인코딩을 예로 가장 간단한 선형 인코딩을 알아보겠다.

[그림 3.1]에 표시된 음성 펄스 진폭pulse amplitude을 인코딩하는 가장 쉬운 방법은 일정한 시간의 진폭을 하나씩 16비트 이진수로 인코딩할 수 있도록 −32768에서 32767 사이의 정수로 변환하는 것이다. 장거리 전화가 펄스 코드 변조pulse code modulation, PCM 인코딩을 사용한다.

그림 3.1 **음성의 파형도**

그렇다면 비선형 인코딩으로 코드 길이를 압축하는 방법은 무엇일까? 신호를 로그$_{log}$로 변환해 신호의 동적 범위를 줄이는 것이 쉬운 방법이다. 위의 음성신호는 더 적은 코드(예를 들어 8비트)로 표현될 수 있다. 로그함수는 하나의 특징을 가진다. 로그함수의 그래프를 보면 알 수 있듯이 작은 숫자 식별률이 높고 큰 숫자 식별률이 낮다는 특징을 가진다. 이는 음성 정보와 영상 정보의 특성에 부합한다.

비선형 인코딩에도 새로운 문제가 있다. 신호 값이 3210, 3208, 3206, 3211, 3220, 3212⋯이라면 변환된 로그 값도 비슷하다. 숫자 집합을 살펴보면 한 번에 하나의 데이터를 인코딩하는 대신 데이터 전후의 상관관계를 이용해 데이터 전후의 증가분을 인코딩하면 된다. 물론 첫 번째 숫자는 온전한 값으로 코딩해야 한다. 이런 식으로 위의 숫자 집합을 다음과 같은 형식으로 동등하게 변환할 수 있다.

$$3210, \ [-2], \ [-2], \ [5], \ [9], \ [-8] \cdots$$

후속 진폭의 증분의 동적 변화 범위가 크지 않아 선형 코딩을 사용하든 비선형 코딩을 사용하든 긴 인코딩이 필요하지 않다. 예를 들어 6비트로 가장 처음 값을 표시하고, 1비트로 부호를, 5비트로 증분 값을 나타낼 수 있다. 이는 −32에서 31까지의 수를 나타낼 수 있다. 예시에서는 이 범위로 충분하다. 진폭 집합을 인코딩하면 다음과 같이 된다.

$$110000110000, \ 100010, \ 100010, \ 000101, \ 001001, \ 101000 \cdots$$

물론 코드의 동적 범위를 더 넓히고 싶다면 로그로 증분 값을 인코딩하면 된다. 정말 적은 비트만 사용할 수 있다. 데이터 원본 대신 증분 값만 인코딩하는 것은 인코딩 중 필요 없는 정보를 제거한다는 정보 상관 원리를 사용하는 것이다.

IP 밸네뽀니$_{IP\ telephony,\ VoIP}$에서 전송되는 음성 데이터는 위와 같은 방식으로 압축돼 전송된다. 적응형 차등 PCM(ADPCM이라 칭한다. A는 적응$_{adaptive}$, D는 차등$_{differential}$을 의미한다. 증분을 나타내는 또 다른 표현이다.) 정보의 비선형 인코딩과 전후 상관관계를 사용한 증분 인코딩으로 코드 길이가 50% 줄어드는 반면 음성 품질 차이는 거의 나지 않는다. 인터넷 전화는 음성을 압축함으로써 트래픽을 절약할 뿐만 아니라 불안정한 네트워크 연결 상태에서도 통화의 원활함을 보장한다. 기본적으로 음성 진폭의 동적 범위와 정확도를 고려한 효율적인 인코딩 방법이다.

비디오 압축 또한 마찬가지다. 일반 비디오는 초당 30프레임, HD 비디오는 초당 60프레임, 4K 비디오는 초당 120프레임으로 구성된다. 실제로는 비디오의 각 프레임 간 데이터 차이가 매우 작다.

비디오의 첫 번째 프레임(메인 프레임)의 전체 데이터로 인코딩하고 다음 프레임부터는 이전 프레임과의 차이만을 기준으로 인코딩한다. 메인 프레임 외에는 비디오의 각 후속 프레임이 증분 내용만 인코딩돼 길이가 매우 짧다. 비디오의 전체 크기는 원래 크기의 수천 분의 1로 압축될 수 있다. 물론 인코딩 때문에 누적될 수 있는 오류를 방지하고 중간 프레임에서의 조그마한 정보 손실을 방지하고자 후속 프레임은 별도로 재생되지 않아야 한다. 또한, 메인 프레임은 몇 프레임마다 계속 생성돼야 한다. 비디오 파일이 전송되는 동안 발생하는 오류가 전달되는 것을 방지할 수 있다.

차등 인코딩은 컴퓨터의 여러 위치에서 사용할 수 있다. 이는 다양한 정보들이 규칙적이고 점진적인 변화를 가지는 것이 일반적이며 급격한 변화는 상대적으로 드물다는 것을 반영한 것이다. 필자는 보수적인 원칙을 선호한다. 변화하지 않는 것이 아니라 세상을 바꾸고자 점진적으로 변화할 것을 선호하는 것이다. 그래야만 변화에 따르는 비용이 적게 든다. 적은 비용으로 더 많은 일을 하는 것이 컴퓨팅에서의 경쟁력이다.

정보 압축은 항상 한계가 있다. 두 가지 경우에 따라 다르다. 첫 번째 경우는 정보 손실이 허용되지 않는 경우의 무손실 압축이다. 두 번째 경우는 일정 범위 내에서 정보 손실이 허용되는 경우의 손실 압축이다. 클로드 섀넌의 정보이론에서 무손실 정보 압축 후에는 코드의 전체 길이가 해당 정보 엔트로피[9]보다 작아질 수 없다. 또한, 최적의 코드 길이를 찾아 정보를 압축한 후 정보 엔트로피는 코드의 전체 길이에 근접하게 된다. 일반적으로 컴퓨터에서 사용되는 코딩 길이를 정보 엔트로피에 가깝게 만들 수 있는 무손실 압축 알고리즘이 허프먼 코드Huffman code다.

> **요점** 정보의 전후 상관관계를 사용해 동일한 정보를 더 적은 수의 비트로 인코딩할 수 있다.

> **심화 사고 문제** 3.4 ★★★☆☆
> 웹 검색에서는 각 검색 키워드에 대한 웹 페이지와 웹 페이지 내 검색 키워드 위치를 기록해야 한다. 이 정보의 코딩을 어떻게 해야 각 키워드의 인덱스 전체 길이가 가장 짧을 수 있게 설계할 수 있을까?

3.5 허프먼 코드

1837년 새뮤얼 모스Samuel Morse는 모스 부호를 발명했다. 길이가 다른 두 개의 신호(똑딱거리는 소리이며 긴 소리는 짧은 소리의 최소 세 배 이상 길다)로 영문자와 일반적인 기호를 모스 부호로 인코딩한

---

9   [옮긴이] 정보 엔트로피는 메시지에 포함된 정보의 기댓값(평균)을 의미한다. 섀넌 엔트로피라고도 칭한다.

후 일련의 장치를 통해 먼 곳으로 메시지를 보냈다. 당시 새뮤얼 모스는 정보이론을 알고 있지는 않았다. 그러나 사용 빈도가 높은 글자를 나타내고자 짧은 코드를 사용하고, 사용 빈도가 낮은 문자를 나타내고자 긴 코드를 사용해 전체 코드 길이를 줄였다. [그림 3.2]는 각 영문자와 숫자에 해당하는 모스 부호를 나타낸다.

네 개 이진수가 열여섯 개 문자만 나타낼 수 있어 스물여섯 개 영문자를 동일한 길이로 인코딩하려면 다섯 개의 이진수가 필요하다. 실제 전보를 칠 때는 문자 사이에 공백을 둔다. 1비트 이진수로 두 개 문자를 표현하고, 2비트 이진수로 네 개 문자를 표현하며, 3비트 이진수로 여덟 개 문자를 표현하고, 4비트 이진수로 열여섯 개 문자를 표현했다. 이 중 열두 개만 사용해도 필요한 스물여섯 개의 모든 문자를 구성할 수 있다. 모든 영문자를 인코딩할 수 있었다. 문자마다 길이가 달라 '가변 길이 코드variable-length code'라고 한다.

실제 영문자 사용 빈도[10]에 따르면 모스 부호에서 한 문자를 표현하는 평균 코드 길이는 2.56이다. 전보를 칠 때 문자 사이의 공백을 부호로 간주하더라도 부호 길이는 3.56에 불과하다. 동일한 길이로 인코딩한 것보다 효율성이 훨씬 높다. 약 30%의 시간을 절약할 수 있다. 첩보 영화에서 스파이가 보고를 마치기도 전에 적이 들이닥치는 것을 자주 볼 수 있다. 완전히 허구는 아닌 것이 실제 제이차대전 중 독일군이 점령한 유럽 지역에서 자주 일어났던 일이다. 조금이라도 시간을 절약하는 것 자체가 안전을 의미했다. 전쟁이라는 긴박한 상황을 고려하지 않더라도 통신비의 1/3을 절약하는 것은 상당한 일이다.

그림 3.2 영문자와 숫자에 해당하는 모스 부호

---

10 사용 빈도가 가장 높은 글자는 E, T, A, O, I로 영어 텍스트의 45% 정도를 차지했다. 가장 낮은 글자는 K, J, X, Q, Z로 텍스트의 1%에 불과했다.

비슷한 예로, 미국을 제외한 세계 각국에서는 장거리 전화의 지역 번호를 설계할 때 각 도시와 지역의 전화 대수를 충분히 고려했다. 중국의 베이징, 상하이 등 대도시는 두 자리를 넘지 않았고 작은 도시는 세 자리를 사용했다. 중국의 일부 작은 마을에서는 다섯 자리 지역 번호까지 사용했다. 과거 자동식 전화교환기가 도입되기 전에는 전화 배선을 사람이 수동으로 했기 때문에 평균 코드 길이를 줄이기 위해서였다. 다른 나라도 마찬가지였다. 물론 지역 번호의 길이를 임의로 더 길게 할 수도 있었다. 하지만 각국에 자동식 전화교환기가 도입되면서 여러 소도시의 원래 긴 전화 지역 번호보다 더 짧은 것으로 각 소도시의 지역 번호를 병합시켜 사람들이 기억하기 쉽도록 했다.

모스 부호 설계나 국가의 장거리 전화 지역 코드의 설계 모두 하나의 원칙을 따른다. 자주 사용되는 정보에 더 짧은 코드를 할당하고 덜 사용하는 정보에 더 긴 코드를 할당한다. 모든 메시지에 동일한 코드 길이를 사용하는 것보다 효율적이다. 증명할 수 있을까? 물론이다. 3장의 부록 2에서 볼 수 있다. 구체적인 예를 보자.

예제 3.4 ★★☆☆☆
서른두 개 정보가 있다고 가정할 때 각 정보의 확률분포는 다음과 같다.
1/2, 1/4, 1/8, 1/16 … 1/231, 1/231(마지막 두 개는 같은 확률이다)
효율적인 인코딩을 수행하는 방법은 무엇일까?

이진수로 인코딩해야 한다. 두 가지 인코딩 방법을 비교해보자.

첫 번째는 동일 길이 인코딩을 사용해 각 정보를 5비트 이진수로 나타내는 방법이다. 코드 길이는 5다.

두 번째는 가변길이 코드를 사용해 첫 번째 메시지는 0으로, 두 번째 메시지는 10으로, 세 번째 메시지는 110으로 인코딩한다. 마지막 두 메시지는 1111…110 및 1111…111로 인코딩한다. 처음 30비트는 모두 1이고 마지막 비트가 다르다. 일부 정보의 코드 길이는 5를 초과하지만 평균 코드 길이는 2에 불과하다. 가변길이 코드가 코드 길이의 60%를 절약한다는 것을 의미한다. 이 인코딩 길이가 클로드 섀넌이 정보이론에서 말한 한계점이다.

마지막 코드를 제외하고 모든 코드가 0으로 끝나도록 설계한 점에 유의해야 한다. 0으로 끝내는 목적은 0이 탐색될 때 현재의 코드 전송이 끝났으며 그다음은 새로운 코드라는 것을 컴퓨터가 알 수 있도록 하기 위해서다. 가장 마지막 코드(1이 연속으로 서른한 개인 코드)는 끝에도 1을 사용한다. 가장 긴 코드의 길이가 31자리이기 때문에 끝이 0이 아닌 31자리의 이진 코드를 수신하더라도 마지막 비트가 0이든 1이든 종료하게 하면 된다. 만약 1, 11, 101, 111처럼 뒷자리에 1이 있는 이진 코드로 인코딩하도록 설계됐다면 111을 수신할 때 이것이 하나의 정보(111)에 해당하는지 두 개의 정보(1-11 또는 11-1)에 해당하는 코드인지 알 수 없다. 이렇게 인코딩된 조합은 세 개의 정보(111, 1-11, 11-1)와 혼동될 수도 있다.

물론 현실에서는 다양한 정보가 나타날 확률이 예제처럼 반감의 확률로(½) 줄어들진 않는다. 클로드 섀넌이 제시한 코드 효율의 한계보다 낮을 수밖에 없지만 근접하게 할 수는 있다. 1952년 매사추세츠 공과대학교 학생인 데이비드 허프먼David Huffman은 이미 널리 알려진 확률분포를 사용해 정보의 평균 인코딩 길이가 가장 짧은 길이를 찾는 알고리즘을 발명했다. 지금부터 허프먼 코딩 알고리즘을 설명하겠다.

확률이 다른 여덟 가지 정보가 있다고 가정하고 A, B, C, D, E, F, G, H로 각각 표기한다. 각 확률은 0.1, 0.05, 0.3, 0.2, 0.15, 0.15, 0.03, 0.02이다. 인코딩의 평균 길이가 가장 짧도록 인코딩해보자.

1단계, 확률에 따라 오름차순으로 모든 정보를 정렬한다. 정렬한 여덟 가지 정보는 $H(0.02)$, $G(0.03)$, $B(0.05)$, $A(0.1)$, $E(0.15)$, $F(0.15)$, $D(0.2)$, $C(0.3)$가 된다. 2단계, 가장 작은 확률의 두 가지 정보 H와 G를 결합한다. 이는 확률 0.05을 가지는 정보 HG가 된다. 가장 앞에 위치한 두 개 정보. 2단계를 반복하면서 매번 가장 작은 확률을 가진 두 그룹 정보를 병합하고 확률을 더한다. 모든 정보가 병합될 때까지 수열에 삽입한다.

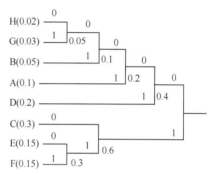

그림 3.3 **각기 다른 확률 정보에 대한 허프먼 인코딩**

모든 정보는 [그림 3.3]처럼 정보 병합 프로세스의 이진 트리를 형성하게 된다. [그림 3.3]에서는 트리의 작성이 용이하도록 트리의 노드, 각 영문자를 확률의 크기순으로 나열하지 않고 그리기 쉬운 방향으로 나열했다.

왼쪽 자식 노드의 가중치([그림 3.3] 상단)를 0으로, 오른쪽 자식 노드의 가중치([그림 3.3] 하단)를 1로 인코딩해 루트에서 리프 노드까지 순서대로 배열한다. 모든 부호는 [표 3.2]와 같은 인코딩과 확률을 가진다.

표 3.2 **허프먼 코딩 알고리즘으로 A~H의 여덟 가지 정보를 인코딩한 결과**

정보 부호	확률	코드
A	0.1	001
B	0.05	0001
C	0.3	10
D	0.2	01
E	0.15	110
F	0.15	111
G	0.03	00001
H	0.02	00000

평균 코드 길이는 2.65다. 길이가 같은 코드로 인코딩하는 것보다 짧다. 클로드 섀넌의 정보이론에 따르면 예시의 확률분포 정보 엔트로피는 2.61이다.[11] 평균 부호화 길이가 이 값보다 작을 수 없고, 허프먼 인코딩은 이 한계에 매우 가깝다.

---

11 [옮긴이] 정보 엔트로피 계산식은 $H(x) = -\sum_{i=1}^{K} P(i) \log_2 P(i)$로 2.61 = $-(P(A)*\log_2 P(A) + \cdots + P(H)*\log_2 P(H))$로 계산된다.

인코딩된 정보 길이와 정보 엔트로피 간 차이를 정보의 잉여성redundancy[12]이라고 한다. 잉여성이 높을수록 정보 인코딩의 효율성은 낮아지고 잉여성이 낮을수록 효율성이 높다. 허프먼 코드는 정보를 인코딩한 후에는 잉여성이 거의 0에 가까워지진다. 매우 간단하고 이해하기 쉬워 컴퓨터에서 가장 보편적으로 사용하는 정보 압축 알고리즘이다.

허프먼 코딩을 사용하기 전에 먼저 정보를 확률분포 형태의 통계로 만들어야 한다. 세분화를 어느 정도로 정보에 적용할지가 중요하다. 중국어 텍스트의 정보 압축을 위해 최소 세분 단위를 한자漢字로 정하거나 단어로 사용하거나 혹은 어구로 지정할 수도 있다. 한 편의 글을 한자 단위로 세분화해 확률분포를 얻은 후 허프먼 코딩으로 압축하면 중복을 절반 정도로 줄일 수 있다. 단어 단위로 세분화하면 70%까지 줄일 수 있다. 그러나 너무 지나치면 안 된다. 한 문장 단위로 압축하면 일반적으로 똑같은 문장이 반복되는 경우는 많지 않기에 각 문장의 확률은 동일하다. 그래서 정보 압축이 불가능하다.

명심해야 할 것은 코딩 기술은 '가장 중요한 것에는 최고의 자원을 사용하는 것'이라는 점이다.

대부분 코딩 표준 알고리즘을 직접 체험해볼 수 있는 오픈소스 코드가 있지만 라이브러리만 사용한다면 5등급 개발자 수준까지 도달하지는 못했을 수도 있다. 5등급 개발자는 기본적으로 이 코드를 이해하는지 여부로 갈린다. 4등급 개발자라면 코딩 알고리즘 원리를 이해할 수 있어야 한다. 3등급 개발자 수준에 도달하려면 특정 상황에서 성능을 몇 배 또는 몇 배 이상 향상시키기 위해 필요에 따라 해당 표준 코드를 수정할 수 있어야 한다.

> **요점** 효율적인 인코딩 핵심은 발생 확률이 높은 정보에 짧은 코드를 할당하고 자주 발생하지 않는 정보에 긴 코드를 할당하는 것이다. 인코딩 방법에 관계없이 인코딩의 평균 코드 길이는 해당 정보의 정보 엔트로피보다 작아질 수는 없다.

심화 사고 문제 3.5

Q1. ★★☆☆☆ 일반적으로 사용되는 한자가 1만 자라는 것을 가정하고 발생 확률에 따라 50개 그룹으로 나눈다. 그룹마다 한자 수량은 다르다. 첫 번째 그룹은 빈도가 가장 높고 두 번째 그룹은 두 번째로 높은 빈도를 가지며 마지막 그룹은 빈도가 가장 낮다. 각 그룹이 나타날 확률이 약 1% 내외라면 1만 자의 한자 평균 코드 길이를 가장 짧게 하는 코드를 열 개 숫자만 이용해 설계해보자.

Q2. ★★☆☆☆ 허프먼 코딩과 [예제 3.4]에서 가장 긴 코딩을 제외하고 나머지는 모두 0으로 끝난다(물론 1로 끝날 수도 있다). 왜 그런지 이유를 설명하라.

---

12 [옮긴이] 필요한 것보다 많거나 쓸데없이 중복되는 정보다. 참고: https://news.samsungdisplay.com/20076

3.6 행렬의 효과적인 표현

동일한 정보라도 어떤 인코딩 방법인지에 따라 효율이 다르다. 더 효율적인 방법일 수 있고 중복이 많이 되고 효율성이 떨어지는 방법일 수도 있다. 예를 들어 한 사람의 나이를 표현하고자 세 글자로 컴퓨터에 저장한다면 세 자리 수(3바이트)가 필요하다. 물론 100세 이상 사는 경우는 매우 드물다. 1바이트에 해당하는 '더 짧은' 정수integer로 나이를 저장하면 0~255의 동적 범위로 나타낼 수 있다. 지금까지 255세까지 살았던 사람은 없었으므로[13] 8비트 부호 없는 정수를 사용해 나이를 표현해도 범위를 넘어가는 일은 없을 것이다. 세 자리 문자열로 직접 저장하는 것과 비교하면 저장 공간을 2/3로 절약해 정보를 표현하는 매우 효율적인 방법이다. 우수한 실무자라면 설계를 수행할 때 항상 정보 인코딩의 효율성을 중요하게 생각하고 의식적으로 신경 써야 한다.

물론 예시에서 좋은 정보 인코딩과 나쁜 정보 인코딩은 차이가 몇 배에 불과하다. 좀 더 복잡한 문제는 효과적인 인코딩과 비효율적인 인코딩의 차이가 수백, 수천 배, 심지어 수만 배가 될 수 있다. 컴퓨터를 응용할 때 흔히 접하는 문제가 있다. 다차원 행렬을 어떻게 효과적으로 표현하느냐다. IT 회사 면접에서 자주 묻는 질문이기도 하다. 2차원 행렬의 표현부터 알아보자.

2차원 행렬은 매우 간단하다. 형태는 다음과 같다.

$$X = \begin{pmatrix} 0 & 2 & 4 & 0 & 0 & 0 & 3 \\ -1 & 0 & 2 & 0 & 0 & 1 & 0 \\ 10 & -2 & 0 & 0 & 10 & 0 & 0 \\ 0 & 0 & 0 & 0 & 0 & 10 & -1 \end{pmatrix} \tag{3.1}$$

컴퓨터 데이터 구조에서 가장 직접적인 방법으로 행렬을 나타내는 방법은 2차원 수열을 사용하는 것이다. 이에 필요한 저장 공간은 $M \times N$의 크기다. M은 행을, N은 열을 나타낸다. 2차원 행렬을 표현하는 방법 중 가장 기본적인 방법이다.

만약 M과 N의 범위가 너무 크다면 공간을 너무 많이 차지한다. 예를 들어 두 단어 간 나타나는 발생 빈도를 조사하고 싶다면 두 단어에 두 개의 숫자로 번호를 매기고 한 숫자는 행렬의 행으로, 다른 숫자는 행렬의 열로 기록한다. 빈도는 해당하는 행/열 위치 값으로 기록한다. 'of' 및 'the'라는 관계에서 of는 숫자 3425에 해당하고 the는 118382에 해당한다고 가정하자. 'of the' 발생 빈도는 행렬의 3425번째 행과 11만 8382번째 열에 해당하는 값이 된다.

---

13 세계의 공식 최장수 기록은 119세이며, 비공식 최장수 기록 또한 122세에 불과하다.

영어의 경우 대형 사전에는 약 20만 개 단어가 있다. 행렬은 약 400억 개 값을 가지는데 너무나도 크다. 각 요소에 2바이트 표현이 필요하다고 가정하면 80GB(기가바이트) 저장 공간이 필요하다. 한자 사전도 보통 6만 자에서 10만 자다. 한자 행렬 또한 적은 숫자는 아니다.

단어 간 발생 빈도 행렬보다 훨씬 더 큰 2차원 수열이 많이 존재한다. 예를 들어 페이지랭크PageRank를 계산하는 데 필요한 웹 페이지와 웹 페이지 간 링크 정보보다. 전 세계에 100억 개 웹 페이지가 있다고 가정하면(실제 수는 훨씬 더 크다) 2차원 수열에는 1조 개 원소가 있다. 구글, 아마존, 마이크로소프트 등 세계 최대 인터넷 회사의 클라우드 서버를 사용해도 이 수열은 저장할 수 없다. 그런데 구글이 2차원 수열을 다른 방식으로 인코딩하는 매우 효율적인 방법으로 페이지랭크 알고리즘을 실현했다. 2차원 행렬을 나타내고자 비교적 일반적으로 통용되는 방법은 행렬에 0이 아닌 원소만 기록하는 것이다. 2차원 행렬 X와 같이 (1, 2), (1, 3), (1, 7), (2, 1), (2, 3) 원소는 0이

표 3.3 **[행렬식 3.1]의 0이 아닌 원소 목록**

행 번호	열 번호	원소 값
1	2	2
1	3	4
1	7	3
2	1	−1
2	3	2
2	6	1
3	1	10
3	2	−2
3	5	10
4	6	10
4	7	−1

아니다. 행렬에서 0이 아닌 원소 위치, 즉 행 번호와 열 번호, 원소 값만 기록하면 된다. 이런 방식으로 X를 [표 3.3]에 표시한 것처럼 3열 테이블로 나타낼 수 있다. 희소 행렬sparse matrix(성긴 행렬)이라고 한다.

2차원 행렬을 사용하면 스물여덟 개 요소만 저장하면 된다. 3열 테이블의 희소 행렬을 사용하면 X 중 0이 아닌 열한 개 원소를 3열로 표현하게 돼 서른세 개 정수를 저장해야 한다. 합리적이지 않다고 말할 수도 있겠지만, 실제로는 매우 효과적인 방법이다. 현실에서는 고차원 행렬이 적용될 사례가 매우 적기 때문에 굳이 3열 테이블로 변형할 필요가 없다. 2차원 행렬을 사용해도 필요한 저장 공간이 크지 않아 대부분 현실 문제는 2차원 행렬로 충분히 해결할 수 있다.

우리가 풀어야 하는 문제는 앞서 언급한 단어 관계도와 웹 페이지 간 연결 문제처럼 차원이 클 때 어떻게 수행해낼 것인지다. 다행히 일부 현실에서 차원이 큰 행렬은 0이 아닌 요소의 비율이 매우 낮다. 예를 들어 '동시발생 행렬co-occurrence matrix'[14]이라는 단어 중에서 0이 아닌 요소의 비율은 1% 미만이고 웹 페이지 링크 행렬에서는 요소의 비율이 1억 분의 1 미만이다. 행렬을 세 개의 열로

---

14 옮긴이 자연어 처리의 전후 관계의 발생 빈도를 표기하는 행렬이다.

표현해 저장 공간을 압축하는 효과는 수십 배, 수백 배, 심지어 수십억 배까지 향상될 수 있다. 이와 같은 논리로 구글은 페이지랭크 알고리즘을 구현했다.

컴퓨터의 사용법은 단순히 정보를 표현하는 것이 아니다. 다양한 연산을 수행해야 한다. 행렬의 경우에 자주 사용하는 연산은 덧셈, 뺄셈, 곱셈 및 나눗셈이다. 두 가지 다른 유형의 글에서 단어의 동시 발생 빈도를 계산하고 행렬의 덧셈이 결합한다. 페이지랭크를 계산하는 과정은 행렬의 곱이다. 단 원래의 2차원 행렬이 1차원적 테이블 형태로 변환되기에 행렬 연산의 알고리즘 역시 그에 따라 변경돼야 한다는 것에 주의하자.

우선 두 개의 행렬 X와 Y의 덧셈을 보자. 두 개의 정렬된 선형 테이블의 덧셈이다. 이 덧셈 알고리즘은 비교적 간단하니 생략한다. IT 업계 실무자는 《Introduction to Algorithms》(한빛아카데미, 2014)을 참고하길 바란다. 비실무자라면 행렬의 덧셈은 2차원 수열인 경우 모든 원소를 더해야 하므로 계산의 시간 복잡도가 훨씬 더 높다는 점만 기억하면 된다(대부분 원소는 0이다). 시간이나 저장 공간 측면에서 3열 테이블을 사용해 행렬을 저장하는 것이 2차원 수열을 직접 사용하는 것보다 훨씬 효율적이다.

다음으로 행렬 곱셈matrix multiplication을 알아보자. 곱할 두 행렬 X와 Y가 다음과 같다고 가정한다.

$$X = \begin{pmatrix} x_{1,1} & x_{1,2} & \cdots & x_{1,N} \\ x_{2,1} & x_{2,2} & \cdots & x_{2,N} \\ \vdots & \vdots & & \vdots \\ x_{M,1} & x_{M,2} & \cdots & x_{M,N} \end{pmatrix} \tag{3.2}$$

$$Y = \begin{pmatrix} y_{1,1} & y_{1,2} & \cdots & y_{1,K} \\ y_{2,1} & y_{2,2} & \cdots & y_{2,K} \\ \vdots & \vdots & & \vdots \\ y_{N,1} & y_{N,2} & \cdots & y_{N,K} \end{pmatrix} \tag{3.3}$$

결과는 다음과 같다.

$$Z = \begin{pmatrix} z_{1,1} & z_{1,2} & \cdots & z_{1,K} \\ z_{2,1} & z_{2,2} & \cdots & z_{2,K} \\ \vdots & \vdots & & \vdots \\ z_{M,1} & z_{M,2} & \cdots & z_{M,K} \end{pmatrix} \tag{3.4}$$

행렬 Z의 i번째 행과 j번째 열의 요소 $z_{i,j}$는 행렬 X의 i번째 행의 각 요소와 행렬의 j번째 열의 해당 원소를 곱해 얻는다.

$$z_{i,j} = \sum_{s=1}^{n} x_{i,s} \cdot y_{s,j}$$ (3.5)

[그림 3.4]는 결과 행렬 Z의 각 요소가 어떻게 계산되는지 보여준다.

그림 3.4 **결과 행렬 Z의 원소 출처**

3열 테이블로 행렬을 나타낼 때 원소는 각 행이 순차적으로 저장된다. 행렬 X에서 i번째 행의 원소를 처음부터 끝까지 스캔하는 것은 어렵지 않다. [행렬식 3.1]을 예로 보자. 3열 테이블([표 3.3] 참조)의 1~3행은 행렬의 첫 번째 행이 0이 아닌 원소를 나타내고 4~6행은 행렬의 두 번째 행에서 0이 아닌 원소를 나타낸다. 그러나 3열 테이블에서 행렬 X의 특정한 j번째 열에 있는 원소를 하나씩 찾는 것은 쉽지 않다. 전체 리스트를 모두 순차적으로 탐색해야 알 수 있다. 행렬에서 열의 0이 아닌 요소에 빠르게 액세스하는 방법을 찾아야 한다. 가장 직접적인 방법은 곱할 행렬을 행 순에 따라 저장하지 않고 [표 3.4]처럼 열 순에 따라 3열 테이블에 정리한 후 각 열의 0이 아닌 값에 인덱스를 설정하는 것이다.

[표 3.4] 마지막 열의 의미는 [표 3.3] 값이 아니라 인덱스라는 점에 유의해야 한다. 해당 인덱싱 작업을 수행하는 것은 어렵지 않다. 시간 복잡도는 수열의 0이 아닌 요소를 한 번 탐색하는 시간이면 된다.

인덱스를 만드는 것은 정보를 처리하려고 컴퓨터를 사용하는 것과 정보를 처리하려고 인간의 두뇌를 사용하는 것 사이의 큰 차이점 중 하나다. 사람이 일생 동안 액세스할 수 있는 정보는 매우 제한적이다. 인덱스를 만들 필요가 없어 사람들이 인덱스를 구축하는 경우는 거의 없다. 컴퓨터는 다르다. 처리하는 작업이 아무리 작아도 두뇌의 1조 배 이상인 데이터를 사용하는 경

표 3.4 **[행렬식 3.1]의 열 기준 정렬 인덱스 표**

열 번호	행 번호	원소 소재 위치(인덱스)
1	2	4
1	3	7
2	1	1
2	3	8
3	1	2
3	2	5
5	3	9
6	2	6
6	4	10
7	1	3
7	4	11

우가 많아 컴퓨터로 데이터를 처리할 때 인덱스를 설정해야 하는 경우가 많다. 이는 정보처리의 효율성을 극대화시킬 수 있다. 세상에서 가장 유명한 인덱스는 검색엔진이다. 세상의 모든 웹 페이지 정보를 모아놓은 인덱스다. 우리는 매일 이 인덱스의 효과를 체감하고 있다.

인덱스를 구축하려면 주로 하드웨어의 저장 용량을 사용해야 한다. 비용 측면에서 일정량의 저장 용량을 소모하는 것이 효율적이다. 인덱스를 구축하면 정보검색의 효율적인 개선을 기대한다. 앞선 행렬 저장 문제도 인덱스 구축으로 개선할 수 있는 영역이 많다.

[표 3.3]에 표시된 3열 테이블을 더 줄일 수 있는지 생각해보자. 첫 번째 열, 즉 행 번호가 반복되는 경우가 많아 더 간소화할 수 있다. [표 3.3]을 다음과 같이 두 개의 테이블로 변환할 수 있다.

표 3.5 [표 3.3]에서 0이 아닌 원소의 열 번호와 원솟값 표

열 번호	원소 값
2	2
3	4
7	3
1	−1
3	2
6	1
1	10
2	−2
5	10
6	10
7	−1

표 3.6 [표 3.3] 0이 아닌 각 행의 시작 위치

0이 아닌 각 행의 시작 위치
1
4
7
10

[표 3.5]에서는 [표 3.3]에서 0이 아닌 각 원소의 열 번호와 원솟값을 기록한다. 물론 행 정보는 없다. 대신 [표 3.6]에서 행 정보를 얻을 수 있다. [표 3.6]은 [표 3.3]의 각 행에서 0이 아닌 최초 위치를 인덱싱한다. 예를 들면 [표 3.6]을 통해 1행에는 0이 아닌 원소가 세 개 있고 위치는 1부터 시작한다는 것을 알 수 있다. 두 번째 행에서 0이 아닌 수의 시작 위치는 4다. 1행의 시작 위치를 빼면 (4−1=3) 1행에 세 개의 0이 아닌 원소가 있다는 것을 알 수 있다. [표 3.5]의 1번에서 3번까지 원소는 행렬의 1행에서 0이 아닌 원소에 해당한다. 3행의 시작(0이 아닌) 원소 위치가 7번이기에 2행에는 0이 아닌 7−4=3개의 원소가 있다는 것을 알 수 있다. 이런 식으로 [표 3.5]의 각 행의 0이 아닌 원소의 해당 위치 역시 하나씩 알 수 있다.

두 가지 특별한 경우가 있다. 첫째, [표 3.5]의 마지막 행의 종료 위치는 0이 아닌 원소 목록의 전체 길이가 된다. 둘째, [표 3.6]에서 행에 0이 아닌 원소가 없는 경우(이 행에 있는 모든 요소가 0인 경우) 이 행의 0이 아닌 요소의 시작 위치는 다음 행에 있는 0이 아닌 원소의 시작 위치와 동일하다. 두 경우를 제외하면 해당 행에는 0이 아닌 원소가 없다는 것을 알 수 있다.

0이 아닌 요소의 각 행 시작을 저장하는 [표 3.6] 크기는 0이 아닌 요소를 저장하는 [표 3.5]보다 굉장히 작다. 무시할 수 있을 정도이며 저장 공간을 약 1/3로 압축할 수 있다.

행렬 열 인덱스 [표 3.4]은 이 방법으로 [표 3.7] 및 [표 3.8]처럼 두 개의 테이블로 압축할 수 있다. [표 3.7]은 [표 3.4]에서 3열 테이블이 2열 테이블로 변경되고 기존의 첫 번째 열은 삭제된 표다. [표 3.8]은 [표 3.7]의 각 열에서 0이 아닌 요소의 인덱스 시작 위치를 기록하는 단 하나의 열만 있다.

표 3.7 [표 3.4]에서 0이 아닌 요소의 행 번호 요소가 있는 위치	
행 번호	원소의 소재 위치
2	4
3	7
1	1
3	8
1	2
2	5
3	9
2	6
4	10
1	3
4	11

표 3.8 [표 3.4]에서 0이 아닌 각 열 요소를 표기한 [표 3.7]의 인덱스 시작 위치
매 열에서 0이 아닌 원소의 인덱스 시작 위치
1
3
5
7
7
8
10

압축 저장 방법에서 행렬의 0이 아닌 원소를 행별로 저장하고 인덱스는 열별로 작성하는데 왜 열 기준으로 테이블을 하나 더 만들지 않는지 궁금할 수 있다. 열을 중심으로 데이터를 작성하지 않는 이유는 무엇일까? 두 가지 이유가 있다.

첫째, 컴퓨터 시스템에서 동일한 데이터를 다른 형태로 저장한 백업은 (논리적으로) 서로 동기화하는 것이 어렵다. 또한, 행렬을 행 인덱스로 저장한 데이터와 열 인덱스로 저장한 두 개의 백업이 있는 경우 개발자가 백업을 업데이트할 때 하나는 업데이트해도 다른 하나의 업데이트를 잊을 가능성이 매우 높다. 많은 소프트웨어 개발에 많은 개발자가 참여하지만 소프트웨어의 세부 사항을 모두 아는 것은 아니기에 일어날 수 있는 실수다. 동일한 데이터의 물리적 백업이 서로 다른 서버에 저장되더라도 논리적으로 동일하게끔 해야 한다.

둘째, 앞선 예에서 행렬의 원소는 정수였지만 실제로는 매우 큰 수일 수 있다. 행렬의 한 행은 사람이고, 각 열은 인간의 수만 개 (혹은 10만 개 이상) 유전자 정보[15]로 구성돼 열이 수만 개가 되는 행렬이 있다고 하자. 인간의 한 유전자 데이터는 매우 크기 때문에 두 번 저장할 수 없다. 대부분 응용 프로그램에서 행렬의 원소는 행별로 저장되는 것이 아니라 개별적으로 저장된다. 그다음 컴퓨터는 행과 열에 따라 행렬을 각각 인덱싱한다. 인덱싱 방법은 앞서 언급한 열 인덱스와 동일하다.

마지막으로 해결해야 하는 문제가 있다. 바로 행렬 정보를 어떻게 표현할지 설계는 완료했지만 실제로 행렬을 어떻게 구성할지 문제다. 대부분 행렬은 행렬 값을 어떤 방식으로든 입력해야 한다. 예를 들어, 전후 단어의 동시 발생 빈도의 행렬을 구성하려면 많은 수의 텍스트를 스캔해야 한다. 이 과정에서 행렬에 삽입해야 하는 새로운 텍스트 조합이 계속해서 발견된다. 다른 예로 구글의 페이지랭크를 계산하려면 웹 페이지 간 하이퍼링크 행렬을 가져와야 한다. 하이퍼링크 행렬은 웹 크롤러web crawler가 작동하면서 계속 확장된다. 행렬을 생성하는 과정에서 해시 테이블hash table로 해당 행렬의 데이터 항목을 저장하고 전체 행렬이 구성될 때까지 기다렸다가 다시 인덱스를 구축하는 방법으로 문제를 해결할 수 있다.

컴퓨터 과학에서 그래프는 가중치를 가지는 일부 정점과 정점 간 연결(에지edge)로 구성된 매우 일반적으로 사용되는 데이터 구조다. 2차원 행렬에 해당한다. 대부분 정점 사이에 간선이 없다. 즉 간선 수가 정점 수의 제곱보다 훨씬 적다. 그래프를 저장하려면 희소 행렬을 사용해야 한다. 웹 페이지와 웹 페이지 간 하이퍼링크는 거대한 그림을 구성하며 해당 그림은 극히 희소하기 때문에 인터넷을 저장하는 링크 구조는 앞서 언급한 방법을 직접 채택할 수 있다. 그 외에도 자연어 처리에서 바이그램bigram[16]을 말할 수 있다. 텍스트에서 앞뒤의 두 단어의 조합도 희소한 경우이다. 대부분 텍스트에서 '자동차–고래', '강화–책가방'처럼 상관이 없는 두 개의 단어의 바이그램은 거의 나타나지 않는다. 바이그램도 희소 행렬을 사용해 저장한다. 이후 많은 양의 문서 데이터를 보며 바이그램의 통계 계산 알고리즘을 알아보겠다. 이런 알고리즘에서 희소 행렬 저장 구조가 사용된다.

컴퓨터 개발자라면 5등급 개발자는 희소 행렬 저장 및 사용을 마스터해야 한다. 어떤 개발자는 평생 동안

---

15 옮긴이 과학 연구에 따라 인간의 유전자 추정 개수는 10만 개 이상에서 2만 개까지 점점 하락했다. 출처: http://www.biospectator.com/view/news_view.php?varAtcId=3587

16 옮긴이 an adorable, adorable little, little boy, boy is, is spreading, spreading smiles처럼 두 단어로 이루어진 해석 단위다.

하나의 행렬에 100대 서버가 필요한 상황을 경험하지 못할 수 있다. **대규모 행렬(예: 저장 및 계산에 수백 또는 수천 대의 서버 필요)을 구현할 수 있는 것은 4등급 또는 3.5등급 개발자다.** 희소 행렬의 클라우드 컴퓨팅 문제는 나중에 자세히 소개하겠다.

> **요점** 컴퓨터로 정보를 처리할 때 일반적으로 원본 정보의 양은 항상 컴퓨터 저장 용량보다 크다. 제한된 저장 공간에서 정보가 손실되지 않는 저장 방법을 설계하는 것이 필요하다.

> **심화 사고 문제** 3.6 ★★☆☆☆
> 3장에서 알아본 희소 행렬을 저장하는 방법으로 두 개의 행렬을 저장하는 경우 행렬의 추가는 어떻게 구현할 수 있을까?

3.7 마무리

정보 인코딩과 효율적인 표현은 컴퓨터 과학 및 공학의 기본이다. 대부분 현실 개체를 컴퓨터가 인식하고 처리할 수 있는 대상으로 인코딩할 수는 있지만 인코딩이 효율적이지 않을 수 있다. 컴퓨터 정보를 표현하는 데 가장 중요한 것은 이진법 원리를 이해하는 것이다. 컴퓨터는 어떤 정보도 표현할 수 있는 이진 코드로 소통할 수 있다. 다음으로 잉여 정보를 '배제'하는 방법을 찾아야 한다. 예를 들어 희소 행렬 저장에서 값이 0인 많은 수의 요소는 중복 정보다. 마지막으로 정보 저장 및 전송의 평균 효율성을 향상시키고자 가장 일반적인 정보에 더 짧은 코드를 사용하는 방법을 찾아야 한다.

연습 문제

Q1. ★★☆☆☆ (MS)

3온스(1온스=30ml), 5온스, 9온스의 물을 담을 수 있는 컵이 세 개 있다. 그렇다면 1~17온스의 물을 어떤 식으로 담을 수 있을까?

A. 1 = 9 - 5 - 3

2 = 5 - 3

3 = 3

4 = 9 - 5

5 = 5

6 = 3 + 3

7 = 5 - 3 + 5

8 = 5 + 3

9 = 9

10 = 5 + 5

11 = 3 + 3 + 5

12 = 9 + 3

13 = 5 + 5 + 3

14 = 9 + 5

15 = 9 + 3 + 3

16 = 9 + 5 + (5 - 3)

17 = 9 + 5 + 3

Q2. ★★★★☆(AB, NU)

영어에서 가장 자주 사용되는 100만 개 바이그램을 어떻게 추출할 것인가?

Q3. ★★★☆☆

유리수를 번호로 쓸 수 있을까? 만약 임의의 유리수가 주어질 때, 유리수에 매겨진 번호를 말할 수 있거나 혹은 반대로 임의의 번호만으로 그에 매칭되는 유리수를 찾을 수 있을까? 예를 들어 1을 1번으로 하고, 2를 1/2번으로 하고, 3을 1/3번으로 하는 식으로 계속 번호를 매칭한다. 만약 2번에 대응하는 수를 질문하면 대답은 1/2번이 된다.

Q4. ★★☆☆☆ (FB)

구슬 열 개가 한 개로 포장돼 있고 총 열 봉지가 있다. 100개의 구슬이 다 똑같아 보이지만 하나의 봉지에는 결함이 있어 불량품 봉지의 구슬 무게는 다른 구슬과 다르다. 단, 같은 봉지에 있는 구슬 무게는 서로 같은 무게다. 정품 구슬과 불량 구슬을 구분하고자 단 한 번만 무게를 재어 불량 구슬 팩을 찾는 방법은 무엇일까?

A. 각 정품 구슬의 질량을 w, 불량 구슬의 질량을 $w+\Delta$, Δ는 양수 또는 음수일 수 있다고 가정하자. 1번 봉지에서 한 개, 2번 봉지에서 두 개, 3번 봉지에서 세 개, 마지막으로 10번 봉지에서 열 개를 가져온다. 불량품이 k번째 봉지인 경우 무게는 $55w+k\Delta$이며 무게를 통해 k가 어느 정도인지 판단할 수 있다.

부록1 　100층 건물에서 두 개의 유리 공으로 파손 높이를 테스트하는 최적의 방법

유리 공이 첫 테스트부터 깨지면(10층에서) 답은 1층부터 9층 중에 있다는 것을 알게 된다. 두 번째 공을 사용한 최대 횟수는 열 번이 되며 최악의 경우인 열아홉 번보다는 작다. 첫 번째 공이 10층에서 깨지지 않았다면 나머지 90층까지 10층 단위로 테스트하고 최악의 경우에는 열아홉 번 테스트하게 된다. 이런 상황을 감안해 첫 번째 유리 공의 테스트 높이를 10층 단위보다 높게 만들어 필요한 테스트 최대 횟수가 균형을 이루도록 할 수 있다. 첫 번째 유리 공의 테스트 높이를 14, 27, 39, 50층 같은 식으로 시도하고 공이 깨진다면 두 번째 공은 이전 테스트 층과 첫 번째 공이 깨진 층 사이에서 테스트한다. 최악의 경우 열네 번 테스트하지만 평균적으로는 여덟 번 시행된다. 계산 방법을 설명하는 것은 약간 복잡하고 컴퓨터 과학과는 크게 관련이 없어 여기서는 생략한다.

부록2 　허프먼 코딩의 유효성 증명

인코딩할 K개의 정보 m_1, m_2 ... m_i가 있고 빈도가 $f_1 \geq f_2 \geq ... \geq f_K$이고 각 정보에 해당하는 인코딩 길이가 l_1, l_2 ... l_k라고 하면 코드의 평균 길이는 다음과 같다.

$$L = \sum_{i=1}^{K} l_i \cdot f_i$$

허프먼 코딩에서 $l_1 \leq l_2 \leq ... \leq l_k$이거나 조건을 충족하는 코드가 허프먼 코드다. 만약 코드 C가 가장 효과적이라면, 즉 평균 부호 길이 $L(C)$가 가장 짧고 코드 길이는 각각 l'_1, l'_2, l'_i ... l'_j ... l'_K다. 여기서 $i<j$, $l'_i>l'_j$다. 그렇다면 정보 m_i와 m_j의 코드를 교환하고 다른 정보의 부호화를 그대로 유지하기만 하면 새로운 코드 D를 구성할 수 있다. 해당 코드의 평균 길이는 다음과 같다.

$$L(D) = L(C) - l'_i \cdot f_i - l'_j \cdot f_j + l'_i \cdot f_j + l'_j \cdot f_i$$

$$= L(C) - (l'_i - l'_j)(f_i - f_j)$$

$$\leq L(C)$$

평균 부호 길이가 가장 짧은 코드를 찾을 수 있다. 하나의 코드가 $l_1 \leq l_2 \leq ... \leq l_K$ 조건을 충족하는 경우에만 가장 짧은 코딩일 수 있으며 이것이 허프먼 코딩이다.

4 CHAPTER

지능의 본질: 분류와 조합

원래 컴퓨터는 과학 계산에 사용됐다. 그러나 지금은 컴퓨터가 처리하는 개체가 사람 및 동물, 물건 같은 구체적인 사물뿐 아니라 더하기, 함수, 무역 등 추상적인 영역까지 거의 모든 것을 포괄한다. 구체적이든 추상적이든 대부분 작업은 계산이 아닌 정보 분류, 구성, 검색 및 재구성이다. 컴퓨터 응용 분야에서는 현실 문제를 분류 및 조직, 검색, 재구성의 정보 처리 문제로 바꾸고 컴퓨터 알고리즘은 정보 처리 문제를 계산 문제로 전환한다. 여기에는 현실 세계와 컴퓨터 알고리즘 간 연결이 필요하다. 4장에서는 컴퓨터로 다양한 문제를 처리하는 기본 논리를 이해하고자 두 연결에 중점을 둔다.

4.1 문제는 선택 분류

1992년 미국 대선에서 빌 클린턴은 재선을 노리는 부시 대통령을 경제 문제로 공격했다. 클린턴은 유권자의 지지를 얻는 데 성공했고 동시에 "문제는 경제야, 이 바보들아It's the economy, stupid"라는 유명한 어록을 남겼다. 이 문장은 문제의 본질을 비꼬는 문장이 됐다.

세상에는 그럴 듯한 이름으로 부르면 더 복잡해 보이는 것이 많다. 인공지능이 대표적이다. 많은 패턴 분류의 문제를 오늘날 인공지능이라고 부른다. 인공지능 분야에서 핵심 알고리즘으로 사용되는 딥러닝은 많은 '변장'을 거쳐 포장되었으나 원래는 '인공 신경망'이라고 불렸다. 본질에 꽤 가까운 의미이지만, 실제의 본질은 연결 그래프(나중에 설명한다)라고 볼 수 있다. 1세대 인공 신경망 연구자들이 미국 정부의 많은 지원을 받았지만 괜찮은 결과를 내지 못했다.

2차 개선 후, 다시 인공 신경망 기술이 제안됐을 때는 심오하지만 덜 명확한 이름인 '연결주의'라고 명명했다. 사람들에게 충분한 상상의 여지를 주는 좋은 이름이었고, 특히 인공지능의 또 다른 방법 (형식논리적 추론에 기반한 기호주의)과 연결주의는 상응했다.[1] 명칭을 변경하자 사람들은 이 기술에 투자했고 해당 연구에 자금을 제공했다. 그러나 빠르게 발전하지 못 했고, 더 이상 언급되지 않았다.

21세기에 들어서면서 클라우드 컴퓨팅과 빅데이터 출현으로 과학자들은 대규모 및 다수 레이어를 가진 인공 신경망을 실현할 수 있게 됐다. 지난 2세대에 비해 새로운 인공 신경망은 양적뿐만 아니라 질적으로도 크게 도약했다. 일부 컴퓨터 과학자는 '심층 신경망deep neural network, DNN'이라고 부르지만 역사적으로 악명 높은 용어인 '신경망'이 신기술에 영향을 미칠 것을 우려해 '심층 학습deep learning(딥러닝)'이라고 부를 것을 제안했다. 알파고 성공으로 딥러닝은 오늘날 가장 인기 있는 기술 용어 중 하나가 됐다. 많은 사람은 딥러닝이 정확히 무엇인지 모르지만 이야기하고 싶어 한다. 인공지능에 관심을 가지는 사람이 많아졌지만 간단한 데이터 분석을 인공지능이라고 부르기도 한다.

인공지능을 명칭하는 것과 개념 뒤에 있는 본질을 파악하는 것은 다르다. 인공지능의 열기를 호도하는 사람들, 심지어 일부 미디어조차도 가능한 모든 종류의 눈길을 끄는 제목을 사용하는 경향이 있다. IT 개발자나 컴퓨터 개발자라면 명칭의 배경, 의의와 함께 컴퓨터 과학과의 근본적인 논리적 관계를 이해해야 한다.

컴퓨터가 두는 바둑부터 시작해보자. 체스이든 바둑이든 본질적으로 N개 중 한 개를 선택해야 한다. [그림 4.1]의 트리에서 각 노드는 바둑의 일부를 나타낸다. 흰 돌이 놓일 차례이고, 최대 N개의 선택이 있다고 가정해보자. 각 흰 돌의 선택은 루트 트리의 아래에 있는 자식 노드다. 그다음 흰 돌이 어떤 자리에 놓는 것과 상관없이 검은 돌은 N개의 선택을 가진다. 모든 가능성을 그래프에 넣으면 [그림 4.1]처럼 N항의 트리가 생성된다.

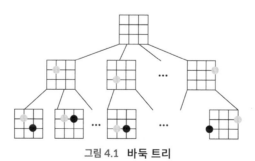

그림 4.1 바둑 트리

---

1 옮긴이 기호주의는 디지털컴퓨터의 작동 방식(기호와 규칙 기반)으로 인공지능을 연구하는 방식이다. 연결주의는 인간 뇌의 정보처리 과정에서 영감을 받은 인공지능 연구 방식이다. 출처: https://www.sciencetimes.co.kr/news/인공지능-발전을-이끈-쌍끌이-학파, https://6u2ni.tistory.com/36

양측이 순차적으로 선택하기 때문에 [그림 4.1]에서 한쪽은 홀수 층에서 선택할 권리가 있고 다른 한쪽은 짝수 층에서 선택할 권리가 있다. 선택권은 계속해서 교대로 바뀐다. 이 같은 트리를 '게임 트리'라고 한다. 바둑 게임을 N쌍의 트리로 바꾸는 것이 4장 초반에 언급했던 실제 문제와 정보 처리 사이를 연결하는 것이다. 이제 N개 중에서 1을 어떻게 선택해야 할지, 바둑은 어떤 전략을 취해야 하며 오목과 장기는 어떻게 해야 할지는 컴퓨터 알고리즘 문제다.

컴퓨터가 두는 바둑은 정의가 명확하다. 판단 경계가 뚜렷한 N개 중 한 개를 선택하는 문제다. 인공지능 분야에는 판단 경계가 명확하지 않은 N개 중 한 개를 선택하는 문제가 매우 많다. 음성인식, 필기 및 인쇄된 텍스트 인식, 의료 영상, 얼굴 인식과 같은 패턴 분류 문제, 인간 언어의 컴퓨터 자동 번역 등이 속한다. 이런 유형의 지능 및 분류 문제 사이의 대응을 알아보고자 한자의 필기 인식을 설명한다. 획순의 영향을 생략하고 단어 형태에만 집중했다. 실제 필기 인식에서는 획 순서 또한 매우 중요하다는 점을 유의하자.

[그림 4.2]는 '田(밭 전)', '由(말미암을 유)', '申(거듭 신)', '中(가운데 중)', '甲(갑옷 갑)', '电(번개 전)'[2]의 여러 필기 방식을 보여준다.

그림 4.2 **비슷한 모양의 열아홉 개 한자**

필기 인식은 다양한 필기 방식을 여섯 가지 범주 중 하나로 분류한다. 첫 번째 행의 두 번째 문자가 '申'인지 '甲'인지, 두 번째 행의 다섯 번째 문자가 '电'인지 '甲'인지 등 구별하기 쉽지 않은 일부 문자가 있다. 실제 응용 프로그램에는 더 다양한 쓰기 방법이 있다. 상당수는 식별이 쉽지 않다. 컴퓨터는 식별하기 쉽지 않은 단어를 단어 간 차이점에 따라 여러 범주로 분류한다. 분류하는 데 도움이 되는 차이점은 변수에 해당한다.

직관적으로 설명해보겠다. '田', '由', '甲', '申'과 비슷한 한자를 2차원 공간의 점들로 더 단순화해보자. 두 차원 중 한 차원은 중간의 수직으로 뻗어나가는 획에서 위로 뻗어나오는 길이를 나타내고

---

2 옮긴이 电(번개 전)의 간자체다.

다른 하나는 중간의 수직으로 뻗어나가는 획에서 아래로 나가는 방향을 나타낸다. 만약 문자 '田', '由', '甲', '申'의 두 차원을 이용해 2차원 그래프로 표현하면 [그림 4.3]과 같이 표시된다.

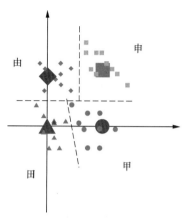

그림 4.3 **비슷한 모양의 한자를 2차원 공간으로 투사한 그림**

패턴 인식은 다차원 공간에서 구분 영역을 그리는 것이다. 특정 영역의 모든 글자를 특정 한자로 식별한다. 그중 삼각형, 사각형, 원, 마름모 영역은 각각 2차원 공간에 흩어져 있는 '田', '申', '甲', '由'라는 한자로 구분하게 된다. 2차원 공간을 직선으로 구분하면 대략 네 영역으로 나눌 수 있다. 각 영역의 점은 네 개의 범주로 나누고, 각 범주는 네 개의 한자를 대표한다. 각 범주의 중심이 해당 한자의 형태를 나타낸다. 한자 필기 인식이든 한자 인쇄 인식이든 실제로 한자 형태소는 그림 형태로 수천 개의 국가 표준 한자 범주로 분류된다. 필기 인식과 활자 인식에는 차이점이 있다. 필기 인식은 인식된 형태 간 경계가 상대적으로 흐려 명확한 경계를 그리기 어렵고, 활자 인식은 인식된 형태가 각 한자 범주의 중심으로 집중돼 형태 간 거리가 상대적으로 크기 때문에 식별하기 쉽다.

음성인식 또한 다양한 음성을 수백 가지 다른 범주 중 하나에 할당한다. 다만 텍스트 인식에 비해 변화가 많아 정확한 분류가 어렵다. 얼굴 인식은 다양한 사진을 수만에서 수백만에 이르는 범주로 분류한다. 물론 분류할 범주가 많을수록 정확한 분류가 어렵다. 전반적으로 음성인식은 텍스트 인식보다 어렵고 얼굴 인식은 음성인식보다 어렵다.

이렇게 얼굴 인식이 어려운데 본인 확인을 하고자 공항의 입출국 자동 본인 확인 절차에서 '얼굴 인식' 방식을 사용하는 이유는 무엇일까? 이는 문제를 재정의하고 수만 범주의 분류 문제를 '이 사람이 본인일까? 아니면 다른 사람일까?'라는 두 가지 범주의 분류 문제로 바꾼 것이다. 이 문제는 실제 문제에서 분류 알고리즘까지의 정보 처리 과정을 연결하는 방법을 보여준다. 우수한 엔지니어는 현실 세계와 컴퓨터 사이의 연결을 제안하고 구축하는 데 능숙하다.

선택과 분류는 서로 관련된 경우가 많다. 웹 검색 문제 같은 문제에서는 동시에 나타나기도 한다. 초기 웹 검색은 매우 명확한 정의 및 경계를 가진 선택 문제인 문서 검색, 즉 많은 문서에서 검색 조건에 맞는 문서를 선택하는 데서 시작됐다. 수많은 문헌 중에서 검색 조건에 맞는 문장을 고르는 것이다. 문헌 검색에서 선택 여부 논리는 매우 간단하다. 조건에 부합하는 것과 그렇지 않은 것이다.

여기에 사용되는 알고리즘은 수많은 조건에 부합하는 문장을 어떻게 순위 매길지, 문헌을 검색하는 학자에게 무엇이 필요한지 관심 없다. 그러나 웹 검색은 다르다. 우선 검색 조건에 맞는 웹 페이지가 굉장히 많다. 웹 페이지 정렬 문제를 고려하지 않으면 사용자의 요구 사항이 충족되지 않는다. 게다가 사용자는 검색 조건이 적절한지, 어떤 키워드를 사용해야 하는지조차 모른다. 이때 웹 검색은 사용자가 제공하는 제한된 정보에 따라서 관련성이 있는 페이지와 관련성이 없는 페이지 두 가지 범주로 나눠야 한다. 관련 범주가 관련성 자체에 따라 정렬돼야 한다. 또한, 사용자가 제공하는 정보가 불완전하므로 사용자 습관(검색 기록, 온라인 행위 기록 등)을 이해하거나 특정 유형을 검색하는 사용자가 자주 사용하는 기타 키워드 등 일부 암묵적인 정보를 분류에 활용해야 한다. 두 가지 정보를 사용하는 것은 사용자 분류나 사용자 검색 의도를 분류하기 위한 것이다. 웹 검색의 본질은 선택과 분류지만 웹 검색 기술 개발자는 사용자 의도를 이해하는 것이라고 표현하면서 '인공지능'이라는 이름으로 포장한다.

지금까지 지능 문제의 본질을 소개하고 컴퓨터와의 첫 번째 연결을 완료했다. 이제 선택을 분류 문제와 컴퓨터의 기본 논리에 연결해야 한다.

> **요점** 많은 지능 문제는 범주 분류 문제다. 컴퓨터 과학자의 임무는 지능 문제를 분류 문제로 바꾸는 것이다.

심화 사고 문제 4.1 ★★☆☆☆
두 가지 범주 A와 B가 있다. A가 B로 식별되면 손실은 10이고 B가 A로 식별되면 손실은 1이다. 두 가지 범주의 경계는 어떻게 규정해야 할까?

4.2 정보의 구성: 집합과 판단

많은 인공지능은 본질적으로 선택과 분류다. 모든 선택 및 분류를 위한 특별한 컴퓨터를 설계하는 것은 불가능하다. 가장 기본적인 작업을 컴퓨터의 기본 논리와 이어주는 연결이 필요하다. 일단 집합부터 시작해보자.

집합은 세상의 모든 것을 분류하는 가장 하부 논리다. 명확한 하나의 정의가 어렵다. 현대 수학 분야에서는 열 가지 공리를 기반으로 하는 공리적 집합론[3]이 존재한다. '러셀의 역설Russell's paradox'[4]도 피할 수도 있다. 비 수학 분야의 사람들이 공리적 집합론을 이해하는 것은 어렵다. 공리적 집합론이 무엇인지 소개하지는 않는다. 관심 있다면 4장의 부록 1을 참고하자. 대부분 '집합'을 많은 '물건'의 모음으로 이해한다. 모든 '물건(더 정확하게는 '사물')'은 집합에 넣을 수 있다. 이런 '사물'을 집합에서는 '원소'라고 한다. 컴퓨터 분야에서는 집합의 세 가지 기본 속성이 자주 사용된다.

첫째, 우선 하나의 사물이 주어졌을 때 집합에 속하는지 여부를 판단할 수 있다. 집합에 속하면서도 그 집합에 속하지 않는 것은 허용되지 않는다. 이것을 '러셀의 역설'이라고 한다. 공리적 집합론은 '정칙성 공리axiom of regularity'로 러셀의 역설 가능성을 제거한다. 주목해야 하는 것은 특정 집합에 속하는지 여부를 판단할 때 결과는 두 가지, 즉 속하거나 속하지 않거나 상황에 한정되며 중간 상태는 없다는 점이다.

둘째, 두 집합이 같다면 두 집합의 모든 요소 역시 같으며 반대도 마찬가지다. 이 속성이 공리적 집합론의 '확장 공리axiom of extensionality'다.

셋째, 집합에는 중복 원소가 있을 수 없으며 집합 원소에는 순서 관계가 없다.

많은 사람은 한 집합의 모든 원소가 단 하나의 성질을 가진다고 생각한다. '정수 집합'이나 '중국 남자 집합'처럼 집합이 특정 속성을 가진다고 생각하지만 실제로는 많은 집합 중 특수한 경우일 뿐이다. 집합 자체에는 이런 속성이 필요하지 않다. '빨간 사과'와 '300쪽이 넘는 모든 책'을 같은 집합에 넣을 수 있다. 집합 간 경계가 명확하게 구분되고, 어떤 것이 집합에 속하는지 판단된다면 상관없다. 집합 특성, 즉 정칙성 공리와 확장 공리를 기반으로 컴퓨터 과학에서 집합을 구현하는 두 가지 효과적인 방법을 지금부터 알아보자.

4.2.1 의사결정 트리

어떤 것이 집합에 속하는지 판단한 결과는 두 가지이다. 앞서 살펴봤던 이분법이나 이진법과 자연스럽게 연결된다. 이분법은 컴퓨터와 정보이론 모두 매우 중요한 지위를 가진다. '예'와 '아니오'의

---

3   옮긴이 여기서 언급한 공리적 집합론은 ZFC 공리계(체르멜로-프렝켈 집합론)를 기반으로 한다. 참고: https://ko.wikipedia.org/wiki/체르멜로-프렝켈_집합론

4   옮긴이 버트런드 러셀이 1901년에 발견한 역설이다. 자기 자신의 원소가 아닌 모든 집합의 집합을 정의한다. 해당 집합이 자기 자신의 원소인지 여부를 물으면 긍정과 부정 중 어느 하나를 가정해 모순이 유도된다. 참고: https://ko.wikipedia.org/wiki/러셀의_역설

이진 논리를 기반으로 하는 스위치 회로는 컴퓨터의 모든 계산을 할 수 있다. 물론 집합 속성이 '0보다 큰 정수'처럼 명확하게 명시될 수 있는 한, 간단한 이진 트리로 해당 집합의 모든 요소나 해당 집합 외부의 모든 요소를 쉽게 결정할 수 있다. 이런 식으로 '예'와 '아니오' 판단은 이분 선택 분류에 해당한다. 이진 트리로 분류의 논리를 표현할 수 있다. [그림 4.4]처럼 조건을 만족하는 것은 트리의 왼쪽에, 조건에 맞지 않는 것은 오른쪽에 놓는다. 이를 '의사결정 트리decision tree'라고 한다.

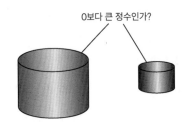

그림 4.4 이진 트리를 이용한 집합 분류

왼쪽 집합과 오른쪽 집합의 원소를 다른 원칙에 따라 하위 트리를 추가적으로 분류할 수 있다. 각 리프 노드에 원소가 하나만 있도록 만들 수도 있다. 의사결정 트리는 정보를 구성하는 매우 효과적인 방법이다. 적어도 다음과 같은 세 가지 효과가 있다.

1. 조작이 간단하다. 결정 조건이 주어지면 집합의 어떤 요소라도 왼쪽이나 오른쪽 하위 트리로 배치할 수 있다. 검색 시에는 좌우 중 어떤 트리를 검색할지 판단하며 각 단계에서는 판단 조건에 부합하는지만 판정한다.

2. 많은 것을 매우 효율적으로 표현할 수 있다. 이진 결정 트리의 각 내부 노드에는 최대 두 개의 분기만 있다. N 계층의 이진 결정 트리는 2^N 종류의 정보를 나타낼 수 있다. 지수함수이므로 많은 정보를 나타낼 때 N이 클 필요는 없다. 이 밖에도 데이터 검색, 데이터 조회 및 데이터 입력 시 지수함수를 이용하면 적은 양의 작업만 한다. 정보를 의사결정 트리 형식으로 구성했다면 1천 개 중 한 개를 찾고자 최대 열 번의 검색 작업만 하면 된다.

3. 이진 결정 트리와 그 하위 트리는 동일한 형태를 가진다. 일부 하위 트리에 적용할 수 있는 연산 방법은 모든 트리로 확장될 수 있다.

이분법 개념과 상응하는 이진 트리는 컴퓨터 과학에 중요한 개념이다. 물리학에서는 수 질량과 길이라는 개념, 화학에서는 화학 원소와 반응이라는 개념의 중요성과 같다. 모든 컴퓨터 실무자가 명심해야 한다.

물론 판단은 두 가지 결과가 아니라 동시에 여러 가지 결과로 발생하는 경우도 많다. 수학 분야에서 두 숫자를 비교하면 일반적으로 '더 크다(>)', '같다(=)', '더 작다(<)'의 결과가 나온다. 그러나 삼항 결정 트리나 N항 결정 트리가 필요하지 않다. 이 같은 문제 판단도 이분법으로 판단하는 것과 동일하다. 두 개의 숫자가 하나보다 큰지, 작은지 비교해보고 그 후에 같은지 작은지 판정하는 식이다. [그림 4.5]는 일대다 분류에 이분 논리 조합으로 접근하는 방식을 보여준다. 수학적으로 말해 일대다 분류와 일대이 분류는 같다. 컴퓨터 분야에서 이진 트리와 N항 트리도 완전히 동일하다.

그림 4.5 하나를 선택하는 판단을 세 가지 판단에서 두 가지 판단으로 변경했다

이진 트리와 N항 트리의 등가성을 더 설명하고자 다음 두 가지 예를 살펴보자.

예제 4.1 ★☆☆☆☆

상대방이 1에서 1000 사이의 숫자를 머릿속으로 생각한다면 질문을 열 번 내로 해서 그 숫자를 맞혀보자.

컴퓨터를 배우는 모든 사람이 아는 게임이다. 답은 매우 간단하다. 처음에는 상대방이 생각한 숫자가 500 미만인지 물어본다. 만약 그렇다고 한다면 다음에는 1~499 사이의 숫자를 물어보고, 그다음으로 500~1000 사이 숫자로 질문한다. 질문으로 검색 범위를 절반으로 줄일 수 있다. 210=1024는 1000보다 크기 때문에 열 번 이내 질문으로 특정 숫자를 맞힐 수 있다.

예제 4.2 ★★☆☆☆

1천 명 학생이 있는 학교가 있다. 추첨으로 학생 대표를 뽑았다. 학생들은 행운의 주인공이 누구인지 추측하고자 교장에게 학생 대표가 누구인지 질문하고자 한다. 학생 이름을 직접 묻지 않고 질문하는 가장 효과적인 방법은 무엇일까?

[예제 4.2] 답도 간단하다. 학생 명단을 가져와 명단의 앞부분에 해당 학생이 있는지 없는지 교장에게 질문한다. 있다고 대답한다면 앞부분에서 찾고 그렇지 않다면 뒷부분에서 찾는다. 대답에 관계없이 각 질문은 범위를 반으로 줄인다. 어떤 학생이 뽑힐 가능성이 있는지 없는지 확률을 사용해 각 학생이 속한 집합을 다시 나눠 결정할 수 있다. 즉 더 적은 질문으로 학생 대표가 누구인지 맞힐 수 있다.

두 문제에는 차이점이 있다. 첫 번째 문제에서 매 숫자는 특정 숫자로 추측될 확률이 비슷하거나 같다. 두 번째 문제는 학생들이 학생 대표로 추측될 확률이 완전히 다를 수 있다. 현실에서 문제가 되는 대상은 천차만별이다. 하지만 어떤 종류의 문제든 해결하려는 근본적인 논리는 본질적인 차이가 없다.

이진 결정 트리 외에도 집합 연산을 쉽게 구현할 수 있는 또 다른 데이터 구조는 해시 테이블이다.

4.2.2 해시 테이블

모든 집합은 특성이 명확하지 않다. 심지어 모든 집합에 특성이 있다고 말할 수도 없다. 집합 특성이 모호하면 의사결정 트리로 의사결정을 내릴 수 없다. 그러나 집합의 모든 원소를 열거할 수 있다면 실제로 어떤 원소가 집합에 포함되는지는 알 수 있다. 이런 원소 외 요소는 [그림 4.6]처럼 해당 집합에 속하지 않는다.

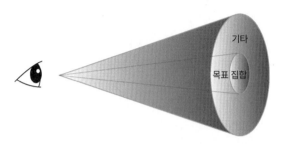

그림 4.6 대상 집합의 모든 요소를 알고 있을 때 집합 경계가 명확하게 표시된다

효율적인 저장 구조로 집합의 모든 요소를 열거하면 명확하게 집합 경계가 구분된다. 해시 테이블은 이런 집합을 구축하는 효율적인 저장 방법이다.

스팸 전화 수신을 거부하기 위해 핸드폰에 알림 기능을 설정해보자. 주소록에 있는 전화인 경우 벨소리를 다른 수신 전화와 다르게 설정한다. 주소록에 있는 번호들은 전화번호의 집합이다. 전화가 왔을 때 이 집합에 해당되는지 빠르게 판단해야 한다. $\log N$ 횟수의 이진 검색으로 구현할 수 있지만 더욱 효과적인 방법은 해당 전화번호를 해시 테이블에 넣어 $O(1)$회의 검색으로 확인하는 것이다. 이를 통해 스팸 전화를 차단할 수 있으며 접근 방식은 비슷하다. 마찬가지로 해시 테이블을 사용해 집합을 만들고 그 안에 스팸 번호를 넣는다. 주소록에 있는 번호 집합을 '화이트리스트 whitelist'라고 하며 스팸 번호 집합을 '블랙리스트blacklist'라고 한다. 이 방식은 확장돼 데이터 접속 및 소셜 네트워크에 널리 사용된다.

미국의 많은 초등학교와 중학교는 음란물 웹사이트를 차단하고자 학생들이 사용하는 컴퓨터에 특수 필터 소프트웨어를 설치한다. 이 소프트웨어는 해시 테이블을 사용해 구현한다. 집합 경계를 구분하려고 열거를 사용하는 경우 많은 사람이 '해시 테이블 같은 저장 구조는 너무 많은 메모리 공간을 차지하지 않을까?'라는 질문을 할 수도 있다. 생각해볼 가치가 있는 질문이다. 음란물 웹

사이트 차단을 예로 들겠다. 커버넌트아이CovenantEyes에 따르면 인터넷 콘텐츠의 약 30%가 음란물과 관련됐다. 굉장히 많은 양이다. 물론 콘텐츠를 음란물로 판단하는 기준은 때로는 느슨하고 때로는 엄격해 논란의 여지가 있다. 엄격한 기준을 적용하더라도 음란물 웹사이트 수는 전체 인터넷 사용자가 방문하는 웹사이트 수의 4%를 차지[5]한다. 또한, 상당히 많은 수다.

해당 문제를 해결하는 세 가지 방법이 있다.

첫째, 공간을 얼마나 차지하든 신경 쓰지 않고 해시 테이블에 전체를 직접 저장하는 것이다. 컴퓨터 성능은 지속적으로 향상되므로 하드웨어 확장 비용으로 소프트웨어 개발 비용을 대체하는 방법은 비효율적인 해결 방법이다.

둘째, 블룸 필터Bloom filter 같은 필터로 원소가 집합에 있는지 확인하는 것이다. 블룸 필터의 한 가지 문제는 집합에 없는 원소가 집합에 있는 것으로 판단되는 경우가 드물게 있다. '거짓양성false positive'이라고도 한다. 물론 이미 집합에 있는 원소는 잘못 판단되지 않는다. 블룸 필터로 전화번호 화이트리스트를 만드는 것은 큰 문제가 되지 않는다. 스팸 전화는 몇 통이 와도 큰일이 아니다. 또한, 해당 전화가 스팸 전화인지 판단할 수도 있다. 그러나 블랙리스트 외 전화번호가 블랙리스트에 잘못 포함되면 전화를 아예 받지 못하는 부작용이 있을 수 있기 때문에 블룸 필터로 블랙리스트를 설정해 사용하는 데 문제가 있다. 일부 프로그램 시나리오는 소수의 거짓양성이나 거짓음성false negative을 허용하기도 하지만 어떤 프로그램은 매우 엄격해 거짓양성을 허용하지 않는다.

셋째, 이진 결정 트리와 해시 테이블 조합이다. 먼저 간단한 규칙으로 분류하고 규칙이 포괄할 수 없는 상황은 미리 설정된 집합 안에 넣어 특별히 처리한다. 효율성은 향상하고 예외적인 상황은 거의 발생하지 않는다. 앞서 언급한 웹사이트가 실제로 음란물 웹사이트인지 판단하는 방법은 이 방법을 사용한다.

이런 종류의 문제 해결 방법은 현실에서 많이 사용한다. 미국은 국경 출입국 관리에서 사용하는 방법이기도 하다. 특정 기간 동안 사람들이 미국으로 입국할 때 미국 관세국경보호청은 과거에 입국 심사 대상이 방문한 국가를 기준으로 입국자를 전염병 영향 지역 출신자와 테러 공격 국가 출신자 범주로 나눈다. 만약 해당 국가 범주에 속하면 '특별 대우'를 받는다.

이진 결정 트리와 해시 테이블의 구현 방법은 구조가 다를 뿐만 아니라 처리 대상 개념도 다르다.

---

5   출처:《포르노 보는 남자, 로맨스 읽는 여자》(웅진지식하우스, 2011)

이진 결정 트리는 대상으로 하는 집합의 개념을 추출한다. '양수 집합', '5보다 큰 것', 'sex라는 단어를 포함하지 않는 웹 페이지'처럼 각 집합의 경계를 구분한다. 해시 테이블은 하나의 집합의 범위를 규정한다. 인간의 기본적인 정보 처리 방식은 이진 결정 트리에 속한다. 사람들은 사례로 개념을 추출한 후 개념을 적용해 원소와 집합 간 관계를 결정한다. 그러나 컴퓨터나 인공지능은 해시 테이블 방식으로 정보를 처리한다. 머신러닝을 통해 경계를 명확하게 구분한다. 경계 내부에 있는 상황과 경계 외부에 있는 상황을 구분할 수 있다. 그러나 경계에 대한 개념을 구체화하고 경계 내부의 원소 집합이 무엇을 말하는지 정의할 수는 없다. 오늘날의 빅데이터 연산은 이에 더 가깝다.

컴퓨터에서 '집합'이라는 수학적 개념을 구현하는 것이 음성인식 및 자연어 이해, 기계번역과 같은 인공지능 문제를 해결하는 데 어떻게 지원하는지 알아보자.

음성인식은 크게 물리적 음파에서 발음 기호(예: 음성기호 또는 병음)로, 발음 기호에서 문장(의미 있는 문자열)으로 나눌 수 있다. 두 단계를 수행하는 방법은 완전히 다르지만 컴퓨터 내부에서 사용하는 기본 기술은 매우 유사하다. 기호의 발음부터 문장까지의 구성을 더욱 이해하기 쉽도록 직관적으로 설명한다.

중국어 음성인식에서 중국어 단어의 발음은 많은 단어에 대응될 수 있다. 모든 단어를 집합으로 생각한다면 해당 집합은 발음에 따라 구성되는 N항 트리다. N항 트리에는 두 가지 판단 기준이 있다. 첫 번째 기준은 발음이고, 두 번째 기준은 동음어 단어인지다. 앞서 언급했듯이 N항 트리와 이진 트리는 동일하므로 여기서는 N항 트리 알고리즘은 소개하지 않는다. 이진 트리 알고리즘이 사용된다고 생각하면 된다.

계속해서 N항 트리에서 해당 단어의 발음을 따라 찾아보고 문맥에 따라 가장 가능성이 높은 문장을 구성하면 음성인식이 완료된다.

음성인식은 두 가지 문제에 부딪힌다. 하나는 기계의 발음 인식이 정확하지 않을 수 있다는 것이고, 다른 하나는 말하는 사람이 오자를 읽거나 잘못된 글자로 읽는 것이다. 하지만 사람들은 다른 사람의 말을 들을 때 상대방이 잘못된 단어를 사용해도 자동으로 올바른 발음으로 이해한다. 실제로 말하는 사람의 발음이 아무리 정확해도 듣는 사람은 '듣기' 부분에서 실제 발화량의 60~70%만 들을 수 있다. 그래서 문맥에 의존해야 말을 완전히 이해한다고 느낀다. '개발'과 '계발', '지양'과 '지향'처럼 발음이 비슷한 단어가 이에 해당한다. 단어만 말하면 구분하지 못하지만 문맥을 보면 차이점을 알 수 있다.

사람은 발음으로 어떻게 문맥을 이해할 수 있는 것일까? 상대방 말에 억양이 있다는 것을 알게 되면 상대방 억양의 특성에 따라 무의식적으로 상대방의 각 소리에 몇 가지 단어를 고려하게 된다. 이는 문맥에 맞게 올 수 있는 경우를 열거한 후 특수한 집합에 넣는 것과 같다. 컴퓨터가 음성인식을 수행할 때도 마찬가지다. 예를 들어 '개'라는 발음이 발생하면 '계'라는 단어를 개별적으로 읽는다. 그다음 해당 단어의 앞뒤 문맥에 따라 말하는 사람이 잘못 발음했는지 또는 이전 음성 식별이 정확하지 않은지 여부를 판단한다. 성능이 더 좋은 음성인식 시스템은 자주 오발음되는 단어 또한 해시 테이블에 넣는다. '꼿꼿이'를 '꼿꼿히'로 잘못 발음하는 것과 같다. 음성인식에서 이런 종류의 '예외'는 드물고 제한적이다. 대부분 소리는 혼동하지 않는다. '나'를 결코 '그'라고 읽을 가능성은 없어 컴퓨터는 이 같은 경우에 해당하는 추가 인식 사례를 제공하지 않는다. 실제로 모든 음이 잘못 읽히는 상황은 그렇게 많지 않다. 그렇게 했다면 문구 자체를 인식하지 못하게 된다.

> **요점** 원소를 열거할 수 있는 집합의 경우 해당 원소가 집합에 속하는지 여부는 해시 테이블을 통해 확인할 수 있다.

심화 사고 문제 4.2

Q1. ★★☆☆☆(AB) 포르노 사이트나 스팸 메일 블랙리스트는 어떻게 만들까?

Q2. ★★★☆☆(AB) 웹 페이지가 음란물인지 판단하는 방법은 무엇일까?

4.3 B+ 트리, B* 트리: 데이터베이스의 데이터를 구성하는 방식

사물의 선택과 분류를 계속 논의하기 전 두 가지 사물을 구별하는 '키$_{key}$'를 이야기할 필요가 있다.

컴퓨터에서 데이터 검색 및 위치 지정을 쉽게 하려면 모든 항목은 키와 값$_{value}$으로 구성된 두 개의 열을 가진 테이블로 표시된다. 시스템 내에서 키는 고윳값을 가지며 중복될 수 없다. 키가 결정되면 해당 값 또한 결정된다. 작은 집단 내에서는 각 이름이 각자를 식별하는 키가 될 수 있다. 다만 해당 집단이 조금 더 클 경우 중복되는 이름이 있을 수 있어 호적에서 사용하는 주민등록번호, 텐센트가 사용자에게 부여한 QQ 번호, 대학 학번, 회사 사번 등 특정 ID 번호를 각 사람에게 부여한다. 어떤 사물이라도 해당 사물을 표현할 키는 비교적 적은 반면 키를 설명해야 하는 값은 많을 수 있다. 예를 들어 대학의 모든 학생 인사 정보는 개체의 '값'으로 구성된다. 즉 분류를 하고자 할 때, 분류하려는 사물과 해당 '키 - 학번'을 동등하게 보고 해당 '값 - 20231111'을 의도적으로 부각시키지는 않는다.

트리 구조는 일반인의 상상을 초월하는 놀라운 속성을 가졌다. 예를 들어 이분(또는 N분) 결과는 사물을 층별로 분류하고 각 범주는 집합으로 간주될 수 있다. 층별로 분류한 후에는 동일한 집합의 각 원소와 다른 집합 간 관계가 한눈에 명확해진다. 많은 문제에서 N분(N항 트리에 해당)을 직접 사용할 수 있다면 여러 이진 트리를 수행하는 것보다 효율적이다. 특정 경우에는 N항 트리를 직접 사용하기도 한다. 물론 N 제한이 없는 N항 트리는 구현하기가 매우 번거롭고 특정 노드에 너무 많은 분기가 있으면(마찬가지로 N 값이 너무 크면) 효율성이 매우 낮아진다. 검색은 대수 복잡도에서 시작해 선형 복잡도가 된다. 이를 해결하고자 루돌프 바이어Rudolf Bayer와 에드워드 M. 매크레이트Edward M. McCreight는 제한된 N항 트리인 B 트리를 제안했다.

B 트리는 이진 트리의 확장이다. 이진 트리에서 각 노드는 하나의 키만 있다. 각 키의 크기가 비교할 수 있는 값(예: 숫자 또는 문자열)을 가지는 경우 각 노드는 해당 키 값보다 크거나 작은지 여부에 따라 두 개의 자식 노드를 가질 수 있다. 자식 노드가 비지 않았다면 자식 노드의 수는 키의 수에서 1을 더한 값이 된다. B 트리에서 각 노드는 여러 키(문자)를 가질 수 있다. 노드의 키가 너무 많아 구현하기 너무 어렵거나 키가 너무 적어 비효율적인 것을 방지하고자 B 트리에서 루트가 아닌 각 노드의 키 수는 d와 $2d$ 사이에서 제한된다. 예를 들어 3과 6 사이, 5와 10 사이이다. 키는 왼쪽에서 오른쪽으로 정렬되며 자식 노드의 수는 $d+1$~$2d+1$개다. B 트리는 다음의 세 가지를 요구한다.

첫째, 루트 노드에는 2~$2d$개의 자식 노드가 있어야 한다.

둘째, 각 노드에서 첫 번째 자식 노드 아래의 모든 키는 부모 노드의 첫 번째 키보다 작아야 한다. 두 번째 자식 노드 아래의 모든 키 크기는 노드의 첫 번째 키와 두 번째 키 사이이다. i번째 자식 노드 아래의 모든 키 크기는 부모 노드의 i번째 키와 $i+1$번째 키 사이이다. 마지막 노드 아래의 모든 키는 부모 노드의 마지막 키보다 크다. 이 수열은 전체 B 트리의 원소를 키의 크기별로 정렬된 상태로 유지한다. [그림 4.7]이 $d=2$인 B 트리를 보여준다.

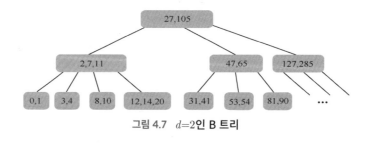

그림 4.7 $d=2$인 B 트리

셋째, B 트리의 일부 노드가 삽입 및 삭제 후 두 조건을 더 이상 충족할 수 없으면 B 트리는 작은 노드를 큰 노드로 병합하거나 큰 노드를 두 부분으로 분할해야 한다. 컴퓨터는 B 트리 자체보다 B

트리 변형인 B+ 트리를 더 많이 사용한다. B+ 트리는 두 가지 개선 사항을 제외하면 기본적으로 B 트리와 동일하다.

- 모든 자식이 있는 노드(내부 노드)는 키만 보유할 뿐이다. 내부 노드 역할은 자식 노드에서 키 값의 간격을 결정하는 것이다. 모든 값(키와 함께)은 리프 노드(외부 노드)에 있어야 한다.
- 하나의 포인터로 모든 리프 노드를 처음부터 끝까지 연결한다. [그림 4.7]의 B 트리가 B+ 트리가 되면 [그림 4.8] 같은 형태가 된다.

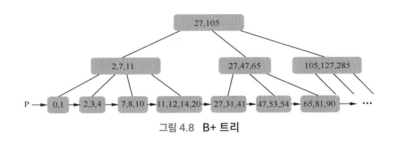

그림 4.8 **B+ 트리**

B+ 트리는 두 가지 면에서 B 트리보다 우수하다. 하나는 내부 노드에 키 값(및 하위 차원의 노드에 대한 포인터)만 있고 해당 데이터 내용(내용량은 매우 클 수도 있다)을 저장하지 않기 때문에 구조가 비교적 간결하다는 점이다. 또 다른 점은 리프 노드 간 포인터로 모든 값을 정렬하므로 한 번에 많은 데이터에 액세스하는 것이 용이하다는 점이다.

데이터 처리에서 가장 흔히 사용하는 데이터베이스 시스템은 정보를 저장하는 데 이진 트리나 N항 트리를 사용하기보다는 B+ 트리를 사용한다. B+ 트리의 장점은 무엇일까? 후자는 실행 시간과 저장 효율성의 관계를 균형 있게 조정할 수 있다.

트리 구조로 사전을 저장하는 방법을 살펴보자.

이진 트리를 사용할 때 다섯 개 계층의 이분 트리로 스물여섯 개 알파벳으로 구성된 이진 트리를 만든다. 다섯 번 이진 트리를 내려가다 보면 첫 번째 문자를 찾을 수 있으며 이와 유사하게 다음 문자를 찾을 수 있다. 문제점이 있다. E, S, T 같은 문자는 매우 자주 나타나는 반면 J, X, Z 같은 문자는 덜 나타나 이진 트리를 사용한 저장은 불균형적이고 검색도 비효율적이라는 점이다.

만약 26진 트리를 사용하는 경우 모든 노드는 스물여섯 개 문자에 대한 자식 노드를 미리 구성해야 한다. 계층 수가 적으면 사전을 찾는 효율성이 매우 높지만 많은 문자 조합(J, X, Z 등)이 조회될 일은 없어 트리에서 예약된 위치의 대부분이 낭비된다.

B+ 트리를 사용하면 문제를 해결할 수 있다. 사전이 $d=3$인 B+ 트리로 구현됐다고 가정해보자.

루트 노드는 알파벳 F, L, R을 경계로 사용한다. F, L, R을 기준으로 경계의 앞부분은 왼쪽에 배치하고 경계 뒷부분에 있는 알파벳은 오른쪽에 배치한다. 두 번째 계층 노드에서는 각 문자를 자식 노드로 나눈다. 이 방식으로 구현한 차원 수가 $(d=3)$인 B+ 트리 구조는 [그림 4.9]와 같다.

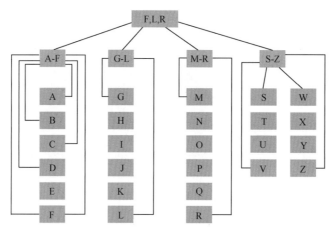

그림 4.9 **차원이 3인 영어 사전 B+ 트리** $(d=3)$

주의할 점이 있다. 세 번째 차원의 각 노드는 해당 문자로 시작하는 모든 단어의 루트 노드다. 편의상 세로로 배열하고 노드 키를 나타내는 하나의 문자만 사용해 표시했다. 내부 세부 정보는 [그림 4.10]에 표시된 두 하위 트리의 루트 노드에 표시된다. 첫 번째 하위 트리의 루트 노드는 [그림 4.9]의 세 번째 레이어 노드 C에 해당하고 두 번째 하위 트리는 [그림 4.9]의 노드 I에 해당한다. C로 시작하는 단어는 많고 I로 시작하는 단어는 적다. C로 시작하는 단어는 [그림 4.10]에서 해당 하위 트리의 두 번째 행에 있는 여섯 개 노드에 해당하는 여섯 개 하위 트리에 배치되고 I로 시작하는 단어는 네 개 하위 트리에만 배치된다([그림 4.10]의 두 번째 하위 트리).

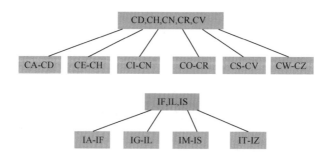

그림 4.10 **C로 시작하는 단어의 하위 트리 및 I로 시작하는 단어의 하위 트리**

앞선 설명에서 알 수 있듯이 B+ 트리는 이진 트리의 단순하고 효율적인 특성과 N항 트리의 유연한 특성을 모두 가졌다. B+ 트리의 키는 노드에 있든 맨 아래의 모든 리프 노드에 있든 순서대로 정렬되기에 검색은 이진 트리만큼 효과적이다.

사전에 V개 단어가 있고 균형 이진 트리에 저장됐다면 단어를 찾는 데 $\log_2 V$시간이 걸린다. B 트리 저장소를 사용하는 경우에는 B 트리의 각 노드에 b개 키가 있다고 가정하면(루트 노드인 경우 b개 단어가 있음) 단어가 위치한 노드를 찾는 데 $\log_b V$ 검색이 필요하다. 이미 잘 정렬돼 있어 노드 내부에서 해당 단어를 찾는 데 $\log_2 b$번만 검색하면 된다. 다음 수식을 보자.

$$\log_2 V = \log_b V \cdot \log_2 b \qquad (4.1)$$

조회 시간은 두 저장 방법 모두 동일하다.

B+ 트리는 이진 트리에 비해 분명한 이점이 있다. 노드의 키 간격 내에서 모든 정보를 쉽게 찾을 수 있다. abs와 act로 시작하는 모든 단어를 찾고 싶다면 먼저 abs로 시작하는 첫 번째 단어를 찾는다. 그다음 B+ 트리에서 리프 노드의 포인터를 사용해 순서대로 읽고 act로 시작하는 마지막 단어로 끝낸다. B+ 트리는 엄청난 양의 데이터를 저장하고 재사용한다는 점에서 매우 효율적이다.

과학과 공학은 항상 발전한다. 컴퓨터 과학자들은 B+ 트리를 기반으로 더욱 발전시킨 B* 트리를 개발했다. B* 트리는 B+ 트리의 내부 노드(루트가 아닌 노드, 리프가 아닌 노드) 사이의 형제 노드에 대한 포인터를 추가하는 B+ 트리 변형이다. [그림 4.11]은 [그림 4.8]의 B+ 트리를 B* 트리로 변경한 후 개요도다.

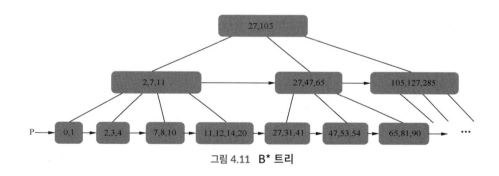

그림 4.11 B* 트리

B* 트리는 작은 노드를 병합하고 큰 노드를 둘로 분할하는 메커니즘을 조정해 트리에서 낭비되는 공간을 줄인다. 오라클 데이터베이스가 B* 트리 스토리지 구조를 사용한다.

B* 데이터 저장 구조에서 한 가지 문제를 간과했다. 미리 설정된 키에 따라 데이터 액세스가 수행되지 않고, 데이터의 특정 내용에 따라 필요한 검색 및 검색 비용이 발생하게 될 때도 있다는 점이다. 예를 들어 대학교에서 20~21세 학생을 모두 찾는 것은 쉽지 않다. 상용 데이터베이스 시스템은 문제를 해결하고자 생년월일에 따른 인덱스, 이름에 따른 인덱스 등 많은 인덱스를 설정한다. 이 같은 인덱스를 사용하면 문제를 쉽게 해결할 수 있다. 인덱스는 구조적으로 주로 해시 테이블로 구현된다.

컴퓨터 과학에서는 모든 종류의 트리가 동등하다. 트리의 알고리즘을 연구하면 적절한 수정을 거쳐 다양한 특정 문제를 해결할 수 있다. 이것이 컴퓨터 과학의 본질이다. B* 트리에 다양한 기능을 추가하는 것 같은 특정 문제를 해결할 때 컴퓨터 효율성 및 편의성을 보장하고자 기본적인 과학 원리를 위반하지 않고 일부 해당 기능을 추가 및 확장한다. 일괄적으로 대량의 정보를 읽으며, 정보에 접근하는 효율성을 높이고자 다양한 추가 인덱스도 사용한다.

다음 절에서는 컴퓨터 과학의 등가 원리, 특히 다양한 문제와 트리 같은 특수 데이터 구조 간 관계를 소개한다. 몇 가지 구체적인 예를 들겠다.

> **요점** B 트리, B+ 트리 및 B* 트리를 사용해 N항 트리를 구현하는 방법, 시간 복잡성 및 구현 기술을 알아봤다.

심화 사고 문제 4.3 ★★★☆☆(AB)
병음 입력 방식에서 병음이나 일부 병음에 따라 해당 한자와 한자를 포함하는 단어를 빠르게 찾는 방법은 무엇일까?

4.4 카탈랑 수

지금까지 트리, 특히 이진 트리 설명에 많이 할애했다. 이제 필자가 다른 사람과 가장 논의하기 좋아하는 주제를 이야기해보겠다.

예제 4.3 ★★★★★ 카탈랑 수
N개의 리프 노드를 가진 정 이진 트리(full binary tree)는 몇 종류가 있을까?

정 이진 트리가 무엇인지부터 보자. 이진 트리의 한 차원에 있는 모든 노드의 하위 트리 수(노드의 차수)는 2 또는 0이다. 그 수가 0인 트리는 리프 노드다. 예를 들어 [그림 4.12(a)]에 표시된 이진 트리는 정 이진 트리이지만 [그림 4.12(b)]는 화살표가 가리키는 노드에 하나의 하위 트리만 있기에 정 이진 트리가 아니다.

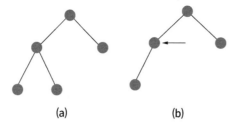

그림 4.12 정 이진 트리(a)와 정 이진 트리가 아닌 트리(b)

몇 가지 구체적인 예를 살펴보자. $N=1$ 및 2일 때 [그림 4.13]처럼 조건을 충족하는 정 이진 트리는 한 개만 존재한다.

그림 4.13 리프 노드가 $N=1$ 및 2인 정 이진 트리

$N=3$과 4일 때는 [그림 4.14]처럼 각각 두 개와 다섯 개의 경우의 수가 생긴다.

$N=5$, 6, 7…일 때는 어떻게 될까? 계속 그려보면서 구할 수 있겠지만 규칙을 찾기는 어렵다. 필자가 구글에서 개발자로 있을 때 면접 시 이 문제를 자주 물었다. 대부분 지원자는 몇 가지 예를 찾아보고 규칙을 요약해 전체 이진 트리의 수와 N 사이의 관계를 찾는다. 예를 들어 N개의 리프 노드가 있는 전체 이진 트리보다 $N+1$ 리프 노드가 있는 전체 이진 트리가 얼마나 더 많은지 계산한다. 이 방식으로 문제에 접근한 지원자는 불합격했다. 수준이 낮아서가 아니다. 문제 접근 방식이 잘못됐기 때문이다. 그들의 접근 방식으로는 이중으로 계산되는 다양한 상황을 배제하기 어렵다.

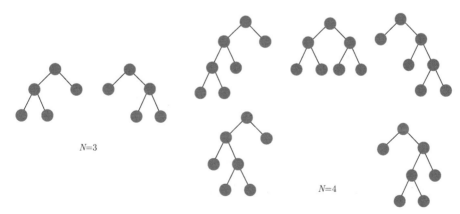

그림 4.14 리프 노드 $N=3$ 및 4가 있는 정 이진 트리

다른 방식으로 생각하면 아주 간단히 해결할 수 있다. 컴퓨터 과학에서 가장 일반적으로 사용되는 재귀 방법이다. 하향식으로 해결된다.

N개의 리프 노드가 있는 전체 이진 트리의 경우의 수가 $S(N)$이라고 가정해보자. 모든 이진 트리가 왼쪽 서브트리subtree와 오른쪽 서브트리로 나눌 수 있다. 두 서브트리가 각각 k개, $N-k$개 리프 노드를 가진다고 가정하므로 왼쪽 및 오른쪽 서브트리의 정 이진 트리 경우의 수는 [그림 4.15]처럼 $S(k)$와 $S(N-k)$가 된다.

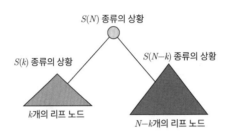

그림 4.15 N개의 잎으로 구성된 완전한 이진 트리는 k개의 잎으로 구성된 서브트리와 $N-k$개의 잎으로 구성된 서브트리를 포함해야 한다

왼쪽 서브트리와 오른쪽 서브트리의 내부 구조는 서로 독립적이므로 전체 이진 트리는 $S(k) \cdot S(N-k)$의 경우를 갖게 된다. 물론 k는 1, 2, 3 … $N-1$ 중 임의의 숫자일 수 있다. 다음을 보자.

$$S(N) = \sum_{k=1}^{N-1} S(k) \cdot S(N-k) \tag{4.2}$$

[수식 4.2] 자체는 재귀적이다. 종료 조건 $S(1)=1$이 주어지면 N이 임의의 값과 같을 때 전체 이진 트리에 케이스가 몇 개 있는지 계산하는 프로그램을 작성하기 쉽다.

필자는 재귀적 사고로 문제를 톱다운 방식으로 생각할 수 있으며 재귀 공식을 도출할 수 있는 면접자는 이미 컴퓨팅 사고를 가졌고 4등급 개발자가 될 수 있는 잠재력이 있다는 것을 의미한다고 생각했고, 이 문제를 해결한 것으로 간주했다. 지원자의 약 20%가 해당 작업을 수행할 수 있었다. 지원자가 재귀 공식으로 $S(N)$의 분석 답까지 풀었다면 추가 점수를 부여했다.

조합론(이산 수학discrete mathematics이라고도 한다)을 공부하지 않은 학생에게는 [수식 4.2]을 푸는 것이 어렵다. 만약 조합론을 공부하고 생성 함수를 이해한다면 [수식 4.2]를 쉽게 풀 수 있을 것이다. $S(N)$을 구하는 방법은 4장의 부록 2를 참고하기를 바란다. 여기서는 바로 $S(N)$ 공식을 쓰겠다.

$$S(N) = \binom{2N-2}{N-1} / N \qquad (4.3)$$

그중 N=1, 2, 3…이다.

공식을 보면 실제로는 귀납적 방법으로 도출하는 것이 어렵다는 것을 알 수 있다.

벨기에 수학자 외젠 카탈랑Eugène Catalan이 재귀 공식 [수식 4.2]를 처음 발견해 '카탈랑 수'라고도 한다. 카탈랑 수 $C(N)$의 정의는 $S(N)$ 정의와는 1이 차이가 나며, 카탈랑 수는 N개의 내부 노드가 있는 정 이진 트리의 수로 이해할 수 있다. 즉 리프 노드의 수는 다음과 같다.

$$C(N) = S(N+1) = \binom{2N}{N} / (N+1) \qquad (4.4)$$

N+1, 즉 그중 N=1, 2, 3…이다. 카탈랑 수는 N의 지수함수라는 점을 주의해야 한다.

면접을 봤던 수백 명의 지원자 중 이 문제를 완전히 해결할 수 있는 사람은 소수에 불과했다. 정답을 맞춘 대부분 지원자는 컴퓨터 공학을 전공한 박사과정 학생이었다. 그중 한 명은 통신을 전공했는데 [수식 4.2]가 실제로 신호처리에서 흔히 사용되는 합성곱convolution이라는 것을 알았고, 신호처리 툴로 답을 풀었다. 물론 대부분 지원자에게 이 문제를 45분 안에 완벽하게 푸는 것은 다소 가혹한 일이었다. 필자는 해당 질문을 네 가지 이유로 테스트했다.

첫째, 해당 질문은 이해하기 쉽다. 의사 소통에 문제 없이 질문을 이해할 수 있다.

둘째, 정 이진 트리가 무엇인지 같은 몇 가지 기본 개념을 지원자가 이해하는지 테스트할 수 있다. 정 이진 트리full binary tree와 안전 이진 트리complete binary tree를 혼동할 수 있다. 완전 이진 트리는 하나의 이진 트리를 말한다. 노드의 마지막 차원을 제외한 나머지 노드의 차원은 모두 채워지고 노드의 마지막 차원은 왼쪽에서 오른쪽 순으로 배열된다. 예를 들어 [그림 4.16(b)]와 [그림 4.16(c)]에 표시된 이진 트리는 모두 완전 이진 트리다. [그림 4.16(a)]는 정 이진 트리이지만 완전 이진 트리는 아니다. [그림 4.16(b)]는 완전 이진 트리이지만 정 이진 트리는 아니다. [그림 4.16(c)]는 완전 이진 트리이면서 정 이진 트리다.

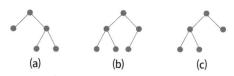

그림 4.16 완전 이진 트리(b, c) 및 정 이진 트리(a, c)의 예

셋째, 가장 중요한 것은 지원자가 재귀적 사고방식을 가지고 있는지 확인하는 것이다.

넷째, 조합론이나 신호처리를 공부한 박사과정 학생이 두 과목의 내용을 배웠고 활용할 수 있는지 여부를 확인하는 것이다.

이 밖에도 이 문제를 질문하면서 지원자가 문제의 다양한 등가 문제를 잘 찾는지 혹은 문제를 해결해 모든 등가 문제를 해결하는지 여부도 테스트할 수 있다. **3등급 이상의 컴퓨터 개발자가 되고자 한다면 등가성 문제에 직면했을 때 그들 사이의 등가성을 재빨리 파악하고 등가성 문제 중 간단한 문제를 찾아 해결할 수 있어야 한다.**

카탈랑 수의 몇 가지 등가 문제를 살펴보자.

예제 4.4 ★★★★★ 볼록 다각형의 분할 문제(AB, MS)
임의의 볼록 N각형의 경우 꼭짓점끼리 연결해 $N-2$개의 겹치지 않는 삼각형으로 나눌 수 있다. [그림 4.17]은 삼각형, 사각형 및 오각형의 다른 분할을 보여준다.

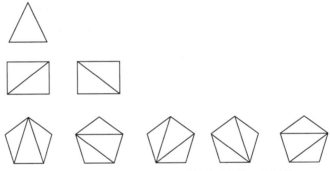

그림 4.17 삼각형, 사각형 및 오각형의 가능한 모든 분할

삼각형 자체는 더 이상 쪼갤 수 없다. 쪼개지는 방법은 자기 자신뿐이다. 사각형은 두 개의 경우의 수로 나눌 수 있으며 오각형은 다섯 개의 경우의 수로 나눌 수 있다. 각각 카탈랑 수 $C(1)$, $C(2)$ 및 $C(3)$에 해당한다. N각형의 경우 내부 삼각형을 나누는 방법의 수는 정확히 카탈랑 수 $C(N-2)$이다. 우연이 아니다. 다음처럼 재귀적으로 증명할 수 있다.

임의의 N각형의 경우 모서리를 밑변으로 선택하면 해당 밑변이 볼록 다각형의 다른 꼭짓점과 삼각형을 형성할 수 있다. [그림 4.18]처럼 칠각형을 예로 보자.

그림 4.18 칠각형의 밑변은 고정됐으며 해당 밑변과 다른 꼭짓점으로 삼각형을 만드는 방법은 다섯 가지다

만약 볼록 다각형의 꼭짓점을 1부터 N까지 번호가 매기면 선택된 밑변과 꼭짓점k(k는 순서대로 2, 3 … $k-1$이 될 수 있으며 총 $k-2$개 있다)으로 형성되는 삼각형은 다각형을 왼쪽과 오른쪽으로 나눈다 (왼쪽 혹은 오른쪽 부분이 없을 수도 있다). 좌우 부분이 어떻게 구분되는지는 별개의 독립적인 사항이라는 점에 주의하자.

k개의 변을 가진 도형을 삼각형으로 나누는 $P(k)$개의 방법이 있고 $P(2)=1$, $P(3)=1$이라고 가정하자. 다음과 같은 재귀 공식을 얻을 수 있다. 카탈랑 수의 재귀 공식이다.

$$P(N) = \sum_{k=2}^{N-1} P(k) \cdot P(N-k+1) \tag{4.5}$$

카탈랑 수에서 약간 변화를 줘 $P(\mathrm{N})=C(N-2)$를 얻을 수 있다. 카탈랑 수로 삼각형을 나눌 수 있다는 것이 증명됐다.

예제 4.5 ★★★☆ N개의 문자열 통합 문제(AB)

N개의 문자를 가지는 문자열이 있다고 가정하자. 두 개의 인접한 문자열을 새 문자열로 병합할 수 있으며 추가로 주변 문자와 병합할 수 있다면 이 문자열을 만들 수 있는 방법은 몇 가지일까? 예를 들어 abcd 문자열은 $((ab)c)d$, $(a(bc))d$, $(ab)(cd)$, $a((bc)d)$, $a(b(cd))$의 다섯 가지 병합 방법이 있다. $(\ )$(괄호)는 병합 우선순위를 나타낸다.

답은 카탈랑 수, 특히 $C(N-1)$이다. abcd 문자열의 가능한 조합은 $C(3)=5$가 된다. 가능한 문자열 병합 방법의 수가 카탈랑 수인 이유는 독자 스스로 탐구할 수 있도록 남겨두겠다.

[예제 4.4]로 테스트하는 면접관은 거의 없지만 [예제 4.5]를 질문하는 면접관은 있다. 흥미롭게도 [예제 4.3]과 [예제 4.5]는 실제로 같은 질문이지만 [예제 4.5]가 답하기 더 쉽다. 문자열 병합 문제가 재귀 알고리즘을 더 쉽게 떠올릴 수 있도록 해주기 때문이다.

N개의 리프 노드가 있는 트리형 구조는 $(\ )$로 구성된 N개의 기호가 있는 트리 구조와 결합될 수 있다. 자연어 처리에서 문장의 구문을 변환해 직접 트리로 표현하는 것은 매우 어렵지만, $(\ )$를 이용해 구문 변환 트리를 문자열로 변환할 수 있다. [그림 4.19]에 표시된 구문 분석 트리에 해당하는 구는 다음과 같다.

문장(주어부(명사구(명사/PLCN, 명사/해저, 명사/광케이블, 조사/은)), 술어부(관형구(명사구(지역명사/홍콩, 조사/과), 목적어구(명사/미국, 명사/서안, 조사/의, 지역명사/LA, 조사/를)), 동사구(동사/연결한다)), 마침표/.)

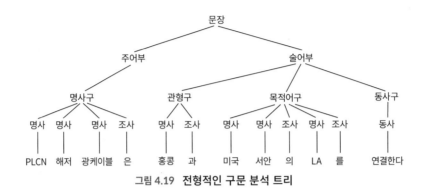

그림 4.19 **전형적인 구문 분석 트리**

컴퓨터에서 이 방식으로 문법 정보를 효과적으로 표현할 수 있다.

이 밖에도 카탈랑 수는 문장이 대응할 수 있는 구문 트리 수의 상한선이며 문장 길이의 지수함수라는 점을 알아두자. 구문 분석이 매우 어려운 이유다. 구문을 분석할 때 문법 규칙을 제약 조건으로 사용하며 가능한 문법 트리의 수를 제한하는 역할을 한다. 문법 규칙이 엄격할수록 문법 트리의 수가 줄어들고 구문 분석의 난이도가 낮아진다.

예를 들어 정규 문법[6]이 가장 엄격하기 때문에 정규 문법을 따르는 구문 트리의 수가 가장 적고 정규 문법으로 문장을 분석하는 계산 복잡도는 문장 길이의 정수 함수로 가장 낮다. 일반 문법보다 제약 조건이 느슨한 문맥 자유 문법의 경우 계산 복잡도는 문장 길이의 세제곱 함수 정도다. 문맥 민감 문법의 경우 계산 복잡도는 문장 길이의 여섯 제곱까지 올라가며 이는 심지어 단순화 후의 복잡도다. 여섯 제곱의 복잡도 알고리즘은 다항식의 시간 복잡도이며 컴퓨터가 구현하기 어렵다. 만약 노엄 촘스키Noam Chomsky가 제안한 가장 제한이 적은 Type-0 문법unrestricted grammars을 사용하면 거의 모든 구문 트리가 문법적으로 맞다. 구문 분석의 복잡성도 가장 높다. 또한, 확률 기반 문법을 사용하면 구문 분석 시 단어의 매우 낮은 가능성을 제거하고 검색 범위를 줄인다.

카탈랑 수로 하나의 문제를 해결하면 다양한 종류의 문제를 해결할 수 있는 컴퓨터 과학의 수많은 문제가 등가한다는 것을 알 수 있다. 뛰어난 컴퓨터 과학자는 하나의 문제만 연구해 많은 문제

---

6 [옮긴이] 노엄 촘스키는 유한 개의 규칙에 따라 무한 개의 문장을 만들 수 있다고 주장했다. 이 규칙을 수학적인 엄밀성을 가지고 정식화하고자 했다. 정규 문법은 Type-3(regular grammars)라고도 한다. 노엄 촘스키가 제안한 형식 문법 중 가장 엄격한 형식을 갖춘 문법이다.

를 동시에 해결하고 개인의 발전 속도가 매우 빠르다. 작업 결과 또한 매우 빠르다. 평범한 개발자는 독립적으로 문제를 풀어가며 하나의 문제를 해결할 수는 있지만 다른 문제를 해결하는 사다리가 되지는 않는다. 하나의 예에서 다른 예를 유추하고 심지어 하나의 예에서 열 가지를 유추하는 할 수 있는 능력을 지속적으로 키워나가야 한다.

> **요점** 카탈랑 수, 구문 분석을 위한 다중 가능성

> **심화 사고 문제** 4.4 ★★★☆☆
> 일반적으로 베이징 거리는 교차로로 이뤄졌다. 교차로에 서서 동쪽과 북쪽으로 N블록을 가야 한다면 얼마나 많은 다른 길이 있을까? (힌트: 답은 카탈랑 수이지만 증명을 요구한다.)

4.5 마무리

지능을 테스트하는 문제는 실제로는 분류 문제다. 일반적으로 범주나 집합의 경계를 확인하는 두 가지 방법, 즉 이진 판단을 사용하거나 집합의 모든 요소를 열거형으로 제공하는 두 가지 방법이 있다. 두 가지 방법은 정보를 구성하는 일반적인 방법이기도 하다.

효율성을 향상시키려면 때때로 이진 트리 대신 N항 트리를 사용해야 한다. B 트리와 그 확장은 오늘날 N항 트리를 구현하는 효율적인 방법이며 데이터베이스의 기초다. 동일한 정보를 구성하는 방법에는 여러 가지 있으며 그 수는 매우 큰데, 카탈랑 수만큼 클 수 있다. 카탈랑 수는 서로 다른 종류의 많은 컴퓨터 문제를 연결한다.

1 확장 공리(axiom of extensionality): 집합은 원소로 완전히 결정된다. 두 집합은 원소가 동일한 경우에만 동일하다.

2 분류 공리(axiom of subsets/axiom of specation/axiom schema of separation/axiom schema of restricted comprehension): $x \in A$인 경우 집합 A와 명제 $P(x)$가 주어지면 원집합의 부분집합이 존재한다. 부분집합 B(즉 $B \subseteq A$)는 $P(x)$를 참으로 만드는 원소만 포함한다.

3 짝 공리(axiom of pairing): X와 Y가 모두 집합이면 X와 Y를 유일한 원소로 포함하는 또 다른 집합 $\{X, Y\}$이 있다.

4 합집합 공리(axiom of union): 모든 집합 X에 대해, X의 원소들의 원소만으로 이루어진 집합 Y가 존재한다.

5 공집합 공리(axiom of empty set): 원소를 포함하지 않는 집합이 있는데 이 공집합을 $\varnothing$로 표시한다. 분류 공리(axiom schema of specification)에서 파생됐다.

6 무한대 공리(axiom of infinity): 빈 집합 $\varnothing$이 원소 중 하나인 집합 X가 존재하고, X의 모든 원소 Y에 대해 $Y \cup \{Y\}$도 X 원소다. 이 방식으로 모든 정수를 정의할 수 있다.

7 치환 공리(axiom schema of replacement): 집합 A가 있고, 그에 대응 관계(함수 관계) F가 있다면, A의 원소들이 F에 의한 상(image)로 만들어진 원소들만을 모은 집합 B가 존재한다.

8 멱집합 공리(axiom of power set): 모든 집합에는 멱집합이 있다. 즉 모든 집합 X에 대해 Y 원소가 X의 부분집합인 집합 Y가 존재한다.

9 정칙성 공리(axiom of regularity/axiom of foundation): 비어 있지 않은 모든 집합 X는 항상 X와 y가 교차하지 않도록 원소 y를 포함한다. 러셀의 역설을 방지하기 위한 공리다.

10 선택 공리(axiom of choice): 원소가 서로 연결되지 않고 비어 있지 않은 집합인 집합 X가 주어지면 임의의 하나의 X 원소 Y에 대해 항상 $f(Y) \in Y$ 함수 $f(Y$의 선택함수라고 한다)가 있다.

[수식 4.2]에서 시작한다. 카탈랑 수의 재귀 공식을 도출하자.

$$c(N+1) = \sum_{k=0}^{N} c(k) \cdot c(N-k) \tag{4.6}$$

경계 조건은 다음과 같다.

$$c(0) = 1 \tag{4.7}$$

다음은 생성 함수를 구성한다.

$$C(x) = \sum_{i=0}^{\infty} c(i)x^i \tag{4.8}$$

[수식 4.6]을 [수식 4.8]에 대입하면 다음을 얻을 수 있다.

$$C(x) = 1 + x[C(x)]^2 \tag{4.9}$$

[수식 4.9]를 풀면 두 가지 답이 나온다.

$$C(x) = \frac{1 \pm \sqrt{1-4x}}{2x} \tag{4.10}$$

경계 조건 공식 [수식 4.7]에 대입하고 [수식 4.10]의 두 번째 답을 유지한다.

$$C(x) = \frac{1 - \sqrt{1-4x}}{2x} \tag{4.11}$$

이항 정리 확장, 즉 [수식 4.11]로 다음을 얻는다.

$$C(x) = \sum_{i=0}^{\infty} \frac{\binom{2i}{i} x^i}{i+1} \tag{4.12}$$

여기서 계수를 추출하면 카탈랑 수에 대한 재귀 공식이 제공된다.

$$c(i) = \frac{\binom{2i}{i}}{i+1} \tag{4.13}$$

5
CHAPTER

도구와 알고리즘: 그래프 이론 및 응용

초기 구글의 면접관은 면접에서 그래프 이론에 대해 질문하기를 좋아했다. 자주 하는 질문 중 하나가 인터넷의 모든 웹 페이지를 효율적으로 다운로드하는 웹 크롤러 구축 방법이었다. 사실 세부 사항을 명확하게 분석하기는 어렵다. 구글의 웹 크롤러 팀은 항상 회사에서 가장 크고, 가장 중요하며, 가장 기술력이 높은 팀이었고, 많은 사람이 부분적인 문제들 중 하나만 해결할 수 있었다. 그리고 문제가 얼마나 큰지 보여줬을 뿐이었다. 해당 원리는 사실 매우 간단하다. 그래프 이론의 기본적인 문제인 방향 연결 그래프의 순회 문제이다. 어떻게 광고와 콘텐츠의 최대 매칭을 달성하고 전체 웹사이트 수익을 증가시키는지 묻는 문제 역시 그래프 이론 문제다. 맞춤법 오류가 자동 수정되는 것 또한 그래프 이론 문제로 해결할 수 있다.

그래프 이론은 조합론의 한 분야다. 응용 범위가 매우 넓으며 화학에서도 많이 응용한다.[1] 오늘날 대부분의 그래프 이론 응용은 컴퓨터 과학에 집중됐다. 수학 논리와 마찬가지로 컴퓨터 과학의 가장 중요한 수학적 기초다. 그래프 이론을 얼마나 깊이 이해하는지에 따라 IT 업계에서 얼마나 발전할 수 있을지 결정된다. 그래프 이론은 컴퓨터 과학의 빠른 발전으로 많은 주목을 받았다. 최근 수십 년 동안 컴퓨터 과학은 지속적으로 개선됐고 발전했다. 컴퓨터 소프트웨어 응용에 필요한 대부분 그래프 이론 알고리즘은 '충분히' 연구했고 모든 사람이 사용하고 있다. 실제 문제를 어떻게 그래프 이론 문제로 변환할지 결정하는 것이 바로 컴퓨팅 예술이다.

---

1   [옮긴이] 화학 그래프 이론으로서 화학 현상의 수학 모델링에 그래프 이론을 적용하는 수학적 화학의 토폴로지 분기로 사용되는 경우가 있다.

5.1 그래프 본질: 점과 선

그래프 이론을 이해하려면 세 가지 기원을 이해해야 한다. 그래프 이론의 탄생부터 시작하자. 그래프 이론은 수학자 레온하르트 오일러Leonhard Euler에서 시작됐다고 한다. 1735년 프로이센의 쾨니히스베르크(철학자 이마누엘 칸트Immanuel Kant의 고향, 지금은 러시아 칼리닌그라드)에 온 레온하르트 오일러는 지역 주민들이 취미로 도시의 일곱 개 다리를 정확히 한 번씩만 건너서 모든 다리를 건너고 원래 출발점으로 돌아가는 문제를 재미삼아 푸는 것을 봤다. 그러나 아무도 풀지 못했다. 일곱 개 다리의 대략적인 위치는 [그림 5.1]과 같다.

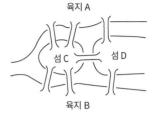

그림 5.1 쾨니히스베르크의 일곱 개 다리

이 문제를 연구한 끝에 해결할 수 없다는 것을 발견하고 상트페테르부르크 과학 아카데미(현 러시아 과학 아카데미)에 보고서를 작성해 문제를 설명했다. 이듬해 모든 한붓그리기 문제를 해결하는 논문을 발표했다. 평면상의 노드와 노드를 연결하는 간선으로 맵을 축소했다. 각 다리는 간선에 해당하고 다리로 연결된 섬은 노드에 해당한다. 한붓그리기와 같은 모든 문제는 점과 선의 조합으로 단순화될 수 있다. 특정 지점에서 시작해 각 간선을 한 번씩만 통과하고 시작점으로 돌아가려면 각 노드는 짝수 개 간선에 연결돼 있어야 한다. 또한, 한 간선에서 특정 노드에 들어갔다가 다른 간선으로 나와야 한다. 마지막에는 [그림 5.2(a)]처럼 모든 연결을 완료(즉 횡단)할 수 있다. 홀수 개 간선에 연결된 노드가 있으면 어떻게 가더라도 도달할 수 없는 간선이 생긴다. 예를 들어 [그림 5.2(b)]처럼 한 노드가 세 개의 간선과 연결된 경우 첫 번째 간선으로 노드에 진입한다. 두 번째 또는 세 번째 간선으로 나가면 나머지 남은 하나의 간선으로 다시 노드에 진입해도 나갈 수가 없다.

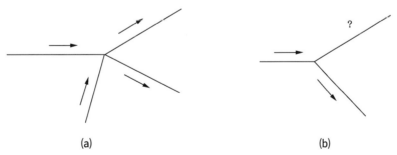

(a) (b)

그림 5.2 짝수 개 간선으로 연결된 노드와 홀수 개 간선로 연결된 노드

레온하르트 오일러는 쾨니히스베르크의 일곱 개 다리 문제를 [그림 5.3]처럼 노드와 노드 사이의 에지(간선)로 구성된 추상 그래프로 변환했다. 이는 홀수 개 에지를 연결하는 네 개 노드가 있어 수행할 수 없다는 것을 나타낸다. 이로써 전체 그래프의 노드를 한 번만 순회하는 방법은 없다는 것을 알게 됐다.

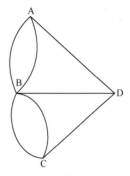

그림 5.3 쾨니히스베르크의 일곱 개 다리 문제의 추상 다이어그램

지금은 레온하르트 오일러의 논문을 그래프 이론을 다룬 최초의 학술 논문으로 간주하지만 당시 사람들은 그래프를 명확하게 정의하지 못했다.

현재 사용하는 많은 그래프 응용 알고리즘은 레온하르트 오일러의 논문과 어느 정도 관련됐다. 이 논문에서 그래프 연결 및 순회, 최단 경로 문제로 확장된다. 레온하르트 오일러가 그래프 이론에 한 가장 큰 공헌은 평면 그래픽 문제와 기하학적 문제를 해결하는 데 사용할 수 있도록 한 점과 선으로 구성하는 추상적 도구를 발명한 점이다. 이를 기반으로 위상수학topology이 탄생했고 발전하기 시작했다. 위상수학과 그래프 이론의 교차점에는 4색 지도 문제(4색 문제)[2] 같은 유명한 문제가 많다.

오늘날 많은 복잡한 시스템은 여전히 노드와 에지만 있는 추상 그래프로 축소할 수 있다. 전체 인터넷은 물리적 구조상 서버와 서버를 연결하는 네트워크 선으로 구성된 그래프다. 서버는 노드이고 네트워크 선은 에지다. 이런 논리로 각 웹 페이지는 노드이고 서로를 참조하는 하이퍼링크는 에지다.

인터넷이 출현하기 전에도 점과 선 논리는 있었다. 예를 들어 학술 논문의 인용은 원래 고립된 논문을 한 지점에서 네트워크로 확장하는 에지 역할을 한다. 마찬가지로 소셜 네트워크도 그래프다. 각 소셜 계정(개인이나 기관의 공식 계정, 공식 웨이보 계정 등)은 네트워크의 노드를 구성하고 팔로잉이나 팔로우 관계가 에지다. 결과적으로 이런 분야의 다양한 제품 및 서비스 개발은 자연스럽게 그래프 이론이라는 수학적 기반을 갖는다. 현명한 사람은 그래프 이론의 네트워크적 특징을 더 빨리, 더 깊이 이해한다. 구글을 창립한 래리 페이지Larry Page와 세르게이 브린Sergey Brin이 아직 학교에 다닐 때 인터넷의 특성을 깨달았다. 인터넷의 하이퍼링크로 웹 페이지의 중요성을 계산하는 페이지랭크 알고리즘을 발명했고 구글은 빠르게 성공했다.

그래프로 수많은 복잡한 시스템을 투사할 수 있게 되자 시스템의 복잡도를 많은 그래프 개념으로 묘사할 수 있게 됐다. 그래프 관련 알고리즘으로 시스템의 많은 문제도 해결할 수 있게 됐다. 사람들은 과거 도서관에서 정보를 찾는 것보다 인터넷에서 찾는 것이 훨씬 더 편리하다고 느낀다. 인터넷 '그래프'에서는 노드 간 연결성이 좋은 반면 과거의 문헌을 참조하는 책 그래프에서는 연결성이

---

2   어떤 지도에서든 네 가지 색상만 사용하면 공통 국경을 가진 국가를 다르게 색상을 지정할 수 있다.

없기 때문이다. 다행히 인터넷이 도래하기 전 그래프 연결성, 최단 경로 등 문제가 해결됐다. 인터 넷이 도래한 이후에는 정보 서비스와 관련된 다양한 도구가 빠르게 발전했다. 모바일 인터넷을 기 반으로 한 소셜 네트워크 또한 기존의 사회 교류망보다 연결성이 훨씬 좋다. 인터넷의 소셜 네트워 크에서 효율적인 의사소통과 친구를 사귈 수 있는 주된 이유다.

직접 체험하고 연결성이 좋아진 결과로 한 지점에서 다른 지점까지의 거리가 더 짧아졌다. [그림 5.4(a)]는 연결성이 좋기 때문에 A 지점에서 B 지점까지의 거리가 비교적 짧다. [그림 5.4(b)]는 연 결성이 좋지 않아 A 지점에서 B 지점까지의 거리가 더 길다. 물론 두 그림에서 각 에지 길이는 1이 라고 가정한다. 그래프 연결성은 단순히 좋고 나쁨으로 설명할 수 없다. 엄격하고 정량적인 설명 방법이 필요하다. 이는 나중에 다시 설명한다.

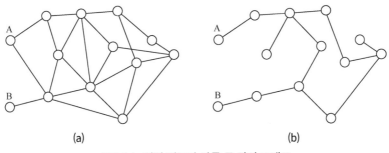

(a)   (b)

그림 5.4 연결 정도가 다른 두 장의 그래프

그래프가 노드와 선 관계만 고려하고 노드 가중치와 선 관계를 정량적으로 측정할 수 있는 방법 이 없다면 현실에서 일어나는 최단 경로 문제 같은 많은 복잡한 문제를 해결할 수 없다. 예를 들어 오늘날 모든 종류의 내비게이션은 이 문제의 해결 알고리즘에 의존한다. 다행히 그래프 이론에는 정량적 측정이 필요한 문제를 쉽게 해결할 수 있도록 한, 두 번째 기원이 있다.

그래프에는 최단 경로 문제 외에도 임계 경로 및 최대 흐름 같은 문제가 많이 있었다. 최대 흐름 문 제를 고려하고자 그래프 같은 도구를 처음 사용한 사람은 수학자가 아닌 전기회로의 아버지인 물 리학자 구스타프 키르히호프Gustav Kirchhoff였다. 회로도를 사용해 회로의 전류 흐름을 자세히 설 명하고 회로에 대한 키르히호프 법칙Kirchhoff's rules을 정리했다. 해당 법칙은 나중에 방향 그래프 directed graph(유향 그래프)의 폐쇄 루프 문제인 그래프 흐름을 연구하는 수학자에게 영감을 줬다. 그 래프 이론의 최대 흐름, 네트워크 균형 등 질문은 키르히호프의 발명에서 기원을 찾을 수 있다. 실 제로 웹 크롤러를 설계할 때 인터넷 연결성을 고려할 뿐만 아니라 웹 페이지를 찾고자 최단 경로 가 사용되는지 확인하고 웹 페이지를 다운로드할 때 분산 시스템의 트래픽을 최대화해야 한다. 그렇지 않으면 인터넷에서 웹 페이지를 찾아서 다운로드할 수 있어도 모든 웹 페이지를 다운로드하는 시간은 수백 년이 걸리게 된다.

그래프 이론은 두 가지 기원 외에도 세 번째 기원이 있다. 지도의 채색 문제다. 채색 문제는 노드와 에지의 채색으로 일반화할 수 있으며 결과적으로 도구가 생성됐다. 에지 컬러링 도구로 네트워크에서 가장 큰 트래픽을 찾을 수 있는 것이 그 예다.

수백 년 동안 발전하면서 그래프 이론은 수학 및 컴퓨터 과학 문제를 해결하는 중요한 도구가 됐다. 도구의 핵심은 당연히 그래프다. 그래프 본질은 무엇일까? 이산 유한집합의 요소 간 관계를 설명하겠다. 다소 복잡하다. 두 가지 예제를 먼저 살펴보자.

예제 5.1 ★★★☆☆~★★★★★ 매칭 문제(질문별 난이도가 다르다)
매칭 문제는 크게 다음과 같은 문제로 분류할 수 있다.
- 특정 장소에서 대기하는 M명의 승객과 N명의 택시 기사 간 택시 호출 애플리케이션의 매칭
- 데이트 애플리케이션에서 남자와 여자 매칭

또한, 반드시 일대일일 필요는 없지만 다음과 같이 제한된 수의 쌍인 일부 쌍이 있다.
- 독자와 추천 뉴스 매칭
- 사용자의 검색 키워드와 보여줄 광고 매칭
- 제조 회사 내에서 팀과 제품 매칭

매칭 알고리즘은 일대일 매칭 알고리즘의 확장이다.

[예제 5.1]은 등가적 문제다. 택시 호출 애플리케이션을 예로 들겠다. 택시 호출 애플리케이션 매칭에서 운전자 집합은 U이고 승객 집합은 V이며 교집합은 없다고 가정한다. 특정 조건에 따라 택시 기사는 여러 명의 잠재적 승객과 짝을 이룰 수 있다. 기사와 승객 간 관계를 나타내는 데 선을 사용한다. [그림 5.5]처럼 짝을 이루는 기사를 U로, 승객을 V로 연결해 그래프를 형성한다. 각 기사나 승객은 그래프 노드이며 기사와 승객의 연결은 그래프 에지다. 해당 그래프의 모든 선은 분리된 U 세트와 V 세트 사이에 걸쳐 있다. 각 세트 내부에는 선이 없다. 이를 '이분 그래프bipartite graph'라고 한다.

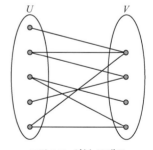

그림 5.5 **이분 그래프**

이 문제에서 기사나 승객은 처음에는 많은 선택을 할 수 있지만 한 번 반대편 세트에 있는 사람과 짝을 짓기로 선택하면 더 이상 다른 사람과 짝을 이룰 수 없는 것이 규칙이다. 사람마다 매칭 대상을 선택하고 최종적으로 가장 많은 승객이 택시를 불러 귀가하도록 하는 방법을 최대(최상의) 매칭 문제라고 한다. 전형적인 그래프 이론 문제다. 나중에 자세히 설명한다.

📖 5.2 ★★☆☆☆ 전략 보드게임 문제

전략 보드게임도 하나의 큰 문제다. 그래프 이론 문제이기도 하다. 그래프 이론 문제이기 때문에 먼저 해당 그래프의 노드 집합을 결정해야 하는데 바둑을 예로 들어 설명한다.

바둑판에는 361개 칸이 있다. 흔히 바둑을 둘 수 있는 수가 361개만 있다고 생각하지만 실제로는 3^{361}개 수가 있다. 바둑의 모든 수 자체는 노드다. 전략 보드게임 문제에 해당하는 전체 그림은 매우 크다. 전략 보드게임의 한 수는 이전 수와 다른 한 수를 연결하는 과정으로 큰 그림을 구성한다. [그림 5.6]은 바둑의 일부 과정이다. 왼쪽 열은 특정 단계에서 둘 수 있는 수(일부)이고, 중간 열은 이 수의 위치에 둔 후 검은 돌이 둘 수 있는 수 위치이며, 오른쪽 열은 흰 돌이 둔 이후의 새로운 수 위치다.

바둑의 그래프에는 많은 수가 있고 거의 모든 바둑판 빈 자리에 놓을 수 있다. 해당 그래프에도 많은 에지가 있다는 것을 의미해 바둑 문제는 매칭 문제보다 훨씬 더 복잡하다.

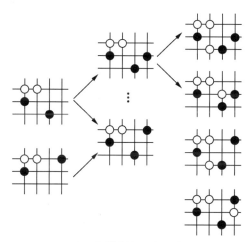

그림 5.6 바둑을 두는 과정은 큰 그림이고 각 조각은 바둑의 수인 한 노드다

[예제 5.1]과 [예제 5.2]는 형태가 상당히 다르지만 세 가지 공통점이 있다.

첫째, 노드의 집합이 유한하다. 바둑 상황이 매우 복잡하고 노드 수가 매우 많아도 결국 무한이 아닌 유한이다.

둘째, 노드 간 관계가 미리 결정된다. [예제 5.2]에서 매우 명확하게 볼 수 있는 속성이다. 각 수의 다음 수에 어떤 자리(다음 노드)가 남았는지 매우 분명하게 보이기 때문이다(상대방의 바둑알을 먹지 않는 경우). [예제 5.1]에서 운전자가 특정 순간에 서비스할 수 있는 승객 수도 제한적이고 특정적이다.

셋째, 두 노드 간 관계를 단순한 연결 관계를 넘어 정량화할 수 있다.

기사와 승객 매칭은 둘 사이의 거리, 예상 서비스 시간 및 잠재적 수익 같은 많은 요소를 고려한 가중치가 될 수 있다. 사람들이 이런 요소를 하나의 가중치로 결합하는 주 이유는 쉽고 편하게 고려하기 위해서다. 많은 요소를 하나의 가중치로 바꾸는 방법은 도메인 지식domain knowledge이 필요하다.

바둑에서는 두 노드를 연결하는 에지의 가중치는 승률의 증가나 이동할 확률이 될 수 있다. 전략 보드게임 과정에서는 뒷 노드에 더 많은 요인을 고려하게 된다.

세 가지 특성을 결합해 삼중(V, E,) 또는 사중(V, E, , f) 그래프를 정확하게 정의할 수 있다. 그중 V는 노드 집합, E는 에지 집합, 는 노드와 에지 간 대응을 정의하는 에지 집합 E의 노드 집합 V 간 매핑, f는 에지 집합 E의 각 에지 가중치를 나타내는 실수 집합의 함수다. 일부 그래프 이론 문제에서는 쾨니히스베르크의 일곱 개 다리 문제의 간선처럼 에지에 방향성이 없다. 그러나 다른 문제에는 방향성이 있다. 실제 교통지도에서 많은 도로가 일방통행이고 인터넷의 하이퍼링크도 일방통행이다. 또한, 웹 페이지 A에서 웹 페이지 B로 연결되는 링크가 있으며 A에서 B를 찾을 수 있지만 B에서 A를 찾을 수 있다는 의미는 아니다. 따로 설명하지 않은 내용에 언급된 그래프는 모두 무방향성이다.

> **요점** 수학적으로 추상적인 그래프는 점과 선의 조합이다. 노드는 실제 객체에 대한 추상적인 설명이며 간선(에지)은 관계에 대한 설명이다.

> **심화 사고 문제** 5.1 ★★☆☆☆
> 추상 그래프로 설명할 수 있는 다른 다섯 가지 실제 예를 들어라.

5.2 그래프 접근: 순회와 연결성

그래프 이론에서 가장 많이 사용되는 알고리즘은 그래프의 순회 알고리즘, 즉 특정 방식으로 그래프의 모든 노드에 접근하는 알고리즘이다. 앞서 언급한 웹 크롤러 구축 문제도 핵심 알고리즘은 순회 알고리즘이다.

그래프 순회는 트리 순회와 매우 유사하다. 깊이 우선과 너비 우선 전략이 있지만 서로 다르다. 트리의 에지는 순환을 형성하지 않지만 그래프가 다르다. 한 점에서 시작해 여러 에지를 따라 시작점으로 돌아갈 수 있다. [그림 5.4]의 두 그래프에는 이런 순환이 있다. 깊이 우선 탐색 알고리즘으로 [그림 5.4(a)]를 탐색하는 방법을 살펴보겠다. 설명하기 편하도록 [그림 5.7]처럼 그래프의 각 노드에 번호를 지정하겠다.

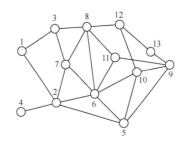

그림 5.7 번호가 매겨진 노드가 있는 그래프

노드 1에서 시작해 시계 반대 방향으로 인접한 노드를 방문한다. 노드 1은 두 개의 인접한 노드 2와 3이 있으나 노드 2가 노드 1의 반시계 방향에 있으므로 먼저 방문한다. 노드 2는 네 개의 인접한 노드 4, 5, 6 및 7을 가진다. 노드 2에서는 먼저 노드 4를 방문하고 방문 후 다른 이동 가능한 노드와 연결되지 않았다는 것을 확인한다. 그 후 노드 2로 돌아가 인접 노드 네 개 중 반시계 방향의 두 번째 노드인 5를 방문한다. 역추적 프로세스는 재귀적으로 구현하기 쉽다. 순회 과정의 그래프는 [그림 5.8]을 보자.

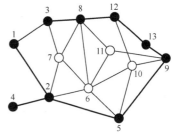

그림 5.8 순회 프로세스의 그래프에서 검은색 노드는 방문한 노드를 나타내고 굵은 간선은 순회 경로를 나타낸다

노드 5에 도달한 후 앞서 말한 방법처럼 노드 3까지 이동한다. 이때 문제가 발생한다. 3번 노드에 인접한 두 노드 중 가장 왼쪽에 있는 1번 노드를 이미 방문했기 때문에 1번 노드가 아닌 7번 노드를 다음으로 방문해야 한다. 같은 노드를 두 번 방문하는 것을 방지할 뿐 아니라 무한 루프를 방지하고자 방문한 모든 노드를 표시해야 하는 것은 매우 중요하다. 해당 알고리즘의 데이터 구조를 설계할 때 각 노드에 대한 데이터 항목을 추가할 수 있다. 바로 색상이다. 노드 4에서 노드 2로 돌아갔던 것과 마찬가지로 다시 방문할 수 있는 인접 노드가 없는 노드를 만나면(또는 모든 인접 노드가 검정색이다) 마지막으로 방문한 노드로 되돌아가 다시 시작해야 한다. 마지막으로 모든 노드를 방문할 때 깊이 우선 탐색 프로세스가 완료된다. 그래프에 내한 깊이 우선 탐색 알고리즘의 의사 코드는 5장의 부록 1을 참고하자.

깊이 우선 탐색 과정 중에는 그래프 순회의 부산물인 신장 트리spanning tree(스패닝 트리)를 만들어낸다. [그림 5.8]의 순회 과정에서 처음으로 각 노드에 도달하는 에지와 노드를 함께 두면 [그림 5.9]처럼 트리를 형성한다. 해당 트리를 그래프의 신장 트리라고 한다. 모든 노드와 부분적인 에지를 포함한다. 많은 응용 프로그램에서는 그래프의 모든 에지가 아닌 그래프의 신장 트리에만 주의해야 한다. 신장 트리는 이미 그래프의 모든 노드를 방문할 수 있도록 해준다.

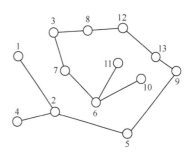

그림 5.9 그래프의 스패닝 트리

그래프 순회는 깊이 우선 순회depth-first traversal(전위 순회)와 너비 우선 순회breadth-first traversal(레벨 순서 순회)로 나뉜다. 신장 트리는 트리의 너비 우선과 유사하게 순회 과정에서 노드에 대한 우선 접근 순서를 저장하는 큐 Q가 필요하다. 위의 예에서 큐 Q에 시작 노드 1이 있다면 인접한 노드 2 와 3을 큐에 넣고 노드 1은 방문 결과 큐에서 제거한다. 노드 2가 큐의 첫 번째 노드가 된 후 이웃 노드 4와 노드 5가 큐에 추가된다. 이런 식으로 방문하면 마 지막으로 그래프 노드는 다음 순서로 하나씩 방문된다.

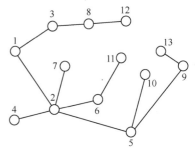

방문: 1, 2, 3, 4, 5, 6, 7, 8, 9, 10, 11, 12, 13

이와 마찬가지로 [그림 5.10]처럼 각 노드에 경로를 기반으로 '확장 트리expansion tree'를 그릴 수도 있다. 너비 우선 탐색 알 고리즘의 의사 코드는 5장의 부록 2를 참고하자.

그림 5.10 너비 우선 탐색 알고리즘으로 생성된 신장 트리

지금까지 설명한 그래프는 모두 연결되어 있었다. 즉 그래프에서 두 개의 노드가 임의로 선택되면 두 개의 노드 중 하나에서 시작해 여러 간선을 거쳐 다른 하나의 노드에 도달할 수 있다. 다만 실제로 모 든 그래프가 반드시 연결된 것은 아니다. 깊이 우선이든 너비 우선이든 한 번에 모든 노드를 순회하는 것은 불가능하다. 그래프의 연결된 부분만 순회할 수 있다. 모든 노드의 순회를 완료하려면 순회 알고 리즘 끝에 노드 집합 G에서 순회하지 않은 노드가 있는지 확인하는 것이 필요하다. 있다면 방문하지 않은 노드를 무작위로 선택하고 노드 집합의 모든 노드를 방문할 때까지 과정을 반복한다. 해당 액세 스 프로세스를 기록하면 신장 포레스트라고 부르는 많은 독립적인 신장 트리를 얻게 된다.

순회 알고리즘을 사용하면 이론적으로는 인터넷 탐색을 완료하고 웹 크롤러를 구축할 수 있다. 다 만 구조적인 면에서 의미 있는 웹 크롤러는 순회 알고리즘의 단순한 구현이 아니며 신중하게 고려 해야 할 세부 사항이 많다. 이제부터 피할 수 없는 몇 가지 문제를 이야기해보겠다. 웹 크롤러 개발 자에 관심이 없다면 다음 절은 건너뛰고 바로 5.4절로 이동해도 좋다.

> **요점** 깊이 우선 순회와 너비 우선 순회

> **심화 사고 문제** 5.2
>
> Q1. ★★☆☆☆ 5장의 부록에서 깊이 우선 및 너비 우선 탐색 알고리즘을 수정해 첫 번째 노드를 중심으로 각 알고리즘의 방문 노드를 단계를 출력해보자. 순회 시작 노드는 첫 번째 단계이고 첫 번째 노드에 인접한 노드는 두 번째 단계다. (힌트: 순회 알고리즘에서 각 노드 상태가 미방문 및 방문에서 미방문, 방문 시작 및 방문 종료로 변경돼야 한다.)

5.3 웹 크롤러 구축의 개발자 문제

웹 크롤러를 구현하는 것은 이론적으로 매우 간단하다. 가장 단순한 웹 크롤러의 핵심 코드도 100줄을 넘지 않는다. 그러나 구조적 문제를 잘 해결하지 못하면 결과 웹 크롤러를 사용할 수 없다. 지금부터 하나씩 살펴보겠다.

첫째, 그래프 방향 문제다. 앞서 언급한 그래프의 노드 간 에지는 양방향이다. 예를 들어 에지는 X와 Y를 연결하고 X에서 Y로 또는 그 반대로 접근할 수 있다. 인터넷 하이퍼링크는 단방향이다. 웹 페이지 B를 가리키는 웹 페이지 A 하이퍼링크로 웹 페이지 B로 이동할 수 있지만 반대 방향으로 돌아갈 수는 없다. 이를 '방향 그래프'라고 한다. 방향성을 강조하지 않는 그래프는 '무방향 그래프 undirected graph'라고 한다.

방향 그래프에서 노드 X가 노드 Y에 도달할 수 있다는 것은 노드 Y도 노드 X에 도달할 수 있다는 것을 의미하지는 않는다. [그림 5.11]에 표시된 방향 그래프에서 노드 1에서 노드 5에 도달하는 것은 가능하지만 반대의 경우는 불가능하다. 방향 그래프에서 임의의 노드에서 다른 노드로 이동할 수 있는 경우를 '이 그래프는 강하게 연결됐다' 또는 '상호 연결됐다'고 한다. 그러나 대부분 방향 그래프는 강하게 연결되지 않았다.

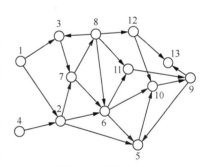

그림 5.11 방향 그래프

무방향 그래프에 적용할 수 있는 알고리즘은 대부분 방향 그래프에는 직접 적용할 수 없다. 다행히 방향 그래프의 탐색 알고리즘은 무방향 그래프의 탐색 알고리즘과 다르지 않아 웹 크롤러를 구축할 때 네트워크 탐색 알고리즘을 직접적으로 사용할 수 있다. 겉으로 볼 때 모두 연결된 그래프가 반드시 강하게 연결된 것은 아니기에 방향 그래프의 한 노드에서 모든 노드에 접근할 가능성은 적다.

둘째, 노드를 열거할 수 없는 문제다. 앞서 언급한 순회 문제에서는 노드 수가 제한돼 있어 노드 모음에서 노드를 차례로 꺼낼 수 있었다. 이전 언급한 순회에서는 그래프 에지를 따라 이동한 후 아직 방문하지 않은 노드가 있다면 이를 판단하고 집합에서 다른 노드를 선택해 계속 순회할 수 있었다. 인터넷은 모든 웹 페이지를 발견할 때까지 전체 노드 모음, 즉 웹 페이지를 모르기에 전체를 순회하는 것은 불가능하다. 모든 웹 페이지를 동적으로 검색해 노드 모음에 넣어야 한다.

[그림 5.11]처럼 방향 그래프에서는 노드 1에서 시작하든 노드 4에서 시작하든 상관없이 전체 그래프의 순회를 완료할 수 없다. 발견되지 않은 노드를 찾는 것은 웹 크롤러를 구축할 때 큰 문제가된다. 이 문제를 완벽하게 해결하는 방법은 없다. 경험으로 해결되곤 한다. 경험에서 나오는 해결책에는 많은 세부 사항이 포함돼 있다. 하나하나 설명하지는 않는다. 이런 문제가 있다는 사실만 이해하자.

셋째, 노드 및 링크의 동적 변경 문제다. 앞서 살펴본 순회 알고리즘은 전체 그래프가 노드와 에지모두 정적이라고 가정했다. 그러나 인터넷의 웹 페이지는 동적이다. 매 순간 새로운 노드, 즉 웹 페이지가 생성 및 삭제, 수정되며 일부 링크, 즉 에지는 유효하지 않거나 조정되거나 추가된다. 홈페이지를 연결하는 웹 페이지를 탐색할 때 모든 웹 페이지를 찾더라도 탐색된 모든 웹 페이지를 동시에 웹 페이지 노드 집합으로 다운로드할 수 없다. 어떤 웹 페이지는 다운로드 우선순위가 높지않아 순위가 뒤로 밀린다. 다운로드가 시작될 때 이미 존재하지 않는 경우가 있을 수 있다. 반대로홈페이지에 링크된 모든 웹 페이지가 다운로드될 때 무한 다운로드 루프에 빠지는 것을 방지하고자 다운로드받은 웹 페이지 색상을 흰색에서 검은색으로 변경한다(웹 페이지 다운로드 여부 표시). 홈페이지가 업데이트돼 수정되면 새롭게 홈페이지에 연결되면서 해당 새 홈페이지에서는 이전 다운로드 여부가 누락된다.

넷째, 사이즈 문제다. 네트워크가 아무리 빨라도 웹 페이지를 열고 다운로드할 때 통신을 시작하는 데 필요한 초기 시간이 있다. 이를 '통신 핸드셰이크의 지연'이라고 한다. 다운로드한 웹 페이지를 하드디스크에 저장하는 것과 같은 정보 쓰기 작업 때문에 지연이 있다. 일부 웹 페이지와 다운로드 서버는 여러 라우터로 분리돼 있어 네트워크 때문에 정보 전송에 지연이 생기는 경우도 있다. 지연들 때문에 각 웹 페이지를 다운로드하는 속도는 많이 빨라질 수 없다. 웹 크롤러 서버가 웹 페이지를 다운로드하는 데 0.1초 걸리고 서버가 동시에 16개 스레드thread를 열어 병렬로 다운로드할 수 있으며, 실패하지 않는다고 가정해도 1초에 160개 웹 페이지를 다운로드할 수 있다. 이는 과대평가된 상한 속도다. 구조적으로는 이 속도에 도달하지 못한다. 구글은 수백억 개의 웹 페이지를 보유하고 있다. 이 속도로 서버가 다운로드한다면 많은 웹 페이지를 다운로드하는 데 약 3년 소요될텐데 비현실적인 일이다. 물론 오늘날 웹 크롤러는 많은 서버를 가지며 병렬로 작동한다. 그러나여러 서버가 동시에 하나의 웹 페이지를 다운로드하는 문제나 서버가 어떤 웹 페이지는 영원히 다운로드하지 않는 문제가 있을 수 있다.

다섯째, 병렬 작업의 조정 문제다. 여러 서버에서 웹 크롤러가 실행되거나 한 서버에서 다중 스레드로 실행되는 경우에도 매우 복잡한 조정 문제가 발생한다. 서버 A가 웹 페이지를 다운로드한 후 서버 B가 반복 작업을 하지 않도록 하는 방법이 필요하다. A가 다운로드를 완료한 후 모든 서버에 이 작업을 다시 수행하지 않도록 알릴 수 있으나 보기에는 쉽지만 직접 해보면 쉽지 않다. 각 다운로드 서버가 다른 서버에 직접 메시지를 보내도록 하면 실제로 서버가 다운로드에 사용하는 것보다 더 높은 네트워크 대역폭을 소비한다. 동시에 1천 대 서버(웹 크롤러 경우는 많지 않다)가 작동한다고 가정하기에 각 서버는 매번 나머지 999대 서버에 알려야 한다. 100억 개 이상의 웹 페이지가 다운로드되면 10조 개 이상의 웹 페이지를 보내야 한다. 이런 메시지를 압축하고 또 압축해 보내도 트래픽 양이 어마어마하다. 또한, 다운로드한 웹 페이지 목록을 서버에 저장한다면 엄청난 양의 스토리지가 필요하다. 오늘날 가장 강력한 서버의 메모리 용량조차 초과한다.

이 문제는 2레이어(또는 3레이어) 웹 크롤러 시스템을 구축하는 것으로 해결할 수 있다. 모든 다운로드 서버 위에는 각 서버의 작업을 조정하는 '마스터 서버'를 둔다. 한 대의(또는 여러 대) 마스터 서버는 각 다운로드 서버에 다운로드할 웹 페이지를 알려주고 전체 크롤러 시스템의 병목이 된다. 계속 문제를 해결하고 싶다면 다중 레이어 크롤러 시스템이 분산된 의사결정과 중앙집중화가 함께 구성되는 조정 방식으로 구축돼야 한다. 각 다운로드 서버는 다운로드할 웹 페이지를 알고자 마스터 서버의 지시를 받을 필요가 없다. 새로운 웹 페이지를 접하게 됐을 때 다운로드 작업 리스트에 속한다면 다운로드를 완료하고 아니라면 마스터 서버(또는 그에 상응하는 다운로드 서버)에 웹 페이지 발견 사실을 알려 다른 해당 서버에서 다운로드를 완료한다. 작업 리스트를 나눌 때 가장 쉬운 방법은 웹 페이지의 IP 주소에 따라 작업을 할당해 각 다운로드 서버가 반복적인 작업을 하지 않도록 한다. 물론 IP 주소에 따른 웹 페이지 수의 차이가 클 수 있다. 각 웹사이트 서버의 네트워크 대역폭도 100배 차이가 날 수 있어 다운로드 서버 작업에 부하가 발생할 수도 있다. 이 문제를 해결하는 것은 과거 데이터 통계와 컴퓨터 개발자의 축적된 경험이다.

여섯째, 인터넷 속도 제한 문제다. 인터넷 회사가 제공하는 대부분 네트워크 대역폭은 웹 크롤러가 아닌 사용자를 위한 것이다. 인터넷에 있는 다양한 사이트의 속도는 웹 페이지를 다운로드할 때 병목현상이 발생한다. 각 웹사이트의 서비스에 영향을 미치지 않고 동시에 가장 빠른 속도로 웹 페이지를 다운로드할 수 있는 방법이 개발자의 기술이다.

웹 크롤러의 몇 가지 유의사항을 보면 이론상으로는 복잡해 보이지 않는다. 그러나 개발자 측면에서는 매우 복잡할 수 있다. 복잡한 문제를 해결할 수 있는 개발자가 되고 싶다면 수년간 높은 수준의 작업 경험이 필요하다.

웹 크롤러를 구축하는 순회 알고리즘에 깊이 우선 탐색 알고리즘을 사용할지 너비 우선 탐색 알고리즘을 사용할지 묻는다면 그 답은 '둘 다 아니오'다. 인터넷은 동적으로 변화한다. 웹 크롤러는 더 중요한 웹 페이지를 특정한 비용 조건 하에 가능한 많이 다운로드해야 한다. 웹 페이지의 중요성 측면에서 웹사이트의 홈페이지, 즉 메인 페이지(루트 노드)가 가장 중요하다. 메인 페이지를 중심으로 1단계 아래의 웹 페이지를 먼저 저장하는 너비 우선 탐색 알고리즘을 사용해야 한다. 그러나 다운로드 효율성 측면에서 보면 한 노드의 웹 페이지를 모두 다운로드한 후 다음 웹사이트를 다운로드하는 것이 효율적이다. 이때는 깊이 우선 탐색 알고리즘이 더 효과적이다. 좋은 네트워크 크롤링 시스템은 두 가지 전략을 유기적으로 결합하고 적용한다. 웹 크롤링 시스템에는 이런 웹 다운로드 전략을 사용하는 특수한 모듈이 필요하다.

웹 크롤러의 예를 보면서 컴퓨터 과학과 컴퓨터 공학의 차이점을 알아봤다. 아주 간단한 웹 크롤러는 컴퓨터 과학을 전공하고 일부 인터넷 통신 프로토콜만 알아도 작성할 수 있다. 다만 수많은 웹 페이지를 다운로드할 수는 없기에 범용적으로 사용할 수는 없다. **IT 업계에서 일한다면 검색엔진에서 사용할 수 있는 웹 크롤러를 작성할 수 있도록 3등급 개발자에 도달해야 한다. 3등급 수준에 이르면 여섯 가지 문제처럼 다양하고 복잡한 구조적 상황에 대처할 수 있다.** 이런 문제에 대처할 수 있다면 충분한 경험이 있는 개발자라는 것을 의미한다. 이 문제를 해결하고 싶다면 컴퓨터 네트워크, 스토리지, 인터넷 특성 등의 기본 원리를 철저히 이해해야 한다.

5.4 동적 계획법: 최단 경로를 찾는 효과적인 방법

연결 그래프와 관련해 자주 논의하는 또 다른 문제는 관련된 두 점 사이의 최단 경로를 찾는 방법이다. 많은 응용 프로그램과 연관된 문제다. 문제 해결의 핵심 방법은 '동적 계획법dynamic programming'이다. 동적 계획법을 알아보기 전 그래프 이론 문제를 풀 때 방법에 따라 효율성에서 얼마나 차이가 나는지 배우고자 생활 속에서 접할 수 있는 문제를 살펴보자.

예제 5.3 ★★★☆☆ 편집 거리 문제(AB)
자동으로 (영어) 철자 오류를 수정하는 프로그램은 어떻게 만들까?

[예제 5.3]을 봤을 때 흔히 가장 먼저 떠올리는 것은 사전에서 해당 단어를 조회해보는 방법이다. 그러나 사전을 조회하면 실제로 단어가 사전에 있는지 없는지 확인할 수 있지만 철자 오류를 수정할 수는 없다. 일반적으로 철자를 틀린 단어는 모두 틀리는 게 아니라 한두 글자만 틀리는 경우가 많다. 이 특성을 이용하면 철자를 틀린 단어와 한 글자나 두 글자씩 다른 단어를 비교하며 찾을

수 있다. 유사한 철자가 너무 많다면 그중 가장 가능성이 높은 단어를 찾는 방법 또한 찾아야 한다. 이렇게 [예제 5.3]은 두 개의 하위 문제로 나뉜다. 첫째, 가능한 올바른 철자를 찾는 문제다. 둘째, 유사한 올바른 철자 중 어느 것이 가장 가능성이 높은지 확인하는 문제다.

먼저 '편집 거리edit distance' 개념과 함께 올바른 철자를 찾는 첫 번째 문제를 살펴보자. 철자가 틀린 단어 그룹을 살펴보고 차이점을 분석해보겠다. 각 단어 세트에서 전자는 올바른 철자이고 후자는 오류 철자다.

1. **evolution/revolution**: 후자는 전자에서 r이 하나 더 붙었고 다른 글자는 같다. 삽입 오류가 한 개 발생한 철자다. 두 철자의 편집 거리는 1이다.

2. **communication/connunication**: 후자는 전자의 두 개 m을 n으로 썼고 다른 글자는 동일하다. 대체 오류가 두 개 발생한 철자다. 두 철자의 편집 거리는 2이다.

3. **difference/diference**: 후자는 전자에서 f를 하나 덜 썼고 다른 문자는 동일하다. 삭제 오류가 발생한 철자다. 두 철자의 편집 거리는 1이다.

삽입 및 대체, 삭제로 생기는 두 단어 간 철자 차이를 편집 거리라고 한다. 서로 다른 글자 갯수를 기준으로 측정된다. 세 가지 경우는 모두 편집 거리가 간단하게 계산된다. 삽입 및 대체, 삭제 오류가 혼재된 경우에는 어떻게 해야 할까? 예를 들어 다음의 예처럼 오류가 발생한 경우다.

S1=difference, S2=diferennce라면 S1과 S2 사이의 편집 거리는 얼마일까?

직관적으로 볼 때 두 단어 간 편집 거리는 2이다. 두 번째 단어의 철자는 첫 번째 단어의 철자보다 f가 하나 적고 n이 하나 더 많으나 [그림 5.12(a)]처럼 하나의 알파벳에 대응된다. [그림 5.12(b)] 같은 접근 방식으로는 두 단어가 네 번째 글자에서 일곱 번째 글자까지 일치하지 않기 때문에 편집 거리를 4로 볼 수도 있다. 두 접근 방식의 차이점은 두 철자의 글자가 일치하지 않을 때 대응하는 방식에서 비롯된다. 첫 번째 접근 방식에서 difference 철자 중 세 번째와 네 번째에 있는 두 개의 f는 diferennce의 하나의 f에 대응하고, difference의 여덟 번째 위치에 있는 하나의 n은 diferennce의 일곱 번째와 여덟 번째에 있는 두 개의 n에 해당한다. 두 번째 접근 방식에서 두 철자는 네 번째부터 일곱 번째 위치까지 직접 대응된다.

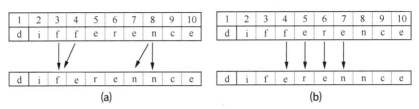

그림 5.12 두 개의 서로 다른 대응점을 가지면 두 개의 다른 편집 거리를 가지게 된다

그렇다면 어떤 기준이 더 나을까? 컴퓨터 과학에서 편집 거리는 두 철자 사이의 가장 작은 차이로 정의한다. 앞선 문제의 편집 거리는 2다. 편집 거리는 [그림 5.13]처럼 삼각 부등식의 수학적 거리를 충족한다. 즉 철자 X 간 Y의 편집 거리를 D_1이라 하고, 철자 Y 간 Z의 편집 거리를 D_2라 하면 D_1과 D_2를 합친 값은 [그림 5.13]처럼 철자 X와 Z의 편집 거리인 D_3보다 더 커야 한다.

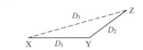

그림 5.13 삼각 부등식에 따른 편집 거리

두 철자의 편집 거리를 계산하는 방법을 살펴보자. [그림 5.14]처럼 두 차원에 difference와 diferennce를 배치한다. 각 문자는 수평 축 또는 수직 축(즉 [그림 5.14]의 x, y 축)에 해당한다. 두 단어의 편집 거리를 비교하는 것은 격자 그래프의 왼쪽 하단 끝에서 격자 그래프의 오른쪽 상단 끝까지 이동하는 것과 같다. 해당 그래프는 $11 \times 11 = 121$개의 점을 가지게 된다. 두 단어가 각각 열 개의 글자를 가지며, 가로든 세로든 첫 글자 앞에서 마지막 글자 뒤까지 10+1=11자리의 비교점이 존재하므로 두 단어의 비교 조합에는 121개의 교차점이 있게 된다. 시작점의 원점 (0, 0) 및 끝점의 (10, 10)인 데카르트 좌표계cartesian coordinate system**3**와 같다. 우향 직선, 상향 직선, 우상향 대각선으로 세 방향이 있다. 하지만 화살표 표기가 많아지면 그래프의 시각적 효과에 영향을 미칠 수 있다. 이를 피하고자 진행 방향을 수평 및 수직 축으로만 화살표로 나타낸다. 격자 그래프의 점 간 수직 및 수평, 대각선 이동의 화살표는 생략한다.

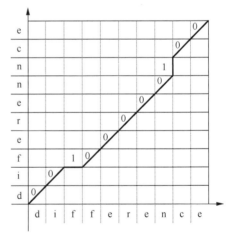

그림 5.14 두 철자 사이의 가능한 모든 비교를 표현한 격자 그래프. 격자 그래프의 모든 경로를 표현할 수 있다

---

3 옮긴이 참고: https://ko.wikipedia.org/wiki/데카르트_좌표계

격자 그래프에서 각 간선의 가중치는 0 또는 1로 정의된다.

1. 가로축의 이동 간선 가중치는 모두 1이다. 두 문자열을 비교할 때 가로 문자열이 해당 글자의 비교를 건너뛰고 다음 글자와 직접 비교한다는 의미다.

2. 세로축의 이동 간선 가중치 또한 모두 1이다. 세로 문자열이 해당 글자의 비교를 건너뛴다는 의미다.

3. 대각선 이동 간선 가중치는 두 문자열의 해당 가로세로 위치의 글자가 같다면 가중치는 0이고 그렇지 않으면 가중치는 1이다.

예를 들어 (0, 0)에서 대각선으로 이동해 (1, 1)까지의 간선은 세로열, 가로열 글자가 모두 d이며 가중치가 0이다. (8, 7)에서 (9, 8)의 대각선 방향의 가중치는 1이다. 가로 방향으로 문자 c이지만 세로 방향으로는 문자 n에 해당해 동일하지 않다.

앞서 방향 그래프에서 설명했던 것처럼 원점에서 오른쪽 상단 끝까지 모든 경로는 S1 및 S2의 문자열을 각기 하나의 쌍으로 대응하는 방법을 나타낸다. [그림 5.14]에서 그려진 경로는 [그림 5.15]에 표시된 대응을 나타낸다. [그림 5.14] 경로에서 0은 두 글자가 일치한다는 것을 의미한다. 첫 번째 가로축 문자열의 문자 d는 첫 번째 세로축 문자열 글자 d에 해당하고 문자 사이의 거리는 0이다. 1은 문자 사이가 일치하지 않는다는 것을 의미한다. 글자 간 편집 거리는 1이다. 이를 반복해 최종적으로 두 문자열의 편집 거리는 삽입 오류와 삭제 오류를 하나씩 가지며 2가 된다.

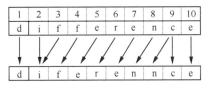

그림 5.15 두 문자열 간 최소 편집 거리 대응

방향 격자 그래프에서 왼쪽 하부 끝(좌표계의 원점에 해당)에서 오른쪽 상부 끝까지 총 경로 수는 철자 길이의 지수힘수 형태로 표현된다. 구체적으로 말하자면 앞서 언급한 카탈랑 수다. 모든 경우를 구하고 하나의 최단 경로를 선택하는 것은 쉬운 일이 아니다. 다행히 지수 복잡도 문제를 선형 복잡도 문제로 바꿀 수 있는 동적 계획법 알고리즘이 있다. [그림 5.16]처럼 방향 그래프 $G=(V, E, \varphi, f)$를 사용해 설명하겠다. 동시에 방향 모서리의 가중치가 모두 양의 실수라고 가중치를 가정한다.

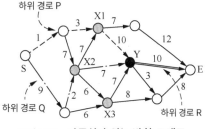

그림 5.16 가중치가 있는 방향 그래프

시작점 S에서 끝점 E까지의 최단 경로를 찾고 싶다면 역으로 문제를 생각해보자. 이미 최단 경로를 찾아냈다고 가정한다. 이 경로가 그 점선들과 마지막에 이중선으로 이어지는 경로 1이라고 하자. Y

노드를 통과한다면 S에서 Y로 가는 경로, 즉 경로 1의 점선의 하위 경로 P(S, Y)는 S에서 Y까지의 모든 경로 중 가장 짧은 경로여야 한다. 그 이유는 무엇일까? [그림 5.16]에서 1점 쇄선으로 이어진 경로 Q(S, Y)와 같이 S에서 Y까지의 더 짧은 경로가 있다고 가정하면 하위 경로 P는 하위 경로 Q로 대체하면 된다. 원래 경로의 나머지 R(Y, E)를 연결해 S에서 E로 가는 중간 노드인 Y로 더 짧은 경로를 형성할 수 있으며 경로 2라고 한다. 경로 1이 S에서 E까지 가는 경로 중 Y까지의 최단 경로라는 것과 모순된다. 이 모순은 하위 경로 Q가 하위 경로 P보다 짧다는 가정부터 잘못돼 생긴 것이다.

'전체 경로에서 최단 경로 찾기' 문제는 최단 경로의 특성으로 노드별 최단 경로를 찾는 작은 문제로 분해한 다음 재귀적으로 해결할 수 있다. 예를 들어 S에서 Y까지의 최단 경로를 찾고자 S에서 Y보다 한 단계 전 노드 X1, X2 및 X3의 최단 경로를 발견했다고 가정해보자. P(S, X1), P(S, X2), P(S, X1) 경로의 최단 거리는 L1, L2, L3다. 그다음 Y까지의 거리인 10, 7, 7을 각각 더한 L1+10, L2+7, L3+7의 세 값을 비교해 어느 것이 가장 작은지 확인한다. 가장 작은 것이 S에서 Y까지의 최단 경로가 된다. [그림 5.16]에서는 X1에서 Y까지 경로가 가장 짧다.

시작점 S에서 노드 X1, X2, X3까지 최단 경로도 이 방법을 사용해 재귀적으로 구할 수 있다. 재귀 알고리즘을 사용하면 단계별로 끝점 E부터 시작점 S까지 이전 노드로 이동할 수 있으며 S에서 E까지 최단 경로를 찾을 수 있다. 컴퓨터 프로그램은 다음과 같이 알고리즘을 구현한다.

알고리즘 5.1 동적 프로그래밍(Dijkstra's algorithm)

1단계, 먼저 시작점 S에 인접한 모든 노드까지의 최단 경로, 즉 S에서 한 단계 다음 노드까지의 거리를 계산한다. 그다음 이 노드를 S와 함께 V_1이라고 하는 집합에 넣는다. 일부 책에서는 시작점을 별도의 집합 V_0에 넣기도 한다.

2단계, V_1 집합에서 한 단계로 도달할 수 있는 인접한 노드를 찾고 S에서 해당 노드까지의 최단 거리를 계산한다. 그다음 원래 V_1 노드와 함께 새 노드 배치를 새 집합 V_2에 넣는다.

3단계, 유사한 방법으로 노드 집합 V_2의 노드 집합에 인접한 각 노드의 최단 경로를 구한 새로운 V_3, V_4 집합을 형성한다. 이를 반복하다가 시작점 S에서 E까지의 최단 경로를 발견하면 중지한다.

이를 데이크스트라 알고리즘Dijkstra's algorithm이라고 하며, 1956년 네덜란드 과학자 에츠허르 데이크스트라Edsger Wybe Dijkstra가 26세 때 고안했다. 데이크스트라는 1972년 이 공로를 인정받아 튜링상을 수상했다. 데이크스트라 알고리즘의 가장 좋은 점은 알고리즘의 복잡성이 $O(|V|^2+|E|)$에 불과해 지수 복잡도 문제를 2제곱 복잡도 문제로 바꾼다는 것이다. 여기서 $|V|$는 그래프의 노드 수다. $|E|$는 그래프의 간선 수다. 예를 들어 앞서 살펴본 두 철자의 편집 거리를 계산하는 예제를 데이크스트라 알고리즘은 110번의 연산으로 해결할 수 있다. 다양한 경로를 하나하나 열거해 비교하는 방법을 사용한다면 수억 번 연산이 필요하다. 데이크스트라 알고리즘의 의사 코드는 5장의 부록 3을 참고하자.

다시 철자 수정 문제로 돌아가자. 사전에 없는 단어를 봤을 때, 즉 difference를 diferennce로 쓴 것처럼 비교적 편집 거리가 가까운 올바른 단어의 오철자라고 가정할 수 있다. 글자 수가 많은 단어는 이 방법을 사용하면 문자열 중 한두 글자의 오철자 오류를 수정할 수 있지만 상대적으로 짧은 단어는 그다지 효과적인 방법이 아니다. 예를 들어 철자가 cupe인 경우 사전에는 해당 단어가 없으나 cup, cube, cue, cop, cape, cute, dupe 등 한 글자밖에 차이가 나지 않는 수백 개의 단어가 있다. 무엇으로 바꿔야 할까? 문맥에 따라 달라진다. 가능한 많은 철자 중 가장 확률이 높은 것을 계산하는 언어 모델을 사용해 해결할 수 있다. 그러나 언어 모델의 과정 또한 격자 그래프의 단위가 글자에서 단어로 변경된다는 점을 제외하면 격자 그래프에서 최단 경로를 찾는 과정이다.

지금까지의 내용이 맞춤법 교정 알고리즘의 기본 원리다. 그러나 좋은 맞춤법 교정 소프트웨어를 만들고 싶다면 고려해야 할 몇 가지 사항이 더 있다.

첫째, 오철자와 정확한 철자 간 편집 거리를 단순한 숫자 차이가 아니라 가중치를 바꿔야 한다. 예를 들어 키보드의 문자 위치를 고려하면 R과 T, Y와 U, V와 B 같은 문자는 서로 가까이 있어 실수하기 쉽다. 그 사이는 0과 1 사이의 소숫점 편집 거리가 설정돼야 한다. 예를 들어 1 이 아닌 0.2와 같은 소숫점 가중치가 부여돼야 한다. 마찬가지로 맞춤법 교정에서도 혼동하기 쉬운 동음어의 편집 거리는 다른 단어 사이보다 작아야 한다.

둘째, 영어와 같은 표음문자에서는 사람들이 매우 빠르게 입력하면서 실수로 키를 누르지 못하는 경우가 있다. 대표적인 예로 단어 사이의 공백을 미입력하는 일이다. 편집 거리를 계산할 때 해당 철자가 두 단어에 해당하는 상황도 고려해야 한다. 반대인 경우도 있다. 사람들이 너무 빨리 타자를 치다 보니 동시에 두세 개의 키를 누르는 경우도 있다. 간혹 뒤로 와야 하는 문자를 앞에 쓰는 경우도 있다. th를 ht로 입력하면 편집 거리 정의상 2가 돼야 하지만 실제 맞춤법 교정에서는 1로 설정하는 것이 좋다.

셋째, 철자 간 편집 거리는 데이크스트라 알고리즘으로 계산되지만 많은 경우 총 '거리'는 각 노드 간 거리를 곱한 결과이다. 예를 들어 거리의 척도로 확률을 사용한다. 이 밖에도 투자수익률, 이자, 환율 등을 계산할 때 총 거리는 실제로 각 거리의 곱이다. 그러나 곱해서 계산하는 값에 로그를 취해 더하기로 전환할 수도 있다.

수많은 대학 시험과 회사 면접에서는 철자 맞춤법 교정 문제를 출제한다. 지원자가 맞춤법 교정 프로그램을 구현할 수 있는지를 보는 것이 아니라 동적 계획법을 이해하는지 테스트하는 것이다. 동적 계획법을 마스터하면 많은 문제를 단순화하고 일반 개발자가 할 수 없는 일을 할 수 있다.

앞서 말했듯이 3등급 개발자는 어떤 일을 세계에서 가장 잘하는 것이고, 2등급 개발자는 다른 개발자가 할 수 없는 일을 하는 것이다. 이는 동적 계획법을 마스터하는 것에서 시작할 수 있다.

최단 경로 문제는 모든 에지의 가중치가 양수라는 가정을 한다. 그렇다면 음수가 있는 경우는 어떻게 할까? 거리의 총합이 음수가 되는 사이클이 있는지 여부에 따라 수행할 작업이 다르다. [그림 5.17]에서 점선 사이클의 거리 합은 음수다. S에서 E까지의 경로에 음수 사이클이 포함됐으면 최종 거리를 원하는 만큼만 얻을 수 있어 데이크스트라 알고리즘은 사용되지 않는다. 물론 네 개의 회색 노드로 구성된 사이클은 사이클의 총합이 0보다 큰 양수이므로 데이크스트라 알고리즘의 사용에 영향을 미치지 않는다.

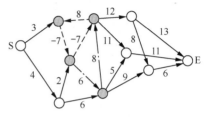

그림 5.17 음수 및 양수 총 거리가 있는 사이클

방향 그래프에서 사이클 영향을 피하고자 일부 문제에서는 방향 그래프에 사이클이 포함되지 않도록 강제한다. 방향 비순환 그래프_{directed acyclic graph, DAG}[4]라고 한다.

방향 비순환 그래프directed acyclic graph, DAG[4]라고 한다.

사이클이 있는 방향 그래프는 이론상 일부 문제에서 문제를 일으킬 수 있다. 방향 그래프에서는 거리 합이 0보다 작은(또는 0보다 큰) 사이클의 특별한 용도가 있다. 바로 금융시장에서 투기 경로로 사용된다. 헤지펀드가 외환 투기로 돈을 버는 방법을 예로 들 수 있다. 시장에 네 개의 통화만 있고 서로의 환율이 [그림 5.18]과 같다고 하자.

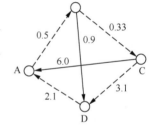

그림 5.18 네 개 통화의 환율

그래프에서 간선의 가중치는 한 통화가 다른 통화로 교환되는 환율을 나타낸다. 예를 들어 A 통화 1원을 B 통화 0.5원으로 교환할 수 있다. [그림 5.18]에서 점선 사이클은 방향 그래프 사이클이다. 100원의 A 통화를 가지고 이 사이클을 중심으로 한번 교환하면 약 107원의 통화 A를 얻을 수 있다. 전 세계적으로 많은 외환 투기 관련 헤지펀드가 이런 사이클을 매일 찾는다. 비트코인이 생긴 후 비트코인의 주요 용도 중 하나가 외환 투기(또는 다른 국가의 비트코인 가격 차이를 이용해 돈을 번다)로 돈을 버는 것이다. 어떤 결점은 어떤 유형에서는 문제이지만 다른 유형에서는 기회가 될 수 있다.

> 요점 가중치가 있는 방향 그래프에서 한 노드에서 다른 노드로 가는 최단 경로를 찾는 것은 매우 의미 있는 문제다. 그러나 경로를 하나씩 열거하면서 비교하면 지수 복잡도가 되는 반면 동적 계획법을 사용해 이를 제곱 복잡도로 줄일 수 있다.

---

4   옮긴이 정점 간(간선) 방향은 있으나 순환 경로는 없는 그래프다. 참고: http://www.ktword.co.kr/test/view/view.php?m_temp1=4843

Q1. ★★★☆☆ 직육면체 상자 넣기 문제(AB, FB, MS)

길이, 너비, 높이가 y_1, y_2, y_3인 직육면체 상자 Y가 주어졌을 때, 길이 및 너비, 높이가 x_1, x_2, x_3인 직육면체 상자 X를 직육면체 상자 Y의 안으로 넣을 수 있는지 여부를 판단하는 방법은 무엇일까? 여기서 직육면체 상자 X는 회전할 수 있다. $x_1 < y_1$, $x_2 < y_2$, $x_3 < y_3$인 경우 X 직육면체 상자를 넣을 수 있고, $x_2 < y_1$, $x_1 < y_2$, $x_3 < y_3$인 경우도 가능하다.

정육면체가 아닌 두 개의 N면체라면 하나의 N면체에 다른 N면체를 넣을 수 있는지 어떻게 판단할까? (힌트: 동적 프로그래밍 방법을 사용한다.)

Q2. ★★★☆☆ 백본 네트워크의 구축 문제

어떤 네트워크 회사가 과학기술 단지에 N개의 건물이 있으며 위치는 [그림 5.19]처럼 2차원 평면 좌표계에 분포된 점을 $P_1(x_1, y_1)$, $P_2(x_2, y_2)$ ... $P_N(x_N, y_N)$으로 표현할 수 있다. 캠퍼스를 가로질러 백본 네트워크를 가로로 설치해야 하는데 각 건물까지의 총 거리가 최단이 되도록 백본 네트워크를 어떻게 설치해야 할까?

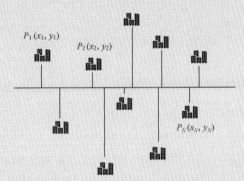

그림 5.19 모든 건물의 위치가 주어졌을 때 각 건물까지의 총 거리가 최단이 되도록 백본 광통신을 설치한다

5.5 최대 흐름: 트래픽 문제 해결 방법

가중치가 있는 방향 그래프는 거리뿐만 아니라 노드 간 대역폭(또는 트래픽)을 가중치로 나타낼 수 있다. 네트워크 관련 문제에는 트래픽 문제가 포함된다. 인터넷 네트워크의 정보 흐름, 도로망 교통 흐름, 상수도 유량, 전력 공급 시스템의 전력 흐름, 심지어 일부 가상 네트워크(금융 시스템 등)에도 흐름이 있다. 네트워크 구축에서는 최대 흐름을 달성하는 방법이 문제가 된다.

구글, 아마존, 페이스북을 포함한 세계적인 인터넷 회사는 전 세계에 많은 데이터 센터를 구축했다. 데이터 센터는 서로 고대역폭 광섬유로 연결돼 통신 네트워크를 형성한다. 네트워크는 한 데이터 센터에서 다른 데이터 센터로 매우 짧은 시간에 방대한 양의 정보를 전송해야 한다. 구글은 웹 페이지 인덱스를 업데이트할 때 특정 데이터 센터에서 인덱스를 생성한 후 전체 데이터 센터로 분산시켜 전 세계적으로 데이터 일관성을 보장한다. 웹 인덱스 데이터의 전체 집합은 몇 PB(페타바이트, 1PB=1000TB)다. 두 데이터 센터 간 대역폭으로만 전송한다면 속도가 충분하지 않고 전체 네트워크의 대역폭을 사용해야 한다. 이때 데이터 센터 간 백본 광통신에서 데이터 트래픽을 정렬하는 방법[5]은 매우 복잡한 기술 문제다. 수학적 원리는 복잡하지 않다. 그래프 이론의 흐름 이론이다. 흐름 이론을 알아보고자 [그림 5.20]처럼 가중치가 있는 연결 그래프를 살펴보자.

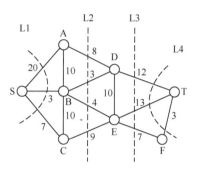

그림 5.20 가중치가 있는 연결 그래프

[그림 5.20]에서 연결 노드 사이의 간선은 네트워크 채널을 나타낸다. 숫자는 앞선 설명과는 달리 거리를 나타내지 않고 채널 트래픽의 상한, 즉 채널 용량을 나타낸다. 각 간선의 트래픽은 채널의 용량을 초과할 수 없다. 또한, 그래프의 모든 노드에 들어오는 트래픽과 나가는 트래픽이 같아야 한다. 이 문제를 다룰 때 대부분 설명하기 쉬워 방향 그래프를 사용한다. 그러나 세상의 많은 트래픽 관련 문제는 무방향 그래프다. 여기서는 무방향 그래프 트래픽으로 문제를 풀이한다. 방향 그래프의 흐름은 무방향 그래프보다 간단하다. 이 절을 읽고 나면 스스로 생각해볼 수 있을 것이다.

데이터 센터 시작점 S에서 대상 데이터 센터 T로 전송 속도(또는 트래픽)를 최대화하는 방식을 개발해야 한다고 가정해보자. [그림 5.20]에서 볼 수 있듯이 일부 채널은 용량이 작아 병목현상이 발생할 수 있다. 네트워크 트래픽을 최대화하는 데 다른 노드로 트래픽을 분할해야 한다. 예를 들어 A에서 D까지 최대 트래픽인 8로는 S에서 A까지 최대 트래픽인 20을 소화할 수 없다. A에서 B로 트래픽을 전환한 후 전환된 트래픽을 다른 경로로 전송할 방법을 찾아야 한다.

[그림 5.20]에는 채널 숫자가 너무 많아 해답을 찾기 매우 어렵다. 하나씩 계산한다면 계산 복잡성이 기하급수적으로 증가한다. 다른 방법을 생각해야 한다.

---

5   데이터 센터 간 대역폭 일부는 네트워크 서비스를 제공하는 데 사용된다. 나머지 부분(잔여 대역폭이라고 부른다)만 데이터 센터 간 전송에 사용된다. 이번 절의 문제에서는 대역폭의 두 번째 부분만 고려한다. 즉 데이터 센터 간 전체 대역폭을 데이터 센터의 데이터 전송에 사용할 수 있다고 가정한다.

연결 그래프 G를 반으로 쪼개어 G1과 G2 좌우 구역으로 나누면 시작 노드 왼쪽 G1 구역과 대상 노드 오른쪽 G2 구역에 있게 된다. 전체 네트워크에서 전송할 수 있는 최대 트래픽은 G1과 G2를 연결하는 두 부분의 모든 채널 트래픽 합을 초과할 수 없다. 예를 들어 시작 노드 S를 G1에 배치한다. 목적지 노드는 절단선의 오른쪽인 G2에 있다. L1의 모양으로 절단하면 S에서 출발하는 최대 트래픽은 절단된 세 개의 채널, 즉 S-A, S-B, S-C 세 채널의 용량 합을 초과할 수 없다. [그림 5.20]에서는 20+3+7=30이 된다. 목적지 노드를 G2에 배치하고 다른 노드를 G1에 배치할 수 있다면 [그림 5.20]의 오른쪽 원호 모양으로 절단(L4)하며 해당 네트워크에서 T로 전송할 수 있는 총 트래픽은 D-T, E-T, F-T 세 채널의 용량, 즉 12+13+3=28을 초과할 수 없다.

S에서 보낼 수 있는 트래픽은 최대 30이다. T가 받을 수 있는 트래픽은 최대 28이다. 두 흐름 중 더 작은 것, 즉 후자의 트래픽만 네트워크를 사용할 수 있다. 다른 방식으로도 그래프를 절단할 수 있다. [그림 5.20]처럼 선 L2와 L3 두 부분으로 그래프를 추가 절단해 또 다른 하위 그래프 G1과 G2로 나누는 방법이다. 이때 매번 절단 부분 경로의 최대 용량을 구하게 되는데 이를 '절단 용량 capacity of S-T cut'이라고 한다. S에서 T까지 전체 네트워크의 최대 흐름은 모든 절단 부분 중 '최소 절단minimum S-T cut'을 초과하지 않는다. L2에 해당하는 트래픽이 가장 작으며 8+3+4+9=24이다.

다음 질문은 S에서 T까지 흐름이 최소 절단과 같도록 각 채널에 흐름을 설정하는 방법이 있는지 여부다. 가능하다. [그림 5.20]을 자세히 살펴보면 L2에 해당하는 절단이 전체 네트워크 트래픽의 병목현상이 일어나는 곳이다. 만약 전체 네트워크의 트래픽이 최대라고 가정한다면 병목현상이 발생하는 채널 트래픽은 포화 상태, 즉 해당 채널의 최대 용량에 도달한 상태여야 한다. L2로 절단된 트래픽 중 하나의 트래픽이라도 해당 채널의 최대 용량에 미치지 못했다면 전체 네트워크의 트래픽이 더 증가할 가능성이 있다는 것을 의미한다. 각 채널의 트래픽을 추가로 조정하는 방법을 찾아야 한다. 즉 L2를 통과할 때 각 에지의 트래픽은 채널의 최대 용량에 도달한다. 이는 총 채널의 용량을 최소 절단으로 구성할 때 증명할 수 있다.

네트워크 트래픽을 최대화하는 방법을 한 단계씩 살펴보자. 임의의 한 노드의 트래픽을 분산하는 방법부터 시작한다. 이 방식으로 각 노드의 들어오고 나가는 트래픽이 균형이 맞다면 가능하다. [그림 5.21]은 조건을 만족하는 임의의 트래픽 초기 흐름 상태다.

[그림 5.21]에 표시된 트래픽 분배 방식을 보면 전체 네트워크에 13의 트래픽만 발생했고 최소 절단 24에 미치지 않는다. 그 이유와 추가로 트래픽 분배 개선 방법을 알아보겠다.

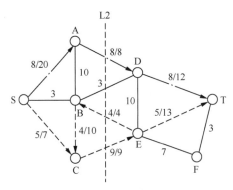

그림 5.21 S에서 T로의 초기 트래픽 분포(각 채널은 두 개의 값을 가지며 첫 번째는 트래픽이고 두 번째는 최대 용량이다)

먼저 1점 쇄선으로 표기된 S→A→D→T로 가는 경로에 초점을 맞춰보자. S→A 채널과 D→T 채널의 트래픽을 증가시킬 수 있지만 A→D 중간 채널의 용량에서 병목현상이 생긴다. 이때 트래픽을 보낼 새로운 채널이 없는 경우 일시적으로 트래픽을 늘릴 수 없다.

다음으로 절단선 L2의 양쪽을 가로지르는 채널 중 점선을 보자. 여기에는 문제가 많다. [그림 5.21]에서 볼 수 있듯이 L2를 기준으로 왼쪽에서 오른쪽(C→E 채널)과 오른쪽에서 왼쪽(E→B 채널) 채널이 모두 있어 L2의 양방향 트래픽 일부가 상쇄된다.

마지막으로 B에서 D로의 채널 트래픽은 필요가 없다.

문제 원인을 찾았다면 개선 방법을 살펴보자. 일반적으로 세 가지 방법이 있다.

첫째, 오른쪽에서 왼쪽으로 절단선 L2를 통과하는 모든 트래픽, 즉 역류하는 트래픽을 0으로 설정한다. 그렇지 않으면 전체 네트워크 트래픽 개선에 부정적인 영향을 미친다. 특히 E에서 B로의 흐름은 0으로 설정해야 한다. 이런 식으로 구성하면 E와 B 유입과 유출에 불균형이 생긴다. 노드 B에 유입되는 트래픽은 0이지만 유출되는 트래픽은 4다. E의 유입되는 트래픽은 9이지만 유출되는 트래픽은 5가 된다. 각 노드의 입출 트래픽 균형을 복원하는 데 두 번째 및 세 번째 방법이 필요하다.

둘째, 노드 간 트래픽 균형을 유지하고자 아직 포화되지 않은 채널의 트래픽을 늘린다. 예를 들어 E→T 채널 트래픽이 포화되지 않았다면 흐름의 입출력 균형을 맞추는 데 노드 E에서 트래픽을 증가시킬 수 있다. S→C 채널의 트래픽을 증가시키거나 B→C 채널의 트래픽을 줄일 수도 있다. 그렇게 하지 않으면 C 노드로 들어오고 나가는 트래픽이 균형을 이루지 못한다. 물론 B→C 채널의 트래픽을 줄이면 B 노드의 유입과 유출 트래픽이 다시 불균형해진다. 전체 트래픽을 계속 증가시키려면 다음 세 번째 같은 방법을 사용해야 한다.

셋째, 각 노드의 유입 및 유출 트래픽 균형을 유지하고자 아직 사용되지 않은 채널을 사용한다. 이번 문제에서는 S→B로의 흐름을 증가시킨다. 이렇게 조정하면 그래프의 각 노드 트래픽은 [그림 5.22]처럼 균형을 이룬다. 이 그래프에서 위쪽 화살표는 트래픽 증가를 나타내고 아래쪽 화살표는 감소를 나타낸다. X는 용량이 0으로 변경된 것을 나타낸다. 개선 후에는 네트워크 트래픽을 17로 늘릴 수 있다.

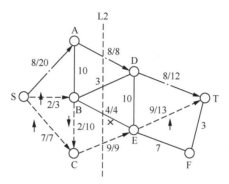

그림 5.22 S에서 T로 향상된 트래픽 분배

세 가지 개선 방법은 이해하기 어렵지 않지만 컴퓨터가 자동으로 트래픽을 분배하게 하려면 논리를 단순화해야 한다.

세 가지 개선 방법의 본질을 분석해보겠다. [그림 5.21]의 S→B→E→T 경로를 살펴보자. 세 채널의 원래 채널 트래픽은 0, −4, 5다. B→E 채널 트래픽이 음수 값인 이유는 무엇일까? E→B 트래픽은 4이고 반대 방향이므로 B→E 채널의 트래픽은 음수 값인 −4가 된다. [그림 5.22]처럼 이 경로에 있는 각 채널 흐름은 각각 2, 4, 4가 증가해 2, 0, 9로 조정된다. S→B→E→T 경로의 전체 트래픽이 2 증가한다고 할 수 있다 물론 B→E와 E→T 채널이 왜 4가 증가한 이유가 될 수는 없다. 거정하지 말자. 트래픽을 늘릴 수 있는 경로가 더 있다.

[그림 5.22]의 S→C→B→E→T 경로를 보자. 각 채널 트래픽이 각각 2, 2, 4, 4씩 증가한다. 경로의 전체 트래픽은 2만큼 증가한다. 두 경로가 B→E 채널에서 겹치므로 B→E 채널의 트래픽은 4가 증가했다.

트래픽 조정의 본질은 트래픽이 포화되지 않은 S에서 T로의 다른 경로를 찾은 후 해당 채널의 트래픽을 증가시키는 것이다. 감소로 표현되는 반대 방향 흐름의 채널 또한 이 채널의 흐름을 증가시키는 것과 동일하다. 트래픽이 증가할 수 있는 이 경로를 증가 경로augmenting path(덧붙임 경로)라고 한다. S에서 T로의 흐름이 최소 절단에 도달하지 않는 한 트래픽이 이 값에 도달할 때까지 증가 경로를 지속적으로 찾을 수 있다는 것을 증명할 수 있다. [그림 5.23]은 유량 조정이 완료된 후 S에서 T로의 유량이 최대 유량에 도달하는 상황이다. B와 E 사이 채널의 원래 흐름 방향은 E→B였지만 [그림 5.23]에서는 반대 방향으로 바꾸고 트래픽이 −4에서 +4로 변경됐다. 동시에 최소 절단선 L2에서 총 채널의 트래픽 총량이 포화돼 해당 방향 연결 그래프 흐름은 더 이상 증가할 수 없다.

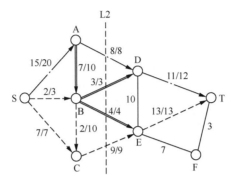

그림 5.23 **S에서 T로의 트래픽이 최대 트래픽에 도달한 경우**

이 알고리즘을 '포드 풀커슨 알고리즘Ford-Fulkerson algorithm'이라고 한다. 1956년에 L. R. 포드 주니어Lester Randolph Ford Jr.와 델버트 레이 풀커슨Delbert Ray Fulkerson이 개발했다. 당시 제안된 알고리즘의 의사 코드는 5장의 부록 4에 수록했다.

포드 풀커슨 알고리즘은 직관적이고 이해하기 쉬우며 네트워크 각 채널의 용량이 비슷할 때 매우 효과적인 방법이다. 또한, 몇 번의 시도로 최대 흐름을 얻을 수 있다는 장점이 있다. 그러나 네트워크에 있는 간선 용량이 수십 배 차이가 나는 경우에는 계산 속도가 느리다. 최악의 경우 용량이 가장 작은 에지 용량이 1이고 용량이 가장 큰 에지의 용량이 F라고 하면 전체 알고리즘의 시간 복잡도는 $O(|E|F)$가 된다. 여기서 E는 총 채널 수이고 F는 정수여야 한다. F가 부동소수점수인 경우 약간의 조정으로 포드 풀커슨 알고리즘을 사용할 수 있지만 계산은 매우 느리다. 느린 계산 속도를 개선하고자 예핌 디니츠Yefim Dinitz와 에드먼즈 카프Edmonds Karp는 '에드먼즈 카프 알고리즘Edmonds-Karp algorithm'을 제안했다. 이 알고리즘의 복잡도는 $O(|V||E|2)$이다. 여기서 V는 총 노드 수다. 애드먼즈–카프 알고리즘의 복잡성은 각 채널의 용량과 무관하다는 장점이 있다. 그러나 복잡한 네트워크의 경우 애드먼즈–카프 알고리즘의 복잡도가 낮지는 않다.

실제 최대 트래픽 문제는 앞서 설명한 이론적인 문제보다 훨씬 복잡하다. 구글 같은 회사의 전 세계 데이터 센터 간 네트워크 트래픽을 분산하는 방법은 매우 어려운 문제다. 2002년 필자가 구글에 입사했을 때 같은 날 입사한 한 박사에게 데이터 센터 간 트래픽을 분산하는 최적화 프로젝트가 주어졌다. 이 프로젝트는 완성까지 반년을 예상했지만 실제로는 4~5년 걸렸다. 작업을 하면 할수록 많은 문제를 발견했고 생각보다 복잡했다. 최적화 프로젝트는 박사 한 명의 단기 임무에서 팀의 장기 임무로 변경됐다. 교과서에서는 찾을 수 없는 답을 찾아야 했고 클라우드 등장 전이었기에 답을 찾을 수 없는 종류의 문제가 존재한다는 것을 아는 사람조차 없었다. 한 예를 보자. 다음의 네 가지 질문은 이전에는 답이 없었을 뿐만 아니라 아무도 접해본 적이 없었던 문제다.

첫 번째로 '네트워크 트래픽 최적화를 위한 여러 기준' 관련 문제다. 앞선 설명에서 최대 트래픽은 일정한 양적 기준, 즉 일정한 시간 단위로 시작 지점에서 종료 지점까지 전송할 수 있는 정보나 콘텐츠의 총량만을 기준으로 한다. 그러나 인터넷이 됐든 철도가 됐든 도로가 됐든 도로 교통과 같은 네트워크에서는 각각 다른 정보와 다른 내용을 가지고 각기 다른 우선순위를 가지게 되므로 네트워크 효율성은 단순히 절대적인 총합으로 측정될 수 없다. 또한, 어떤 정보는 더 빠른 속도로 전송돼야 하고 어떤 정보는 제한된 시간 내 전송해야 한다. 많은 경우 '최적화' 자체를 완전히 정량적으로 측정할 수 없다. 이 상황에서 네트워크 트래픽을 최적화하는 방법은 매우 복잡한 문제다.

두 번째로 '네트워크 트래픽의 동적 변화' 관련 문제다. 앞선 예제에서 각 채널 용량이 고정됐고 네트워크 관리자가 이를 완전히 제어할 수 있다고 가정했다. 전송해야 하는 트래픽도 알았다. 그러나 실제 인터넷 트래픽은 계속해서 변화한다. 예를 들어 사용자가 갑자기 많은 데이터를 전송한다면 관리자라도 트래픽이 어떻게 변화될지 모른다. 이뿐만 아니라 네트워크의 채널 용량이 고정돼 있지 않을 수 있다. 일부 네트워크 용량은 별도의 특수 작업에 사용되고, 서비스에 제공할 수 있는 총 용량도 변하기 때문이다. 이 경우 전체 전송 효율이 최대가 되도록 네트워크를 최적화하는 것은 매우 어렵다.

세 번째로 '전송 방향의 전환 또는 변경으로 인한 전송 지연' 관련 문제다. 앞서 증가 경로를 설명할 때 시작 노드에서 목표 노드까지 전체 트래픽을 늘리는 데 특정 라인의 정보 트래픽 방향을 변경해야 하는 경우가 있다고 했다. 일부 노드는 시작점에서 목적지까지의 총 트래픽을 증가시키는 데 특정 노드에서 정보 트래픽의 방향을 변경해야 할 수 있으며 동시에 일부 '빈' 라인을 활용하고자 일부 노드에서 정보를 분할할 수 있었다. 이론적으로 채널에서는 처음에 정보가 왼쪽에서 오른쪽으로 전달된 후 반대로 전달된다. 순식간에 이 과정을 완료할 수 있었지만 실제로는 무시할 수 없는 정보 전달의 지연이 있다. 네트워크의 많은 노드는 아무리 많아도 상관없는 점이 아니라 하나 하나가 중계 서버나 라우터다. 작동 상태를 변경하는 데 시간이 걸린다. 해당 서버들은 정보 전송의 실시간성을 높이고자 정보를 캐시로 임시 저장했다가 다시 전달해야 하는 경우가 많다. 정보 전송의 방향이나 경로를 변경하면 모든 캐시 정보가 폐기되고 다시 캐시를 채우는 데 오랜 시간이 걸린다.

네 번째로 '네트워크 오류' 관련 문제다. 네트워크 장애는 비인위적 오류와 인위적 오류 둘 다 발생할 수 있다. 예를 들어 회선이 끊어지거나 서버 혹은 라우터가 고장 난다면 비인위적 장애다. 인적 오류로 오류가 발생할 수도 있다. 예를 들어 채널 용량을 초과해 네트워크 속도 설정을 설정하면 전송 오류율이 너무 높아진다. 네트워크가 계속 작동하는 것처럼 보여도 반복적인 재전송 때문에 해당 채널은 차단된다. 어떤 장애든 간 트래픽 분배를 다시 계획해야 한다. [그림 5.23]처럼 A 노드가 사라진다면 연결된 채널이 존재하지 않게 된다. 이때 네트워크의 최대 트래픽은 10으로 감소한다. 최대 트래픽을 달성하려면 B와 C 사이의 트래픽 전송 방향은 원래 B→C였으나 C→B로 바꿔야 한다.

트래픽이 특정 노드나 특정 회선에 과도하게 의존하는 것을 방지하고자 트래픽을 재분배할 때는 각 노드 또는 회선의 트래픽 균형을 최대한 맞춰 사고가 발생하지 않도록 해야 한다.

네트워크 트래픽 문제를 해결하려면 앞서 언급한 최대 흐름 알고리즘도 많이 수정해야 한다. 일반 개발자는 이에 대한 지식이 없어도 업무에 지장이 없으나 글로벌 인터넷 회사의 운영 및 유지 보수 팀의 기술 리더나 네트워크 트래픽 관리에 종사하는 사람이라면 수정 경험이 있어야 한다. 글로벌 인터넷 회사들은 네트워크 분야의 특정 직책 면접에서 문제로 낼 것이다. 앞선 질문에 절대적인 정답은 없지만 질문에 대해 생각하고 다양한 상황을 생각해본다면 전혀 개념이 없는 사람보다 면접 및 실제 작업에서 더 월등할 것이다.

또 다른 네트워크에는 해결해야 하는 복잡하고 구체적인 문제가 많다. 문제가 어떻게 변하든 해당 네트워크의 주요 채널을 파악해야 한다. 최대 흐름 알고리즘이 그중 하나다. 최대 흐름 알고리즘의 본질은 두 차원 사이를 지속적으로 전환해 문제를 해결하는 것이다. 그래프상 트래픽은 수평 차원의 변수로, 그래프 분할은 수직 차원의 작업으로 간주하고 하나의 차원으로 그래프를 분할하면 트래픽 크기를 계산할 수 있다. 트래픽은 항상 절단선을 통과한다. 다른 차원에서 문제를 보면 수평 흐름의 한계를 알 수 있을 뿐만 아니라 절단선의 어떤 채널 트래픽이 포화되지 않았는지 알 수 있어 흐름을 조정해야 하는 방향도 알 수 있다. 절단선에서 불포화 경로의 흐름을 직접 조정하면 전체 네트워크에서 각 노드의 트래픽 입출력 균형이 파괴된다. 수평 차원으로 돌아가 증가 경로를 찾아야 한다. 각 노드의 흐름 균형을 유지하고 최대 흐름을 찾는 작업을 다시 반복하면 시작 노드에서 목표 노드까지 네트워크의 최대 흐름을 계산할 수 있다.

최대 흐름에는 특별한 문제가 있다. 바로 다음에 살펴볼 이분 그래프의 최대 매칭 문제다.

> **요점** 최소 절단 유량과 최대 유량의 관계

> **심화 사고 문제** 5.4 ★★★★☆
> 네트워크의 백본이 구축됐고 데이터 센터 S에서 데이터 센터 T까지의 최적 트래픽 분배 방식 또한 이미 계산됐다고 하자. 이제 기존 용량의 두 배를 전송하는 광 네트워크 선 한 가닥(네트워크의 두 특정 데이터 센터를 연결할 수 있는)이 있다. 어떻게 네트워크를 연결해야 효율적으로 네트워크의 트래픽 분포를 조정할 수 있을까? (힌트: 처음부터 최대 흐름을 다시 계산하지 말고 새로운 증가 경로를 찾자.)

5.6 최대 매칭: 흐름 문제의 확장

그래프 이론의 기초를 이해했다면 이제 이분 그래프의 최대 매칭 문제를 알아보자.

이분 그래프는 특별한 그래프다. 이분 그래프 $G=(V, E)$의 노드 집합 V는 두 개의 $V_1 \cap V_2 = \phi$를 만족하는 독립적이고 분리된 부분 집합 V_1와 V_2로 나뉜다. 모든 에지(간선)는 V_1과 V_2 사이에서 '횡단'한다. 즉 $(u, v) \in E$라면 [그림 5.24]처럼 $u \in V_1$, $v \in V_2$ 또는 $v \in V_1$, $u \in V_2$ 조건이 충족돼야 한다. 이분 그래프에서 에지는 V_1의 노드끼리 또는 V_2의 노드끼리 연결될 수 없다. 매우 이해하기 쉽다. 5장에서 언급한 몇 가지 예에서 이미 운전자와 운전자끼리 매칭하는 것이 불가능하고 광고와 광고가 매칭되는 것이 불가능하다는 것을 파악했다.

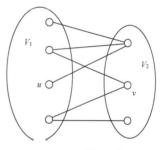

그림 5.24 **이분 그래프**

이분 그래프의 매칭 문제는 V_1의 일부 노드가 V_2의 다른 노드와 일대일 대응 관계를 갖는 두 개의 개별 노드 집합 사이의 에지를 찾는 것이다. 일대다 또는 다대일 대응이 아닌 일대일 대응이라는 점을 유의하자. [그림 5.25(a)]의 검정색 굵은 선으로 표시된 매칭은 쌍을 이룬 반면 [그림 5.25(b)]와 [그림 5.25(c)]의 검정색 굵은 선으로 표시된 대응은 쌍을 이루지 못했다. 이는 일대다 상황이나 다대일 상황이기 때문이다. 한 승객이 두 대의 차량에 동시에 탑승할 수 없고, 한 운전자가 두 명의 승객을 위해 각기 다른 장소로 동시에 이동할 수 없다는 것으로 이해하면 된다.[6]

---

6 카풀(사용자-사용자)의 경우에는 여러 개의 주문이라고 볼 수 있다. 각 주문은 여전히 일대일 관계다.

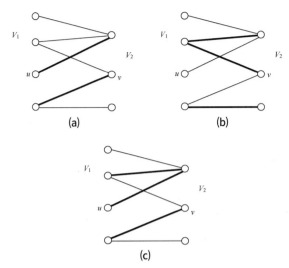

그림 5.25 이분 그래프의 쌍과 쌍을 이루지 않은 표현

이분 그래프의 매칭 예에서 완성된 쌍은 양쪽 집합의 소수 노드만 표기했고 많은 노드에서 또 다른 쌍을 찾을 수 있다. 대부분 응용 프로그램에서 최대한 많은 노드끼리 쌍을 이뤄 매칭해야 한다. 해당 쌍의 수가 최대가 되는 매칭 수가 필요해진다. 예를 들어 택시 애플리케이션에서는 최대한 많은 승객이 택시를 타도록 하고, 결혼 및 연애 애플리케이션에서는 최대한 많은 남성과 여성을 매칭할 수 있어야 한다.

[그림 5.24]에 표시된 이분 그래프의 경우 [그림 5.26]에 표시된 쌍이 최대 쌍이다.

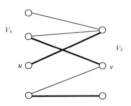

그림 5.26 이분 그래프의 최대 쌍

실제로 많은 문제에서 각 에지는 모두 1이 아닌 각기 다른 가중치를 갖는다. 최대 매칭는 매칭에 참여하는 데 더 많은 노드가 필요할 뿐만 아니라 매칭 후 매칭과 관련된 모든 가중치가 최대에 도달할 수 있는 에지를 구해야 한다. 다행히 비교적 쉬운 방법으로 해결할 수 있어 최대 쌍을 찾는 알고리즘에 영향을 주지 않는다. 일단 가중치 영향은 고려하지 않는다. 앞서 언급한 최대 흐름을 찾는 알고리즘으로 최대 매칭 문제를 해결하는 방법을 살펴보자.

먼저 [그림 5.24]를 이분 그래프로 그린다. [그림 5.27]이다. 그래프에서 왼쪽 노드 앞쪽에 시작 노드 S를 추가하고 오른쪽 노드 뒤쪽에는 목표 노드 T를 추가한다. 이해하기 쉽도록 그래프에서 왼쪽 집합과 오른쪽 집합의 절단선 L도 그린다.

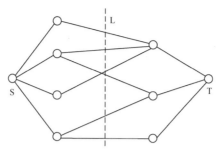

그림 5.27 이분 그래프를 시작 노드와 목표 노드가 있는 연결 그래프로 확장

[그림 5.27]에서 볼 수 있듯이 L의 양쪽에서 최대 노드 쌍을 달성하는 것은 S에서 T로의 최대 흐름을 달성하는 것과 같다. 두 쌍의 노드가 짝을 이룰 수 있으면 흐름은 2다. 세 쌍이 짝을 이룰 수 있으면 흐름은 3이다. 최대 흐름 문제는 직접 포드 풀커슨 알고리즘으로 해결할 수 있다. 에지의 최소 용량에 대한 최대 용량의 비율이 큰 그래프에는 효율적이지 않은 알고리즘이다. 그러나 이분 그래프에서는 에지의 최대 용량과 최소 용량이 모두 1이다. 이 알고리즘의 복잡도는 $O(|E|)$로 매우 효율적이다. 특히 이분 그래프의 두 개별 부분 집합 간 에지 수량이 많지 않은 경우 알고리즘 복잡도는 노드 수에 비례한다. 이분 그래프가 짝을 이룰 때 증가 경로를 찾는 방법은 《Introduction to Algorithms》에 자세히 설명됐다. 일반적인 연결 그래프보다 더 독창적인 방법인 대체 경로 방법이 있다. 여기서는 생략한다.

각 간선의 가중치가 다른 경우에 포드 풀커슨 알고리즘을 약간 개선해 복잡도 $O(\sqrt{|V|}\cdot|E|)$인 '에드먼즈 알고리즘Edmonds algorithm'으로 구할 수 있다.

에드먼즈 알고리즘을 자세히 알고 싶다면 《Introduction to Algorithms》을 참고하자. 현실에서 매칭 문제는 규모가 큰 것처럼 보이지만 계산 복잡도는 제한적이다. 택시 기사와 승객을 매칭하는 문제를 보자. 베이징 같은 대도시에서는 택시 기사 수가 10만 명을 넘고 애플리케이션으로 택시를 잡고 싶어 하는 승객은 수십만 명이다. 기사의 주변에 있는 승객만 태우도록 했다면 이분 그래프의 밀도는 그리 높지 않아 에지 수는 운전자 수의 수십 배에 정도에 불과하다.

이때 포드 풀커슨 알고리즘을 사용하면 도시의 운전자와 승객을 연결하는 데 그리 오랜 시간이 걸리지 않는다. 그러나 알고리즘이 올바르게 선택되지 않으면 복잡성이 수백 또는 수천 배 증가할 수 있다. 데이트 사이트는 기본적으로 노드와 에지 상태가 모두 정적이다. 매칭 난이도가 낮고 한 번 매칭한 후 새로운 데이터(새로운 사용자)가 들어오면 약간의 가중치만 조정하면 된다. 물론 데이트 사이트에서는 어떤 상대를 매칭할 것인지의 가중치, 즉 완성도를 계산하는 방법이 예술이며 컴퓨터 알고리즘보다 더 중요할 수 있다.

이와 대조적으로 구글 및 페이스북 같은 거대 인터넷 회사는 광고와 회사에서 제공하는 콘텐츠의 최상의 조합을 달성하는 데 많은 계산이 필요하다. '광고 주제가 표시될 콘텐츠(구글 검색 결과나 페이스북 게시물)와 서로 관련이 있으면 되지 않을까?'라고 생각할 수 있다. 이 문제는 간단하지 않다. 모든 광고주마다 일일 광고 예산이 있으며 구글이나 페이스북 같은 회사는 광고주의 일일 예산을 다 써야 할 뿐만 아니라 잘 써야 한다. 콘텐츠와 가장 관련성이 높은 광고를 먼저 표시하기 위해 하루 종일 콘텐츠와 광고 조합을 최적화해야 한다. 이런 이분 그래프의 최적화는 계산 비용이 많이 든다. 다행히 광고는 약간 부족하게 매칭되면 돈을 덜 버는 문제일 뿐이다. 택시 기사와 승객을 잘못 매칭하는 것만큼 나쁘지는 않다. 만약 택시 기사와 승객을 잘못 매칭한다면 꽤 큰 문제가 될 수 있다.

구글 클라우드 컴퓨팅 시스템의 핵심 모듈인 맵리듀스MapReduce는 원래 광고 페어링을 최적화하고자 설계됐다. 맵리듀스로 광고 시스템의 글로벌 최적화가 가능해졌다. 구글은 시스템이 가능한 최상의 결과를 얻기까지 1년 이상 디버깅했고 결국 최적화에 성공했다. 페이스북 또한 구글과 유사한 작업을 수행했다. 역시 만족스러운 결과를 얻는 데 오랜 시간이 걸렸다. 맵리듀스 같은 시스템을 구현할 때 또 다른 어려움은 앞으로 몇 시간 내 표시될 사이트 내용을 정확하게 예측할 수 없다는 점이다. 예를 들어 슈퍼볼을 하는 당일 16시부터 20시까지 사람들은 슈퍼볼 콘텐츠를 많이 검색했고 읽었다. 그러나 20시 이후는 어떻게 될지 모른다. 그렇다면 슈퍼볼 관련 광고 예산은 20시 전에 다 사용해야 할까? 아니면 20시 이후에 또 사용해야 할까?

앞서 말한 세 가지 유형의 매칭 문제 중 가장 어려운 유형이 슈퍼볼 광고 같은 규모가 클 뿐만 아니라 불확실성이 높은 광고 매칭 문제다. 두 번째 유형은 택시 예약 애플리케이션이나 음식 배달 애플리케이션이다. 규모는 커 보이지만 사용자 지역에 따라 수직적으로 그래프를 나눌 수 있어 각 문제는 훨씬 간단하다. 어려움이 있다면 노드들의 동적 변화에서 생기는 불확실성이다. 알고리즘적으로 가장 쉬운 것은 정적인 노드와 노드 매칭이다. 결혼 연애 애플리케이션이 그 예다. 이런 애플리케이션 구현에서 어려운 점은 공학적이라기보다는 남녀 관계를 이해해야 한다는 점이다.

최대 매칭 문제는 많은 IT 회사 면접에서 자주 하는 질문이다. 회사마다 비즈니스가 다르기 때문에 다양하게 변형돼 나온다. 수천 명의 직원이 있는 대기업 IT 회사의 기술 이사라면 택시 예약 애플리케이션이나 음식 배달 애플리케이션 같은 대규모 문제를 해결해야 할 수도 있다. 이런 **문제들이 그래프 이론의 매칭 문제라는 것을 파악할 수 있고 최대 흐름 문제의 핵심을 이해했다면 4등급 개발자 수준에 도달한 것이다. 다양하게 발생할 수 있는 추가적인 복잡한 상황을 정확하게 고려해 문제를 해결한다면**

3등급 개발자 수준이 된 것이다. 매칭의 기본 원리와 최대 매칭의 특성을 이해한다면 어떻게 변경되든 문제가 되지는 않을 것이다.

> 요점 최대 흐름 문제와 최대 매칭 문제는 본질적으로 같은 문제다. 등가성을 가진다고 할 수 있으며 두 문제 간 등가성을 이해하는 것은 최고의 컴퓨터 전문가가 되는 데 반드시 필요하다.
>
> 포드 풀커슨 알고리즘은 특정 조건에서는 효율적이지 않지만 실제로는 이런 특정 조건이 발생할 가능성이 거의 없다.

심화 사고 문제 5.5

Q1. ★★★★☆(AB, LK) 회사의 인사 부서에서 M명의 이력서를 받아 N개 부서에 배포하려고 한다. 각 이력서는 하나 또는 여러 부서의 요구 사항을 충족한다. 이력서는 최대 k개의 부서로 보낼 수 있으며 각 부서는 최대 d개의 이력서를 받을 수 있다. 지원자와 부서 간 최대 매칭을 달성하는 방법은 무엇일까? (힌트: 지원자가 몇 개의 부서 업무를 수행할 수 있는지가 해당 이력서를 부서에 보낼 수 있는 수다.)

Q2. ★★★★★(AB) 1번 질문에서 각 지원자의 이력서와 특정 부서의 요구 사항이 단순한 일치 여부가 아니라 0과 1의 일치만 있는 경우 최대 일치량을 달성하는 수정 방법은 무엇일까?

5.7 마무리

그래프는 추상적인 수학적 개념이지만 실제로는 많은 대상을 그래프로 설명할 수 있다. 그래프 핵심은 점과 선이다. 점(노드)은 개체를 나타내고 선은 점 사이의 관계를 나타낸다. 만약 간선이 단순히 관계의 유무뿐 아니라 정량적 척도가 있는 경우 해당 그래프는 가중 그래프가 된다.

그래프에는 특정 문제를 해결하는 데 사용할 수 있는 알고리즘들이 있다. 가장 일반적으로 사용되는 알고리즘에는 그래프 순회 알고리즘(BFS, DFS), 그래프의 모든 점 사이의 최단 거리 계산(데이크스트라), 한 점에서 다른 점으로의 최대 흐름 할당(최소 절단 흐름, 포드 풀커슨 알고리즘), 이분 그래프의 매칭 알고리즘(최소 절단 흐름, 포드 풀커슨 알고리즘) 등이 있다.

부록1	그래프의 깊이 우선 순회 알고리즘

그림 $G=(V, E)$의 경우 V의 모든 노드 u를 not_visited, 즉 u.tag=not_visited로 식별하고자 먼저 초기화했다.

```
DFS (G) { // 깊이 우선 탐색
  for all u ∈ V {
  // 만약 이 노드가 아직 방문되지 않았다면 이 노드부터 방문한다.
    if (u.tag == not_visited)
      DFS-Traverse(G,u);
  }
}
DFS-Traverse(G, u) {
  u.tag = visited; // u를 방문한 노드로 구분해놓는다.
  for all v in u.Adjacent { // u에 연결된 모든 노드 v에 대해
    if (v.tag == not_visited) // v를 방문한 적이 없다면 v부터 방문한다.
      DFS-Traverse(G, v);
  }
}
```

만약 재귀 알고리즘을 쓰지 않고 싶다면 스택을 사용해 알고리즘을 일반적인 반복문으로 만들 수 있다.

부록2 **그래프의 너비 우선 순회 알고리즘**

트리의 정의와 초기화는 깊이 우선 탐색 알고리즘과 동일하다. 단 노드를 저장할 큐 Q가 필요하다. 초기화할 때 상태가 비어 있어야 한다.

```
BFS(G, s) { // s는 그래프의 임의의 시작 노드다.
  EnQueue(Q, s); // s를 큐에 저장한다.
    while (Q not EMPTY) { // 만약 Q가 비어 있지 않다면
      u = DeQueue(Q); // 큐 중의 첫 번째 노드를 꺼낸다.
    u.tag = visited;
    for all v in u.Adjacent {
      if (v.tag == not_visited) // 만약 v가 방문되지 않은 노드라면 Q에 넣는다.
        EnQueue(Q, v);
    }
  }
}
```

부록3 **동적 계획법을 사용한 최단 거리를 계산하는 의사 코드**

가중 그래프 $G=(V, E)$에서 $(u, v) \in E$, 즉 (u, v)가 그래프의 간선이면 가중치는 $weight(u, v)$이다.

시작점 s에서 각 점 u의 최단 경로까지 거리(초기에는 무한대로 지정)와 최단 경로에서 u의 이전 노드(초기에는 정의되지 않음)까지 거리를 각각 기록하는 두 개의 수열 distance 및 previous가 필요하다. 또한, 거리를 계산할

노드(초기 시작점)를 저장하는 데 큐 Q가 필요하다.

동적 계획법 알고리즘은 다음과 같다.

```
Dijkstra(G, s) { // s가 최단 경로의 계산 시작점이다.
  EnQueue(Q, s); // 시작점을 큐에 넣는다.
    while (Q not empty) { // 만약 큐가 비어 있지 않다면 큐에서 첫 번째 노드를 꺼낸다.
    u = DeQueue(Q);
    for all v in u.Adjacent { // u와 인접한 노드를 처리한다.
      // 만약 u에서 v로 가는 경로가 s에서 v로 가는 경로보다 짧다면
      // s에서 v로 경로를 업데이트하고 v의 이전 노드를 u로 설정한다.
      if (distance[u] + length(u, v) < distance[v]) {
        distance[v] = distance[u] + length(u, v);
      previous[v] = u;
      }
    }
    }
}
```

부록4 최대 흐름 알고리즘 의사 코드

가중 그래프 $G=(V, E)$의 경우 $(u, v) \in E$, 즉 (u, v)가 그래프의 간선이면 최대 에지의 용량은 capacity(u, v)로 표기하고 유량을 flow(u, v)로 표기한다. 0으로 초기화한다. 또한, 각 에지에 할당 가능한 나머지 트래픽을 나타내는 나머지 remaining(u, v)가 필요하다. remaining 수열과 노드 집합으로 잔여 유량 그래프 G_r이 형성된다. u와 v 사이에 잔여 유량 remaining(u, v)가 없다면 원래 그래프 G에 속했던 간선 (u, v)는 잔여 유량 그래프 G_r에 포함되지 않는다.

```
Ford-Fulkerson(G, start, end) { // start가 시작점, end가 종착점
  while (Gr 중 start부터 end까지 path가 존재한다.) {
    remaining(path) = min{remaining(u, v), 경로상 (u, v)};
    for each (u, v) in path { // path의 모든 에지에 대해 다음 처리를 수행한다.
    // 이 에지에 트래픽이 할당된 경우 트래픽을 늘리고 아니면 역방향 트래픽을 줄인다.
      if (flow(u, v) ≥ 0) {
        flow(u,v) += remaining(path);
      }
      else flow(v,u) -= remaining(path);
    }
  }
}
```

6
CHAPTER

복잡함의 단순화: 분할 정복법 응용

컴퓨터 과학의 첫 번째 중요한 개념이 '재귀'라면 두 번째로 중요한 개념은 '분할 정복 알고리즘 divide and conquer algorithm'이다. 분할 정복 알고리즘의 이해 수준과 실무 적용 수준은 개발자의 컴퓨터 과학 소양을 측정하는 척도다. 분할 정복을 돌파하지 못하면 4등급 개발자가 될 수 없다.

많은 사람은 분할 정복 알고리즘을 이해한다고 말한다. 안타깝게도 아니다. 가장 피상적인 것만 이해한다. 컴퓨터 전문가가 분할 정복 알고리즘을 얼마나 이해하는지 정도는 세 가지로 나눌 수 있다. 첫 번째로 피상적으로 이해하고 알고리즘 관련 책에서 몇 가지 연습을 해본 정도다. 문제 해결 작업에 참여할 수는 있지만 곧 실제 개발에서의 한계에 직면하게 된다. 두 번째로 사고방식을 유연하게 사용해 컴퓨터로 큰 문제를 해결하는 수준이다. 이 수준의 사람들이 작업한 것을 보면 '분할 정복 알고리즘을 책에서 본 적도 없는 식으로 사용할 수 있네'라고 할 것이다. 가장 높은 수준인 세 번째는 분할 정복 알고리즘을 발전시키고 다른 사람은 해결할 수 없는 문제를 해결하는 것이다. 이 수준에 해당하는 많은 사람이 컴퓨터 과학 및 공학에 획기적인 공헌을 했다. 구글에서 클라우드 컴퓨팅 도구인 맵리듀스MapReduce를 개발한 사람들과 구글 브레인Google Brain 팀이 있다.

분할 정복 알고리즘은 중요한 알고리즘이다. 유명 IT 회사의 면접에서 면접관은 컴퓨터 이론과 기술을 얼마나 이해하는지 테스트하고자 분할 정복 알고리즘 관련 질문을 한다. 필자가 구글에 지원했을 때 분할 정복 알고리즘을 사용해야 하는 대규모 행렬 곱셈의 수행 방법을 질문받았다. 나중에는 필자가 분할 정복 알고리즘 관련 문제로 지원자를 테스트했다.

분할 정복 알고리즘의 원리는 매우 간단하다. 기본적으로 세 단계로 나눠진다.

첫째, 복잡한 문제를 해결해야 할 몇 가지 간단한 하위 문제로 나눈다. 이 단계를 '분할'이라고 한다. 둘째, 각 하위 문제를 해결한다. '정복' 단계다. '분할 정복'이라는 알고리즘 이름의 유래다. 이 단계에서는 하위 문제가 매우 간단하면 바로 해결한다. 여전히 하위 문제가 크다면 분할 정복 알고리즘을 재귀적으로 호출해 하위 문제를 더 작은 문제로 나눠야 한다. 분할된 하위 문제를 직접 해결할 수 있을 때까지 반복한다. 마지막으로 하위 문제의 결과를 결합해 원래 문제의 최종 답을 얻는다. 물론 하위 문제가 계층별로 분해되는 경우, 각 하위의 부분적인 결과는 원래 문제의 해답이 병합될 때까지 단계적으로 병합된다.

분할 정복 알고리즘은 재귀 알고리즘과 관련 있다. 이 알고리즘을 사용하는 데 재귀는 필수 조건이 아니다. 그것은 정복 알고리즘의 기본 개념을 통해 알 수 있다. 많은 책에서는 이 점을 강조하지 않는다. 주어진 예제가 재귀와 관련된 경우가 많기 때문에 함께 사용해야 한다고 잘못 생각하는 사람도 많다. 이후 행렬 곱셈의 예에서 알 수 있듯이 분할 정복 알고리즘의 핵심은 재귀가 아니라 분할과 병합이다.

추상적인 분할 정복 알고리즘을 쉽게 이해할 수 있도록 6장에서는 다양한 실제 사례를 다룬다. 그중 일부는 재귀와 관련되며 일부는 그렇지 않다. 기본적으로 분할 정복 알고리즘을 이해하는 위의 3단계에 따라 설명하며 점진적으로 쉬운 문제에서 어려운 문제로 진행한다.

6.1 분할 정복: $O(N^2)$에서 $O(N\log N)$으로

컴퓨터 공학을 배우는 대부분은 분할 정복 알고리즘을 병합 정렬에서 처음 접한다. 이는 정렬 문제가 더 직관적이고 이해하기 쉽기 때문이다. 두 번째는 실제로 병합 알고리즘 자체를 사용하기 때문이다. 분할 정복으로 정렬 문제를 해결하면 엄청난 이점을 얻을 수 있다. 알고리즘의 복잡성 또한 $O(N^2)$에서 $O(N\log N)$으로 줄어든다.

병합 알고리즘의 이점을 이해하고자 직접 정렬 알고리즘의 문제를 이야기해보자. 수열 a_1, a_2, a_3 … a_n을 N개의 요소로 정렬하려는 경우 쌍별 비교(예: 버블 정렬 또는 교환 정렬)로 a_i와 a_j를 직접 정렬하면 복잡도는 $O(N^2)$, 계산량은 kN^2로 표기할 수 있다. 여기서 k는 N과는 무관한 상수다.[1] 이 접근 방식의 문제는 원소 수(일부 책에서는 '문제 크기'라고 한다)를 두 배로 늘리면 계산은 네 배, 즉 원본의 네 배가 된다는 점이다. 거듭제곱에 따라 증가하는 특성은 직접 정렬 알고리즘의 문제다. 그래서 알고리즘 개선 아이디어, 즉 큰 문제를 두 개의 작은 하위 문제로 전환한다는 아이디어를 제시한다.

---

1 이론상으로는 전혀 관련이 없지만 엔지니어링적으로는 관련이 있다.

큰 수열을 두 개의 하위 수열 a_1, a_2 ... $a_{N/2}$와 $a_{N/2+1}$, $a_{N/2+2}$ ... a_N으로 나눠 (N을 두 부분으로 나눌 때) 반을 따로따로 정렬하고 계산하면 각 하위 문제의 계산량은 $k\left(\dfrac{N}{2}\right)^2$이다. 합은 $\dfrac{k}{2} \cdot N^2$으로 원래의 반보다 작아진다. 물론 컴퓨터 알고리즘에서 계산량을 절반으로 줄이는 것은 의미가 없다. 그러나 이를 계속 분할해 매번 반으로 줄이면 누적 효과가 두 배 차이를 넘어 수십, 수백 배 차이를 가져올 수 있다. 이 누적 효과는 나중에 보여주겠다. 바로 이것이 병합 정렬을 위해 분할 알고리즘으로 계산량을 줄이는 기본 아이디어다.

두 개의 하위 수열을 각각 정렬한 후 병합하는데 이것이 '병합 정렬' 명칭의 유래다. 앞선 과정도 기본적으로 분할 정복 알고리즘의 세 번째 단계에 해당하지만 두 번째와 세 번째 단계의 세부 사항도 개선해야 한다.

먼저 정렬된(오름차순) 두 개의 수열 $A = a_1$, a_2, a_3 ... a_n와 $B = b_1$, b_2, b_3 ... b_m을 $C = c_1$, c_2, c_3 ... c_{n+m}로 병합하는 방법을 살펴보자. 먼저 c_1은 a_1과 b_1중 더 작은 값이 돼야 한다. 예를 들어 a_1이 더 작다고 가정하면 a_1이 c_1이 된다. 그다음 c_2가 무엇이 될지 결정해야 한다. a_1이 처리됐으므로 수열 A에서 가장 작은 요소는 a_2다. c_2는 a_2나 b_1만 될 수 있으며 이 경우에는 b_1이라고 가정한다. 병합 정렬의 병합 과정은 [그림 6.1]과 같다.

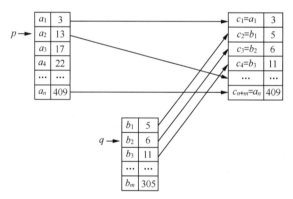

그림 6.1 **병합 정렬의 병합 과정**

앞선 병합 정렬의 병합 방법으로 결과 수열 C의 k 요소까지 정렬했다면 어떤 요소가 $k+1$번째 요소인지 고려하려면 아직 처리되지 않은 두 수열 A와 B의 '상위' 항목 요소를 비교해야 한다. 어떤 요소가 처리됐는지 기록하고자 두 개의 포인터 p와 q를 미리 준비하고 수열 A와 B에서 각각 현재 비교할 요소 위치를 가리키도록 한다. 예를 들어 c_3을 정할 때 A와 B에서 아직 처리하지 않은 첫 번째 요소는 둘 다 두 번째 요소다. p와 q는 두 번째 요소를 가리킨다. a_p가 b_q보다 작으면 a_p가 수열

C에 들어가고 포인터 p는 A의 다음 요소를 가리킨다. 그렇지 않으면 b_q를 C에 넣고 포인터 q는 B의 다음 요소를 가리킨다. 이와 같이 A와 B의 현재 요소를 지속적으로 비교한다. 한 수열의 요소가 처리될 때까지 해당 포인터를 조정하고 다른 수열의 나머지 요소 또한 C 수열에 넣는다.

전체 병합 과정은 수열 A와 B의 모든 요소를 스캔해야 하므로 계산량은 $O(m+n)$이다.

병합 문제를 해결해 분할 정복 알고리즘의 세 번째 단계까지 온다면 답이 나올 수 있지만 길이가 $N/2$인 두 하위 수열을 정렬하는 방법부터 필요하다. 이때 재귀를 사용한다. 즉 두 하위 수열을 병합하는 병합 정렬 자체를 재귀로 사용한다. 병합 정렬 알고리즘의 의사 코드는 다음과 같이 작성할 수 있다.

알고리즘 6.1 병합 정렬

```
// 시작 원소에서 시작해 끝 원소에서 끝나는 수열 A 병합 정렬
Merge-Sort(A, begin, end) {
  if (begin < end) {
    mid =⌊b(begin + end)⌋ / 2;
    Merge-Sort(A, begin, mid);
    Merge-Sort(A, mid+1, end);
    // A[begin, mid]와 A[mid+1, end]의 수열을 합병한 결과를 A에 넣는다.
    Merge(A, begin, mid, end);
  }
}
```

8행의 병합 함수 Merge()의 구현 방법은 너무 간단하니 생략한다. 병합 함수를 작성하는 것을 실리콘 밸리에 있는 일부 회사에서 면접 질문으로 사용했다. 구글도 초기에 질문했지만 너무 간단한 문제이기에 더 이상 질문하지 않는다.

재귀 기반 병합 정렬은 버블 정렬bubble sort(거품 정렬)이나 교환 정렬exchange sort만큼 직관적이지 않다. 하위 수열이 정렬될 때마다 하위 수열을 병합해야 한다. 그렇다면 계산 복잡도는 얼마나 클까?

병합 정렬의 계산량은 원소 수 N에 대한 함수다(N은 2의 거듭제곱 수다). $F(N)$으로 쓰고 동일한 방법으로 다음을 포함하는 부분 수열subsequence을 정렬한다. 길이는 반으로 줄어들고 계산량은 $F(N/2)$이다. 두 부분 수열을 병합하려면 $O(N)$번의 추가 계산이 필요하다. kN으로 쓸 수도 있어 $F(N)$의 다음과 같은 재귀 공식을 얻는다.

$$F(N) = 2F(N/2) + kN$$

(6.1)

$N/2$, $N/4$, $N/8\cdots$을 [수식 6.1]에 대입하면 다음을 얻는다.

$$F(N/2) = 2F(N/4) + k\frac{N}{2}$$

$$F(N/4) = 2F(N/8) + k\frac{N}{4}$$

$$\cdots$$

$$F(1) = 1$$

이 재귀 공식을 [수식 6.1]에 하나씩 대입하면 다음을 얻는다.

$$\begin{aligned}
F(N) &= 2F(N/2) + kN \\
&= 2 \cdot 2F(N/4) + 2 \cdot k\frac{N}{2} + kN \\
&= 2^2 \cdot F(N/4) + 2 \cdot kN \\
&= 2^3 \cdot F(N/8) + 3 \cdot kN \\
&= \cdots
\end{aligned} \tag{6.2}$$

단계가 바뀔 때마다 첫 번째 항의 계수는 두 배가 된다. 함수 $F()$의 변수 값은 반으로 줄어들고 세 번째 항은 kN만큼 증가한다.

N을 $\log N$번 나누면 결국 1이 되므로 나눌 필요가 없다. $\log N$만 가지고 최종적으로 다음을 얻는다.

$$\begin{aligned}
F(N) &= 2^{\log N} \cdot F(1) + kN \log N \\
&= N + kN \log N \\
&= O(N \log N)
\end{aligned} \tag{6.3}$$

정렬의 복잡도는 $O(N2)$에서 $O(N\log N)$으로 개선된다.

알고리즘의 시간 복잡도에서 분할 정복 알고리즘의 장점을 볼 수 있다. 정렬 알고리즘에서 복잡성이 $O(N\log N)$인 대부분 알고리즘은 힙 정렬을 제외한 모두 분할 정복 알고리즘을 사용한다. $O(N^2)$ 복잡도와 $O(N\log N)$ 복잡도의 계산 시간 차이를 설명하고자 몇 가지 예를 들었다. 그러나 많은 알고리즘 관련 서적에서는 병합 알고리즘이 사용해야 하는 추가 공간을 논의하지 않는다. 각 병합 결과가 임시 수열 C에 저장되므로 $O(N\log N)$의 저장 공간을 더 사용해야 한다고 생각한다. 이런 재귀는 $\log N$단계로 진행한다. 실제로는 A와 B의 두 수열이 C로 병합될 때 A와 B의 공간이 해제되므로 $O(N)$의 추가 공간만 필요하다.

각 병합 과정에서 A와 B 수열이 차지하는 공간을 '원본 데이터 공간'이라고 한다. C 수열이 차지하는 공간은 '대상 데이터 공간'이라고 한다. 크기는 동일하다. 재귀 중 합병 수열과 하위 수열 계층 사이에서 상위 수열 계층의 대상 데이터 공간은 하위 계층의 원본 데이터 공간이 된다. 하위 계층의 원본 데이터 공간은 상위 계층의 대상 데이터 공간으로 사용되므로 모든 단계별 공간을 보유할 필요는 없다. 대상 데이터 공간과 원본 데이터 공간의 2계층으로 충분하다. 즉 재귀적인 과정에서 계층별로 두 개의 데이터 공간만 저장하면 '소스 데이터 공간'과 '대상 데이터 공간' 역할을 교대로 수행하게 된다. 프로그램 구현 방법은 직접 생각해보자.

병합 정렬 알고리즘은 하위 수열 정렬을 재귀적 방식으로 구현하는 것이 핵심이다. 주목해야 할 점은 두 개의 정렬된 수열을 병합하는 알고리즘이라는 점이다. 면접에서 테스트 문제로 제출될 뿐만 아니라 실제 서비스에서 변형해서 사용하는 경우가 많다.

다음으로 병합 정렬 알고리즘에서 발생하는 두 가지 문제를 살펴보자.

예제 6.1 ★★★☆☆ 랭킹을 놓고 경쟁하는 스물다섯 명의 플레이어(GS)

3위를 놓고 경쟁하는 단거리 선수는 스물다섯 명이다. 필드에는 다섯 개의 트랙이 있어 다섯 명의 주자가 한 번에 경주할 수 있다. 시간 제한은 없으며 들어온 순서대로 순위만 지정된다. 선수들의 경기력은 어떤 것에도 영향을 받지 않고 일정하며 선수 간 경쟁 결과는 항상 같다. 예를 들어 존이 철수보다 빨리 달리고 철수가 켈리보다 빨리 달리면 존은 켈리보다 빨리 달린 것이다. 상위 3위까지 결정하는 데 필요한 최소 경기 수는 몇 경기일까?

골드만삭스에 면접을 봤던 친구가 이 문제에 대답하지 못해 필자에게 질문한 적이 있다. 필자는 이 문제의 답을 풀었는데 친구보다 똑똑했기 때문이 아니다. 컴퓨터 이론을 공부했으며 이런 종류의 문제를 해결하는 방법을 알고 있었을 뿐이다. 친구에게 믿지 못하겠다면 IT 업계에서 일하는 두 명의 기술 전문가에게 한 번 더 물어보라고 했다. 마이크로소프트와 야후의 선임 컴퓨터 개발자에게 질문했고 둘 다 즉시 풀어냈다. 여기에 사용된 것은 병합 정렬 알고리즘의 병합 단계. 아무리 똑똑해도 병합 정렬 알고리즘을 완벽하게 이해하지 못하면 [예제 6.1]을 풀 수 없다.

구글을 비롯한 실리콘 밸리의 일부 IT 회사에서도 지원자에게 이 질문을 했다. 필자는 텐센트와 구글에서 일할 당시 지원자를 테스트하고자 이 질문을 했고 대부분 상위 세 명을 찾으려면 여덟 번 경기해야 한다고 했다. 구체적인 접근 방식은 다음과 같다(방법 1).

1단계, 스물다섯 명 선수를 각각 다섯 명의 플레이어로 구성된 다섯 개 그룹으로 나눈다. 쉽게 설명할 수 있도록 스물다섯 명의 플레이어를 그룹에 따라 번호를 매기겠다. A1~A5는 그룹 A 선수, B1~B5는 그룹 B 선수 … E1~E5는 마지막 그룹 E 선수다.

그다음 각 그룹이 개별적으로 경쟁하게 하고 각 그룹의 순위를 정렬한다. 설명의 편의를 위해 순위를 그대로 그룹 내 번호로 가정한다. 즉 그룹 A 순위는 번호 순서대로 A1, A2, A3, A4, A5다. 그룹

B 순위도 동일하다. [표 6.1]이 그 결과다.

2단계, 각 그룹의 1위([표 6.1]에서 볼드체로 표시된 숫자의 선수), 즉 A1, B1, C1, D1, E1을 다시 비교해 전체 1위를 결정할 수 있다. 이해하기 쉽도록 A1이 이 시합에서 이겼다고 하고 이제 종합 1위를 안다고 가정해보자. A1이 종합 1위이기 때문에 A2도 매우 뛰어난 선수였을 수 있다. 조별 예선에서 A1을 만난 것은 운이 좋지 않았기 때문일 수도 있다. A1이 종합 1위를 했다면 A2는 종합 2위 후보가 된다. 3단계로 이동한다.

3단계, A2와 나머지 네 개 그룹의 1위가 종합 2위를 놓고 시합한다. 이 경우 일곱 번째 시합에 참가한 다섯 명의 선수를 [표 6.2]에 볼드체로 표시했다. 이번에 A2가 이기면 확실히 전체 2위가 된다. A3는 전체 3위를 놓고 시합을 뛰어야 한다. A2가 우승하지 못하고 다른 네 개 그룹의 1위 중 한 명이 이기면 이 경기의 우승자가 종합 2위가 된다. 해당 그룹의 다음 순위 선수가 전체 3위를 놓고 경쟁한다.

표 6.1 **다섯 개 그룹 조별 선수 순위**				
A조	B조	C조	D조	E조
A1	**B1**	**C1**	**D1**	**E1**
A2	B2	C2	D2	E2
A3	B3	C3	D3	E3
A4	B4	C4	D4	E4
A5	B5	C5	D5	E5

표 6.2 **완전히 최적화되지 않은 방식에서 종합 2위를 경쟁하는 선수들(볼드체)**				
A조	B조	C조	D조	E조
	B1	**C1**	**D1**	**E1**
A2	B2	C2	D2	E2
A3	B3	C3	D3	E3
A4	B4	C4	D4	E4
A5	B5	C5	D5	E5

4단계, 3단계에서 선택한 다섯 명의 플레이어가 전체 3위를 경쟁한다. 이 경기로 상위 세 명이 모두 결정된다.

이 방법이 틀린 것은 아니다. 다만 더 좋은 방법이 있다. 이 방법을 생각했다면 병합 정렬의 병합 알고리즘은 알지만 배우고 적용하지는 못하고 기계적으로 사용한 것이다.

그렇다면 가장 좋은 답은 무엇일까? 처음 여섯 번째 경기는 모두 필요하고 한 경기도 생략할 수 없다. 하지만 일곱 번째 경기부터는 1단계에서 생략된 정보를 사용한다. 여섯 번째 경기(각 조 1위가 종합 1위를 다투는 대회) 종료 후 하위 두 명의 선수는 이미 상위 3위 자격이 없다. 이들 앞의 세 명이 더 빨리 뛰었으므로 후보에서 탈락시켜야 한다. 이를 방법 1은 간과했다. 이해하기 쉽도록 D1과 E1이 3위 후보에서 탈락하고 B1이 C1보다 높은 순위라고 가정해보자. A1은 이미 1위이고 2위와 3위 경쟁에 참가하지 않아도 된다. 2위와 3위를 정하고자 B1, C1 외 세 명의 추가 선수가 필요하다.

그렇다면 2위 후보는 누구일까? 토너먼트 랭킹 원칙에 따라 종합 1위인 A조의 A2와 결승전에서 패한 B1 두 선수뿐이다. 다음으로 A2와 B1 외에도 누가 3위 후보가 될 것인지 알아봐야 한다. A1이 속한 그룹의 3위인 A3, C1, 또는 종합 2위 후보 B1에 진 B2다.

종합 2위 및 3위 후보는 A2, A3, B1, B2, C1가 된다. 즉 [표 6.3]에서 볼드체로 표시된 선수의 그룹이다. 일곱 번째 경기에 추려진 다섯 명의 선수가 경기를 한다. 여섯 번 경기 후 마지막 일곱 번째 경기만 하는 것이 가장 적은 횟수로 전체 3위까지 알아낼 수 있는 방법이다.

많은 사람이 생각해내는 8회 경기 알고리즘보다 더 효과적인 이유는 무엇일까? 쓸모없는 일을 덜 하기 때문이다.

표 6.3 최적화된 방식으로 일곱 번째 경기에서 종합 2위와 3위를 놓고 경쟁하는 선수(볼드체)

A조	B조	C조	D조	E조
	B1	**C1**	D1	E1
A2	**B2**	C2	D2	E2
A3	B3	C3	D3	E3
A4	B4	C4	D4	E4
A5	B5	C5	D5	E5

방법 1에서 D1 및 E1이 지난 두 번 연속으로 불필요한 경기에 참가하는 것은 자원 낭비다. 컴퓨터 소프트웨어(모바일 애플리케이션 포함)를 사용할 때 동일한 기능을 가진 많은 소프트웨어를 찾을 수 있다. 일부 소프트웨어는 빠르게 실행되지만 일부는 매우 느리다. 주요한 차이점은 느린 소프트웨어가 쓸모없는 작업을 많이 수행한다는 점이다.

나중에 골드만삭스에 재직 중인 친구에게 이 질문을 하자 바로 답을 말했다. 컴퓨터 과학을 공부한 적이 없었다. 천부적인 머리로 생각한 답이었다. 만약 이처럼 천부적인 머리가 있다면 축하한다. 어떤 일을 하든 다른 사람들보다 쉽게 해낼 것이다. 필자처럼 평범해도 괜찮다. 컴퓨터 알고리즘의 정수를 이해하면 된다. 이는 100년 전 마우저Mauser 소총을 가지고 있는 것과 같다. 기술 발전이 없던 당시에는 순수한 재능으로 표적을 맞혀야 했다. 오늘날에는 최첨단 저격소총과 조준경의 도움을 받으면 목표물을 맞히기가 훨씬 쉽다. 무기가 다르기 때문이다. 컴퓨터 알고리즘의 정수야말로 IT 업계 종사자의 무기라는 것을 잊지 말자.

[예제 6.1]의 확장 버전으로 컴퓨터 개발자의 기술 수준을 확인하는 데 더 적합한 문제가 있다. N개의 정렬된 수열 중 가장 큰(또는 가장 작은) K개의 요소를 선택하는 문제다. 실리콘 밸리의 많은 회사가 과거에 자주 내던 면접 문제이기도 하다. 다음과 같다.

예제 6.2 ★★★☆☆ N개의 정렬된 수열 중에서 K개의 가장 큰 요소를 선택하는 문제(AB, MS)
$A_1, A_2 \dots A_N$은 N개의 정렬된 수열이다. 이 중에서 K개의 가장 큰 원소를 가능한 빨리 선택하는 방법은 무엇일까?

일반적으로 [예제 6.2] 같은 문제를 논할 때 N이 1, 2, 3처럼 작은 숫자가 아니라 상대적으로 큰 숫자라고 가정한다. N이 작으면 이 문제는 두 개의 정렬된 수열을 결합하는 문제와 같다. 질문의 답은 실제로 병합 알고리즘과 힙 정렬 알고리즘 조합이다. 일반적인 개념은 [그림 6.2]를 보자.

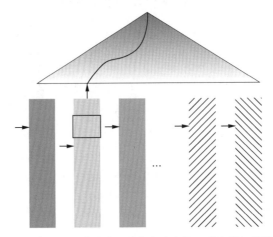

그림 6.2 N개의 정렬된 수열에서 가장 큰 K개의 원소 선택

[그림 6.2]에서 각 수직 막대는 내림차순으로 정렬된 수열을 나타낸다. 각 수열에서 가장 큰 원소를 선택해 힙을 만든다. 힙에는 최상위 원소에 가장 큰 수가 들어간다는 속성이 있어 K개의 가장 큰 원소 중 첫 번째 원소를 얻을 수 있다. 힙을 구축하는 과정에서 힙의 각 원소가 어떤 수열에서 오는지 기록해줘야 한다. 예를 들어 [그림 6.2]의 맨 위 요소는 두 번째 수열에서 가져온 것이다. 두 번째 수열의 첫 번째 원소는 해당 수열에서 제거된다. 두 번째 수열의 두 번째 원소, 그림에서 상자로 표시된 원소를 힙에 넣어 힙의 다른 원소와 비교해 나머지 원소 중 가장 큰 원소(모든 원소 중 두 번째로 큰 원소)를 선택한다. 이 과정을 '힙 재구축reheap'이라고 한다. 각 수열에서 아직 처리되지 않은 원소 중 가장 큰 원소 위치를 추적하려면 각 수열의 원소에 대한 포인터를 설정해야 한다. [그림 6.2]는 가장 큰 원소가 힙에서 제거되고 두 번째 수열의 두 번째로 큰 원소가 다시 힙에 추가된 후 변경된 두 번째 수열 포인터의 위치를 보여준다.

[예제 6.1]과 [예제 6.2]는 차이가 있다. 전자에서는 한 번에 다섯 개 원소(다섯 명의 속도)를 비교할 수 있었지만 후자는 한 번에 두 개씩만 비교할 수 있다. N개의 수 크기를 비교해 가장 큰 숫자를 선택할 때 힙이 설정된 경우(그렇지 않으면 N번)라면 $\log N$번 이상의 시간이 필요하다. 힙 정렬이 이 문제를 해결하는 열쇠다.

이 방법은 계산 비용이 적게 든다. N개의 원소로 힙을 구축하는 데 한 번 필요한 시간인 $O(N \log N)$이 필요하다. 여기에 매번 힙에서 가장 큰 요소를 선택하려면 $O(N \log N)$번 계산해야 하며 그중 K개 원소를 선택하려면 $O(N\log N)$ 계산이 필요하다. 따라서 총 $O((K+N)\log N)$번 필요하다. 일반적으로 K와 N은 각 수열의 전체 요소 수보다는 훨씬 작다. 만약 K 크기가 모든 요소의 합과 비슷하면 다음 절에서 설명하는 분할 알고리즘을 사용하는 것이 좋다.

[예제 6.2]의 답은 다양한 적용이 가능하다. 미국의 유명 대학은 전 세계에서 지원하므로 다른 국적의 지원자를 직접 비교하는 것은 어렵다. 이 때문에 대학들은 주요 국가마다 하나의 수열을, 나머지 국가는 합쳐서 별도의 수열로 만들어 총 N개의 대열을 만드는 방식을 채택한다. 각 수열의 사람은 서로 서열을 매기는 것이 어렵지 않게 된다. 수열을 만든 후에는 첫 번째 단계로 각 나라의 사람의 서열을 매긴다. 그다음 N개의 수열을 함께 놓고 가장 높은 점수를 받은 지원자끼리 합격 후보로 지정해 비교한다. 그중 가장 우수한 사람을 뽑으면 첫 번째 합격자가 된다. 첫 번째 합격자가 어느 국가인지 확인한다. 해당 수열의 두 번째 상위 지원자가 합격 후보자가 되고 각 수열의 상위 후보자를 다시 비교해 두 번째 합격자를 결정한다. 모든 합격자가 결정될 때까지 진행한다.

조직에서 직원을 승진시킬 때도 비슷하게 접근한다. 각 부서의 승진 대상자를 먼저 수열로 만든 후 각 수열의 첫 번째 후보를 먼저 비교하고 가장 먼저 승진할 사람을 결정한다. 승진 TO가 마무리될 때까지 계속 진행한다.

분할 정복 알고리즘을 설명하는 데 자주 사용되는 또 다른 예로 퀵 정렬이 있다. 퀵 정렬 알고리즘을 직접 작성하는 테스트는 없으나 퀵 정렬의 본질을 물어 개인의 컴퓨터 과학 소양을 테스트한다. 보통 상급 개발자, 즉 4등급 정도의 개발자는 이런 유형의 문제를 쉽게 해결할 수 있어야 한다.

> **요점** 힙 같은 자료구조로 N개의 개체에서 K개를 선택하는 연산을 구현할 수 있다. $K \ll N$일 때만 최적인 방법이다.

심화 사고 문제 6.1 ★★★★★ 영 타블로 문제

영 타블로(Young tableau)는 $M \times N$ 행렬이다. 행렬의 각 행은 작은 것에서 큰 순으로 정렬한다. 행 기준으로 가장 작은 것이 가장 왼쪽에 있으며 열 기준으로 가장 작은 것이 위에 있다. 영 타블로에는 빈칸이 있을 수 있다. 빈칸은 무한대로 간주한다. 다음은 영 타블로의 예시다.

$$
\begin{array}{ccc}
3 & 6 & 8 \\
4 & 9 & 20 \\
13 & 14 &
\end{array}
$$

1. 수열(7, 15, 3, 2, 4, 6, 5, 11, 9)을 영 타블로에 넣는다.

2. 2차원 수열의 경우 영 타블로인지 확인한다.

3. 채워지지 않은 영 타블로의 경우 새 원소를 삽입하는 방법은 무엇일까?(힌트: 해답 알고리즘 복잡도는 $O(M+N)$이다.)

4. $N \times N$의 영 타블로에 기존의 정렬 알고리즘을 사용하지 않고 $N \times N$ 요소를 정렬하는 방법은 무엇일까?(힌트: 해답 알고리즘 복잡도는 $O(N^3)$이다.)

6.2 분할 알고리즘: 퀵 정렬과 중앙값 문제

퀵 정렬을 이야기하기 전 예제를 먼저 살펴보자.

예제 6.3 ★★★★☆(AB)

N개의 원소가 있는 정렬되지 않은 수열에서 가장 큰 상위 K개 수를 찾는 방법은 무엇일까?

[예제 6.3]은 구글에서 초창기에 면접에서 했던 질문이다. 특정 시간 동안 어떤 게임의 '가장 고인물'인 100명의 플레이어 찾기, 도시의 특정 장소에서 가장 가까운 주유소 열 개 찾기, 소셜 네트워크에서 특정 시간에 가장 인기 있는 열 가지 주제 찾기 등처럼 변형될 수 있는 질문이다. 구글이 기대한 답은 다음이었다(4~5등급의 개발자가 할 수 있는 대답이다).

1. 일단 $K+1$개 원소로 구성된 최소 힙min heap을 만들고 $K+1$개 숫자를 힙에 넣는다. 이렇게 구성된 힙의 최상단은 입력된 수 중 가장 작은 수가 된다. 이후부터는 힙의 최상단이 가장 큰 수인 K개 중 하나가 될 수 없다면 힙에서 제거된다.

2. 수열에 남은 $N-K-1$개의 원소를 순서대로 선택해 힙의 최상단에 넣어보고 힙을 정리하는 알고리즘인 '힙 재구축'을 호출해 최상단을 다시 힙의 가장 작은 원소로 정렬하고 삭제한다. N개 수열의 모든 원소가 처리될 때까지 계속 넣는다.

3. 해당 작업이 끝나면 최소 힙의 최상위 원소 외 나머지 K개 원소는 N개 수열에서 중 가장 큰 K개 수가 된다.

흔히 N개 원소 중 가장 큰 K개 수를 선택하는 것으로 생각하는 실수를 범한다. 힙을 잘못 구축해 가장 큰 요소가 맨 위에 있도록 최대 힙max heap을 구축한다. 그러나 구성된 힙의 가장 큰 원소가 최종적으로는 상위 K개 원소 중 하나가 아닐 수도 있어 해당 원소를 유지해야 할지 여부를 모른다. 최대 힙은 이 문제를 해결하는 데 쓸모가 없다. [그림 6.3]은 하나의 수열을 초기 원소를 사용해 K개의 힙으로 구성한 것이다. 최대 힙을 구축하고 수열에 남은 원소가 127, 301, 166, 88, 101, 46, 50…이라면 힙의 최상단 원소인 45까지도 힙에서 제거해야 한다. 나머지 원소 중 일곱 개가 45보다 크기 때문이다.

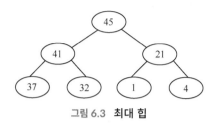

그림 6.3 **최대 힙**

반대로 만약 수열의 나머지 원소가 −1, −5, 3, 0, 77…이라면 45는 최대 힙에서 유지된다. 즉 수열에서 가장 큰 원소를 하나 발견해 힙 최상단에 위치해도 최후의 K개 수 중 하나가 될지 알 수 없다. 물론 수열의 원소가 힙의 가장 작은 원소보다 클 때 가장 작은 원소를 대체하는 식을 제시할 수도 있다. 문제는 최대 힙의 가장 작은 원소가 이진 트리의 리프 노드 어딘가 있다는 것만 알고 정확히 어디에 있는지 모르며 이진 트리에는 총 (K+1)/2개의 리프 노드가 있다는 점이다. 이 방법은 힙에 있는 K개의 원소를 모두 비교하는 것과 같다. 최대 힙으로는 효율적으로 해결할 수 없다. 문제를 해결하려면 거꾸로 생각해야 한다. N−K개의 가장 작은 요소를 제거하면 K개의 가장 큰 원소를 찾을 수 있다.

최소 힙 알고리즘의 복잡도는 $O(N\log(K+1))=O(N\log K)$이다.

[예제 6.3]은 단순한 힙 정렬 문제처럼 보일 수 있다. 그러나 구글에서 면접을 봤던 절반 정도가 제대로 답하지 못했다. 앞선 답변이나 유사한 답변을 하면 지원자의 능력을 어느 정도 이해했을 정도다. 어느 날 필자의 동료가 한 지원자가 이 문제를 한 차원 더 깊이 생각해 '분할법_{partition method}'을 사용한 선형 복잡도 답을 제시했다고 했다. 그 말을 듣자마자 지원자가 알고리즘을 깊이 이해한다 생각했고 합격 소식을 전했다. 지원자의 답을 소개하기 전 좀 더 직관적인 예를 살펴보겠다.

예제 6.4 ★★★★☆ 중앙값 구하기(AB)

매우 큰 수열이 주어졌을 때 중앙값을 찾는 방법은 무엇일까? (힌트: 중앙값이란 평균이 아니라 수열의 절반은 그보다 크고 나머지 절반은 더 작다는 것을 의미한다.)

분할법을 사용한 합격자의 아이디어를 바탕으로 [예제 6.3]을 단순화해 만든 질문이다. 필자가 개발자 면접 시 가장 많이 하는 질문이기도 하다. 간단한 질문 같지만 대부분 지원자가 잘 대답하지 못한다. 주로 정렬을 사용해 구한다고 답하지만 매우 나쁜 해답이다. 조금만 생각해도 알 수 있는 정렬이라는 답을 제시하는 사람을 고용하려는 회사는 없다. 뻔한 답을 원하지 않는다.

앞서 설명했던 최소 힙 알고리즘으로 매우 큰 수열 N개 원소 중 가장 큰 $N/2$개 원소를 추출해 중앙값median을 찾을 수도 있다. 이 알고리즘은 추출해야 할 수 K가 N보다 훨씬 작은 수일 때는 잘 작동하지만 $K=N/2$일 때의 시간 복잡도는 정렬과 동일한 $O(N\log(N/2))=O(N\log K)$이다. 가장 효율적으로 문제를 해결하려면 분할 알고리즘을 사용해야 한다.

안타깝게도 대부분 책에서는 분할 알고리즘을 퀵 정렬 중 한 단계로 이야기한다. 분할 알고리즘 자체를 적용할 생각을 하지 못한다. 분할 알고리즘의 본질을 쉽게 이해할 수 있도록 1장에서 언급했던 퀵 정렬 알고리즘을 다시 이야기해보자. 컴퓨터 실무자라면 퀵 정렬이 낯설지 않을 것이다. 가장 효율적인 정렬 알고리즘이다. 분할 정복 알고리즘의 좋은 응용이기도 하다. 컴퓨터 알고리즘을 배우지 않아도 누구나 쉽게 이해할 수 있다.

퀵 정렬과 병합 정렬은 매우 유사하다. 둘 다 큰 수열(정렬되지 않은 수열)을 둘로 나누고 두 하위 수열을 따로 정렬한 후 결과를 병합해 전체 수열의 정렬을 완료한다. 퀵 정렬과 병합 정렬은 두 가지 면에서 차이를 보인다.

퀵 정렬은 수열을 둘로 분할divide할 때 중간점을 바로 나누는 것이 아니라 하나의 부분 수열에 큰 수를 넣고 다른 부분 수열에 작은 수를 넣는다. 이렇게 하려면 수열을 분할할 때 더 많은 작업이 필요하다. 퀵 정렬에서 가장 복잡한 단계이기도 하다.

좀 더 구체적으로 이야기해보자면 기준 값, 즉 피벗값pivot value v를 선택한 후 수열의 모든 원소 a_i를 해당 피벗값과 비교한다. a_i가 피벗값 v보다 크거나 같으면 오른쪽 수열에 넣고 a_i가 피벗값 v보다 작으면 왼쪽 수열에 넣는다. 이런 식으로 수열의 모든 원소를 스캔해 피벗값과 비교해보면 피벗값의 왼쪽에 있는 수열은 피벗값보다 작고 피벗값의 오른쪽에 있는 요소는 피벗값보다 크다. 이 특징은 매우 중요하다. 직관적으로 이해할 수 있도록 다음 수열의 첫 번째 값을 피벗값으로 해 전체 수열을 한 번 나누는 예를 살펴보자.

20, 3, −4, −5, 10, 33, 0, 71, 41, 6, 8, 21, 30, 9

이 수열의 피벗 분할 결과는 다음과 같다.

3, −4, −5, 10, 0, 6, 8, 9, (20), 33, 71, 41, 21, 30

원본 수열을 둘로 나눈 후 단계는 분할 정복 알고리즘의 정복conquer 단계인 각 하위 수열을 정렬하는 것이다. 앞서 설명했듯이 하위 수열을 정렬하고자 재귀적으로 퀵 정렬 알고리즘을 호출한다.

첫 번째 부분 수열의 왼쪽 수열은 첫 번째 값 3을 피벗값으로 사용한다. 오른쪽 부분 수열은 첫 번째 값 33을 피벗값으로 선택한다. 분할 결과와 다음 재귀 단계 결과는 [그림 6.4]를 보자. [그림 6.4]에서 '6, 8, 9'로 구성된 하위 수열 외 모든 하위 수열이 하나의 요소로 분할됐을 때 분할 및 정복 단계가 완료된다.

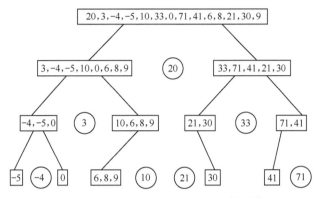

그림 6.4 **퀵 정렬의 처음 세 계층의 분할 결과**

마지막으로 각 계층의 하위 수열을 '왼쪽–피벗값–오른쪽' 순으로 결합해야 한다. 분할할 때 왼쪽이 작고 오른쪽이 큰 것은 이미 확인했으니 병합 단계에서는 서로 비교할 필요가 없이 바로 병합한다. 퀵 정렬과 병합 정렬의 두 번째 차이점이다.

퀵 정렬 후 전체 수열 결과는 다음과 같다.

−5, −4, 0, 3, 6, 8, 9, 10, 20, 21, 30, 33, 41, 71

다음은 퀵 정렬 알고리즘의 의사 코드다.

알고리즘 6.2 퀵 정렬

```
QuickSort(A, start, end) { // 메인 프로그램이 실행될 때 QuickSort(A, 1, N)를 호출한다.
  if (start < end) {
  // 수열을 분할한다. 피벗은 왼쪽 부분 수열이 끝나는 위치다.
    left_subarray_end = Partition(A, start, end);
    QuickSort(A, start, left_subarray_end); // 왼쪽 부분 수열 정렬
    QuickSort(A, left_subarray_end + 1, end); // 오른쪽 부분 수열 정렬
  }
}


Partition(A, start, end) {
// 피벗을 수열의 첫 번째 원소로 선택했는데 다른 선택 방법을 사용할 수도 있다.
```

```
    pivot = A[start];
    left_position = start -1;
    right_position = end + 1;
    while (TRUE) {
    // 왼쪽에서 피벗보다 큰 첫 번째 원소를 찾는다.
      repeat right_position = right_position - 1;
      until A[right_position] ≤ pivot;
    // 피벗보다 작은 수열 오른쪽에 있는 첫 번째 원소를 찾는다.
      repeat left_position = left_position + 1;
      until A[left_position] ≥ pivot;
      if (left_position < right_position) { // 수열 비교가 완료되지 않은 경우
         A[left_position]와 A[right_position] 교환;
      } else {
         return right_position; // 수열 비교가 완료되면 피벗이 있는 위치로 돌아간다.
      }
    }
}
```

퀵 정렬은 첫 번째 단계에서 둘로 분할될 때 병합 정렬보다 더 많은 작업을 수행하지만 마지막 병합 단계에서는 훨씬 적은 작업을 수행한다. 다음 문제는 분할 및 정복이라는 아이디어를 사용한 어떤 정렬 알고리즘이 더 효율적인지다. 먼저 퀵 정렬 알고리즘의 복잡성을 추산해보자. 대략적으로 하위 수열을 $r:(1-r)$ 비율을 사용해 두 부분으로 나누는 피벗을 선택한다고 가정하자. 물론 $\frac{1}{N} < r < 1 - \frac{1}{N}$ 조건에서 r이 0.5보다 큰 경우가 있을 수 있다. $r>0.5$라면 $1-r$을 r로 간주한다.

퀵 정렬 재귀의 최상위 계층에서는 전체 수열을 탐색하며 피벗과 다른 숫자를 비교하는 N번의 비교를 수행한다.

재귀의 두 번째 계층, 즉 피벗을 기준으로 왼쪽 및 오른쪽 부분 수열을 탐색할 때는 Nr번 및 $N(1-r)$번의 비교를 수행해야 한다. 총계는 N번이다. 피벗값은 비교할 필요가 없으니 실제로는 $N-1$번 비교한다.

마찬가지로 각 재귀 계층에서 총 N번 스캔해 비교한다. 퀵 정렬 알고리즘의 총 계산 비용은 $N \times L$이다. L은 재귀 계층 수다. 각 분할 단계에서 원소는 $r:(1-r)$ 비율로 수열을 두 부분으로 나누므로 $\min(\log_{1/r}N, N-1)$ 단계의 레이어 재귀가 수행되면 하나의 원소까지 분할된다. 퀵 정렬 알고리즘의 시간 복잡도 효율성은 피벗을 선택하고 분할한 효과다. $r=2/3$로 가정한다면, 즉 한 쪽이 다른 쪽의 두 배라고 가정한다면 재귀 계층은 약 $1.7\log N$이다. 이때 퀵 정렬 알고리즘의 시간 복잡도는 $O(N\log N)$이다. 최악의 경우 퀵 정렬 알고리즘의 복잡도는 $O(N^2)$이다. 수열이 완전 정렬됐고 피벗을 수열의 최소 또는 최대로 선택했을 때 나타난다. 일반적으로 피벗을 무작위로 선택한 결과는

나쁘지 않다. 많은 연구에서 피벗을 선택할 때 극단적인 상황을 피하고자 간단하고 효과적인 피벗 선택 방법을 설계해 이 문제를 해결했다.

물론 퀵 정렬 알고리즘의 시간 복잡도가 병합 정렬 알고리즘과 동일하다면 왜 퀵 정렬 알고리즘을 사용해야 하는지 의문이 생길 수 있다. 퀵 정렬 알고리즘은 평균적으로 병합 정렬 알고리즘의 세 배 속도다. 성능 또한 매우 안정적이므로 공학적으로 의미가 있다. 영국의 컴퓨터 과학자 토니 호어 Tony Hoare가 1960년 퀵 정렬 알고리즘을 개발한 이후 세계에서 가장 많이 사용되는 정렬 알고리즘이 됐다. 이후 토니 호어는 퀵 정렬 알고리즘을 발명한 공헌으로 기사 작위를 수여받은 최초의 컴퓨터 과학자가 됐다.

분할 정복 알고리즘이나 퀵 정렬 알고리즘이 병합 정렬 알고리즘보다 빠른 이유를 모두 이해할 수 있게 비유를 들어보겠다. 어느 지역에 10만 명의 고등학생이 있다. 학생 중 가장 우수한 학생 몇 명을 뽑으려 할 때 모든 고등학생을 한곳에 모아놓고 가장 우수한 학생을 뽑는 것은 효율적이지 않다. 한곳에 모으면 모든 사람이 모든 사람과 비교해야 하는 버블 정렬과 동일해진다. 10만 명을 열 개 학교에 무작위로 1만 명씩 배치하고 각 학교에서 1등 학생을 뽑아 서로 비교하면 훨씬 더 효율적이다. 이것이 병합 정렬 알고리즘의 원리다.

한 발 더 나아가 몇 개의 기준 점수를 만들어 10만 명의 학생을 개별 성과에 따라 열 개 학교에 할당하면 첫 번째 학교의 학생들은 가장 뛰어난 우등생으로 구성하게 하고, 열 번째 학교에는 가장 낮은 점수를 받은 학생으로 구성하게 한다. 그다음 성적이 우수한 학생들을 찾아낸다. 더 간단하고 작업이 최소화된다. 퀵 정렬 알고리즘의 원리이자 병합 정렬 알고리즘보다 퀵 정렬 알고리즘이 더 빠른 이유다.

퀵 정렬 일고리즘의 원리를 알았으니 이제 퀵 정렬 알고리즘의 핵심 알고리즘인 분할 알고리즘에 초점을 맞춰 큰 수열의 중앙값을 빠르게 찾는 데 어떻게 도움이 되는지 알아보자.

먼저 수열에서 임의의 원소 v를 피벗값으로 선택하고 이를 사용해 원소 크기에 따라 수열을 두 부분으로 나눈다. 운이 굉장히 좋아서 무작위로 선택한 피벗값이 중앙값으로 선택하지 않는 한 나눗셈 결과는 한쪽은 더 많고 다른 쪽은 적다. 예를 들어 [그림 6.5]처럼 피벗값보다 큰 한 부분에는 60% 원소가 있고 반대 부분에는 40% 원소가 있다고 가정한다. 중앙값은 원소가 더 많은 쪽, 즉 피벗값보다 큰 부분에 있다. 두 번째 분할에는 큰 부분에서 무작위로 피벗값을 선택하고 다시 분할해 원소 수가 균형이 맞는지 확인한다. 그렇지 않은 경우 앞선 과정을 반복한다.

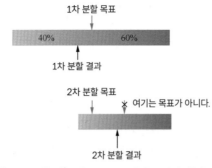

그림 6.5 분할 알고리즘으로 수열의 중앙값 찾기

2차 분할에서 중앙값 대상이 되는 숫자는 1차에 비해 절반(40%) 미만이라는 점을 인식해야 한다. 찾지 못한 경우 3차 부분의 범위가 약간 줄어들 때까지 분할한다. 각 분할의 최종 목표는 피벗값의 양쪽 균형이 맞고 원 수열의 중앙값을 찾는 것이다. 첫 번째 분할 후 더 많은 한쪽에 60% 원소가 있으면 두 번째 분할 목표는 60% 하위 수열의 1:5 분할 위치를 찾는 것이 된다. 즉 두 번째 분할 후에는 [그림 6.5]처럼 원소 10%가 새로운 피벗값보다 작고 50%가 더 큰 지점을 찾는 것이 목표가 된다.

각 분할 후 다음으로 고려할 요소가 이전 요소의 약 $r(r<1)$ 비율이라고 가정하면 일반적인 계산량은 다음과 같다.

$$N + Nr + Nr^2 + \cdots = \frac{N}{1-r} \tag{6.4}$$

매번 요소의 1/3을 제거하면 다음에는 이전 요소의 2/3만 검사하면 된다. 전체 계산은 $\frac{N}{1-2/3}=3N$으로 전체 수열을 세 번 탐색하는 것과 같다. 분할 알고리즘으로 중앙값을 찾는 시간 복잡도는 선형인 $O(N)$이다. 다음은 이전 퀵 정렬 알고리즘에서 Partition() 함수를 호출하는 해당 알고리즘의 의사 코드다.

알고리즘 6.3 비례 분할 알고리즘

```
// 메인 프로그램이 실행 중일 때 PartitionByRatio(A, 1, N, N/2) 호출한다.
PartitionByRatio(A, start, end, target_position) {
  if (start < end) {
    // 피벗값을 얻고자 Partition 함수를 호출한다.
    left_subarray_end = Partition(A, start, end);
    // 반환된 피벗 지점이 대상의 피벗과 동일하면 알고리즘이 종료된다.
    if (left_subarray_end == target_position)
      return;
```

```
    // 반환된 지점이 대상 분할 지점의 왼쪽에 있으면 오른쪽에서 하위 수열을 분할한다.
    if (left_subarray_end < target_position)
            PartitionByRatio(A, left_subarray_end, end, target_position);
    else // 그렇지 않으면 왼쪽 부분 수열을 분할한다.
        PartitionByRatio(A, start, left_subarray_end, target_position);
    }
}
```

앞서 언급한 중앙값을 찾는 방법과 과정이 퀵 정렬 알고리즘과 차이가 없다. 어떻게 퀵 정렬 알고리즘의 $O(N\log N)$ 복잡도를 선형 복잡도인 $O(N)$으로 감소시켰는지 궁금할 것이다. 효율성 향상은 불필요한 계산을 줄인 것에서 비롯됐다. 결과적으로 본다면 퀵 정렬 알고리즘 또한 중앙값을 찾을 수 있지만 분할된 두 수열의 크기 관계를 배제한다. 반면 분할 원리에 기반한 중앙값 알고리즘은 중앙값만 찾을 뿐 그보다 큰 원소나 작은 원소가 무엇인지 찾으려 하지 않는다. 퀵 정렬 알고리즘은 중앙값을 찾고자 문제에 도움이 되지 않는 계산을 많이 해야 한다.

퀵 정렬과 중앙값 알고리즘은 둘 다 재귀적으로 반복되지만 전자는 매번 완전한 수열에 대해 반복되지만 후자는 매번 비교되는 원소 수가 등비수열geometric sequence로 감소하는 것이 계산량 차이의 원인이다. 중앙값 알고리즘이 정렬 알고리즘보다 복잡도가 낮은 이유를 이해할 수 있고 어떤 부분에서 계산이 간소화됐는지 알 수 있다면 3등급 개발자의 가능성이 있다. 실제 면접 시 면접 시간 내 분할 알고리즘으로 중앙값을 찾는 방법을 생각해낼 수 있다면 4등급 개발자 수준에 도달한 것이다.

물론 $O(N\log N)$의 $\log N$ 함수 또한 증가율이 크지 않고 $\log N$ 계수만큼만 계산 복잡도가 증가하는 것은 큰 문제가 되지 않는다고 할 수도 있다. 완전히 잘못된 생각은 아니다. IT 업계에서 일한다면 컴퓨터 자원이 낭비되는 작업을 가능한 적게 수행하도록 하는 데 익숙해져야 한다. 생각보다 효율성에 훨씬 더 큰 영향을 미칠 수 있다. 예를 들어 앞선 문제에서 N이 매우 커지면 $O(N\log N)$의 복잡도와 $O(N)$의 복잡도는 구조적인 측면에서 볼 때 굉장히 큰 차이가 난다. 10억 개 숫자의 중앙값을 구한다면 정렬 알고리즘으로 약 300억 번 계산이 필요하다. 분할 알고리즘으로는 약 30억 번의 계산이 필요하다. 10억은 빅데이터 시대인 오늘날 엄청난 데이터 양은 아니다. 하루에 게임에서 생성되는 로그 수도 이 숫자를 초과할 수 있다. IT 업계 실무자로서 $O(N\log N)$ 복잡도와 $O(N)$ 복잡도의 차이를 느끼지 못한다면 경험이 너무 적거나 컴퓨터 과학 관련 감각이 발달하지 않았다는 의미다. 이를 넘어서지 못하면 5등급 개발자 수준에 머물 수밖에 없다.

중앙값 문제 해답으로 무장하고 알고리즘을 약간 수정해 N개 요소 중 가장 큰 K개 요소를 선택하는 문제인 [예제 6.3]으로 돌아가자. 중앙값 문제는 N에서 $N/2$를 선택하는 문제다. N개 중 K개를 선택하는 특별한 경우다. 중앙값을 찾는 알고리즘 PartitionByRatio을 사용할 수 있다. 이때 분할 목적은 수량 비율이 1:1인 동일한 두 부분으로 나누는 것이 아니라 수량 비율이 $K:(N-K)$인 두 개의 같지 않은 부분으로 나누는 것이다. PartitionByRatio(1, N, K)를 호출하면 해결된다.

중앙값 알고리즘으로 N개 중 K개 선택 과정을 완료하면 계산 복잡도가 $O(N)$에 불과해 힙을 사용하는 방법 $O(N\log K)$보다 더 효과적이다. 그러나 실제 중앙값 알고리즘 계산량은 선형함수의 배수인 경우가 많아 K 크기에 따라 알고리즘을 다르게 적용해야 한다. 만약 $K<<N$이면 구조상 힙 알고리즘을 그대로 사용하는 것이 좋다.

실제로 N개 중 K개 선택의 문제를 적용하는 경우 실제 적용 시나리오는 차이가 크다. 1억 명의 게임 플레이어 중 가장 활동적인 100명을 선택해 보상을 제공한다면 $K<<N$ 경우다. 또한, 많은 머신러닝 관련 시나리오에서는 N개 원소 중 가장 중요한 절반의 원소 또는 중요한 원소 비율을 찾는 것이 필요하다. 머신러닝에는 10억 개의 피처feature[2]가 포함된다. 계산 및 저장 비용 때문에 일부만 유지할 수 있고 당연히 가장 효율적인(가장 큰) 피처만 유지해야 한다. 일반적으로 피처 수와 머신러닝 성능은 [그림 6.6]처럼 양의 상관관계가 있다. [그림 6.6]에서 가로축은 피처 개수이고 세로축은 머신러닝 효과다.

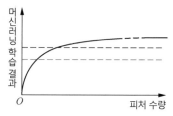

그림 6.6 **피처 수와 머신러닝 학습 효과의 관계**

머신러닝 연구자라면 피처 수를 각각 10%, 20% 또는 50%로 학습시킬 때 머신러닝 효과가 어느 정도 될지 궁금해한다. 머신러닝 연구자들은 자신들이 가진 컴퓨팅 자원과 원하는 학습 효과 정도의 균형을 찾아 가장 가성비가 좋은 피처 수를 찾아내야 한다. 이 문제는 N개 피처의 $N/2$ 또는 $N/10$개 원소를 선택하는 문제다. 이 경우 분할 알고리즘이 힙 기반 알고리즘보다 효율적이다.

지금은 중앙값 관련 문제의 답이 인터넷에 공개됐다. 구글 및 일부 IT 회사는 지원자에게 분할 알고리즘의 복잡도를 분석하고, 분할 시 양측 수열의 불균형 상황을 방지하고 효과적으로 피벗값을 선택하는 방법을 묻는다. 혹은 다른 상황에서 효과적으로 N개 중 K를 선택하는 방법을 묻는다. 만약 지원자가 겉핥기로 공부해서 잘 대답했어도 면접관이 추가로 질문해 더 깊이 파고든다면 허점이 드러나게 된다. 분할 알고리즘의 진수를 제대로 이해했다면 문제가 어떻게 변형돼도 해결할 수 있다.

---

2 옮긴이 참고: https://ko.wikipedia.org/wiki/특징_(기계_학습)

필자는 지원자를 면접 시 중앙값 질문으로 시작하는 경우가 많았다. 이는 다음의 질문을 위한 몸풀기 문제였다.

예제 6.4a ★★★★☆

어떤 수열이 너무나 커서 하나의 서버로는 저장할 수 없어 1천 대 서버로 나눠 저장했다면 이 수열의 중앙값을 찾는 방법은 무엇일까?

필자는 중앙값 문제를 해결한 대부분이 이 질문을 받았을 때 어떻게 풀어야 할지 감을 잡지 못하고 심지어 나쁜 답인 정렬 방식으로 답하는 것에 놀랐다.

대부분 각 서버에서 부분 수열의 중앙값을 찾은 후 중앙값의 중앙값을 찾으려고 해 수렁에 빠진다. 하지만 각 부분 수열의 분포는 전체 수열의 분포와 관련 없을 수 있다. 각 부분 수열에 있는 값의 중앙값은 전체 수열의 중앙값과 관련 있다고 할 수 없다. 이를 깨닫고 일부는 각 부분 수열의 중앙값을 기반으로 약간 수정해 전체 수열의 중앙값을 얻으려고 했지만 실패했다.

그렇다면 복잡한 이 문제는 어떻게 해결할까? 문제의 근원으로 돌아가야 한다. 전체 수열의 중앙값을 찾고 싶다면 각 서버에서 [알고리즘 6.3]을 각자 실행하는 것이 아닌 피벗으로 전체 수열을 분할해야 한다. 이미 이 수열이 너무 커서 한 서버에 한 서버에 들어가지 않으며 서버 간 데이터 이동은 전송 비용이 너무 많이 든다는 것을 안다. 해야 할 일은 큰 수열을 논리적으로 나누고 물리적으로 분할 정복 알고리즘을 사용해 처리할 각 서버에 작업을 할당하고 병렬로 작동하도록 한다. 대부분 작업은 많은 양의 데이터 전송을 피하고자 로컬에서 수행해야 한다. 이를 바탕으로 효율적인 알고리즘을 구축한다.

알고리즘 6.4 분산 중앙값 알고리즘

1단계, 무작위로 값 v_1을 피벗값으로 신택해 각 서버에 보낸다.

2단계, 각 서버에서 v_1을 사용해 해당 하위 수열을 분할하면 [그림 6.7]과 같은 결과가 나온다.

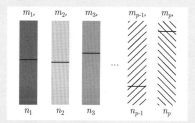

그림 6.7 **피벗을 기준으로 여러 서버에 걸쳐 부분 수열을 분할한 결과이다**

3단계, 각 서버는 피벗값보다 작거나 같은(또는 같거나 같은) 원소 수를 계산한다. 이는 서버당 각각 m_1, m_2, m_3 … m_p 및 n_1, n_2, n_3 … n_p라고 가정한다.

4단계, 이 숫자를 다양한 서버의 계산을 조정하는 전용 서버로 보낸다. 해당 서버는 전체 수열에서 피벗값보다 작은(또는 같은) 요소의 수를 계산한다.

$$m = m_1, \ m_2, \ m_3 \cdots \ m_p$$

피벗값보다 큰 원소 수는 다음과 같다.

$$n = n_1, \ n_2, \ n_3 \cdots \ n_p$$

5단계, m과 n을 비교해 다음 수행에서 어느 방향으로 피벗값을 선택해야 할지 알 수 있고, 그 방향의 수열에서 새 피벗값을 선택할 수 있다. 새 피벗값을 선택한 상태에서 전체 수열의 피벗값보다 작거나 같은 동일한 수의 원소가 있을 때까지 이 과정을 반복한다.

각 서버의 원소 수를 모두 합하면 N이 된다고 가정하자. 이 방법의 총 계산량은 여전히 $O(N)$이고 p개의 서버에 할당되므로 각 서버의 평균 계산량은 $O(N/p)$가 된다.

이 방법을 분할 정복으로 봤을 때 자연스럽게 분할 정복 알고리즘의 첫 번째 단계인 큰 문제를 더 작은 하위 문제로 나누는 것이 수행된다. 두 번째 단계인 각 하위 문제를 해결하는 부분은 앞서 언급한 병합 정렬 알고리즘과 다르다. 병합 정렬 알고리즘은 먼저 하위 문제의 완전한 답을 얻은 후 큰 문제의 최종 답에 병합하기 때문이다. 이 단계에서 병합이 필요하다는 점은 같다. [그림 6.8]과 [그림 6.9]는 각각 두 알고리즘의 흐름을 보여준다. 중앙값 알고리즘에서 세 번째 단계인 병합 과정도 그에 따라 조정돼야 한다. 중앙값 알고리즘은 분할 정복 알고리즘 개념을 사용하지만 후자의 작업을 따르지 않고 문제 자체의 특성에 따라 조정한다.

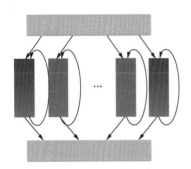

그림 6.8 **병합 정렬 알고리즘의 흐름도**

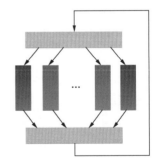

그림 6.9 **분산 중앙값 알고리즘의 흐름도**

이 질문에 답할 수 있었던 사람은 구글 지원자의 5% 미만이었다. 개발자 수준으로 말하자면 3등급 수준이다. 만약 이 책을 읽고 답을 찾은 것이 아니라 스스로 이 방법 혹은 유사한 방법을 생각해냈다면 축하한다. 최고의 IT 회사에서 요구하는 인재에 부합한다. 이렇게 되려면 분할 정복 알고리즘의 또 다른 이해 수준에 도달해야 한다. 몇 가지 예를 읽고 단순하게 분할 정복 알고리즘이 정렬에서 수열을 둘로 나누는 것이라고 이해한 것과는 거리가 멀다. 분할 정복 알고리즘의 본질은 단순히 이진 재귀가 아닌 해결하기 쉽지 않은 큰 문제를 작은 문제로 분해해 하나씩 해결하는 것이다. [그림

6.8]과 [그림 6.9]는 분할 정복 알고리즘의 두 가지 흐름을 보여준다. 해당 흐름도는 특정 문제의 분할 아이디어를 하부에서 재구성해야 하고 문제가 다른 경우에는 또 다른 순서도를 만들어야 한다. **일류 소프트웨어 개발자가 되려면 다른 사람이 풀 수 없는 큰 문제를 해결할 수 있어야 한다. 모든 사람이 동일한 컴퓨팅 리소스로 큰 문제를 풀 때 문제를 분해할 수 있는 능력이 있는 일류 소프트웨어 개발자인지 드러난다. 분할 정복 알고리즘은 문제를 분해하는 데 최우선 도구다.**

> **요점** 큰 수열의 중앙값은 두 요소의 크기를 비교할 필요가 없어 정렬 알고리즘보다 빠른 분할 알고리즘을 사용해 $O(N)$ 시간으로 찾을 수 있다.

심화 사고 문제 6.2 ★★★★☆ 세 개 중 한 개의 피벗 선택 방법

분할 알고리즘의 잠재적인 위험은 피벗값을 제대로 찾지 못해 각 분할의 좌우 부분이 불균형할 수 있다는 점이다. 최악의 시나리오를 방지하는 한 가지 방법은 한 번에 세 개의 숫자를 무작위로 선택한 다음 가운데 숫자를 피벗값으로 하는 것이다. 이런 식으로 피벗값이 선택되고 정확히 세 개의 피벗값이 수열의 각 원소 값 1/3 중간에 있을 확률을 추정하라. 이 알고리즘이 퀵 정렬에서든 중앙값을 찾을 때든 무작위로 피벗값을 선택하는 것과 동일한 알고리즘 복잡도를 보여준다는 논증을 시험하라.

6.3 병렬에 대한 토론: 행렬 곱셈과 맵리듀스

분할 정복 알고리즘은 수열과 같은 선형 데이터 구조를 처리할 수 있을 뿐만 아니라 그래프 및 행렬과 같은 복잡하거나 다차원 데이터를 계산하는 데도 사용할 수 있다. 다차원 데이터 문제를 해결하는 분할 정복 아이디어를 유연하게 적용할 수 있다면 분할 정복 알고리즘에 대한 이해는 또 다른 차원의 수준이 될 것이다. 지금부터 분할 정복 알고리즘을 사용해 대규모 행렬 곱셈 문제를 해결해보자.

예제 6.5 ★★★☆☆ (AB, FB)

대규모 행렬 곱셈을 구현하는 방법은 무엇일까?

질문에서는 행렬 크기나 희소 행렬 여부 등을 언급하지 않는다. 개방형 질문이나 실제 업무 중 발생하면 행렬 특성에 따라 가장 적합한 방법을 선택해야 한다. 만약 면접 중 질문받는다면 먼저 행렬 크기, 희소 행렬 여부, 처리할 때 처리 속도나 소요 공간에 더 신경을 쓰는지 등 행렬 특징과 필요조건에 대한 최대한 많은 정보를 면접관과 의사소통하며 명확하게 이해해야 한다. 필자도 구글 지원 시 이 질문을 받았다. 2분 동안 면접관과 소통하며 질문 내용을 파악했다. 구글의 가장 중요한 기술인 페이지랭크 계산 자체가 행렬 곱셈 문제다. 구글 내에서 이 문제를 질문할 때는 행렬에 가로 및

세로 차원이 수억 개 있다고 가정한다. 해당 행렬 곱셈은 하나의 서버에서 직접 수행할 수 없으며 심지어 하나의 서버에 저장할 수도 없다. 아주 많은 서버가 있다면 하드디스크에 저장할 수는 있겠지만 메모리에 들어갈 수는 없다. 문제를 해결하려면 분할 정복 알고리즘을 잘 활용해야 한다.

이미 3.6절에서 행렬 곱셈의 기본 원리와 희소 행렬 저장 방법을 알아봤다. 설명을 단순화하고자 희소 행렬의 압축 저장 방법은 사용하지 않는다. 지금부터 살펴볼 다음 내용에서 행렬은 행과 열의 일련번호를 통해 행렬의 해당 원소 값에 쉽게 접근할 수 있도록 2차원 수열로 직접 저장된다고 가정한다.

두 개의 행렬 A와 B가 있고 곱이 C라고 다음과 같이 가정한다.

$$A = \begin{pmatrix} a_{1,1} & a_{1,2} & \cdots & a_{1,N} \\ a_{2,1} & a_{2,2} & \cdots & a_{2,N} \\ \vdots & \vdots & & \vdots \\ a_{M,1} & a_{M,2} & \cdots & a_{M,N} \end{pmatrix}$$

$$B = \begin{pmatrix} b_{1,1} & b_{1,2} & \cdots & b_{1,K} \\ b_{2,1} & b_{2,2} & \cdots & b_{2,K} \\ \vdots & \vdots & & \vdots \\ b_{N,1} & b_{N,2} & \cdots & b_{N,K} \end{pmatrix} \tag{6.5}$$

$$C = \begin{pmatrix} c_{1,1} & c_{1,2} & \cdots & c_{1,K} \\ c_{2,1} & c_{2,2} & \cdots & c_{2,K} \\ \vdots & \vdots & & \vdots \\ c_{M,1} & c_{M,2} & \cdots & c_{M,K} \end{pmatrix}$$

행렬 C의 i번째 행과 j번째 열은 다음 공식에 따라 계산된다.

$$c_{i,j} = \sum_{s=1}^{N} a_{i,s} \cdot b_{s,j} \tag{6.6}$$

간단히 말해 행렬의 곱은 행렬 A의 i번째 행 각 원소에 행렬 B의 j번째 열에 해당하는 각 원소를 곱한 값을 더하는 것이다.

희소 행렬 저장 방식으로 압축해도 하나의 서버에 전체 행렬을 저장할 수는 없다. 여러 대 서버에 각 행렬을 저장해야 한다. 행렬을 나눠 저장하는데 열 개의 서버가 필요하다고 가정한다. 계산하기 편하도록 대형 행렬 A를 A_1, A_2, A_3 $\cdots$ A_{10}과 같이 행을 열 개 부분으로 나눈다. 각 부분 행렬 submatrix $A_i(i=1,\ 2\ \cdots\ 10)$의 한 행 길이는 N이다. 즉 N개의 열이 있다. 그러나 행에는 [그림 6.10]처럼 $M/10$ 행만 있다.

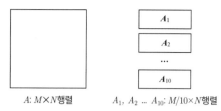

A: $M{\times}N$행렬 A_1, A_2 … A_{10}: $M/10{\times}N$행렬

그림 6.10 행렬 A를 행별로 10개의 부분 행렬 A_1, A_2, A_3 ⋯ A_{10}으로 나눈다

부분 행렬 A_1, A_2, A_3 ⋯ A_{10}과 B를 곱하면 계산해야 하는 전체 행렬의 1/10 부분을 구할 수 있다. 결과 행렬을 C라 하고 부분은 C_1, C_2, C_3 ⋯ C_{10}으로 쓴다. [그림 6.11]처럼 A_1이 있는 서버에서 C 의 부분 행렬 C_1을 계산할 수 있다.

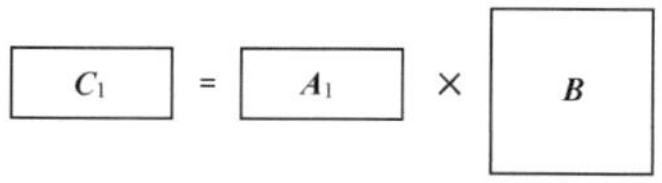

$$C_1 = A_1 \times B$$

그림 6.11 첫 번째 서버는 1/10 부분 행렬을 계산한다

마찬가지로 두 번째, 세 번째 … 열 번째 서버에서 각기 다른 원소를 계산할 수 있다.

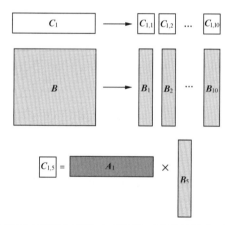

그림 6.12 하나의 서버 작업이 열 대 서버에 분산될 수 있으며 그중 다섯 번째 서버의 구체적인 행렬곱 상황이다

행렬 B도 행렬 A만큼 크며 단일 서버에서도 이를 유지할 수 없다는 것을 눈치 챘을 수도 있다. 괜찮다. 행렬 B 또한 열별로 열 개 부분으로 나눈다. B_1, B_2, B_3 ⋯ B_{10}은 열 개의 서로 다른 서버에 저장되며 각 서버는 B 행렬의 1/10만 저장하면 된다. 만약 부분 행렬 A_1과 부분 행렬 B_1을 곱하면 행렬 C_1의 1/10이 구해진다. $C_{1,\,1}$으로 표시한다. A_1과 B_2 곱은 $C_{1,\,2}$로 표시할 수 있다. 각 곱을 끝 낸 후 마지막으로 $C_{1,\,1}$, $C_{1,\,2}$, $C_{1,\,3}$ ⋯ $C_{1,\,10}$을 다 더하면 행렬 C_1의 값이 되고 각 부분은 B_1, B_2, B_3 ⋯ B_{10}과 각각 대응된다. [그림 6.12]와 같다. C_1의 다섯 번째 부분인 $C_{1,\,5}$는 행렬 A의 첫 번째

부분인 행렬 A_1과 행렬 B의 다섯 번째 부분인 행렬 B_5를 곱한 결과다.

다음으로 다양한 컴퓨팅 리소스 조건 하에서 어떻게 이 방법을 사용해야 하는지 알아보자.

먼저 열 대 서버만 있다고 가정하면 각 서버는 행렬 A와 행렬 B의 1/10를 가지고 있어야 행렬을 곱해 행렬 C의 1/10을 저장할 수 있다. 편의상 i번째 서버에는 A_i, B_i를 저장한다고 가정한다. 계산 결과 C_i도 저장해야 한다.

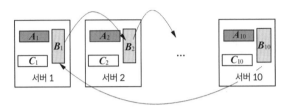

그림 6.13 열 대 서버로 거대 행렬의 곱셈을 계산할 때 행렬 B의 열 개 부분 행렬은 순환을 통해 다음 서버에 전송된 후 곱해져야 한다

처음에는 각 서버의 $C_{i, i}$만 계산할 수 있다. 이 단계가 완료되면 [그림 6.13]처럼 B_1을 두 번째 서버로, B_2를 세 번째 서버로, B_{10}을 첫 번째 서버로 전송해야 한다. $C_{i, i+1}$과 $C_{10, 1}$을 계산한다. 그다음 행렬 B의 열 개 부분 행렬 데이터가 차례로 서버에 전송돼 순환하도록 하면 [그림 6.13]처럼 C_1, C_2, C_3 ⋯ C_{10} 계산을 완료할 수 있다.

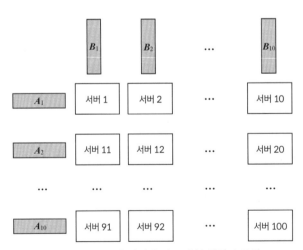

그림 6.14 100대 서버가 있는 대형 행렬의 곱셈

100대 서버를 사용할 수 있다고 가정하면 데이터 A와 B를 10등분한 A_1, A_2, A_3 ⋯ A_{10} 및 B_1, B_2, B_3 ⋯ B_{10}의 스무 개 행렬을 [그림 6.14]처럼 100대 서버에 복제해 전송한다. 필자가 구글 면접을 봤을 때 제시한 방법이며 당시 구글에서 실제로 사용하던 방법이다.

100대 서버를 사용하는 것은 열 대 서버를 사용하는 것보다 열 배 빠르다. 각 서버는 원래 계산의 1%만 수행하면 되며 전체 총 계산량 또한 증가하지 않는다.

마지막으로 서버를 1천 개로 늘리면 연산 시간을 얼마나 더 줄일 수 있는지 살펴보자.

병렬 처리로 하는 연산은 너무 큰 계산량의 큰 연산을 수행하는 목적도 있지만 계산 시간을 단축하고자 하는 경우도 많다. 페이지랭크를 계산하는 문제는 100대 서버로도 계산할 수 있지만 2주이상 시간이 걸릴 수 있다. 시간이 너무 길어지면 신규 페이지가 누락되거나 계산된 검색 순위가매우 부정확할 수 있다. 구글 같은 회사는 컴퓨팅 리소스가 부족하지 않아 클라우드 컴퓨팅으로컴퓨팅 시간을 단축하고자 한다. 그렇다면 컴퓨팅 시간을 원래의 1/10로 줄이는 해결책이 있을까?있다. 구체적인 방법은 [그림 6.15]에 나왔다. 각 부분 행렬 A_i와 B_i를 다시 열 개 부분으로 나눈다.A_1과 B_1을 곱해 $C_{1,\,1}$을 구했던 예로 알고리즘을 구체적으로 설명한다.

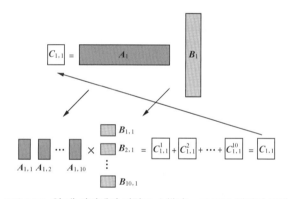

그림 6.15 열 대 서버에서 병렬로 수행되는 두 부분 행렬의 곱셈

A_1을 열에 따라 $A_{1,\,1}$, $A_{1,\,2}$, $A_{1,\,3}$ ⋯ $A_{1,\,10}$으로 나누고 B_1 또한 행에 따라서 $B_{1,\,1}$, $B_{1,\,2}$, $B_{1,\,3}$ ⋯ $B_{1,\,10}$으로 10등분한다. 다음과 같은 식이 된다.

$$C_{1,1} = A_{1,1} \cdot B_{1,1} + A_{1,2} \cdot B_{2,1} + \cdots + A_{1,10} \cdot B_{10,1} \tag{6.7}$$

계산을 끝내고자 열 개의 서버를 사용한다. i=1, 2 ⋯ 10인 $A_{1,\,i} \cdot B_{i,\,1}$ 계산은 한 서버에서 가능하다. 행렬 C의 각 원소 $C_{i,\,j}$를 [수식 6.7]로 계산할 때 각 서버의 작은 행렬 $A_{1,\,i}$ 및 $B_{i,\,1}$을 곱해 최종 결과의 1/10만 구할 수 있다. 각 서버는 $C_{1,\,1}$의 부분 결과를 생성하며 이는 $C_{1,1}^1, C_{1,1}^2, \cdots, C_{1,1}^{10}$이라고가정할 수 있다. 계산식은 다음과 같다.

$$c_{i,j}^1 = \sum_{s=1}^{N/10} a_{i,s} \cdot b_{s,j}$$

$$c_{i,j}^2 = \sum_{s=N/10+1}^{2N/10} a_{i,s} \cdot b_{s,j}$$

$$\vdots$$

$$c_{i,j}^{10} = \sum_{s=9N/10+1}^{N} a_{i,s} \cdot b_{s,j}$$

(6.8)

계산하고자 하는 $C_{1,\,1}$은 열 개의 부분 결과 합이다. 계산 과정은 [그림 6.15]와 같다. [그림 6.14]와 비교해 열 대 서버에 해당 작업을 할당한다.

각 서버의 컴퓨팅 작업이 완료되면 각 서버는 최종 결과를 병합하고자 특정 서버로 중간 결과를 전송한다. 이처럼 서버 수의 열 배를 사용할 때 컴퓨팅 시간을 원래의 1/10로 줄일 수 있다. 맵리듀스의 기본 원리다. 큰 작업을 작은 하위 작업으로 나누고 하위 작업의 계산을 완료하는 과정을 '맵 map'이라고 한다. 분할 정복 알고리즘의 '분할'과 동일하다. 중간 결과를 최종 결과로 병합하는 과정을 '리듀스reduce'라고 한다. 분할 정복 알고리즘에서 '병합'과 같다. 큰 행렬을 자동으로 분할해 각 서버의 부하 균형을 확보하는 방법과 반환 값을 병합하는 방법은 맵리듀스가 소프트웨어 구조적으로 하는 일이다. 맵리듀스가 없다면 개발자가 분할 작업을 수행해야 한다. 또한, 각 작업이 할당된 서버도 스스로 설정해야 한다.

맵리듀스는 개발자가 클라우드 컴퓨팅이 제공하는 거대 컴퓨팅 자원을 편리하게 사용하고 대규모 작업의 계산을 완료하며 병렬 처리로 계산 시간을 단축할 수 있도록 도와주는 서버 분산 알고리즘의 자동 버전이다. **맵리듀스 설계자는 일반 개발자보다 분할 정복 알고리즘을 더 잘 이해한다. 수많은 복잡한 컴퓨팅 문제를 분할 정복 알고리즘으로 해결하는 방법을 알 뿐만 아니라 일반적인 도구로 만들어 많은 문제를 해결할 수 있도록 했다. 2등급 개발자 수준에 도달한 사람들이다.**

2014년 이후 맵리듀스는 업그레이드됐다. 서버의 디스크 용량에 적게 의존하는 메커니즘으로 맵과 리듀스부분을 더욱 완벽하게 결합했고 전반적으로 효율성을 향상됐다. 아파치 소프트웨어 재단Apache Software Foundation은 맵리듀스를 기반으로 오픈소스 머신러닝 프레임워크인 아파치 머하웃Apache Mahout을 출시했다. 아파치 머하웃은 이후 간접비overhead cost가 더 낮은 아파치 스파크 Apache Spark로 변경했지만 아파치 머하웃의 알고리즘 아이디어는 크게 변하지 않았다.

지금까지 상대적으로 난이도가 낮은 분할 문제를 다뤘다. 아무리 크더라도 분할 후 부분 간 서로 영향도가 있는 경우가 거의 없었다. 실제 문제는 이렇게 간단하지 않다. 큰 작업을 여러 부분으로 분해하더라도 각 부분은 강한 결합을 가진다. 문제를 해결하려면 컴퓨터 개발자가 일반적인 문제를 푸는 수준은 넘어설 정도로 분할 정복 알고리즘을 이해해야 한다.

> [요점] 컴퓨팅 자원의 양에 따라 동일한 문제를 해결하는 다른 방법을 고안해야 한다. 이상적인 상황에서는 리소스가 열 배 더 많으면 컴퓨팅 속도도 열 배 증가한다.

> [심화 사고 문제] 6.3 ★★★☆☆
> 행렬 곱셈을 할 때 서버가 처리할 수 있는 1/10 속도로 네트워크를 통해 데이터를 전송할 수 있다고 가정한다. 이 절의 알고리즘으로 서버 100대와 서버 1천 대를 사용하는 속도가 서버 열 대를 사용할 때보다 얼마나 향상될지 분석하라.

6.4 머신러닝에서 딥러닝까지: 구글 브레인

구글 알파고와 중국 기업의 얼굴 인식 시스템 덕분에 오늘날 다양한 머신러닝 알고리즘이 주목받고 있다. 머신러닝은 지난 20년 동안 분할 정복 방식을 통한 복잡한 알고리즘을 구현하고자 한 많은 사람의 노력 덕분에 실현될 수 있었다.

머신러닝의 훈련 알고리즘은 대부분 계산량이 많고 분할하기 어렵다. 행렬 곱셈과 같은 행렬을 행과 열로 분할한 후 별도로 연산하는 문제는 쉽다. 분할 논리가 명확하고 수학적으로 동등한 공식이 발견되는 한 큰 문제는 작은 문제로 바꿔서 풀 수 있다. 머신러닝은 그렇지 않다. 머신러닝 훈련은 다양한 부분이 밀접하게 결합돼 분할 정복 알고리즘으로는 해결할 수 없다. 분할 정복 알고리즘 자체를 수정해야 한다. 예를 들어 두 개의 100자리 숫자를 더하려고 한다면 각각 한 자리씩만 더하는 것으로는 해결할 수 없다. 자리 올림 문제를 고려해야 한다. 결국 가장 낮은 자리(맨 오른쪽)의 계산 결과가 가장 높은 자리(맨 왼쪽) 숫자의 합에 영향을 미친다.

머신러닝 특징과 훈련에서 발생하는 문제를 살펴보자. 모델 M이 설계됐고 N개의 피처 $F=\{f_1, f_2, f_3 \dots f_N\}$이 있다고 해보자. 머신러닝은 데이터 학습으로 N개 피처에 해당하는 매개변수 $\{a_1, a_2, a_3 \dots a_N\}$을 얻는다. 예를 들어 딥러닝 모델(딥 뉴럴 네트워크)의 매개변수는 방향 그래프에서 간선의 가중치다. 딥러닝이 모델의 피처 세트 F를 선택하는 데 도움이 될 수 있으나 이 부분은 생략한다. 일단 매개변수를 찾는 피처 세트를 이미 찾았다고 하자. 머신러닝은 데이터라는 훈련 샘플을 사용해야 한다. 데이터 집합이 $D=\{d_1, d_2, d_3 \dots d_K\}$이고 피처 N과 데이터 K가 매우 크다고 가정한다. 물론 K가 N보다 훨씬 크다.

보통 여러 번 반복해야 완성되는 훈련이다. 반복 훈련은 교대로 수행되는 두 단계로 나눌 수 있다. 첫 번째 단계는 이전 훈련에서 얻은 모델 M0으로 훈련 데이터 라벨을 추정하고 추정 결과를 실제 라벨과 비교하는 것이다. 두 번째 단계는 비교 결과(또는 사전 설정된 목적함수)에 따라 각 특징 매개변수의 추정을 수정하는 것, 즉 새 모델 M1을 얻고자 모델을 조정하는 것이다. 물론 모델 M1에서 시작해 만족스러운 모델을 얻을 때까지 이 과정을 반복한 후 모델 M2를 얻을 수도 있다. [그림 6.16]은 이 과정을 순서도로 나타냈다. 특히 굵은 화살표의 사이클 반복에 주목해야 한다. 전체 머신러닝에서 가장 중요한 두 단계인, 즉 훈련 데이터 예측과 모델 업데이트가 포함됐다.

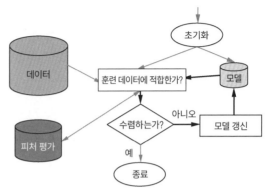

그림 6.16 고전적인 머신러닝 과정

반복 훈련으로 샘플 데이터는 모델 피처와 연결된다. 데이터와 피처 관계는 행렬 관계로 간주될 수 있다. 표본 데이터 양이 많고 모델 규모가 크며 모델 피처가 자유롭게 조합될 수 있다는 점을 감안하면 계산량이 훨씬 더 많아진다. 분할 정복 알고리즘을 사용해야 한다. 많은 서버에서 머신러닝 훈련 과정을 병렬로 수행한다. 일반적으로 [그림 6.17]처럼 데이터에 따라 구분된다.

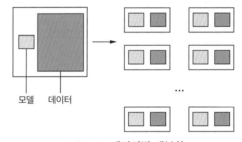

그림 6.17 데이터별 세분화

데이터에 따라 구분한 방식은 두 가지 장점이 있다. 첫째, 데이터 양이 모델 규모보다 훨씬 크며 모델은 한 서버에 저장될 수 있지만 데이터는 그렇게 할 수 없다. 둘째, 데이터는 독립적이지만 모델은 상호 간 관계가 있을 수 있으며 때로는 두 개(또는 그 이상) 피처의 매개변수를 동시에 조정해야 하므로 동일한 서버에 배치한다. 머신러닝의 데이터 규모가 상대적으로 작다면 이런 분할은 분할 정복의 원리로 머신러닝을 빠르게 완료하도록 하고 해당 모델을 훈련시킬 수 있다.

머신러닝의 규모가 상대적으로 크면 단순한 분할 방식은 작동하지 않는다. 현 머신러닝 모델은 서버 한 대로 처리하는 것이 적합하지 않은 수준이다. 구글에서 기계번역 자체에 사용하는 모델은 수십 대의 서버에 저장된다. 분할 정복의 원리에 따라 머신러닝을 구현하려면 첫 번째 서버의 f_1 피처, 두 번째 서버의 f_2 피처처럼 피처에 따라 모델 또한 작은 모듈로 분해해야 한다. 안타깝게도 한 모델의 피처는 서로 연관성이 있다. 예를 들어 f_1과 f_2는 함께 훈련해야 해 모델을 분할할 때는 데이터나 행렬을 분할하는 것처럼 쉽게 분할할 수 없다. 모델을 분해하는 것이 하나의 컴퓨팅 예술인 이유다. 컴퓨팅 예술은 모델 자체의 피처와도 관련 있다.

간단한 예로 피처 간 영향을 주지 않고 머신러닝에서 모델을 분해하는 방법을 알아보자. 머신러닝 모델에 f_1, f_2, f_3의 세 가지 피처만 있다고 가정하자. 모델 또한 세 부분으로 분할하고 훈련 데이터 셋에는 d_1, d_2, d_3 … d_8의 세트가 있다고 하자. 서버는 데이터의 부분집합과 해당 피처와 관련된 부분 모델(모델의 1/3)만 저장할 수 있다면 피처와 데이터 간 상관관계는 [표 6.4]와 같다.

표 6.4 모델의 피처와 데이터 간 상관관계

피처	대응되는 데이터
f_1	d_1, d_2, d_3, d_4, d_5, d_6
f_2	d_1, d_2, d_3, d_7, d_8
f_3	d_2, d_4, d_7, d_8
f_1, f_3	d_2, d_4
f_1, f_2, f_3	d_2

[표 6.4]의 1행에서 3행은 하나의 피처 훈련에 사용해야 하는 데이터 집합을 나타낸다. 첫 번째 피처 f_1은 d_1, d_2, d_3, d_4, d_5, d_6 데이터 부분 집합을 사용한다. [그림 6.18]처럼 피처와 관련된 모델의 일부를 데이터 d_1, d_2, d_3, d_4, d_5, d_6가 있는 서버에 로드해야 한다.

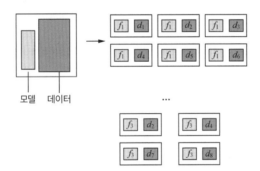

그림 6.18 큰 모델을 작은 모듈로 분할하고 훈련에 사용된 데이터에 따라 일부 모델과 해당 데이터를 동일한 서버에 배치한다

[표 6.4]의 마지막 두 행은 f_1, f_3처럼 다른 피처 간 관계가 있을 수 있다는 것을 나타낸다. 모델 중 해당 부분은 동일한 서버에 있어야 한다. 이때는 조금 귀찮아질 수 있다. 서버는 많은 피처와 데이터를 로드할 수 없다. [그림 6.19]처럼 각 데이터의 하위 집합을 더 세부적으로 분할해야 한다.

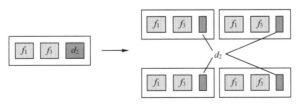

그림 6.19 일부 모델의 파라미터를 동일한 서버에 배치해야 하는 경우 서버 작업이 너무 가중되면 해당 계산을 공유하고자 여러 서버를 사용해야 한다

일반적으로 분할 정복 알고리즘으로 밀접하게 결합된 대형 모델을 만들고 많은 양의 데이터로 학습시키는 것은 매우 어렵다. 이론적으로 N개의 피처가 있는 머신러닝 모델은 2^N개 피처 조합을 가질 수 있다. 실제로는 이렇게까지 복잡한 상황은 없지만 연관성을 가지는 피처를 분리하는 것이 쉽지 않다는 것은 필자가 경험한 적이 있다.

2000년 즈음 존스 홉킨스 대학교에서 박사 학위 논문을 쓰고 있을 때. 머신러닝을 작동하는 컴퓨팅 성능은 슈퍼 서버 이상이었다. 보통 스무 대 정도의 슈퍼 서버(구글 클라우드가 나오기 전에는 사치품이었던 Sun이나 IBM의 가장 강력한 상용 서버)에서 동시에 작업해야 했다. 단일 머신러닝 교육을 완료하는 데 약 2개월이 소요됐을 뿐 아니라 알고리즘에 오류가 없는지 사람이 확인해야 했고, 모델의 피처 세트를 수동으로 세밀하게 분해해야 했다.

다행히 캘리포니아 대학교 버클리에서 핵심 기능만 구현된 구글 맵리듀스 전신과 비슷하지만 핵심 기능만 구현된 반제품의 부분 작업 관리 도구 및 모니터링 소프트웨어를 개발했다. 해당 소프트웨어는 계산을 위해 부분 작업을 자동으로 유휴 서버로 보내고 모든 부분 작업이 성공적으로 계산되면 결과를 병합하고 모델을 업데이트하는 프로세스로 진행됐다. 다만 이 작업 방식은 매우 숙련된 컴퓨터 실무자만 가능했다. 특히 가장 어려운 부분은 훈련 데이터를 분할하거나 정렬 혹은 행렬 곱셈 같은 결과를 병합하는 것이 아닌 머신러닝 모델의 피처를 분해하는 것이었다.

[그림 6.18]부터 [그림 6.19]까지 반복적인 작업을 하고 저장 공간을 몇 배 더 많이 사용하는 것은 어쩔 수 없는 일이었다. 그래야 할 만큼 큰 컴퓨팅 작업을 비교적 적은 서버에서 수행해야 했다. 이와 관련해 고전이라고 할 수 있는 도구는 구글 브레인에서 제안한 딥러닝이다.

딥러닝은 인공지능에서 가장 인기 있는 도구다. 딥러닝은 여러 층의 인공 신경망이다. 하나의 인공 신경망을 표현하자면 [그림 6.20]처럼 아래에서 위로 계층화된 방향 다이어그램으로 간단히 볼 수 있다.

[그림 6.20]의 네트워크에서 가장 하부 레이어는 입력 레이어다. 상부 레이어는 출력 레이어, 중간 레이어라고 하는 두 개의 레이어가 그 사이에 있다. 각 레이어는 단방향의 가중

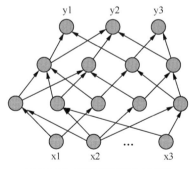

그림 6.20 전형적인 인공 신경망

치 에지로 연결돼 간선의 끝 노드에 있는 값에 가중치를 부여하고 상위 노드로 전송한다. 각 노드에는 뉴런 함수라는 비선형 함수가 있다. 비선형 함수는 다음 간선에서 전달될 값을 계산해 노드 자체에서 값을 생성한다. 또한, 계산된 값은 상위 노드에 전달된다. 이런 식으로 가중치 전달과 노

드에서의 '통합(즉 뉴런 함수에 따라 계산)' 후 출력단에서 결괏값을 얻을 수 있다. 서로 다른 값을 기반으로 신경망 작업 결과를 결정한다. 예를 들어 이를 이용해 정책을 결정할 수 있다. 바둑의 다음 최적 수 y1, y2, y3 중 어떤 수가 승리 확률이 큰지 결정하는 데 사용할 수 있다. 또는 주식 매입, 보유, 매도처럼 세 가지 선택 중 어떤 것이 수익률이 가장 클지 최적의 투자 결정을 할 수도 있다.

인공 신경망에서는 의심할 여지없이 입력 값이 출력 결과를 결정한다. 입력 값은 문제 개체에 따라 다른 입력 값을 갖는다. 바둑과 얼굴 인식의 입력 값은 같을 수 없다. 같은 문제라도 입력 값은 다르다. 예를 들어 얼굴 인식을 인공 신경망으로 풀고 싶다면 장 산의 사진과 리 시의 사진 입력 값은 다르다. 동일한 작업을 수행할 때 출력에서 원하는 결과를 얻으려면 인공 신경망 자체를 설계하고 훈련해야 한다. 각 계층의 노드 수, 각 계층의 노드를 연결하는 방법, 각 노드의 뉴런 기능을 정의하는 방법 등 신경망 설계의 문제는 개발자 경험에 따라 다르게 설정된다. 그러나 에지 가중치는 [그림 6.16]에 표시된 프로세스를 따르는 소위 딥러닝 훈련으로 얻을 수 있다.

처음에는 네트워크의 각 간선에 대한 초기 가중치를 설정한다. 이 간선이 인공 신경망 특징이다. 가중치가 인공 신경망 모델의 매개변수다. 일부 훈련 데이터를 네트워크 입력 계층에 입력하면 계산 후 출력 계층에서 결과(예: 얼굴 인식 결과)를 얻는다. 결과를 실제 인식 결과와 비교해 비용 함수 cost function C를 구성할 수 있다. 비용 함수는 인공 신경망에서 얻은 출력 값(분류 결과)과 실제 훈련 데이터의 출력 값의 차이를 나타낸다. 인공 신경망 훈련의 목적은 비용 함수를 최소화하는 간선의 가중치로 조정한다.

[그림 6.16]의 '데이터 적합 훈련' 단계는 실제로 비용 함수를 계산하고자 많은 양의 훈련 데이터를 인공 신경망으로 보내는 과정이다. 비용 함수를 최소화하려면 훈련 데이터로 피처를 추정해야 한다. 그다음 간선 가중치는 비용 함수의 안내에 따라 추정치를 기반으로 조정된다. [그림 6.16]의 '모델 수정' 단계다.

인공 신경망은 1950년대 초반에 제안됐으나 이후 50년 동안 인공 신경망의 규모를 증대할 수 없어 활용 효과가 좋지 않았다. 인공 신경망이 작으면 큰 학습을 할 수 없었고 너무 크면 저장 용량과 연산량이 너무 많아져 당시의 가장 강력한 서버로도 사용할 수 없었다. 21세기가 되면서 컴퓨터는 무어의 법칙으로 컴퓨팅 속도와 용량이 기하급수적으로 성장했다. 반세기 전보다 수백만 배 빨라졌다. 2010년 이후 클라우드 컴퓨팅이 부상하면서 수천 대의 컴퓨터를 동시에 사용할 수 있게 됐다. 인공 신경망을 사용하면 훨씬 더 큰일을 할 수 있게 됐으며 구글 브레인 프로젝트는 이 전제로 탄생했다. 혁신은 인공 신경망의 분할 정복 알고리즘을 구현하기 위해 클라우드 컴퓨팅을 사용하는 데 있다.

다음으로 구글 브레인이 어떻게 클라우드 컴퓨팅을 구현했는지 살펴보자. 구글 브레인의 훈련 알고리즘은 여전히 분할 정복이면서 머신러닝을 위해 특별히 개선된 분할 정복 알고리즘이다. 대규모 인공 신경망 훈련에서 어려운 점은 데이터를 작은 부분집합으로 나눠야 하는 것도 있지만 인공 신경망을 수천 개 조각으로 분할해야 한다는 점이다. 앞서 언급한 것처럼 모델의 피처 사이에 결합도 있기 때문에 각 블록 계산이 완전히 독립적이지 않고 많은 블록이 자신의 위아래, 좌우 계산 결과를 고려해야 한다. 이 결합은 [그림 6.19]에서 볼 수 있다. 분할한 블록 개수가 상대적으로 많을 때 상호 연결된 모듈 개수는 블록 개수의 제곱에 비례한다. 즉 모델을 열 개 부분으로 나누면 훈련 시 고려해야 할 100개의 연관 관계가 있다. 구글 브레인은 이 문제를 해결하고자 공학적으로 합리적인 근사치를 만들었다.

다음으로 [그림 6.21]에 나온 (5계층) 인공 신경망으로 구글 브레인이 수행하는 작업을 설명하겠다.

그림이 너무 복잡해지지 않도록 노드 간 연결을 많이 생략했다. 인공 신경망에서 각 블록은 같은 줄의 블록과 위아래 블록과 관련되지만 구글은 각 블록의 학습이 여덟 개의 블록[3]만 연관된다고 가정한다. 규모가 크더라도 큰 문제를 선형 복잡도로 각 서버가 처리할 수 있을 만큼 충분히 작은 문제로 분해하는 유일한 방법이다.

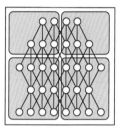

그림 6.21 인공 신경망을 네 블록으로 나눠 훈련시킨다

인공 신경망의 매개변수를 병렬로 훈련할 수 있는 것 외에도 계산량을 줄이는 데 두 가지 개선 사항을 만들었다. 첫 번째 개선 사항은 반복 과정에서 계산량을 줄이는 것이다. 두 번째 개선 사항은 반복 횟수를 줄인 것이다. 여기서는 생략하겠다.

다음으로 구글 브레인 구현 방식의 스토리지 문제를 살펴보자. 학습 데이터에 입력단만 액세스할 수 있어 데이터는 로컬로 입력단 서버(컴퓨팅 모듈)에 저장된다. 각 서버의 반복 학습에서 얻은 모델 매개변수는 함께 저장돼 모델 매개변수 서버([그림 6.22]에서 회색 하단의 모듈)에 배치되고 다음 반복 학습이 시작되기 전에 해당 컴퓨팅 모듈의 서버로 전달된다(실선 라인 모듈). [그림 6.22]와 같다.

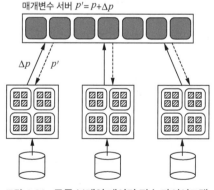

그림 6.22 구글 브레인 데이터 전송 다이어그램

---

3 현재 훈련된 블록은 아홉 개 블록 중 중앙 블록에 해당한다. 주변 블록 여덟 개와 연관됐다.

6장을 시작하면서 언급한 분할 정복 알고리즘의 3단계(분할-하위 문제 해결-병합)로 보면, 매개변수 서버가 1단계인 '분할'과 3단계인 '병합'을 하는 것이다.

구글 브레인의 구현 방식은 범용적으로 사용할 수 있다. 구글 브레인이 다른 머신러닝 알고리즘 대신 심층 인공 신경망을 사용하는 데는 세 가지 이유가 있다. 첫째, 인공 신경망의 알고리즘 발달 수준이 성숙해져서 일반적인 도구로서 적용 범위가 크다. 대조적으로 인공 신경망을 활용한 다른 머신러닝 알고리즘은 아직 구현이 특정 문제와 밀접하게 관련돼 일반적으로 사용하기에는 좋지 않다. 둘째, 인공 신경망은 대칭성이 좋아 여러 개의 작은 모듈로 나눌 수 있다. 마지막으로 인공 신경망의 다양한 모듈은 서로 관련됐지만 정확도 손실 없이 분리될 수 있다. 구글 브레인 팀은 분할 정복 알고리즘의 본질을 철저히 파악했다. 허용 오차 범위 내에서 분할 정복 알고리즘으로 분해하기 어려워 보이는 큰 문제를 분해했고 클라우드 컴퓨팅에 적용하는 데 기여했다.

구글 브레인의 개발자 난이도는 맵리듀스보다 높으나 구글 브레인을 개발하는 팀의 레벨은 1.5등급 개발자에 가깝다. 앞서 이야기한 1.5등급 개발자인 제프 딘이 구글 브레인의 개발자이다. 1.5등급 수준에 가깝다고 한 이유는 아직 이 수준까지는 도달하지 못했고, 딥러닝의 기본 알고리즘을 제안하는 수준보다는 구글 브레인의 작업 수준이 약간 낮기 때문이다. 맵리듀스 개발은 진정한 1.5등급이다. 세 명의 제안자 제프리 힌턴 Geoffrey Hinton, **요슈아 벤지오**Yoshua Bengio **및 얀 르쿤**Yann LeCun**은 튜링상을 수상했다.**

> **요점** 분할 정복 알고리즘의 세 번째 차원의 이해 수준은 해당 알고리즘의 본질을 완전히 이해하는 것이다. 고도로 결합된 것처럼 보이는 작업을 분해하고 알고리즘에서 획기적인 작업을 수행할 수 있어야 한다.

> **심화 사고 문제** 6.4 ★★★★★
> 여러 서버에서 대규모 행렬 반전을 구현하는 방법은 무엇일까?

6.5 마무리

컴퓨터는 인간보다 훨씬 더 큰 규모의 문제를 처리할 수 있다. 또한, 계산 속도가 매우 빠르지만 세상에는 규모가 너무 커서 하나의 서버로는 해결할 수 없는 문제가 있다. 이런 문제를 저장하기엔 크기가 너무 큰 문제이거나 컴퓨팅 리소스를 너무 많이 차지하는 문제다. 물론 두 가지 문제를 모두 가질 수도 있다. 분할 정복 알고리즘을 사용하면 집중된 문제를 분산시킬 수 있다. 분할 정복 알고리즘을 잘 이해하는 것은 사람이 컴퓨터로 수행할 수 있는 작업 규모와 난이도를 결정한다.

컴퓨터 실무자는 분할 정복 알고리즘을 세 가지 차원의 수준으로 이해한다. 첫 번째 수준은 분할 정복 알고리즘 원리를 이해하고 병합 정렬과 퀵 정렬 알고리즘까지 이해해 일부 예제를 해결할 수 있는 수준이다. 두 번째 수준은 분할 정복의 본질을 이해한 수준이다. 참고서에서 답을 찾지 못한 문제나 선배들이 경험하지 못한 새로운 문제가 생겼을 때 분할 정복으로 해결할 수 있다. 이 수준의 컴퓨터 실무자는 컴퓨터 업계에서 성공할 수 있다. 세 번째 수준은 컴퓨터 업계에 분할 정복 알고리즘 적용에 기여하고 성공할 수 있는 수준이다. 물론 전제 조건은 분할 정복 알고리즘의 본질을 철저히 이해하는 것이다. 대부분 사람은 두 번째 수준 도달을 목표로 하는 것이 현실적이다. 낮은 수준에서 많은 양의 코드를 작성하는 것이 아니라 컴퓨터 과학의 본질, 특히 분할 정복 알고리즘의 본질을 숙달해야 한다. 세 번째 수준에 도달하는 방법은 풍부한 경험과 탄탄한 이론적 기초가 있어야 할 뿐만 아니라 개인의 깨달음에 달려 있다.

공간과 시간의 균형: 스토리지의 이해

컴퓨터의 문제는 스토리지와 관련된 경우가 많다. 먼저 예를 살펴보자.

예제 7.1 ★★★☆☆ 1의 개수를 세는 법(AB, MS)

임의의 32비트 또는 64비트 이진수 코드가 주어진다면 이 이진수 코드에서 1이 몇 개인지 효율적으로 셀 수 있는 방법은 무엇일까?

이해하기 쉬운 문제다. 예를 들어 두 개의 32비트 이진수 코드 1001 1010 0000 0011 0001 0001 1010 1000과 0001 1001 1010 0000 1101 1010 0110 0011이 있다면 각각 열한 개와 열네 개의 1이 있다고 할 수 있다.

어렵지 않게 해결할 수 있어 보인다. 1이 몇 개인지 세기만 하면 된다. 면접에서 이런 식으로 답한다면 컴퓨터와 무관한 일을 하는 사람보다 컴퓨터 과학 지식이 없다는 것을 의미한다. 이 문제는 마이크로소프트와 알리바바에서 초기에 면접에서 질문했던 것이다. 세기만 한다는 대답은 너무나도 비효율적인 답이기에 합격할 수 없다.

두 가지 답이 있다. 첫째, $x\&(x-1)$ 알고리즘이다. 알리바바에서 제시한 답이다. 해당 알고리즘의 이점은 구현 코드가 매우 짧고 하드웨어 면에서 쉽게 구현할 수 있다는 점이다. 그러나 알고리즘 논리가 직관적이지 않기 때문에 대부분 문제를 처음 접했을 때 생각해내기 어렵다. 또한, 평균 실행 시간의 단축을 보장하지만 최악의 경우에는 1을 정렬해 세는 방법보다 비효율적이다. 관심 있다면 7장의 부록을 참고하자. 둘째, 마이크로소프트가 제시한 답으로 알리바바의 답에도 있었다. 조금 미련해 보이지만 사실 아주 정교한 방법이다. 공간으로 시간을 대체하는 방식이다.

앞선 '매우 긴' 이진수 코드 B를 8비트 단위(즉 1바이트)로 나눈다. B_1, B_2, B_3…로 나누면 $B = B_1 B_2 B_3 \cdots$이 성립한다. 8단위 비트의 가능한 경우의 수는 256개다. 십진수 256에 해당하는 이진수 8단위의 1의 수를 저장한 수열 $i[]$를 형성할 수 있다. 이 수열에서는 $i[0]=0$, $i[1]=1$, $i[2]=1$, $i[3]=2$ … $i[17]=2$(8비트 이진수로 표현되는 17은 0001 0001, 정확히 두 개의 1이 있다)… $i[255]=8$(255는 1111 1111의 이진수에 해당하며 여덟 개의 1이 있다)의 i 수열을 생성한다.

이런 식으로 8비트 이진수 코드에서 1이 몇 개인지 알려면 수열을 한 번만 조회하면 된다. 32비트 이진수는 같은 테이블 조회 작업을 네 번 수행하면 된다. 이 수열을 위해서 256바이트 메모리가 필요하며 이는 메모리 비용이다. 결국 해답의 핵심은 알고리즘 시간 절약을 하는 데 드는 메모리 비용이다.

물론 4비트나 16비트 이진수 코드를 기준 단위로 사용해 포함된 1의 수 이진 값 수열을 작성할 수도 있다. 임의의 k비트를 단위로 수열을 작성하면 계산 시간은 1/k로 줄어든다. 길이 $|B|$ 비트의 이진수에 1의 수를 세는 계산 시간은 $O(|B|)$였지만 이제는 $O(|B|/k)$가 된다. 알고리즘 복잡도 이론상 k가 상수라면 복잡도 측면에서는 원래 알고리즘과 같은 복잡도다. 그러나 자주 발생할 수 있어 이 접근 방식은 소프트웨어 구조적 측면에서는 매우 의미가 있다.

문제의 복잡도 분석에서 알 수 있듯이 분석 단위 k가 크면 수열 조회 횟수가 적어지고 계산 시간은 짧아지며 메모리 점유 공간은 커진다. $k=|B|$일 때 테이블 조회 작업은 한 번만 필요하다. 이렇게 되면 해당 문제는 컴퓨터 공간 용량을 고려하지 않고, 즉 점유되는 메모리(또는 다른 저장 장치)를 고려하지 않고 k를 크게 만들 수록 계산 시간은 짧아질 수 있는지 여부가 핵심이 된다.

이것이 친구가 구글에서 면접을 봤을 때 앨런 유스터스Alan Eustace가 한 질문이었고, 이 문제를 매우 심도 있게 토론했다. 당시 앨런 유스터스는 구글 리서치Google Research의 책임 관리자로서 실무 개발자를 인터뷰한 것이었다. 필자의 친구는 컴퓨터 구조를 잘 이해했기에 그의 질문에 담긴 함정을 단번에 알아챘다. 실제 컴퓨터 프로세서는 메모리에서 직접 데이터를 읽지 않고 프로세서와 메모리 사이의 캐시cache 메모리에서 데이터를 읽는다. 캐시의 용량은 매우 작아서 큰 수열은 담을 수 없다. 예를 들어 인텔 코어 i7-3770KIntel Core i7-3770K 프로세서는 단일 코어의 L1(첫 번째 레벨 캐시) 캐시 용량은 32KB(킬로바이트)에 불과하고 L3 캐시도 2MB(메가바이트)에 불과하다(네 개의 코어가 8MB 공유). 몇 GB가 지원되는 메모리와 엄청난 차이가 있다. 캐시가 해당 수열을 저장할 수 없다면 메모리에 저장할 수 있겠지만 읽기 속도가 수십 수백 배 느려진다. 캐시에 넣을 수 없는 4GB 공간이 필요한 2^{32} 크기 배열array을 사용한다고 가정해보자. 절대 캐시에 들어갈 수 없다. 99.9% 이상의 액세스 데이터는 계속해서 해당 수열을 메모리에서 캐시로 이동시켜야 한다. 이전 문제에서 큰 단위를 가진 수열의 검색 시간이 작은 수열의 검색 시간보다 훨씬 길어진다. 친구의 답에 앨런 유스터스는 매우 흡족해했고 친구 역시 유명 IT 회사의 관리자라면 기술적인 내용까지도 이해한다는 사실에 깊은 인상을 받았다고 한다.

[예제 7.1]은 간단해 보이지만 매우 좋은 문제다. 지원자가 컴퓨터의 시공간 원리를 마스터했는지 확인하는 것 외에도 지원자의 컴퓨터 구조, 특히 저장 구조 이해도를 확인할 수 있다. 좋은 컴퓨터 개발자가 되려면 컴퓨터의 저장 구조를 이해해야 한다. 기본적으로 컴퓨터 운영체제는 응용 프로그램을 작성하는 개발자가 컴퓨터 저장 장치의 세부 사항을 알지 못해도 프로그램을 작성할 수 있게 한다. 다만 시스템 프로그램을 작성할 수 있는 개발자(3등급 이상 필요)가 되려면 컴퓨터의 저장 구조 지식이 있어야 한다. 원리를 완전히 이해하지 못했다면 작성하는 프로그램의 실행 효율성을 제대로 제어할 수 없다.

공간과 관련된 이론과 기술은 두 가지 차원에서 논의해야 한다.

첫째, 순차적으로 혹은 무작위로 데이터에 액세스해야 할지, 한 번에 많은 양의 데이터를 가져와야 할지 또는 한 번에 하나의 데이터만 가져와야 할지 같은 데이터 액세스와 저장 장치의 특성이다. 응용 프로그램에는 각기 다른 고유한 데이터 액세스 및 사용 방법이 있다. 저장 장치 또한 장치의 가장 효율적인 데이터 액세스 및 사용 방법이 있다. 이런 특성과 방법에 맞춰야 할 뿐만 아니라 컴퓨터 시스템의 제한 하에 데이터 사용 방법을 설계해야 한다. 개발한 소프트웨어가 전 세계적인 규모의 서비스로 발전하면 구글 파일 시스템Google File System, GFS 및 구글 빅테이블BigTable 같은 데이터베이스 시스템에 따라 설계해야 할 수도 있다.

둘째, 스토리지 계층구조hierarchy of storage다. 정보 관점에서 컴퓨터는 정보를 전송 및 처리, 저장하는 기계다. 정보 전송 및 처리를 단순히 들어가고 나가는 것으로 생각할 수 있다. 운영체제를 개발하는 소프트웨어 개발자라도 프로세서가 어떻게 설계됐는지나 컴퓨터 버스bus가 어떻게 데이터를 전송하는지 이해할 필요가 없다. 그러나 스토리지를 통해 입출력되는 정보는 많은 순간에 많은 계층을 거쳐야 한다. 응용 프로그램 개발자도 스토리지 계층구조를 이해해야 한다.

지금부터 두 가지 차원에서 스토리지를 살펴보자.

7.1 액세스: 순차 vs. 임의

튜링이 논리 장치인 튜링 기계를 무제한 저장 용량이 있다고 설정했으나 구현 방법은 고려하지 않았다. 존 모클리와 존 에커트, 폰 노이만이 컴퓨터를 설계할 당시에는 대용량 데이터 저장이 불가능했다. 전자관을 이용해 소량의 레지스터만 만들어 수십 개의 데이터만 저장할 수 있었기에 직접 데이터에 접근할 수 있었다. 또한, 초기 컴퓨터의 병목현상은 계산 속도에서 발생하는 문제였다. 사용되는 데이터가 크지 않아 아무도 데이터 액세스가 문제가 될 것이라 생각하지 못했다.

현재 컴퓨터 작업과 관련된 데이터는 액세스 양과 빈도 측면에서 비교할 수 없다. 데이터 액세스 방법은 과학적으로 접근한다. 액세스access에는 데이터 읽기 및 쓰기가 포함된다. 데이터 액세스 방법은 순차 액세스sequential access(순차 접근) 또는 랜덤 액세스random access(임의 접근)뿐이다.

순차 액세스는 처음부터 끝까지 순차적으로 데이터를 액세스하는 것이다. 물론 중간의 특정 위치에서 순차적으로 액세스할 수도 있다. 역에서 기차표를 사고자 줄을 서는 것과 같다. 역무원은 '다음 분!'을 외치고 줄에 서 있는 사람들은 자신의 위치가 아닌 자신의 앞에 있는 사람만 기억한다. 줄 서 있는 동안 갑자기 물을 마시고 싶다면 앞 사람에게 부탁하고 잠시 자리를 비울 수 있다. 물을 마신 뒤에는 자리를 찾고자 할 때는 줄 시작(또는 일정 위치에 있는 사람)부터 차례로 얼굴을 확인하다가 앞뒤에 있던 사람을 찾으면 원래 내 위치로 돌아간다.

자기 저장magnetic storage(과거에 사용됐던 카세트테이프 및 비디오테이프)을 많이 사용하는 시대에는 정보를 순차적으로 저장하고 순차적으로 액세스하는 것이 당연한 일이었다. 비디오테이프는 영화를 다 본 후 영화가 시작되고 30분된 부분을 다시 보고 싶다면 처음부터 다시 테이프를 재생해야 했다. 이것이 저장된 콘텐츠에 순차 액세스하는 방법이다. 콘텐츠의 처음 30분을 건너뛰고 보고 싶은 곳으로 한 번에 갈 수는 없었다.

순차 액세스는 많은 양의 데이터를 읽거나 쓰는 데 적합하다. 처음부터 끝까지 순서대로 영화를 볼 것이라면 순차적으로 액세스하는 것이 더 좋다. 동영상 플레이어는 동영상을 프레임 단위로 순차적으로 액세스해 화면에 표시한다. 순차적 액세스는 모든 사람의 급여를 1월 1일에 일괄적으로 급여를 조정하거나 모든 급여 명세서를 한 명씩 보낼 때 좋은 방법이다. 영화의 중간 부분을 보고 싶거나 일정 인원의 급여만 조정하려는 경우 순차 액세스는 효율적이지 않다. 정말로 필요한 정보에 접근하려면 상응하는 위치를 처음부터 다시 찾아야 하기 때문이다. 이 과정은 너무 오래 걸린다. 처음부터 시작할 필요 없이 특정 데이터에 직접 액세스할 수 있기를 원한다. 이것이 랜덤 액세스다.

줄 서기를 상상해보자. 은행에서 번호표를 제공하면 줄 서 있을 필요가 없다. 누가 나의 전후에 있는지 신경 쓸 필요도 없다. 은행원이 당신의 번호를 부르면 당신 차례가 된다. 창구에서는 번호순으로 호출하는데 특정 번호를 임의로 호출할 수도 있다. 일부 은행은 일부 VIP 고객에게 우선권을 준다. VIP 고객이라면 늦게 도착해도 서비스를 먼저 받을 수 있다. 소설책을 읽을 때 특정 페이지로 이동하려면 이전 콘텐츠를 모두 읽을 필요 없이 해당 페이지로 넘어가면 된다. 랜덤 액세스를 하려면 각 고객에게 번호를 매기거나 책의 각 페이지에 번호를 매기는 것처럼 메모리 셀memory cell 에도 번호를 매겨야 한다.

랜덤 액세스에서는 은행의 고객 번호가 되든 책의 페이지 번호가 되든 번호는 매우 중요하다. 컴퓨터에서는 이 번호를 '주소'라고 한다. 저장 장치는 메모리 셀 주소를 가지고 있다. 주변 장치나 인터넷 네트워크, 추상적인 파일, 디스플레이의 특정 픽셀도 주소를 가질 수 있다. 주소를 사용하면 랜덤 액세스가 가능하다. 또한 주소는 순차 액세스에도 도움이 된다.

대부분 랜덤 액세스가 더 유연하고 편리하다고 느끼지만, 많은 경우 랜덤 액세스보다 순차 액세스가 훨씬 더 효율적이다. 다음 예를 보자.

예제 7.2 ★★★★☆ 고빈도 바이그램 찾기(AB, NU)
한 대의 서버를 사용해 방대한 텍스트(말뭉치 또는 코퍼스라고도 한다)의 바이그램을 구하는 방법은 무엇일까? 1TB의 데이터 텍스트 중 가장 자주 발생하는 100만 개 바이그램을 구하는 것이라고 가정한다.

바이그램bigram은 텍스트에서 서로 인접한 두 단어를 나타낸다. 예제의 첫 문장에서 '한-대의', '대의-서버를' 및 '서버를-사용해'는 모두 바이그램이다.

자연어 처리 분야에서 일한다면 굉장히 익순한 문제일 것이다. 만약 구글에서 면접을 볼 때 이 질문을 받는다면 운이 좋은 것이다. 물론 많은 암묵적 제약 조건이 있고 해결하는 데 약간의 기술이 필요하다. 표면적으로는 자연어 처리의 통계와 관련 있지만, 본질은 컴퓨터 저장 장치를 얼마나 이해하는지 테스트하는 것이다. 컴퓨터 저장 장치의 특성을 잘 알고 관리에 익숙하지 않다면 필연적으로 함정에 빠지게 된다. 필자는 오래전부터 자연어 처리 분야에서 일했으며 초기에는 사용했던 컴퓨터 메모리 용량이 매우 작아 제한된 리소스 조건에서 이런 유형이 작업을 한 경험이 많다. 구글 면접관이 겪은 문제를 필자도 겪었기 때문에 모든 문제의 세부 사항 관련 질문에 쉽게 대처할 수 있었다. 필자의 답은 구글 면접관을 놀라게 했다. 필자 또한 이 질문으로 지원자 수백 명과 면접을 봤는데 완벽한 답을 준 사람은 한 자릿수였다. 이전에 컴퓨터 저장 구조 관련 직무 경험이 있거나 자연어 처리 업무를 진행해본 사람들이었다.

질문에 답하기 전 구조적으로 작동하지 않는 세 가지 접근 방식을 이야기해보자.

첫 번째 접근 방식은 굉장히 큰 2차원 수열을 정의해 각 바이그램의 발생 횟수를 저장하는 것이다. 컴퓨터가 단어를 처리할 때 먼저 각 단어에 번호를 설정한다. 사전에 20만 개 단어가 있다면 단어에 1, 2, 3 ⋯ 200000까지 번호를 매긴다. 예제의 첫 번째 문장인 '한 대의 서버를 사용해⋯'에서 '서버'는 3452에 해당하고 '사용'은 29938에 해당하며 '한 대의'는 93827에 해당하는 식이다. 바이그램의 발생 횟수는 실제로 200000×200000 2차원 수열의 원소에 해당할 수 있다. 예를 들어 '서버 사용'은 수열의 3452행과 29938열 원소에 해당한다. 그리고 해당 원소에 1을 추가한다.

이 방법은 간단하지만 컴퓨터의 저장 용량이 크지 않다는 점을 간과했다. 영어 사전만 해도 20만 개 단어가 있고 두 단어 조합은 400억 개다. 바이그램 빈도 횟수를 저장하는 데는 4바이트가 필요하며[1] 총 1600억 바이트, 즉 160GB가 필요하다. 2000년대 전후로 이런 서버가 없었던 것은 말할 것도 없고 오늘날 서버 메모리 용량도 이보다 훨씬 적다. 영어 어휘량이 20만 개 이상이라는 것을 감안하고 텍스트에서 나타날 수 있는 다양한 기호, 코드 및 숫자까지 가정하면 1TB 데이터 양의 텍스트에서 볼 수 있는 단어 수는 수백만 개 이상이다. 간단한 2차원 수열로 계산하는 것은 불가능하다.

두 번째 접근 방식은 3.6절에서 설명한 행렬 압축 저장 방법을 적용하는 것이다. 희소 행렬 압축 방법은 바이그램 행렬의 희소 특징을 활용하며 이전 방법보다 훨씬 더 낫다. 실제로 현실의 모든 다차원 대형 행렬은 희소 행렬이다. 즉 0이 아닌 원소 비율이 매우 낮다.

3.6절에 설명된 희소 행렬의 압축 저장 방법을 사용하려면 행렬의 각 행에 0이 아닌 원소가 몇 개 있는지 사전 조사가 필요하다. 바이그램 목록에서 첫 번째 단어와 2500개 단어가 바이그램을 형성하고 두 번째 단어와 4090개 단어가 바이그램을 형성하며 나머지 단어도 이런 식으로 구성됐다면 희소 행렬 1~2500까지의 첫 번째 단어의 바이그램을 넣는다. 2501~6590번까지는 두 번째 단어에 해당하는 바이그램을 넣게 되고 나머지도 동일하게 진행한다.

해당 저장 방법은 사용에는 문제가 없다. 그러나 바이그램 집계가 쉽지 않다. 모든 바이그램을 계산할 때까지 각 행에 0이 아닌 원소가 몇 개 있는지 모른다. 각 행의 0이 아닌 원소의 일부 공간을 미리 비워둘 수는 있지만 비워둔 공간이 채워지면 공간을 확보하는 데 앞뒤 행의 0이 아닌 요소를 앞으로 하나씩 동적으로 조정해야 한다. 매우 번거롭다. 시간도 많이 걸리고 거의 불가능하다. 물론 각 행에 미리 여분의 공간을 예약하는 방법을 제의할 수도 있다. 다만 단어마다 바이그램이 구성될 수 있는 수의 차이가 크다. 'of(의)'라는 단어는 거의 모든 단어와 바이그램을 형성할 수 있다. 이전의 접근 방식은 2차원 행렬을 직접 저장하는 것과 차이가 없다.

---

[1] 수백만 개의 공통 단어가 있을 수 있으나 2바이트의 짧은 정수 형식을 저장할 수 없으므로 4바이트의 긴 정수 형식을 사용해야 한다.

세 번째 방법은 앞선 두 가지 방법을 기반으로 개선한 것이다. 간단한 해시 테이블로 바이그램을 모두 저장한다. 구체적인 방법은 다음과 같다.

1. 텍스트를 순차적으로 스캔한다.
2. 바이그램의 두 단어로 각 바이그램의 해시 테이블 키를 만든다.
3. 해당 바이그램이 이미 해시 테이블에 있는 경우 해당 바이그램의 키 데이터에 해당 횟수를 1만큼 증가시킨다.
4. 그렇지 않으면 바이그램으로 키를 만들어 해시 테이블에 삽입하고 해당 개수를 1로 설정한다 (첫 번째 경우이기 때문에).

알고리즘은 완벽하게 보인다. 이론적으로는 가능하나 구조적으로는 실현할 수 없다. 너무 많은 메모리 공간을 차지한다. 구글은 지원자들에게 문제에서 사용할 수 있는 메모리 공간을 제한했다.

원본 텍스트가 차지하는 공간이 1TB라면 바이그램이 한 번 계산되면 결과는 1/4~1/2TB에 저장돼야 한다. 많은 저장 공간이 필요한 이유는 무엇일까? 대부분 바이그램은 한 번에서 두 번 정도만 나타난다. 바이그램 중 1/4 정도는 몇 번만 나타난다. 이 현상을 '지프의 법칙Zipf's law'이라고 한다. 자연어 말뭉치에서 단어 빈도는 빈도 순위에 반비례한다. 영단어 중에는 'of(의)'라는 단어 빈도가 1위이며 2위인 'is'와 두 배 정도 차이 난다. 100위 단어나 글자는 1위와 100배 차이 난다. 하나의 단어든 바이그램이든 통계 법칙을 따른다. 대용량 메모리가 필요한 요구 사항은 단일 서버에서는 충족될 수 없다. 물론 큰 해시 테이블을 구현하려면 메모리를 하드디스크로 교체하는 방법을 생각할 수도 있다. 메모리를 하드디스크로 교체하면 속도가 본 속도보다 수천 분의 1로 줄어든다. 전체 해시 테이블을 메모리에 담을 수 있다면 앞선 문제를 몇 시간 안에 해결할 수 있지만 해시 테이블을 하드디스크에 저장하면 시간 소모가 1천 배나 늘어나 1년이 걸릴 수도 있다.

세 번째 방법 자체가 잘못된 것은 아니다. 현재 기준으로는 실현 가능성이 없다는 것이 문제다. 많은 사람이 잘못된 답으로 대답한다. 찾고자 하는 가장 높은 빈도의 100만 개 바이그램이 아닌 모든 바이그램을 얻으려고 한다. 잘못된 해답 유형 중 가장 흔한 것이 힙 데이터 구조로 '우선순위 큐priority queue'를 생성하는 방법이다. 구글 면접 중 많은 지원자가 이 방법을 사용했다.

먼저 100만 개 원소의 힙을 만들고 초깃값은 비워둔다. 그다음 텍스트에서 스캔되는 모든 바이그램이 이미 힙에 있다면 카운트를 1로 늘린 후 힙을 재구성한다. 힙에 없다면 힙이 가득 찰 때까지 힙에 추가한다. 텍스트를 계속 스캔해 힙을 업데이트한다. 마지막에는 힙에 있는 바이그램과 해당 번호를 순서대로 출력한다.

이 방법의 문제점은 무엇일까? 빈도수 상위인 100만 개 바이그램이 아니라 말뭉치 텍스트의 앞쪽에서 발견되는 100만 개 바이그램만의 빈도수를 계산한다. 어떤 바이그램이든 처음 나타난다면 빈도수는 1로 시작한다. 힙이 가득 차 있고 가장 작은 빈도수가 2 이상이라면 신규 바이그램은 우선순위 큐에 있는 바이그램 수에 미치지 못하므로 힙에 진입하지 못한다.

물론 새로 발견된 바이그램을 일시적으로 힙에 들어가도록 허용한 후 이 바이그램이 제거돼야 하는지 혹은 진입해야 하는지 추가로 확인하는 편법을 시도하는 지원자도 있었다. 어떤 상황에서 제거돼야 하는지 결정하는 것이 또 다른 문제였다. 이 바이그램의 힙 내 잔존 여부를 결정하고자 수만 단어의 텍스트를 계속 스캔해야 하는 것일까? 잔존 여부를 결정하는 또 다른 조건이 있을까? 일정한 규칙이 없는 텍스트의 임의성 때문에 새로운 바이그램을 스캔했을 때 잠깐 스치고마는 '별똥별'인지 계속 빛날 '항성'인지 예측할 수 없다. 또한, 텍스트를 스캔하는 중간에 현재 상태에서는 바이그램이 상대적으로 빈도가 낮아 제거되고 나머지 텍스트에 더 자주 나타날 수 있으나 한 번 제거된 바이그램은 힙에서 다시 복구할 수 없다.

어째서 할 수 없는지 알아야 어떻게 해야 할지 이야기할 수 있다. 바이그램 문제는 올바른 접근을 해야 할 뿐만 아니라 공학적으로 실현 가능한 접근 방식을 찾아야 한다. 실현 가능한 접근 방식은 두 가지 범주로 나눌 수 있다. 첫 번째는 찾아야 하는 바이그램 기준을 공학적 근사치로 만드는 것이고, 두 번째는 근사치를 만들지 않는 것이다.

먼저 첫 번째 범주를 보자. 먼저 범위를 정하고 어떤 바이그램이 '상위 100만 개 단어'에 들어갈 가능성이 있는지 대략적으로 알아내는 것이 핵심이다. 두 가지 접근 방식이 있다.

첫째, 데이터의 0.1%인 1GB 데이터를 무작위로 샘플링하는 방식이다. 그다음 1GB 데이터에서 바이그램의 빈도수 통계를 내고 빈도가 가장 높은 1천만 개 바이그램을 후보로 본다. 1TB 데이터에서 가장 높은 빈도의 100만 개 바이그램이 높은 빈도의 1천만 개 바이그램에 속한다고 가정한다. 1TB 데이터의 바이그램을 확인할 때는 1천만 개 후보에 속하지 않는 바이그램은 건너뛰고 계산하지 않는다. 이 방법은 샘플링의 무작위성이 매우 중요하다. 그렇지 않으면 통계 결과가 실제와 다를 수 있다. 이후 무작위성을 다룰 때 자세히 논의하겠다.

둘째, 지프의 법칙Zipf's law으로 범위와 대략적인 추정치를 제한하는 방식이다. 먼저 각 단어 자체의 출현 횟수, 즉 단어 빈도를 계산한 후 정렬한다. 단어 빈도 분포는 지프의 법칙을 따르므로 대부분 단어는 몇 번만 나타난다. 만약 단어가 단 두 번만 나타나는 경우 이 단어와 연관된 바이그램은 두 개 이하다. 빈도가 낮은 단어를 포함하는 모든 바이그램은 고려하지 않는다. 단어의 빈도수를 확인하면 단어 수가 20만 개나 100만 개를 넘어가도 바이그램을 확인해야 하는 단어 수는 2만 개나 3만 개보다 훨씬 적다. 2만 단어나 3만 단어로 구성된 바이그램은 메모리에 저장될 수 있다. 그러나 바이그램 빈도를 저장하려면 2차원 대형 수열 대신 해시 테이블을 사용할 필요가 있다.

이 유형의 접근 방식은 일부 오류가 있을 수 있지만 실제로 적용할 때는 1만 분의 1 미만으로 오류가 매우 적다. 즉 합리적인 근사치로 선별된 가장 높은 빈도의 100만 개 바이그램 중 100개 미만 바이그램만 전수조사로 얻은 결과와 일치하지 않는다는 의미다. 이는 허용될 만한 오차 범위다.

면접에서 이 같은 답을 할 수 있다면 합격할 수 있다. 지원자가 개발자 경험이 있으며 일부 통계 원칙을 이해해 4등급 개발자 수준에 도달했다는 것을 보여주기 때문이다. 물론 과도하게 열정적인 면접관은 지원자에게 근사적인 답을 찾는 알고리즘이 아닌 알고리즘을 찾도록 요청할 수도 있다.

두 번째 범주를 보자. 분할 정복 알고리즘으로 문제를 해결하는 방식이다. 병합 정렬의 요점을 살펴보자. 병합 정렬은 정렬할 데이터를 같은 크기의 두 부분으로 나누고 다양한 결과를 따로따로 정렬해 병합하는 것이다. 바이그램의 빈도를 계산하는 데도 사용할 수 있다.

모든 텍스트 데이터 D를 N분해 D_1, D_2 … D_N으로 나눈다고 하자. 클라우드 컴퓨팅에서는 각 부분을 '샤드_{shard}'라고 한다. 1천 개로 나눴다고 가정해보면 D_i의 데이터 크기는 전체 데이터 크기의 1/1000, 즉 1GB의 데이터를 가지게 된다. 이 정도의 데이터양이라면 메모리를 사용해 바이그램 빈도를 직접 해시 테이블에 저장할 수 있다. 이후 설명하기 쉽도록 $<x, y>$ 기호를 사용해 바이그램을 나타내겠다. x와 y는 각각 이전 단어와 다음 단어 번호이고 값 범위는 1에서 200000까지다.

i번째 데이터 D_i 바이그램의 빈도 통계를 C_i로 표시한다면 C_i의 각 행은 $<x, y, \#(x, y)>$처럼 표현한다. $\#(x, y)$는 $<x, y>$가 D_i에 출현한 횟수를 의미한다. 즉 'x는 이전 단어 번호, y는 이후 단어 번호, $\#(x, y)$는 D_i에서 (x, y) 출현 횟수'처럼 표현할 수 있다. 이렇게 저장하면 $<x, y>$ 값에 의거해 값을 찾을 수 있다. C_i를 구하면 바이그램의 x 번호와 y 번호에 따라 오름차순으로 C_i를 정렬하고 디스크에 다시 쓸 수 있다. C_i를 디스크에 쓸 때는 3장에서 설명한 행렬의 압축 저장 방식을 사용해 순차적으로 저장할 수 있다. 당연히 C_i의 파일 크기가 D_i보다 작기 때문에 C_i를 기록하는 시간이 D_i에 빈도수를 기록하는 시간보다 짧다. 한 번에 하나의 바이그램 데이터씩 쓰게 되면 너무 느리다. 일괄적으로 디스크에 데이터를 써야 한다. 다행히 운영체제에서 이 작업을 지원한다. 이런 식으로 통계 계산을 하는 데 걸리는 대략적인 시간은 데이터를 한 번 백업(한 번 읽고, 한 번 쓰기)하는 것과 같다. 데이터를 디스크에 백업하는 데 걸리는 시간에 비하면 중간의 빈도 계산 및 정렬에 소요되는 시간은 미미하다.

두 가지 작업을 완료했다. 하나는 원래 순서가 없는 텍스트 파일을 단어 번호의 순서로 나열해 정렬 결과를 하나의 파일이 아닌 1천 개 파일로 나눈 것이다. 다른 하나는 각 데이터 하위 집합 내에서 동일한 바이그램을 결합한 것이다. 이 과정에서 각 단어의 빈도를 구했고(F라고 부르겠다) 정렬했다. 해당 데이터는 나중에 사용한다.

다음으로 각 데이터 하위 집합에 대한 빈도 결과 수열 $C_i(i=1, 2, 3 \cdots 1000)$을 병합한다. 각 C_i는 바이그램 단어 x, y 순번에 따라 정렬되므로 두 테이블은 병합 정렬의 병합 알고리즘으로 정렬할 수 있다. 알고리즘은 다음과 같다.

알고리즘 7.1 바이그램 병합

C_i와 C_j가 병합된다고 가정할 때 두 수열에서 병합되지 않은 요소 중 첫 번째 요소에 각각 포인터를 가진다.

1단계, 두 테이블의 맨 앞에 있는 두 바이그램 $<x_i, y_i, \#(x_i, y_i)>$와 $<x_j, y_j, \#(x_j, y_j)>$를 비교한다.

2단계, $<x_i, y_i>$와 $<x_j, y_j>$가 동일한 경우 두 이진 그룹을 병합해 $<x_i, y_i, \#(x_i, y_i)+\#(x_j, y_j)>$를 결과에 쓴 후 두 포인터를 한 자리씩 각각 이동해 C_i및 C_j다음 바이그램을 병합한다. $<x_i, y_i>$가 $<x_j, y_j>$보다 앞쪽에 있는 경우 $<x_i, y_i, \#(x_i, y_i)>$를 결과에 쓴 후 C_i포인터를 한 자리 이동시켜 C_i다음 바이그램과 C_j현재 바이그램의 병합을 시도한다. 그렇지 않으면 $<x_j, y_j, \#(x_j, y_j)>$를 결과에 쓴 후 C_j포인터를 뒤로 이동시켜 C_i의 현재 바이그램과 C_j의 다음 바이그램을 병합한다. 두 수열의 모든 요소가 결합될 때까지 1단계와 2단계를 반복한다.

병합에 필요한 시간은 해시 테이블 길이 m의 두 배, 즉 $2m$이며 k개 해시 테이블이 동시에 병합되는 경우 병합 시간은 $km\log k$이다. 또 다른 핵심 질문은 여러 해시 테이블을 합친 후 새로운 해시 테이블 길이가 얼마인지다. 새로운 해시 테이블 길이는 m에서 $2m$ 사이여야 한다. 개발자 경험에서 보자면 자연어로 생성된 바이그램의 경우 두 개의 쌍을 합친 후 새로운 해시 테이블 길이는 $1.3m$에서 $1.6m$ 사이다. 열 개의 해시 테이블을 합치면 길이는 $3m$~$5m$, 즉 원래 열 개의 수열 $10m$ 저장 크기의 1/3~1/2이 된다. 구체적으로 열 개 수열의 텍스트가 내용적으로 얼마나 유사한지에 따라 달라진다. 특히 병합 과정에서 모든 해시 테이블을 메모리에 읽고 보관할 필요가 없다. 모든 파일을 동시에 열 필요 없이 파일의 일부만 읽고 처리해 작성할 수 있다. 스트리밍으로 동영상을 볼 때 일부는 다운로드하고 일부는 재생하면서 현재 재생 중인 동영상 콘텐츠만 제대로 보여주면 되는 것과 유사하다. 이 문제는 모든 데이터의 저장을 고민하는 것이 아니라 동시에 몇 개의 파일을 열 수 있고 몇 개의 파일을 병합할 수 있는지로 나타날 수 있는 병목현상을 걱정해야 한다.

매 단계에서 열 개의 해시 테이블을 하나로 병합하고 이 단계를 세 번 거치면(1000→100→10→1) 모든 수열을 하나로 묶을 수 있다. 이렇게 모든 바이그램의 빈도수를 포함하는 수열로 가장 빈도가 높은 100만 개 바이그램을 쉽게 찾을 수 있다. 해당 바이그램 수열의 정렬은 6.2절에서 설명한 병렬 중앙값을 찾는 알고리즘을 사용할 수 있다. 정렬 작업에 병합 알고리즘을 선택해야 하는 이유는 스스로 생각해보자. 이 밖에도 저빈도의 바이그램, 특히 몇 번밖에 나타나지 않는 바이그램을 먼저 제거한 후 나머지 바이그램을 정렬할 수도 있다.

각 병합 결과의 수열 길이가 열 개 수열 길이의 절반이라고 가정한다. 이 과정을 세 번 거치면 전체 수열은 1.75번$(1+0.5+0.25)$ 복제되는 것과 같다. 텍스트 데이터 D_i에서 바이그램 빈도 C_i를 생성하는 것은 D_i 데이터를 한 번 복사하는 것과 같은 복잡도다. 세 번 진행하면 데이터를 세 번 복사한 시간에 이른다. 이런 시간 복잡도는 수용될 수 있다. 추가로 개선할 수 있는 여지는 많지 않다. 만약 32개씩 데이터를 병합할 때는 $32^2 > 1000$이므로 모든 데이터를 두 번만 병합하면 된다.

이 과정은 [그림 7.1]처럼 3단계로 형상화했다.

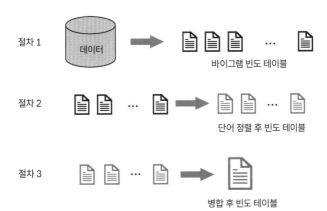

그림 7.1 **1TB 텍스트 데이터에서 추출한 모든 바이그램 빈도 테이블 작성 방법**

실제로는 모든 하위 수열이 하나로 통합될 때까지 대기하지 않는다. 100만 개의 고빈도 바이그램을 찾을 수 있다. 처음에 생성된 1천 개 히위 해시 테이블은 이미 단어 출현 수에 따라 정렬됐으므로 1천 개 빈도 테이블 C_i를 100개 수열(R_k라고 가정한다)로 병합할 때 약간의 편법을 사용한다. 100개의 하위 결과 수열 R_k를 단어 번호에 따라 정렬한다. 이렇게 하면 열 개의 하위 수열을 하나의 수열로 만드는 세 번째 단계에서 정렬할 필요없이 마지막 병합으로 바로 저장할 수 있다.

[알고리즘 7.1]을 다시 보면 왜 기존 알고리즘에 비해 이 알고리즘이 개선될 수 있는지 알 수 있다. 첫 번째에서 열 번째 하위 수열 $C_1 \cdots C_{10}$은 첫 번째 결과 수열 R_1으로 병합되고, 열한 번째에서 스무 번째 부분 수열인 $C_{11} \cdots C_{20}$은 두 번째 결과 수열 R_2로 병합되는 식이다. [그림 7.2]를 보자.

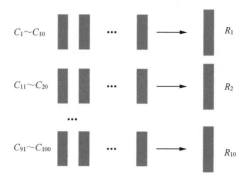

그림 7.2 바이그램 하위 수열은 순서에 따라 병합된다

이 방법으로 병합해 얻은 결과 R_1 … R_{10}은 각각 일련번호 1~200000인 단어로 구성된 바이그램을 포함하므로 바이그램은 중복된다. 추가 병합이 필요하다. 바이그램의 첫 번째 단어 x의 일련번호를 사용해 병합한 후 이 바이그램이 어떤 결과 테이블에 들어갈지 결정하면 병합 결과 파일에 중복된 바이그램이 없다는 것을 보장할 수 있다. 구체적인 방법은 다음과 같다.

알고리즘 7.2 바이그램을 병합할 때 바이그램의 결과 수열은 x번호로 결정한다

100개 하위 수열 단위로 1천 개 수열을 열 개의 결과 하위 수열로 만든다. [알고리즘 7.1]을 바탕으로 바이그램 $<x, y>$의 x번호 순서로 진행한다. 즉 x번호로 열 개 결과 수열 중 어디에 저장할지 결정한다. x가 1~20000이면 바이그램의 첫 번째 결과 하위 수열로 넣는다. R'_1이라고 부른다. x의 일련번호가 20001~40000인 경우, 이 바이그램은 병합된 결과를 수열 R'_2에 넣는다.

…

x의 일련번호가 180001~200000인 바이그램은 R'_{10}에 병합된다. [그림 7.3]에 나와 있다.

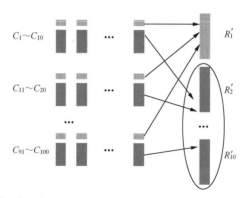

그림 7.3 단어별 바이그램 하위 수열(모든 하위 수열의 첫 번째 부분이 첫 번째 최종 하위 수열로 병합된다)

이런 식으로 R'_1, R'_2 … R'_{10}이 중복 쌍을 갖는 것을 불가능하게 한다. 물론 1천 개의 부분 수열을 모두 병합한 후에도 R'_1과 R'_{11}(200번째부터의 부분 수열 병합 결과), R'_{21}, R'_{31} 등 결과 간에는 반복되는 바이그램이 있다. 마찬가지로 R'_2 및 R'_{12}, R'_{22}, R'_{32} 등에도 반복되는 바이그램이 존재한다.

두 번째 병합에서 R'_1을 R'_{11}, R'_{21}, R'_{31} 등과 병합한다. 1에서 20000 범위의 단어 x가 있는 단어를 포함하기 때문이다. 결합 결과는 **x**가 1에서 20000인 모든 바이그램의 최종 빈도인 S_1이라고 가정한다. R'_2와 R'_{12}, R'_{22}, R'_{32} 등 결합 결과 S_2는 20001에서 40000 범위의 x 번호를 가진 모든 바이그램의 최종 빈도다. 이때 3단계인 병합이 필요 없다. S_1, S_2 … S_{10}에 중앙값 분할 알고리즘(병렬 처리 버전)을 사용하면 상위 100만 개의 고빈도 바이그램을 찾을 수 있다.

여기까지가 필자의 답이었다. 이제 알고리즘 복잡도를 분석해보자. 계산 과정은 크게 3단계로 나눈다. 첫 번째 단계는 로우 데이터 $D = D_1$, D_2 … D_{1000}에서 빈도 데이터 C_1, C_2 … C_{1000}을 계산하는 것이다. 이는 데이터 사본을 하나하나 복사하는 것으로 복잡도는 $O(|D|)$이다. 두 번째 단계는 빈도 집계 데이터 C_1, C_2 … C_{1000}을 S_1 … S_{10}으로 합병하는 것이다. 이 부분의 시간은 빈도 데이터를 한 번 더 복사하는 시간을 초과하지 않는다. 복잡도는 $O(|D|)$보다 낮다. 세 번째 단계는 병합된 빈도 데이터에서 가장 높은 빈도의 100만 바이그램을 찾는 것이다. 분할 알고리즘을 사용하면 계산 시간은 빈도 데이터 크기의 선형함수다. 하드디스크를 반복적으로 읽고 쓰는 것을 방지하고자 낮은 빈도의 바이그램은 삭제해 바이그램이 메모리에 온전히 로드될 수 있도록 한다. 이때 세 번째 단계는 두 번째 단계보다 시간이 덜 걸린다. 결론적으로 말하자면 빈도 계산과 2, 3단계 처리 시간은 각각 전 단계 처리 시간의 약 절반이다.

많은 세부 사항이 있다. 대다수 지원자가 완벽하게 해결하지 못하고 어려워했는지 이해할 수 있을 것이다. 많은 세부 사항을 고려하지 못해도 괜찮다. **이 문제를 해결하려면 지원자가 4등급 개발자 수준에 도달해야 할 뿐만 아니라 방대한 데이터 처리 경험이 있어야 한다.**

해당 알고리즘은 나중에 언급할 병렬 컴퓨팅 도구인 맵리듀스의 독립 실행형 버전이다. 큰 작업을 겹치지 않는 하위 작업으로 분해하는 맵 프로세스와 하위 작업에서 얻은 결과를 병합하는 리듀스 프로세스다. 첫 번째 단계는 처리할 데이터를 특정 값에 따라 분할 처리하고 각기 다른 서버로 보내기 때문에 맵이라고 한다. 앞선 문제에서는 x 값에 따른 C_1 … C_{1000}에서 R'_1, R'_2 … R'_{100}으로 보내 병합하는 맵 프로세스를 진행한 것이다.

이제 지원자의 무엇을 평가하려는 질문인지 알아보자. 컴퓨터 저장, 특히 랜덤 액세스와 순차 액세스의 연관성에 대한 이해를 알아보려는 질문이다. 컴퓨터의 많은 알고리즘은 컴퓨터 자체와 관련이 없다. 수학만 관련 있다. 그래프 이론의 많은 알고리즘은 수학 문제다. 저장 문제는 개발에서 흔히 볼 수 있는 문제지만 컴퓨터가 발전하면서 쉽게 해결할 수 있게 됐다. 스토리지 문제는 컴퓨터와 밀접한 관련이 있다. 예를 들어 컴퓨터 메모리 및 프로세서 내부 캐시 같은 저장 장치는 순차 액세스에 적합하다. 이 밖에도 컴퓨터에서 저장 장치 내 데이터를 액세스하고 하나의 데이터를 읽고 쓰는 작업과 1천 개(또는 100만 개)를 읽고 쓰는 작업 시간은 차이가 없다. 스토리지 관련 컴퓨터 문제를 해결할 때는 이런 특성을 고려해야 한다.

고빈도 바이그램을 찾는 문제와 관련해 로 데이터raw data, 즉 텍스트 데이터의 말뭉치corpus는 임의로 출현한다. 즉 첫 번째 단어 뒤에 어떤 단어가 뒤따르는지는 완전히 무작위다. 첫 번째 문장 뒤 내용도 무작위이므로 텍스트의 특정 바이그램인 $<x, y>$ 데이터를 기록하는 것 또한 무작위다. 텍스트 데이터를 디스크에 저장하면 순차적으로만 액세스할 수 있다. 랜덤 액세스와 순차 액세스의 첫 번째 모순이다.

각 바이그램을 기록할 때 랜덤 액세스를 위한 메모리(내부 메모리)가 필요하다. 랜덤 액세스를 위한 메모리 용량은 매우 제한적이다. 외부 메모리(하드디스크) 공간은 충분하지만 랜덤 액세스는 거의 불가능하다. 알고리즘에서 무작위로 메모리에 접근해야 하는 부분을 최대한 순차적으로 저장 장치에 접근하는 방식으로 대체하는 것이 문제를 푸는 열쇠다. 물론 대체 때문에 계산량은 몇 배 증가할 수 있다. 강력한 컴퓨팅 도구가 없는 상황이라면 시간을 공간으로 교환하는 것이 대규모 컴퓨팅 문제를 해결할 수 있는 유일한 방법이다.

해결 방법에는 두 가지가 있다. 첫째, 큰 문제를 많은 작은 문제로 분해하는 방법이다. 이것이 분할 정복 알고리즘의 핵심이다. 둘째, 두 번째 병합 단계에서 원본 데이터를 기준으로 병합 결과를 분할하는 대신 바이그램 번호에 따라 여러 부분으로 분할하는 방법이다. 각 병합 결과 간 중복이 없으므로 많은 저장 공간을 절약하고 계산 시간도 절약할 수 있다는 장점이 있다. **이런 세부 사항을 파악해 처리할 수 있다면 3등급 개발자가 될 잠재력이 있는 것이다.**

지금까지 분석을 보면 이 문제가 사실은 구글의 자연어 처리 업무와 큰 관련이 없다는 것을 알게 된다. 2000년 즈음에는 구글의 비즈니스에는 자연어 처리와 관련된 업무는 거의 없었다. 자연어 처리를 이해하는 사람도 많지 않았다. 그러나 페이지랭크 알고리즘, 광고 매칭, 사용자 클릭 데이터와 검색 결과 간 상관관계 찾기 등 구글의 많은 핵심 비즈니스는 모두 희소 2차원 행렬을 사용하므로 이 문제와 그들의 비즈니스 사이에 관계가 아예 없다고는 할 수 없었다. 페이지랭크를 계산할 때 바이그램 $<x, y>$의 단어 대 단어 관계는 x를 하이퍼링크가 있는 웹 페이지로, y는 하이퍼링크가 가리키는 웹 페이지로 대체할 수 있다. 또는 광고 매칭에서 x는 수십만 개 광고, y는 수만 개의 관련 검색 결과로 대체할 수 있다.

지원자들에게 바이그램의 빈도 집계를 요청했던 이유는 구글의 특정 비즈니스와 구체적인 연관이 없어 지원자들에게 구글의 비즈니스 내용을 말하지 않고 질문 자체에만 집중할 수 있기 때문이었다. 회사가 크면 클수록 면접관들은 면접 질문에 신중해야 한다. 업무 관련 질문은 피하면서 지원자를 테스트할 지식 포인트 및 검토 사항을 숨겨야 한다.

고빈도 바이그램을 찾는 문제는 정답이 없다. 좋은 답과 나쁜 답 또는 실현 가능하거나 실현 불가능한 답으로는 나눌 수 있다. 또한, 이 유형의 질문은 면접관과 지원자가 문제에 대해 깊이 있게 토론하고 탐구할 수 있도록 한다. 지원자가 문제를 비교적 빠르고 완벽하게 해결하면 면접관은 지원자에게 바이그램의 빈도 자료를 만드는 대신 다른 바이그램 저장 구조를 설계하도록 추가 요청할 것이다.

텍스트에서 추출되는 바이그램은 무작위이므로 바이그램 액세스는 랜덤 액세스가 순차보다 유리하다. 그러나 이 알고리즘을 실제로 사용할 때는 바이그램의 첫 번째 단어 x에 따라 뒤에 올 수 있는 모든 단어를 한 번에 호출한다. 사용 상황이 음성인식, 기계번역 또는 추천 관련 검색 키워드 프롬프트에 관계없이 모두 마찬가지다. 이 밖에도 사용자에게 보여주고자 검색 광고를 매칭할 때도 검색 키워드에 따라 관련한 모든 광고도 함께 찾는다. 이때 바이그램의 첫 번째 단어 x에 따라 바이그램 목록을 한 줄씩 저장한다. 사용할 때는 순차적으로 접근한다.

저장 관련 문제를 해결하려면 컴퓨터의 저장 구조와 다양한 저장 장치의 특성을 이해해야 한다. 다음 절에서는 컴퓨터 저장 시스템의 계층을 살펴보겠다.

> **요점** 순차 액세스, 랜덤 액세스. 컴퓨터의 일부 저장 장치는 순차적 액세스는 편리하지만 랜덤 액세스는 불편하다. 대량의 데이터를 처리할 때는 데이터를 스캔할 때 해야 할 모든 작업을 완료하고 데이터의 반복적인 읽기 및 쓰기를 피하고자 노력해야 한다.

> **심화 사고 문제** 7.1 ★★★★☆
> [알고리즘 7.1]에서 모든 바이그램의 빈도를 계산했다. 분할 알고리즘으로 빈도가 가장 높은 100만 개를 찾고 싶다. 그러나 바이그램이 하드디스크에 저장돼 랜덤 액세스가 쉽지 않다. 6.2절에서 언급한 근삿값 분포식의 알고리즘을 사용해야 한다. 만약 컴퓨터가 한 대밖에 없더라도 병렬 알고리즘을 사용해야 하는 이유는 무엇일까? 어떻게 이 알고리즘을 구현할수 있을까? (힌트: 메모리 크기에 따라 전체 바이그램을 여러 하위 리스트로 나눈다.)

7.2 메모리 계층: 용량 vs. 속도

컴퓨터의 저장 구조를 소개하기 전 컴퓨터 내 다양한 저장 장치의 성능을 살펴보자. 물론 저장 장치의 성능을 측정할 때 단순히 저장 장치를 읽고 쓰는 데 걸리는 시간만 봐서는 안 된다. 최소한의 세 가지 지표는 다음과 같다.

1. 대량의 데이터가 순차적으로 액세스되는 속도(읽기/쓰기). 통신에서는 이를 '전송 대역폭'이라고 한다.
2. 하나의 메모리에 액세스하는 시간
3. 1회 액세스 시 준비 시간

왜 세 개의 지표가 있을까? 대량의 데이터를 순차적으로 접근할 수 있는 저장 장치라면 첫 번째 지표로 충분하다. 저장 장치에 랜덤 액세스하는 경우 후자의 두 가지 지표를 사용해야 한다. 특히 외부 저장 장치의 경우 액세스 준비 시간이 실제 데이터 액세스 시간보다 훨씬 긴 경우가 많다. 예를 들어 하드디스크에서 많은 양의 데이터를 순차적으로 읽을 경우에는 최대 전송 대역폭 속도인 초당 수억 바이트를 읽을 수 있다. 1바이트를 읽는 시간이 수억 분의 1초라는 것을 의미하지는 않는다. 1바이트를 읽는 것과 100만 바이트(1MB)를 읽는 것에는 시간 차이가 거의 없다.

7.2.1 CPU 캐시에서 클라우드 스토리지까지

CPU 프로세서의 정보 처리 능력에 따라 정보를 저장하는 속도는 상대적이다. 주파수(클럭 속도라고도 함)가 3.3GHz(기가헤르츠)인 인텔 i7 쿼드코어 프로세서를 비교 기준으로 선택한다. 지금은 옥타코어octa-core 프로세서가 있고 i9 프로세서도 있지만 작동 원리는 쿼드코어인 i7과 비슷하다.

주파수는 프로세스의 1초당 상태 변경의 빈도를 나타낸다. 1회 변경 시 계산 한 단계를 완료할 수 있다. 클럭 주기는 주파수의 역수로서 한 번의 클럭에 0.3ns(나노초) 시간(1/3.3GHz)이 소요된다. 그러나 0.3ns는 너무 짧은 시간이다. 수명이 100세인 사람의 1초와 같다. 최신 프로세서는 코어당 여러 연산 장치(ALU(산술 논리 장치), 정수 승산기, 정수 시프터integer shifter, 부동소수점 장치floating point unit, FPU 등)를 포함하고 고효율 파이프라인을 사용해 각 코어는 한 번의 클럭으로 여러 작업을 완료할 수 있다. 앞서 언급한 i7 쿼드 코어 프로세서는 초당 500억 개의 연산을 수행할 수 있다.

많은 양의 계산을 하려면 얼마나 많은 데이터를 읽고 써야 할까? 명령어를 실행하는 데 평균 한 개의 데이터(때로는 두 개까지)를 읽고 각 데이터는 32비트 또는 4바이트(어떤 경우에는 64비트까지)라고 가정한다. 500억/초×4바이트=초당 200GB(GB/s) 데이터가 필요하다. 현재 인텔 프로세서의 메모리 채널 대역폭은 꽤 높다. CPU와 메모리를 연결하는 데이터 채널이 세 개까지 있다. 프로세서와 메모리 간에는 25GB/s 전송 속도가 최대다. 물론 25GB/s는 매우 빠른 전송 속도이며 여섯 시간 분량의 4K 고화질 영화를 1초에 전송할 수 있다. 그러나 데이터 전송 속도는 여전히 프로세서의 컴퓨팅 속도를 따라가지 못한다(여덟 배 이상 차이). 그렇다면 어떻게 해야 할까?

i7 쿼드 코어 프로세서의 각 코어는 세 개 레벨의 캐시를 사용한다. 첫 번째 레벨 캐시 L1은 64KB의 용량을 가진다. 그중 절반은 명령어를 저장하는 데 사용하고 나머지 절반은 데이터를 저장하는 데 사용한다. 프로세서의 캐시 메모리 액세스 속도는 매우 빠르다. 4회 클럭 주기로 1회 데이터 액세스를 완료할 수 있다. '그래도 프로세서의 처리 속도보다 네 배나 더 시간이 걸리지 않나?'라고 생각할 수 있다. 걱정하지 않아도 된다. 인텔은 프로세서를 설계할 때 이 문제도 함께 고려했다. i7 쿼드 코어 프로세서의 각 코어에는 네 개의 명령 채널과 여덟 개의 데이터 채널이 있다. 하나의 명령을 한 번의 클럭 주기에서 읽을 수 있도록 했으며 동시에 두 개의 데이터까지 읽을 수 있도록 했다. 계산에 사용해야 할 데이터가 이미 딱 맞게 L1에 있는 경우를 '캐시 히트cache hit'라고 한다. L1의 용량이 매우 적어 계산에 필요한 데이터가 L1에 없는 경우를 '캐시 미스cache miss'라고 한다. 어떤 연산 작업이냐에 따라 미스 비율은 다르다. 인텔 프로세서의 L1 캐시 미스 비율은 5%에서 10%다.[2]

캐시 미스가 발생한다면 어떻게 될까? 프로세서는 두 번째 레벨 캐시 L2를 사용한다. i7에서는 각 코어에 256KB의 L2가 있고 데이터와 명령어를 따로 구분하지 않고 저장한다. L2 액세스 시간은 L1보다 느린 10회 클럭 주기다. 인텔은 2회 클럭 주기로 프로세서 계산에 필요한 데이터를 제공할 수 있도록 여덟 개의 데이터 채널을 설계했다. L1 캐시에 캐시 미스가 발생해 L2를 사용해야 하는 경우 컴퓨터 프로세서 성능이 한 번에 절반, 심지어는 그 이상으로 떨어진다. 다행히도 L1 캐시 미스 때문에 L2에서 데이터를 읽어야 할 경우 프로세서의 캐시 관리 메커니즘으로 L2의 일부 데이터를 동시에 L1에 복사할 수 있다. 프로세서는 L1 캐시에서 캐시 미스가 발생하면 L2에서 데이터를 읽고는 클럭 주기를 몇 회 '느리게' 한다. L2 데이터를 L1으로 가져와 업데이트한 다음 연산이 L1에서 캐시 히트하는 것을 확인하면 다시 L1 캐시에서 캐시 미스가 나타나지 않을 때 원래의 실행 속도를 복원한다.

L2가 L1보다 느린 이유는 크게 두 가지다. 첫 번째 이유는 L1이 프로세서와 물리적인 거리가 더 가깝고 이들 간 회로 연결이 더 직접적이기 때문이다. CPU 내부 공간이 협소해 L2는 프로세서와는 좀 더 멀리 배치해야 했다. 이 작은 거리의 차이를 과소평가할 수 없는 것은 주파수가 3.3GHz인 프로세서에서는 1회 클럭 주기에 9cm정도 물리적으로 이동할 수 있기 때문이다. 두 번째 이유는 L1 캐시의 용량이 적고 캐시의 액세스 시간은 캐시 용량의 제곱근에 비례하기 때문이다. 즉 용량이 네 배 커지면 액세스 시간은 두 배 이상 길어질 수 있다.

---

2 L1 명령 캐시 미스는 매우 낮으며 대부분 미스는 데이터 캐시에서 발생한다.

256KB의 L2 또한 대용량 데이터는 저장할 수 없다. L2 캐시에서도 캐시 미스가 되면 어떻게 될까? L3 캐시 1회 액세스는 최대 35회 클럭 주기로 훨씬 더 오래 걸리나 다행히 열여섯 개 데이터 채널이 있다. L3와 L1, L2의 큰 차이점은 접근이 더 멀고 느린 것도 있지만 각 코어에 배타적이지 않고 CPU의 네 개 코어가 L3 캐시를 공유한다는 점이다. L3 용량은 L1, L2보다 훨씬 크다. 코어당 2MB로 i7은 총 8MB를 가진다. 다만 네 개의 코어가 공유하므로 특정 코어가 많이 차지하면 다른 코어가 차지하지 못하는 상황이 생길 수 있다. 보통 쿼드코어 프로세서의 코어는 하나만 전체 효율로 작동하고 나머지 세 개는 낮은 효율로 사용한다. 이 문제는 운영체제를 최적화해 프로세서 내 각 코어의 부하와 자원 점유율을 균형 있게 조정하는 것으로 해결할 수 있다. 마이크로소프트나 구글 같은 회사가 CPU 프로세서 제조 회사와 긴밀히 협력하는 이유다.

L3에서도 캐시 히트하지 못했다면 어떻게 할까? 이제는 메모리로 가야 한다. 메모리는 프로세서가 아니라 마더보드motherboard의 다른 독립 칩(또는 메모리 카드)에 있다. 메모리 액세스 및 전송 속도는 캐시보다 훨씬 느리다. 프로세서와 다른 제어회로가 많아 물리적 거리가 멀기 때문에 자연스럽게 지연이 발생한다. 메모리는 효율적인 비용을 이유로 더 느리고 저렴한 동적 램dynamic random-access memory, DRAM을 사용하기 때문이다. 프로세서는 메모리에 액세스하는 데 걸리는 시간이 100회 클럭 주기 이상이다. i7 쿼드 코어 프로세서는 100회 클럭 주기 내에 수천 개 계산을 완료할 수 있지만 메모리에서는 하나의 데이터만 얻을 수 있다. 프로세서는 데이터를 기다리는 데 대부분 시간을 소비한다. 작동 효율성이 매우 낮고 더 느려 그 차이가 수백 배에 달한다. 프로그램이 실행될 때 캐시 미스가 발생하면 미스 비율이 단 몇 퍼센트에 불과하더라도 프로그램 효율성에 큰 영향을 미친다.

지금부터 프로그램 실행 효율성 e에 대한 캐시 미스 비율 m의 영향을 정량적으로 추정해보자.

애플의 M1 칩에는 CPU와 메모리 간 액세스 채널을 개선해 CPU가 동일한 속도로 메모리의 모든 부분에 액세스할 수 있도록 하는 통합 메모리 아키텍처unified memory architecture, UMA가 포함됐다. AMD와 엔비디아NVIDIA는 GPU 제품에서 이 개념으로 CPU 및 GPU가 메모리에 동등하게 액세스할 수 있도록 했다.

캐시 히트를 보자. 프로세서의 한 코어가 클럭 주기당 한 번의 명령을 실행할 수 있다고 가정하면 캐시 미스가 발생한다. 캐시를 다시 업데이트하는 데 100 클럭 주기를 낭비하게 된다. 프로그램이 k개 명령을 실행해야 한다고 가정하고 모든 캐시가 히트하면 k번의 클럭 주기가 걸리고 실행 효율은 $e = 100\%$다.

캐시 미스율이 m일 때 프로그램 실행을 완료하려면 추가로 km개 명령을 실행해야 한다. 이를 메모리에서 캐시로 업로드하는 데 $100×km$ 클럭 주기가 필요하다. 이는 실행 시간까지 포함하면 총 $k+100km$ 클럭 주기를 소모해 k 명령의 작업을 완료할 수 있다. 따라서 프로그램 실행의 효율성은 다음과 같다.

$$e = k/(k + 100km) = 1/(1 + 100m) \tag{7.1}$$

캐시 미스율 $m=3\%$라고 가정하고 [수식 7.1]에 대입하자. 효율 $e=25\%$가 계산된다. 이는 프로세서 성능의 75%가 사용되지 않았다는 것을 의미한다.

프로그램이 캐시에서 데이터를 읽는 대신 항상 메모리에 액세스하면 속도는 훨씬 느려진다. [예제 7.1]에서 더 작은 수열로 8비트 이진수에 1의 개수를 저장하는 것이 더 큰 수열을 사용한 모든 32비트 이진수에 1의 수를 저장하는 것보다 더 나은 이유다.

캐시 히트율을 향상시키려면 프로그램과 데이터의 지역성locality을 만드는 것이 필요하다. 즉 프로그램을 실행할 때 데이터를 마구잡이로 액세스하지 않아야 하며 사용되는 데이터를 함께 배치하는 것이 좋다. 컴퓨터 시스템의 전반적인 성능을 향상시키고 싶다면 프로세서 설계에 심혈을 기울이는 것 외에도 운영체제와 컴파일 시스템을 프로세서와 일치시키고 함께 최적화해야 한다. 마이크로소프트의 윈도우 OS와 구글의 안드로이드 OS를 대체할 대체재가 나오기 어려운 이유는 다른 회사가 더 잘 만들 수 없어서가 아니다. OS가 새로 나오더라도 프로세서에 최적화돼 있지 않아 프로세서 성능을 발휘할 수 없기 때문이다. 운영체제는 스토리지 시스템의 특성을 고려하는 것 외에도 응용 프로그램 작성 시 프로그램 및 데이터의 지역성을 보장하고 항상 캐시 히트율의 향상을 고려해야 한다.

캐시 용량은 제한적이다. 메모리 용량도 처리해야 하는 데이터 양보다 매우 제한적이다. i7 프로세서가 직접 액세스할 수 있는 메모리 또한 36GB로 디지털카메라에 사용되는 플래시메모리 카드의 용량보다 적다. 컴퓨터 메모리에 설치할 수 없는 데이터는 하드디스크 같은 외부 저장 장치에만 저장할 수 있다. 하드디스크는 램RAM보다 두세 배 더 크며 16TB 하드디스크는 매우 저렴하다. 하드디스크에서 데이터에 액세스할 때 데이터 전송 속도[3]는 메모리보다 수백 배 낮다. 이는 대용량 데이터를 순차적으로 읽는 속도이기도 하다.

---

3 2020년 가장 빠른 하드 드라이브인 Seagate Exos 16TB Enterprise HDD X16 SATA는 0.75GB/s의 전송 속도를 가진다.

하드디스크에서 하나의 숫자를 읽는 데 얼마나 걸릴까? 대기 시간은 앞서 언급한 데이터 액세스를 위한 준비 시간인 약 10ms(밀리초)[4]이며 읽고 쓰는 데이터 양과는 무관하다. 10ms와 1ns 미만인 L1 캐시 읽기 시간은 10^7~10^8배 차이인 1천만 배 이상이다. 메모리와 비교해도 10^5~10^6배 정도 차이가 난다. 하드디스크는 속도가 느리지만 대량의 데이터를 순차적으로 읽고 쓰기에 적합하다. 한 번의 준비로 많은 양의 데이터를 읽거나 쓸 수 있다.

컴퓨터의 저장 시스템은 빠르게 발전하고 있다. 1980년대 이전에 컴퓨터 저장 문제를 토론할 때 캐시는 발명되지 않았다. 1990년대 중반 이전에는 L2 캐시까지 발명되지 않았다. 2000년대 초가 되면서 저장 시스템 개선 관련 토론이 끝났다. 지난 10여 년 동안에는 클라우드 컴퓨팅이 눈부신 발전을 이뤘다. 오늘날 외부 저장 장치에 이어 클라우드 스토리지cloud storage로 한 단계 더 발전했다. 클라우드 스토리지를 자세히 보면 수많은 수의 하드디스크다. 데이터 액세스 및 전송 속도는 네트워크 속도로 제한되며 네트워크 전송 속도는 서버 내부의 처리 속도보다 열 배 느리다. 소프트웨어 개발자는 프로그래밍할 때 클라우드 스토리지가 전송 속도에 미치는 영향을 고려해야 한다. 단순히 필요한 모든 데이터가 동일한 서버에 있다고 가정할 수 없다.

컴퓨터 저장 시스템이 여러 레벨로 구분된다는 사실을 알았을 것이다. 이를 컴퓨터의 시스템 구조에서 '메모리 계층memory hierarchy'이라고 한다. [그림 7.4]로 정리했다. 물론 컴퓨터 저장 시스템에는 SSDsolid-state drive, 광 디스크optical disc, OD 등 다양한 개념이 포함되지만 더 설명하지 않아도 컴퓨터 저장 시스템을 이해하는 데 영향을 미치지 않아 설명을 생략한다.

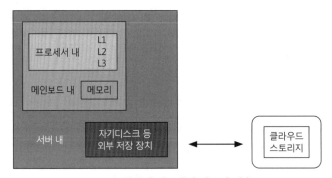

그림 7.4 **컴퓨터 시스템의 메모리 계층**

메모리 계층구조에서 캐시 및 메모리는 랜덤 액세스를 지원하지만 외부 저장 장치와 클라우드 스토리지는 순차 액세스에만 적합하다. 한 번 엑세스할 때 각 읽기 및 쓰기 양이 많아야 효율적이다.

---

4   주로 하드디스크에서 데이터 위치를 찾는 데 소요되는 '탐색 시간'이다.

컴퓨터 저장 시스템을 내부와 외부의 계층적으로 설계하는 방법은 자원 비용의 효율성을 추구할 수 있지만 물리적 공간과 논리적 공간[5] 때문에 제한된다. 이때 컴퓨터 개발자는 메모리 계층과 그 특성을 이해해 프로그램이 특성을 활용하고 최고의 효율성을 달성할 수 있도록 해야 한다.

7.2.2 두 가지 실제 사례

지금부터 필자 주변에서 있었던 실제 사례를 이야기한다. 평범한 컴퓨터 개발자가 만들 수 있는 기적과 재앙이다.

첫 번째 사례는 2008년으로 거슬러 올라간다. 당시 필자는 구글에서 검색 제시 항목 기능, 즉 사용자가 입력한 일부 검색 키워드에 따라 완전한 검색 키워드를 제시하는 기능을 책임지고 있었다. 'nba'를 입력하면 검색 상자에 'nba standings(순위)', 'nba scores(득점)' 등이 [그림 7.5]와 같이 표시된다.

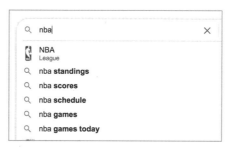

그림 7.5 부분 검색 키워드에 따른 완전한 검색 키워드 프롬프트 제시

앞서 등장했던 바이그램이라는 단어의 확장된 적용이다. 앞에서 논의한 바이그램이라는 단어의 확장된 적용이다. 즉 바이그램의 첫 번째 단어에 따라 뒤에 올 수 있는 구 또는 단어를 나열한다. N-그램N-grams을 사용하기도 해 반드시 바이그램은 아니다. 알고리즘적으로 말하면 N-그램을 계산하고 각 일부 키워드(입력된 검색 키워드 일부)에 대한 관련 구문이나 구문 목록을 제공하는 것이다. 특별히 복잡한 것은 없었다. 그러나 프로그램이 구조적으로 현명하게 잘 구현되지 못하면 수십억 명의 사용자에게 이 기능을 제공하고자 많은 서버가 있어야 한다.

이때 이 기능의 테스트를 마치고 젊은 개발자 두 명에게 서비스화 작업을 맡겼다. 개발자들은 빠르게 서비스화 코드를 구현했지만 서버 자원을 할당하는 팀과 회의할 때 서비스가 너무 많은 컴

---

5   프로세서가 외부 스토리지와 통신할 때 직접 접근할 수 있는 메모리 단위의 주소 코드 폭이 제한된다. 이것이 논리적 공간의 제약이다. 예를 들어 16비트 프로세서에서 직접 액세스할 수 있는 저장 단위는 64KB에 불과하고 32비트 프로세서에서는 4GB에 불과하다.

퓨팅 자원을 차지한다고 지적당했다. 두 사람이 원인을 찾을 수 있도록 조언해줄 선임 개발자를 지정해서 성능 프로파일링 도구를 사용했고,[6] N-그램을 찾는 것에서 실행 시간의 90% 이상을 차지한다는 것을 발견했다. 이렇게 간단한 작업이 시간이 많이 소요되는 이유는 무엇일까? 주된 이유는 N-그램의 목록이 매우 커서 캐시가 아니라 메모리에만 저장할 수 있었기 때문이다.

이미 컴퓨터 프로세서의 효율성이 캐시의 효율적인 사용에 달려 있다는 것을 앞서 설명했다. 캐시 히트율이 너무 낮고 메모리에 지속적으로 액세스해야 하는 경우 프로세서가 초당 100억 개의 명령을 실행할 수 있더라도 실제로는 10억 개만 실행할 수 있다. 검색 항목 제시 기능에서는 지역성이 참조되지 않았기 때문에 캐시 적중률이 매우 낮았다. 지역성의 적용 사례를 보자.

세 명의 사용자가 동시에 검색 서비스를 사용하지만 다른 키워드를 찾는다고 가정하자. 세 가지 검색어를 동일한 서버로 전송하면 어떻게 될까?

첫 사용자인 철수가 'n'을 입력하면 서버는 메모리에서 검색을 수행한다. n으로 시작하는 빈도가 가장 높은 열두 개 이상의 단어 및 구를 메모리에서 캐시로 전송 교체한다. 이어서 b를 누르면 기존 캐시에 있던 처음의 n으로 시작하는 단어 목록과 검색 제시 목록이 달라진다. nb로 시작하는 고빈도 단어나 구를 검색하고자 다시 메모리로 들어가야 한다. 컴퓨터는 메모리에서 캐시를 전송해 데이터를 교체해야 한다. 여기서 시간이 또 걸린다. 이때 갑자기 두 번째 사용자인 영희가 'k'를 입력하면 해당되는 N-그램 목록이 캐시에 당연히 없어 또 캐시 히트하지 못한다. 잠시 후 세 번째 사용자인 길동이 'n'을 다시 입력하면 n으로 시작하는 단어와 구는 이미 캐시에서 다른 N-그램으로 교체됐기 때문에 또 다시 캐시 미스가 발생한다. 여러 사용자 및 여러 검색어 때문에 캐시는 계속 미스 상태에 있게 된다.

문제 해결의 핵심은 캐시 적중률을 높이는 것이다. 선임 개발자는 두 젊은 개발자에게 두 가지 방법을 조언했다. 첫 번째 개선 방법은 사용자를 입력에 따라 각기 다른 서버로 연결하고 각 서버에는 캐시에 다른 문자로 시작하는 문구 및 단어를 미리 저장해 캐시 히트율을 향상시키는 것이었다. 두 번째 개선 방법은 사용자의 이전 검색 기록에서 키워드를 검색한 빈도에 따라 빈도가 높은 단어나 문구를 캐시 용량에 맞는 작은 단위 데이터로 만들고 나머지 문구는 또 다른 매우 큰 단위 데이터로 만드는 것이었다. 관련 문구를 찾을 때 첫 번째 작은 단위에 없는 경우에만 두 번째 단위를 검색하는 것이다. 즉 특정한 키워드나 문구만 대상으로 하는 고속 캐시 관리 시스템이었다. 그 결과 관련 검색 조회가 훨씬 더 빨라졌고 결국 서버의 80%(약 800대 서버)를 절약하게 됐다. 당

---

6 이 도구는 시스템에서 각 부분에 대한 각각의 총 실행 시간의 백분율을 표시할 수 있었다.

시 구글 내부에서는 800대 서버를 사용하는 데 연간 80만 달러를 지출했다. 이는 세 명의 개발자가 약 2주 동안 작업해 80만 달러 가치를 창출했다는 것을 의미한다.

평범한 개발자는 소프트웨어 기능을 구현할 때 비용이 매우 많이 소요되는 반면 우수한 개발자는 그 비용을 기하급수적으로 줄일 수 있다. 두 사람을 비교해 볼 때 경쟁력과 승진 기회는 천지차이다. 회사에서 일류 개발자를 채용할 때 같은 업무에 더 많은 급여를 지급하는 것처럼 보일 수 있지만 일류 개발자가 창출하는 가치는 임금 차이를 훨씬 초과한다. **개인적인 관점에서 개발자가 일류 개발자가 될 수 있는지 여부는 개발자가 일을 시작했을 때 올바른 방식으로 일하도록 조언받을 수 있는 멘토가 있었는지 여부에 달렸다.** 앞서 언급한 두 명의 젊은 개발자 중 한 명은 당시에는 4.5등급 정도의 개발자였지만 현재는 중국 유명 대기업의 최고 개발자(3등급에 해당)가 됐다.

캐시 히트율을 향상시킨 이 방법들은 이미 구글에서 사용하고 있다. 예를 들어 음성인식과 기계번역에서 N-그램 문법 모델의 저장 위치도 특정 단어의 차이에 따라 지정된다.

두 번째 사례는 재앙이었다. 클라우드 컴퓨팅을 사용하는 회사의 초창기에 일어난 일이다. 당시 회사는 하둡 오픈소스 소프트웨어로 구축했던 클라우드 컴퓨팅 시스템은 매우 비효율적이었다. 회사의 기술 핵심 간부가 필자에게 조언을 구했다. 필자는 그때 그 간부는 컴퓨터 스토리지를 전혀 이해하지 못한다는 것을 깨달았다. 예를 들어 클라우드 스토리지에서 파일 시스템의 랜덤 액세스 효율성을 개선하는 데 많은 에너지를 소비하고 있었다. 구글의 GFS나 하둡 같은 다양한 클라우드 스토리지에 있는 파일 시스템은 서버가 많은 양의 데이터를 저장할 수 없는 문제를 해결하려고 설계된 것이다. 랜덤 액세스가 불가능하다는 점을 전제로 디자인했다. 메모리만큼 빠를 수 없는 하드디스크 데이터에 액세스하는 것과 같다. 대량의 데이터에 대해 랜덤 액세스의 효율성을 개선해야 한다면 데이터 인덱싱을 하고 메모리에 대량의 콘텐츠를 저장하는 구글의 빅테이블 같은 클라우드 컴퓨팅 도구가 필요하다. 나중에 필자는 하둡의 주요 개발자를 추천해 클라우드 컴퓨팅 업무를 담당하게 했다. 베테랑 개발자는 회사에 입사한 후 개발 목표를 비즈니스 요구에 맞게 조정했고 주요한 문제를 해결했다. 하지만 필자에게 질문한 간부가 1년 넘게 클라우드 컴퓨팅 운영 방향을 잘못된 길로 이끌면서 2년 가까운 시간을 허비했다. 총책임자 자리에 앉았지만 높게 쳐봐야 4등급이었다. 필자가 추천한 개발자 수준은 최소 3등급이었다.

개발자 간 수준이 거의 차이가 없는 것처럼 보여도 업무를 보면 그 차이점이 명확하게 보인다. 비즈니스에 맞는 기술을 채택하고 정확하게 사용하는가 차이는 결과가 더 좋고 나쁨의 정도가 아니라 프로젝트 성패라는 프로젝트 운명과 직결된다.

요점 컴퓨터의 저장 시스템은 계층적이다. 프로세서 장치에 가까울수록 용량은 적어지고 액세스 시간은 짧아진다. 프로세서에서 멀수록 용량은 커지고 액세스 시간은 길어진다. 컴퓨터 저장 시스템은 외부 대용량 저장 장치의 용량과 함께 서버 내부의 메모리에 고속으로 액세스할 수 있어야 한다.

심화 사고 문제 7.2 ★★★☆☆

많은 컴퓨터 운영체제에서 메모리가 부족할 때 하드디스크를 가상 메모리로 사용할 수 있지만 하드디스크 액세스 시간은 메모리 액세스 시간보다 1만 배 더 걸린다. 7.1절 문제와 주어진 알고리즘을 사용할 때 서버에서 1TB 데이터셋을 계산하는 데 네 시간이 걸리면 빈도 계산 자체에 시간의 1/3, 병합 및 분할에 2/3가 걸린다고 가정한다. 그렇다면 하드디스크를 가상 메모리로 사용하고 해시 테이블로 전체 코퍼스의 바이그램 빈도수를 집계한다면 얼마나 걸릴까?

7.3 인덱스: 주소 vs. 내용

일부 데이터 자체가 순차적으로 저장됐고 해당 콘텐츠를 빠르게 찾거나 수정하려면 어떻게 해야 할까? 가장 일반적인 방법은 인덱스를 만드는 것이다.

인덱스, 즉 색인은 학술 저작물에서 파생됐다. 책에서 특정 내용을 찾고 싶다면 목차를 찾아본다. 목차의 소제목만으로는 세부 내용을 이해하기 어려운 경우가 많아 처음부터 끝까지 책을 넘겨야 하는 경우가 많다. 만약 해당 책을 읽지 않았고 내용이 익숙하지 않다면 처음부터 끝까지 읽어야 내용을 찾을 수 있다. 이것이 컴퓨터에서의 '순차 검색sequential search'이다. 색인은 독자들이 책 내용을 쉽게 찾을 수 있도록 주요 단어 및 내용을 리스트로 만들어 맨뒤에 페이지 번호와 함께 표시하는 것이다. 색인에 따라 내용이 위치한 곳을 찾을 수 있다. 이때 순차적인 액세스에서 랜덤 액세스로 변경된다.

컴퓨터에서 인덱스는 순차적으로 액세스해야 하는 내용을 랜덤 액세스로 변경하는 가장 일반적인 도구다. 예를 들어 [표 7.1] 같은 수열의 경우 수열의 다섯 번째 원소(값은 0)에 접근할 수 있다. 무작위로 두 번째에서 일곱 번째 원소까지 순차적으로 읽거나 이 위치에 새로운 값을 순차적으로 쓸 수도 있다. 그러나 값 7의 위치를 찾거나 5보다 작은 값을 모두 빼고 싶다면 수열의 모든 데이터를 순차적으로만 액세스해야 하므로 비용이 커진다. 이 유형의 문제는 특정 지역에서 군인을 징집할 때 18~40세 사이의 징집자를 찾는 것과 같다. 실제로 컴퓨터에서 자주 볼 수 있는 문제다.

표 7.1 정렬되지 않은 수열

번호	1	2	3	4	5	6	7	8	9	10
값	5	2	8	7	0	7	10	0	−2	−5

컴퓨터에서 이 문제를 해결하는 가장 일반적인 방법은 내용에 따라 인덱스를 생성하는 것이다. 예를 들어 방금 살펴본 수열을 [그림 7.6]과 같은 값에 따른 인덱스를 설정할 수 있다.

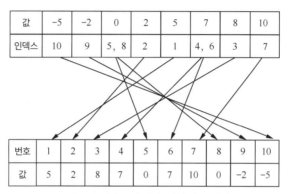

그림 7.6 인덱스가 값을 가리키는 위치

인덱스에서 특정 값을 찾으면 인덱스를 통해 원 수열에서 해당 위치를 찾을 수 있다. 여기서 0과 7은 두 번 나타나므로 모두 인덱스에 지정해야 한다. 특정 값을 쉽게 찾도록 인덱스를 만드는 방법은 두 가지 있다. 하나는 [그림 7.6]의 인덱스처럼 인덱스된 내용(숫자 값 등)에 따라 정렬하는 것이다. 이렇게 정렬된 인덱스는 이분 검색이 가능하다. $\log N$(N은 탐색 내용의 수량)회의 검색 후 해당 내용의 위치를 찾을 수 있다. 10억 개 데이터 위치의 내용을 찾는다고 해도 30번의 이분 검색으로 모두 찾을 수 있다.[7] 또 다른 방법은 해시 테이블을 사용해 인덱스를 작성하고 해당 내용을 $O(1)$ 시간 복잡도에서 찾을 수 있도록 하는 것이다.

두 인덱싱 방법에는 장단점이 있다. 해시 테이블은 데이터의 랜덤 액세스는 쉽지만 내용(예: 숫자 값 범위)을 기반으로 순차 액세스하기는 어렵다. 정렬된 인덱스는 반대다. 순차 접근이 용이하지만 하나의 데이터만 랜덤 액세스할 경우 이분 검색이 필요하다.

특정 범위의 모든 값을 찾으려면 해시 테이블로는 어렵다. [표 7.1]의 수열은 −3에서 4 사이의 모든 값을 해시 테이블의 인덱스로 찾는 것이 어렵다. −1, 1 같은 값이 수열에 존재하는지 알 수 없다.

---

[7] $2^{30} > 10$억

−3과 4 사이의 모든 정수를 시도하면 불필요한 검색이 많아진다. 게다가 데이터가 정수분만 아니라 소수의 범위라면 시도조차 할 수 없다. 이 경우 해시 테이블의 모든 내용에 순차적으로 접근하는 방법만 사용할 수 있어 너무 많은 비용이 든다. 그러나 [그림 7.6]의 표 중 상단 표처럼 순차 인덱싱을 사용하면 이분 검색으로 −3 위치를 찾을 수 있다. −3의 값이 존재하지 않더라도 검색 시작 경계를 −2 위치로 해야 한다. 다음으로 4 위치를 찾지만 4의 값도 수열에 없어 종료 경계가 2와 5 둘 중 하나라는 것을 알게 된다. 4 이하의 조건에 따라 종료 경계는 2로 결정된다. 모든 적격 데이터를 찾고자 인덱스 테이블에서 −2에서 2까지 스캔한다.

오늘날 검색엔진은 인덱스를 작성할 때 항상 키워드를 사용해 해시 테이블을 작성한다. 키워드나 여러 키워드가 포함된 페이지, 웹사이트를 빠르게 찾을 수 있다. 그러나 검색엔진에서 주가가 10~30달러인 모든 주식을 찾는 것은 어렵다.

2012년 필자가 구글로 돌아왔을 때 앨런 유스터스는 검색엔진에서 범위를 검색할 수 있는 방법이 있는지 물었다. 구글과 다른 회사의 검색엔진이 어떻게 저장되는지 간단히 조사한 후 그에게 이야기했다. 검색 트래픽이 많은 특정 유형의 검색에 대해 키워드 값에 따른 특수 정렬된 인덱스를 설정할 가치가 있다. 예를 들어 펀드는 수익률을 키워드로 인덱스를 설정하면 적합한 모든 펀드를 검색할 수 있다. 그러나 질량이 10kg에서 40kg 사이인 동물, 100km당 연비가 4리터에서 8리터 사이인 자동차 등 유형의 문제를 완전히 해결하려면 각 유형의 문제에 대한 특별한 인덱스를 설정해야 한다. 매우 어려운 일이다. 지금까지 이렇게 어려운 서비스를 제공하는 회사는 어디에도 없었다.

특정 범위 내의 정보를 찾는 것처럼 컴퓨터 분야에서는 겉으로는 단순해 보이지만 구조적으로는 구현이 어려운 문제가 많다. 반대로 얼굴 인식이나 및 영상 비교처럼 복잡해 보이지만 구현이 쉬운 경우도 있다.

얼굴 인식과 같은 문제를 '콘텐츠 기반 검색content based search' 또는 '콘텐츠 매치 문제'라고 한다. 해당 콘텐츠를 구분해 검색할 수 있는 특성으로 변환하는 방법에서 어려움을 겪는다. 다른 콘텐츠도 디지털화하면 특성은 비슷해진다. 이 방법으로는 콘텐츠 간 구별을 할 수 없다. 반대로 같은 콘텐츠의 다른 변형도 동일한 콘텐츠로 판단할 수 있어야 한다. 같은 사람의 다른 사진을 보더라도 같은 사람인 것을 인식할 수 있는 것처럼 말이다. 두 가지 어려움을 극복할 수 있는지에 따라 콘텐츠 검색을 실현할 수 있는지 여부가 결정된다.

2003년 구글은 행인의 얼굴 인식 기능이 가능한지 논의했다. 당시에는 사람이 얼굴을 조금만 돌려도 전혀 다른 모습이 돼 사진으로는 동일한 사람인지 판단하는 것이 불가능했다. 이후 얼굴 3D

모델 기술이 발전하면서 얼굴 추출 특성이 달라졌고 30도까지 회전한 얼굴을 인식할 수 있게 됐다. 얼굴 특성을 추출하는 병목현상이 해소되면 복잡한 문제를 쉽게 해결할 수 있다. 얼굴만 식별할 수 있는 것이 아니라 어떤 사진이 됐든 식별 및 비교를 통해 유사한 사진을 선별할 수 있다.

사용자는 콘텐츠 기반으로 검색 및 검색 대상을 결정하는 것이 편하다. 오늘날 많은 정보는 콘텐츠를 인덱스로 사용한다. 구글의 검색엔진은 수조 장의 사진을 인덱싱한다. 특정 인물의 사진을 기반으로 관련 사진을 찾거나 특정 풍경을 기반으로 유사한 풍경을 찾을 수 있다. 검색 속도 또한 매우 빠르다. 콘텐츠를 기반으로 만든 인덱스 결과다. 100km당 4~8리터의 연비인 모든 자동차를 찾는 것보다 훨씬 어렵게 느껴질 수 있지만 이미 몇 년 전에 구현한 기술이다. 두 문제의 난이도가 차이는 메모리에서 찾고자 하는 콘텐츠에 접근하는 효과적인 인덱스 설정 방법이 있는지 여부에서 나온다.

저장 장치에서 인덱스는 데이터에 번호를 매겨 저장 공간에 순서대로 배치하거나 인덱스에 따라 해당 위치에 배치한다. 읽기 과정은 해당 위치에서 데이터를 가져온다. 컴퓨터에서 데이터는 인덱스로 저장되고 접근돼야 하며 장비에 인덱스가 필요한 경우도 있다. 예를 들어 프린터는 001, 키보드는 010, 모니터는 011, 인터넷 포트는 100 등으로 번호를 지정할 수 있다. 해당 번호를 주소라고 하며 메모리 주소와 동일한 특성을 갖는다. 장비 액세스와 저장 장치 액세스 역시 유사한 특성을 가진다.

> **요점** 순차적으로 저장된 데이터에 대해 랜덤 액세스를 달성하는 방법은 인덱스를 작성하는 것이다.

심화 사고 문제 7.3 ★★★★☆
NBA 역사상 3점슛 성공률이 0.23에서 0.32 사이인 선수를 찾는 특별한 검색 서비스를 제공하고 싶다면 어떻게 인덱스를 구축해야 할까?

7.4 마무리

컴퓨터 과학에서 데이터 저장은 매우 중요하다. **오늘날 많은 실무자가 저장 장치의 세부 사항을 잘 몰라도 프로그램을 작성할 수 있으나 저장 장치를 모른다면 4등급 개발자 수준에서 벗어날 수 없다.** 좋은 소프트웨어를 만들려면 저장 기술과 컴퓨터의 저장 장치 특성을 철저히 이해해야 한다.

컴퓨터 저장 구조의 세부 사항을 이해하면 다른 개발자보다 두 가지 면에서 우위를 점할 수 있다. 첫째, 다른 사람들이 도달하지 못하는 수준에 도달할 수 있다. 앞서 살펴봤던 데이터 저장 및 접근 방식을 개선해 서버 비용의 80% 절약한 사례를 들 수 있다. 둘째, 다른 사람은 없는 판단력을 스스로 갖출 수 있다. 어려워 보이지만 병목현상만 극복하면 해결할 수 있는 문제, 즉 콘텐츠 기반 검색 문제처럼 쉽게 해결할 수 있는 문제와 쉬워 보이지만 컴퓨터 저장 관련으로 영향을 받아 실현하기 어려운 문제를 판단할 수 있다.

데이터 저장 시 랜덤 액세스와 순차 액세스 간 관계를 파악해야 한다. 많은 경우 순차 액세스가 랜덤 액세스보다 효율적이지만 대부분 응용 프로그램에서는 랜덤 액세스가 필요하다. 컴퓨터 프로그래밍의 예술은 원래 랜덤 액세스가 필요한 문제 중 일부를 순차 액세스로 해결할 수 있는 문제로 바꾸는 데 있다.

부록 $x \& (x-1)$를 사용하여 x에 포함된 1의 수를 세는 방법

$x = x_1, x_2, x_3 \cdots x_N$ 중 가장 마지막 오른쪽의 1비트가 x_i 위치라고 가정하면 $x = x_1, x_2 \cdots x_{i-1}, 1, 0 \cdots 0$이고 $x-1 = x_1, x_2 \cdots x_{i-1}, 0, 1 \cdots 1$이다. 따라서 $x \& (x-1) = x_1, x_2 \cdots x_{i-1}, 0, 0 \cdots 0$이며 1의 개수는 x보다 하나 적어진다. 최종적으로 $x \& (x-1) = 0$이 될 때 x에는 1이 포함되지 않게 된다.

이를 변환하면 다음과 같은 알고리즘이 된다.

```
count = 0; // 1의 개수를 0으로 설정한다.
while(x&(x-1) ≠ 0){
  count++;
  x=x&(x-1);
}
```

병렬과 직렬:
파이프라인과 분산 컴퓨팅

컴퓨터에서 직렬과 병렬은 모순의 관계이지만 둘 다 컴퓨터 성능 향상에 필수다. 직렬로 설계된 많은 시스템 구조의 어느 부분은 병렬로 완성해야 하고, 많은 병렬 시스템 또한 중간 처리 단계에서 직렬 사용을 피할 수 없다. 8장에서는 컴퓨터 프로세서의 파이프라인과 클라우드 컴퓨팅의 맵리듀스 도구를 통해 직렬과 병렬 사이의 흥미로운 관계를 살펴보겠다.

8.1 파이프라이닝: 논리적 직렬 및 물리적 병렬 처리

파이프라인 아이디어는 현대 컴퓨터 프로세서의 설계뿐만 아니라 컴퓨터 시스템 설계 및 많은 소프트웨어 설계의 핵심 아이디어에도 사용된다. 비교적 단순한 RISCreduced instruction set computer(리스크, 축소 명령어 집합 컴퓨터) 프로세서 내부의 파이프라인을 예로 들어 파이프라인 본질을 설명한다. 인텔의 대표적인 프로세서인 CISCcomplex instruction set computer(복잡 명령어 집합 컴퓨터) 프로세서도 파이프라인을 사용하지만 구조가 더 복잡해 여기서는 생략한다.

표 8.1 $z=y+5$를 계산하는 데 실행되는 세 가지 명령어

명령어	설명
LOAD RS, y	메모리에서 y를 꺼내 레지스터 RS에 넣는다.
ADD RD, RS, 5	레지스터 RS의 숫자를 5에 더하고 결과를 레지스터 RD에 넣는다.
STORE RD, z	RD 결과를 z 메모리에 저장한다.

컴퓨터에 간단한 덧셈 연산 $z=y+5$를 수행하도록 요청하면 메모리의 어딘가에서 숫자 y를 가져와 5를 더하고 그 결과인 z를 메모리의 다른 위치로 다시 보낸다. 모든 휴대폰에 사용되는 ARM 프로세서와 같은 표준 RISC 프로세서는 이 연산을 [표 8.1]처럼 세 개의 명령어로 변환한다.

한 번의 덧셈이 세 번의 명령으로 바뀌는 이유는 무엇일까? 컴퓨터 프로세서는 메모리(캐시 포함)의 데이터를 직접 조작할 수 없다. 프로세서와 직접 연결된 수십 개의 메모리 셀만 조작할 수 있다. 데이터를 연산하기 전에 메모리에서 데이터를 읽어와 레지스터에 넣어야 한다. 작업이 완료된 후에는 메모리에 다시 써서 저장해야 한다. 물론 읽을 데이터가 캐시나 하드디스크에 있을 수 있으나 이해하기 쉽도록 모든 데이터는 메모리에 있다고 가정한다.

프로세서는 명령을 실행할 때마다 5단계로 처리한다.

1단계, 입력된 명령어를 가져온다. 튜링 기계의 원리를 다시 떠올려보자. 컴퓨터 작동은 특정 저장 장치에서 명령을 가져온 후 명령의 내용을 분석해 작동 방법을 결정하는 것이었다. 1단계에서는 명령어를 가져오는 단계를 생략할 수 없다.

2단계, 입력된 명령어를 분석한다. 필요한 명령어를 가져오고자 무엇을 할 것인지 알아야 하며 분석해야 한다. 예를 들어 [표 8.1]의 명령어는 데이터를 읽거나 덧셈을 수행하는 명령어다.

3단계, 명령어를 실행한다. 컴퓨터를 만든 이유다. 각 명령어는 3단계에서 다른 작업을 수행한다(예: [표 8.1]의 덧셈 명령어 ADD 및 읽기 명령어 LOAD). ADD 명령은 레지스터에 데이터를 더한 다음 다른 레지스터에 저장하는 것이다(물론 원본 레지스터에 다시 저장해 원본 내용을 업데이트할 수도 있다). 또 다른 예로 데이터를 읽는 동작이 있다. 이때 읽은 데이터의 메모리 내 특정 위치를 계산해야 한다. 쓰기 작업은 기록할 메모리 장치의 주소를 잘 계산해야 한다.

4단계, 데이터를 읽으려면 실제 메모리에 액세스해 데이터를 레지스터로 불러와야 한다.

5단계, 데이터를 다시 쓰려면 레지스터의 데이터를 실제 메모리의 해당 위치에 다시 써야 한다.

여기서는 로직 판단 명령어는 제외했다. 동작 원리는 [표 8.1]의 명령어와 유사하다. RISC 프로세서는 5단계로 실행된다. 명령어가 실행될 때 단계를 하나씩 하나씩 완료해야 한다. 명령어를 먼저 가지고 왔어도 명령어를 분석해야 실행 단계로 갈 수 있다. 명령을 실행하는 데 한 단계를 완료하는 1번의 클럭이 필요하면 최대 5회 클럭이 필요할 수 있다. 5회 클럭 동안에는 현재 진행 중인 단계에서 사용하는 회로만 활성화되고 나머지 회로는 유휴 상태가 돼 굉장한 낭비가 된다.

그렇다면 프로세스 속도를 높이는 방법은 무엇일까? 초기 컴퓨터 설계자는 클럭 주파수를 높이는 방법만 알았다. 1950년대 후반과 1960년대 초반 IBM 과학자들은 배수관 설치 방식에서 착안해 컴퓨터 파이프라인 개념을 제안했다. 파이프라인 아이디어는 다음과 같다.

컴퓨터가 현재 명령어를 실행한다고 가정한다. 명령어를 분석하는 회로는 유휴 상태다. 다음 명령어를 분석하고 명령어 페치fetch 유닛이 다음 명령어를 가져오도록 한다. 메모리에서 데이터를 읽고 쓰는 회로는 모든 회로가 사용 중이도록 할 수 있다. [그림 8.1]을 보자. 열은 클럭 사이클을, 행은 명령어를 표현한다. 프로세서에서의 파이프라이닝pipelining 프로세스를 보여준다. 첫 번째 클럭에서 첫 번째 명령을 가져오고, 두 번째 클럭에서 첫 번째 명령이 분석 상태로 들어가면 두 번째 명령을 가져온다. 세 번째 클럭에서는 첫 번째 명령은 실행 상태로 들어가고 두 번째로 가져왔던 명령은 분석 상태로 들어가며 세 번째 명령을 가져오기 시작한다. 다섯 번째 클럭 이후에는 파이프라인의 한 단계에서 다섯 개의 명령어가 동시에 실행된다.

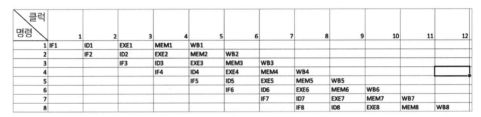

클럭 명령	1	2	3	4	5	6	7	8	9	10	11	12
1	IF1	ID1	EXE1	MEM1	WB1							
2		IF2	ID2	EXE2	MEM2	WB2						
3			IF3	ID3	EXE3	MEM3	WB3					
4				IF4	ID4	EXE4	MEM4	WB4				
5					IF5	ID5	EXE5	MEM5	WB5			
6						IF6	ID6	EXE6	MEM6	WB6		
7							IF7	ID7	EXE7	MEM7	WB7	
8								IF8	ID8	EXE8	MEM8	WB8

그림 8.1 **파이프라인에 있는 각 명령어의 실행 상태**

파이프라이닝은 프로세서의 효율성을 몇 배 향상시킬 수 있다. 표준 RISC 프로세서는 모든 작업이 앞서 살펴본 5단계로 나눠졌다. 이상적인 상태라면 효율성이 다섯 배까지 높아진다.

컴퓨터에서 파이프라인 작동은 표면적으로는 직렬로서 자동차 생산 라인의 파이프라인과 다르지 않다. 유휴 없이 직렬 작업을 실행할 수 있는 이유는 프로세서가 하드웨어적으로 병렬, 즉 동시에 다른 기능을 수행할 수 있기 때문이다.

> **요점** 직렬 작업은 논리적으로 파이프라인으로 수행할 수 있지만 물리적으로 병렬 회로의 지원이 필요하다.

심화 사고 문제 8.1 ★★☆☆☆
프로그램의 명령 수열에서 if-then-else 분기문이 발생하는 경우를 보자.

```
if (x>0)
    then {...}
    else {...}
```

x가 0보다 큰지 여부를 판단하는 if 명령을 실행한다. 이후 다음 명령은 무엇으로 할지는 데이터를 비교하는 명령을 실행하기 전에는 알 수 없다. 조건 명령 실행 결과에 따라 결정된다. 프로세서 파이프라인에서는 미리 명령(then, else)을 추출해도 잘못될 경우 다시 가져와야 하므로 파이프라인 정체가 발생한다.

[그림 8.1]과 관련해서 손실되는 명령어 사이클 수를 분석하라. 스무 개 명령마다 앞의 판단 명령 중 하나가 발생하면 파이프라인의 효율성이 얼마나 떨어질까? 명령어에서 x>0 확률이 50% 미만이라면 컴파일 시 해당 정보를 사용해 파이프라인 지연 때문에 생기는 효율성 저하를 줄이는 방법은 무엇일까?

8.2 무어의 법칙의 두 분수령

고든 무어_{Gordon Moore}가 '무어의 법칙'을 제안한 1965년 이후로 프로세서 성능은 18개월마다 두 배씩 증가했다. IT 업계 사람이 아니라면 무어의 법칙이 무엇인지만 알아도 충분하지만, IT 업계 종사자는 무어의 법칙의 두 분수령이 IT 업계에 미친 영향을 이해해야 한다.

최초 분수령은 2000년경이었다. 2000년 이전에는 프로세서 성능을 향상시키는 방법이 세 가지였다. 즉 동작 주파수를 높이는 방법, 프로세서의 비트 수를 늘리는 방법, 프로세서 복잡도를 높이는 방법이다. 1970년대부터 2000년까지 프로세서 주파수는 1MHz(메가헤르츠) 미만에서 3GHz(기가헤르츠) 이상으로 증가했다. 동시에 마이크로프로세서_{microprocessor} 처리 비트 수는 4비트(인텔 4004를 시작)에서 64비트로 증가했다. 2000년 인텔의 64비트 펜티엄 4 넷버스트 프로세서(최대 동작 주파수 3.7GHz) 출시 이후로는 동작 주파수 성능이 더 이상 향상되지 않았다. 주파수 속도는 증가하지 않았고 프로세서의 처리 비트 증가도 끝났다.

개인용 컴퓨터의 대다수 프로세서는 2000년에 머물러 있는 64비트 프로세서를 사용한다. 2000년 이후 10년이 넘는 시간 동안 프로세서는 더 많은 모듈을 추가하면서 성능이 높아졌다. 하나의 프로세서에 더 많은 수의 코어가 부착됐고 그 하나의 코어에도 더 많은 메모리 셀이 부착됐다. 그래픽 컴퓨팅(RISC 아키텍처도 포함)을 전문으로 하는 GPU는 일반 프로세서보다 코어 수가 훨씬 더 많다. 오늘날 프로세서는 그 자체로 소규모 병렬 시스템이다. 만약 프로세서에서 1만 개 명령어가 하나씩 실행된다면 고도의 병렬 하드웨어 시스템만으로는 충분한 효과를 발휘할 수 없다. 컴퓨팅 작업을 직렬로 실행해야 하는 부분으로 분할해야 한다. 그중 일부는 각 직렬에서 병렬로 실행할 수 있다. 프로그램 흐름은 [그림 8.2(a)] 같은 구조에서 [그림 8.2(b)] 같은 구조로 변경된다.

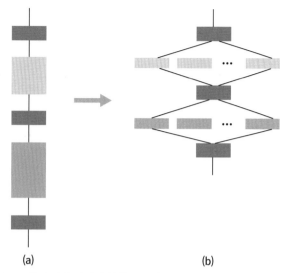

(a)   (b)

그림 8.2 완전 직렬 명령어 실행 프로세스를 부분 병렬 프로세스로 전환

단일 시스템(서버)에서 실행되는 프로그램의 경우 대부분 병렬 처리는 운영체제에서 수행된다. 집적 회로의 밀도는 무한정 증가할 수 없으며 프로세서 칩의 병렬 장치 수는 무한할 수 없다. 집적 회로 내부의 부품 크기는 원자의 한계에 가까워진다. 집적도가 높으면 더 많은 정보를 병렬로 처리할 수 있는 대신 발열이 너무 심해져 대부분 에너지가 낭비된다. 부품의 밀적도 수준을 높여 프로세서 성능을 향상시키는 시도는 최근 몇 년 동안은 한계에 부딪혔다. 이 한계로 무어의 법칙이 두 번째 분수령을 맞이했다.

두 번째 분수령은 최근 몇 년 사이에 발생했다. 특히 2016년 이후 전체 반도체 산업이 프로세서의 절대 성능을 추구하는 것에서 프로세서의 단위 에너지 소비량이 제공하는 계산량, 즉 상대적인 성능을 추구하는 것으로 바뀌었다. 2016년 엔비디아는 딥러닝 알고리즘을 위한 프로세서인 테슬라 P100(GP100, 8커넥터)을 사용해 일반 데스크톱 컴퓨터 크기의 슈퍼컴퓨터를 구축했다. 딥러닝 알고리즘 실행은 단위 에너지 소비량이 기존 서버보다 몇백 배 향상했다. 일반 서버와 구조가 달라 비교는 의미가 없지만 특정 작업에서는 특정 프로세서와 특정 프로세서 기반 시스템이 더 효과적이다. 엔비디아가 할 수 있었던 이유는 특정 알고리즘에 대해 프로세서 칩의 특정 기능을 향상시키고 일반 작업을 실행하도록 설계된 불필요한 회로를 줄였기 때문이다. 엔비디아의 딥러닝 프로세서는 프로세서당 3천 개 이상 코어가 있는 고도로 병렬적인 프로세스라는 점을 이해해야 한다.

프로세서가 해결해야 할 문제를 특수 설계로 개선하면 단위 에너지 소비당 프로세서 성능을 향상시킬 수 있다. 2016년 구글은 딥러닝 알고리즘 중 텐서플로TensorFlow 알고리즘에 특화된 텐서 처리 장치tensor processing unit, TPU를 출시했다. TPU는 엔비디아의 범용 딥러닝 칩보다 소비 에너지 단위 성능을 몇백 배 향상시켰다. 물론 엔비디아는 구조가 달라 성능 비교가 의미가 없다. 인텔 프로세서와 비교해도 마찬가지다. 무어의 법칙이 반도체의 물리적 한계에 점점 더 가까워지면서 알고리즘 프로세서를 설계하는 것이 필수가 됐다. 2016년을 전후해 비트코인이 불티나게 팔리면서 채굴에 필요한 전문 프로세서를 설계한 회사가 적지 않아졌고 소비 에너지 단위 성능도 일반 GPU보다 1~2배 이상 높았다.

특정 알고리즘을 위한 칩 내용은 이 책의 초점이 아니기에 최근의 병렬 처리의 주요 응용 분야인 클라우드 컴퓨팅으로 초점을 맞추겠다.

> **요점** 병렬 컴퓨팅은 동일한 하드웨어를 더 많이 추가해 컴퓨팅 시간을 줄이는 것이다. 이상적인 상황에서 컴퓨터 성능 향상은 하드웨어 증가에 배수에 비례하지만 실제 병렬 컴퓨팅에서는 이런 효과가 제한적이다.

> **심화 사고 문제** 8.2 ★★☆☆☆
> 대규모 컴퓨팅 작업에서 작업의 80%를 병렬 컴퓨팅으로 가속화할 수 있다면 하드웨어를 100배 추가해 얼마나 컴퓨팅 시간을 단축할 수 있을까? 계산 시간과 하드웨어 승수 간 관계를 그래프로 그려라.

8.3 클라우드 컴퓨팅 이해하기: GFS와 맵리듀스

단일 서버의 성능을 더 이상 향상시키기 어렵다면 여러 서버를 사용해 단일 서버로 완료할 수 없는 큰 작업을 완료하는 방법을 생각할 수 있다. 모든 개발자가 큰 작업을 작은 작업으로 분할해 수천 대 서버에서 실행하는 방법을 아는 것은 아니므로 모든 사람이 사용할 수 있고 병렬 컴퓨팅을 수행할 수 있는 도구를 개발해야 했다. 대부분 병렬 컴퓨팅 도구는 클라우드 컴퓨팅의 기본 도구가 됐다. 예를 들어 GFS(코드 이름은 콜로서스Colossus) 및 대규모 병렬 컴퓨팅 도구 맵리듀스가 해당한다. GFS는 병렬 컴퓨팅 저장 정보 문제를 해결하는 데 사용되며 맵리듀스는 병렬 컴퓨팅 정보 처리 문제를 해결하는 데 사용된다.

GFS부터 알아보자. 구글이 설립되기 훨씬 전부터 구글의 창업자인 래리 페이지와 세르게이 브린은 모든 웹 페이지를 내려받아 검색엔진을 구축하면서 웹 페이지의 원래 저장 방식인 한 페이지를 하나의 파일에 저장하는 방법은 데이터 접근성이 너무 떨어진다는 사실을 깨달았다. 데이터를 읽고 쓰는 준비 단계에 대부분 시간을 할애하기 때문이다. 두 사람은 '빅파일BigFile'을 발명했는데, 논리적으로는 모든 웹 페이지를 하나의 파일로 만든다. 물리적으로는 64MB 크기 단위로 청크chunk를 저장한다. [그림 8.3]처럼 논리적으로 완전한 빅파일을 여러 개의 청크로 저장한다.

그림 8.3 **많은 원본 웹 페이지를 하나의 큰 파일에 저장한다**

작아 보이는 64MB 단위로 저장하는 이유는 무엇일까? 1990년대 중반까지는 한 번에 메모리에 읽을 수 있는 용량이 64MB까지였기 때문이다. 빅파일을 사용하면서 인터넷 인덱스를 설정하는 작업이 [그림 8.4]에 나와 있다.

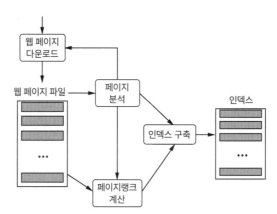

그림 8.4 **인터넷 인덱스 구축을 위한 파이프라인**

데이터를 다운로드해 지속적으로 하드디스크에 기록하고 64MB마다 청크를 만들면서 다른 한편으로는 빅파일에서 청크 데이터를 읽어내 웹 페이지를 분석하고 인덱스를 설정하며 각 웹 페이지의 페이지랭크 및 기타 특성을 계산하는 작업을 하는 등 모든 일련의 프로세스가 파이프라인 직렬화와 연계된다. 물론 직렬화 파이프라인 시스템의 가능 조건은 다수의 하드웨어 지원이다. 여기서 하드웨어는 서버를 말한다. 어떤 서버는 웹 페이지 다운로드를 처리하고 어떤 서버는 웹 페이지를 처리하고 어떤 서버는 인덱스 설정을 처리한다.

많은 양의 작은 파일을 처리할 때 빅파일로 저장하는 방법은 디스크 읽기 및 쓰기 효율성을 크게 향상시킬 수 있지만 불편한 점이 세 가지 있다.

첫째, 빅파일은 모든 작은 파일을 하나의 파일에 모두 다 넣는다. 마치 이사할 때 집안의 모든 물건을 다섯 개의 매우 큰 상자에 한꺼번에 집어넣는 것과 같다. 운송할 때는 편리하겠지만 해당 상자에서 냄비 하나만 찾는 것은 매우 어렵다. 실제로 이사할 때를 보자. 옛날 집에서는 모든 물건을 상자에 넣고 새집에서는 차례로 물건을 상자에서 꺼낸다. 굳이 냄비부터 찾아서 꺼내는 사람은 없다. 빅파일을 사용하는 상황도 마찬가지다. 파일을 응용해야 하는 상황에서는 사용이 제한되지만, 인덱스 작성에는 영향을 미치지 않는다.

둘째, 빅파일 저장 방식으로는 새로운 내용으로 파일을 수정하는 것이 불가하다. 이는 모든 물건이 하나의 상자에 들어가면 그릇만 다시 꺼내고 그 그릇을 상자 안 접시 위에 놓을 수 없는 것과 같다. 다행히 인덱스를 만들 때는 이런 상황이 존재하지 않는다고 가정한다. 웹 페이지가 업데이트되면 업데이트 내용을 기준으로 저장하고 새로운 내용이 있더라도 바꾸지 않는다.

셋째, 파일 저장 과정이 사용자에게 완전히 불투명하다. 사용자가 가장 불편한 점이다. 사용자는 빅파일 내부의 각 데이터가 어디에 어떻게 저장되는지 알아야 사용할 수 있다. 데이터 저장 위치를 알아내고자 사용자 스스로 저장 위치를 찾는 툴을 작성해 사용해야 했다.

GFS는 빅파일 아이디어를 기반으로 구현됐다. 논리적으로 두 시스템은 매우 유사하나 구현 방식은 다르다.

빅파일에서 비롯된 청크 개념은 GFS에도 유지되지만 빅파일 청크와는 다르다. 빅파일의 청크는 물리적 처리다. chunk1, chunk2 … chunk1000이 실제 저장 단위인데, 사용자는 데이터를 처리할 때 처리해야 하는 데이터가 각 서버에 어떻게 저장되는지 알아야 했다. 또한, 데이터를 처리할 때도 직접 청크를 처리해야 했다. 그에 비해 GFS의 청크는 논리적인 구분이 더 크다. chunk1, chunk2 … chunk1000은 단지 사용하기 편하도록 구분한 논리 번호일 뿐 어디에 존재하는지 신경 쓸 필요가 없다. 실제 위치와 논리 번호 사이에는 매핑이 있다. 매핑 관계는 파일 시스템의 마스터 서버로 관리한다. 사용자는 빅파일에 몇 개의 청크가 있는지 알지 못해도 되며 1천 개 청크로 구성된 파일을 사용할 때도 하나의 파일을 사용하는 느낌을 받는다. 또한, GFS의 청크는 크기 제한이 없다. GFS에서 블록 매핑 관계를 저장하는 마스터 서버master server와 블록 데이터를 저장하는 슬레이브 서버slave server 간 논리적 관계는 [그림 8.5]를 보면 알 수 있다. 여기서 마스터 서버는 데이터를 저장하는 데 사용되는

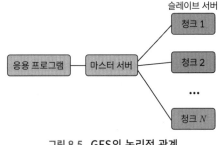

그림 8.5 **GFS의 논리적 관계**

슬레이브 서버 그룹을 관리한다(그림의 어두운 부분).

GFS에서 사용하는 경우는 거의 없지만 청크의 논리 번호와 물리적 위치가 분리되기 때문에 파일의 부분 업데이트도 가능하다. 이렇게 되면 GFS에 있는 청크는 사용자가 사용하기에 일반 운영체제에 있는 파일과 다르지 않다. 일반적인 파일 시스템으로 작업할 수 있는 개발자라면 GFS 프로그래밍을 사용해 수천 또는 수만 대 서버에 저장된 데이터를 처리할 수 있다. 그러나 GFS는 산발적인 데이터를 랜덤으로 읽거나 쓰도록 설계되지 않았다. 클라우드 컴퓨팅을 할 때 이 유형인 파일 시스템의 무작위 읽기 및 쓰기 속도를 최적화하려고 시도하지 않길 바란다.

파일 시스템은 높은 읽기 및 쓰기 성능과 데이터 안전성을 보장해야 한다. [그림 8.5]처럼 논리적 관계를 단순한 2단계의 마스터-슬레이브 서버 아키텍처로 구현할 수 없다. 이런 식으로 구현된다면 마스터 서버에서 데이터 전송 병목 상태에 빠진다. 실제 GFS의 물리적 구조는 [그림 8.6]과 같다.

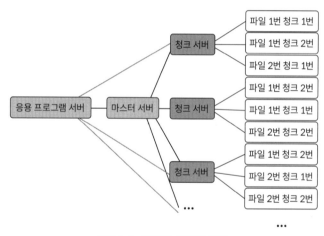

그림 8.6 GFS의 물리적 구조

[그림 8.6]에서 볼 수 있듯이 GFS에는 각 파일의 여러 백업(보통 세 개)이 있다. 데이터 손실을 방지하고 같은 파일의 다른 청크를 동시에 읽을 수 있어 데이터의 액세스 대역폭을 늘릴 수 있다. 또한, 마스터 서버와 파일의 데이터 블록 사이에 청크 서버 계층을 추가해 데이터 읽기 및 쓰기 서비스를 응용 프로그램에 제공하므로 마스터 서버에서 병목현상이 일어나지 않는다.

청크 서버가 병목현상이 되는 것을 방지하고자 파일을 저장할 때는 서로 다른 청크 서버, 특히 동일한 데이터 블록의 서로 다른 백업이 있는 슬레이브 서버끼리는 같은 파일을 최대한 많이 배치해야 한다. 동일한 파일은 다른 슬레이브 서버의 다른 블록에 배치돼야 한다. 이런 배치에는 두 가지 장점이 있다. 첫째, 하나의 청크 서버가 다운되더라도 전체 GFS에 영향을 미치지 않아 안정성을 높인다. 둘째, 데이터를 읽는 데 필요한 대역폭을 늘리고 청크 서버 대역폭이 제한돼 데이터 액세스 속도에 영향을 미치더라도 동일한 파일의 다른 블록을 동시에 읽을 수 있다. 한 가지 문제가 있다. 많은 백업이 작성되므로 데이터 쓰기가 느리다. GFS가 데이터를 읽는 속도는 로컬 하드디스크에서 데이터를 읽는 속도와 비슷하지만 데이터를 쓰는 속도는 단일 서버 시스템에서 데이터를 쓰는 속도의 약 1/5에 불과하다. 여기서 데이터를 쓰는 속도는 파일을 쓰는 물리적인 속도다. GFS의 파일 쓰기는 마지막 백업까지 전부 써야 과정이 완료된다. 또한, 서버마다 데이터 쓰기 속도가 조금씩 다르므로 파일을 쓰는 마지막 시간은 가장 오래 걸리는 백업 서버의 쓰기 종료 시간을 기준으로 한다.

GFS 장점은 대량의 데이터를 저렴한 다수 서버로 효율적인 저장 및 활용이 가능하며 사용자에게 투명하다는 점이다. 개발자가 배울 만한 점이 두 가지 있다. 첫째, 흩어진 대량의 데이터를 대용량 데이터 파일로 결합해 데이터 액세스의 효율성을 개선했다는 점이다. 둘째, 저장을 위해 대용량 데이터 블록을 나눠 액세스 대역폭의 병목현상 및 데이터 보안 문제를 해결했다는 점이다. 이는 시스템 개발자에게 매우 귀중한 참고 자료다.

데이터를 여러 서버에 병렬로 저장한 후 병렬 서버를 사용해 연산한다면 단일 서버에서 완료할 수 없는 대규모 컴퓨팅 작업을 처리할 수 있다. 특히 맵리듀스 같은 도구를 사용하면 개발자가 병렬 컴퓨팅을 쉽게 수행할 수 있다.

이제 7장에서 언급한 1TB(테라바이트) 말뭉치에서 고빈도 바이그램 문제를 맵리듀스를 사용해 완료하는 방법을 알아보자. 여기에서는 1천 대 서버가 있다고 가정한다.

이 문제는 원본 데이터(말뭉치)의 전체 복사본이 각 서버에 복제될 수 있다면 쉽게 해결할 수 있다. 첫 번째 서버는 단어 테이블의 1/1000 부분의 단어 x로 시작하는 $<x, y>$ 바이그램만 계산하게 하고, 두 번째 서버는 1/1000 ~ 2/1000번째 부분에 해당하는 단어 x로 시작하는 단어 바이그램 $<x, y>$ ⋯를 계산한다. 마지막에는 1천 번째 서버가 마지막 1/1000 부분의 단어 x로 시작하는 바이그램 $<x, y>$를 계산하게 한다. 맵리듀스의 맵mapping 과정이다.

각 서버의 빈도 집계는 중복되는 부분이 없어 결과를 파일로 바로 병합하면 된다. 빈도에 따라 모든 바이그램을 빈도 순으로 정렬하려면 먼저 각 서버에서 얻은 결과를 정렬한 후 병합 정렬의 병합 단계를 사용해 병합을 완료하면 된다. 맵리듀스의 리듀스(병합) 과정이다.

물론 이 프로세스도 중복적인 계산을 많이 수행해야 한다. 각 서버가 전체 데이터를 읽어야 하기 때문이다. 이후에는 바이그램 집계 시에는 데이터의 약 99.9%(999/10000)은 건너뛴다. 각 서버에 데이터 전체 사본을 저장할 필요가 없으며 전체 데이터의 1/1000씩만 각 서버에 저장해도 된다. 데이터를 순서대로 나눌 수 있는 것은 맵 과정에서 각 서버가 해당 데이터를 로컬에서 직접 읽고 데이터에 대응하기 때문이다. 계속해 리듀스 과정에서 동일한 바이그램을 자동으로 병합해 전체 데이터의 바이그램 빈도수를 얻을 수 있다. 이와 같이 맵 과정에서의 실행 시간을 약 1/1000로 단축할 수 있다. 그러나 리듀스 과정에서 1천 개의 중간 결과, 즉 각 서버의 빈도 집계 테이블을 모두 네트워크로 전송해야 한다. 서버 자체적으로 빈도수를 계산하고 리듀스 과정에서 병합만 하는 알고리즘보다 시간이 더 많이 소요된다. 1천 대 서버를 사용하면 단일 서버보다 수백 배 빨라진다.

특히 데이터 양이 많은 경우를 보자. 1PB(페타바이트)라고 할 때 원본 데이터를 저장하려면 많은 서버(약 200대)가 필요하며 바이그램의 빈도수 집계 작업은 [그림 8.7]처럼 2번 맵과 1번 리듀스 단계가 필요하다. 첫 번째 맵([그림 8.7(a)] 참조)은 각 서버 데이터의 바이그램 리스트를 별도로 추출한다. 충분한 서버가 있다면 시간을 절약하고자 더 많은 (예를 들어 5천 대) 서버로 200대 서버에 있는 바이그램 리스트를 추출할 수 있다. [그림 8.7(a)]은 이해하기 쉽도록 로$_{row}$ 데이터를 저장하는 서버를 두 개로, 바이그램 집계 작업을 수행하는 서버를 여덟 개로 단순화했다.

이렇게 5천 대 서버에서 각각 집계된 바이그램 리스트가 나온다. 5천 개 바이그램 리스트에는 상당한 중복이 있다. 안타깝게도 5천 대 서버의 바이그램 리스트를 직접 리듀스할 수 없다. 그 수가 너무 많아 모든 바이그램 리스트를 수용할 수 있는 서버가 없다. 적은 수의 서버로 바이그램 리스트를 통합할 수 있어도 효율성이 너무 떨어진다. [그림 8.7(b)]처럼 각 서버의 바이그램 리스트를 $<x, y>$ 순번에 따라 정렬해야 한다. [그림 8.7(b)]처럼 순번이 작으면 앞으로, 순번이 크면 뒤에 둔다. 이 단계가 완료되면 리듀스가 진행되는 동안 $<x, y>$ 값에 따라 각 서버의 바이그램은 다른 서버로 각각 병합한다. 예를 들어 100대 서버를 사용해 리듀스로 병합힐 때 상위 순번 1% 단어의 바이그램을 첫 번째 리듀스 서버로 보내고, 그다음 x는 다음 상위 1~2% 단어의 두 번째 서버로 보낸다. 마지막으로 [그림 8.7(c)]처럼 마지막 1% 순번의 바이그램을 마지막 100번째 서버로 보낸다. [그림 8.7(c)]은 두 대의 병합 서버(맨 오른쪽)만 표시했다. 이처럼 서로 다른 서버에서 병합해 얻은 바이그램에는 중복 바이그램이 없다. 100대의 서버 결과가 완전한 최종 결과를 구성하게 된다. 물론 100대 서버를 통합하는 작업의 계산 압력을 줄이고자 단계를 두 단계로 나눈다. 첫 번째 단계는 [그림 8.7(c)]의 중간 단계처럼 100대 서버에서 동시에 병합 작업을 하는 것이다. 두 번째 단계는 병합 결과를 추가적으로 소수 서버에서 병합 작업을 하는 것이다. 실제로 컴퓨팅 자원을 추가로 사용해 시간을 절약하며 컴퓨팅 자원 상황에 따라 진행 여부를 결정할 수 있다.

구글의 기계번역에서 사용하는 언어 모델이 이 단계를 거쳐 제공된다. 5-그램 문법 모델이며 5-그램 개수는 바이그램 개수보다 훨씬 많아 수백 대 서버에 자체 저장해야 한다. [그림 8.7(c)]에 표시된 중간 단계는 병합 과정에서 효과적으로 계산 시간을 줄일 수 있다.

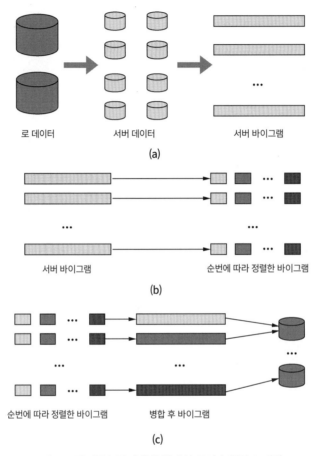

그림 8.7 맵리듀스를 사용한 방대한 코퍼스 빈도수 계산

마지막으로 앞서 언급한 알고리즘의 시간과 공간 복잡도를 분석해보자. 시간적으로는 두 부분으로 나뉜다. 하나는 계산 시간이고 다른 하나는 네트워크상 데이터 전송 시간이다. 계산 시간은 디스크를 읽고 쓰는 시간이다.

먼저 100대 서버에서 2천 대 서버로 데이터를 복사할 때 총 데이터 크기를 D라고 가정하면 원본 데이터를 저장하는 각 서버는 $D/100$ 데이터를 읽고 작업 중인 각 서버는 $D/2000$ 데이터를 써야 한다. 병목현상은 읽기 쪽에서 발생한다. 데이터 읽기, 네트워크 전송, 데이터 쓰기는 파이프라인을 통해 직렬로 이루어지므로 세 부분 간 병목현상에 소요되는 시간이 총 네트워크 전송 시간이다.

이를 $T_{net}(D/100)$이라고 쓴다. T_{net}에서는 데이터를 읽고 쓰는 시간은 생략된다.

각 슬레이브 서버에서는 N-그램의 빈도를 세고 데이터를 읽고 결과를 쓰는 데 주요 시간을 소비한다. 결과 파일이 원본 데이터 파일보다 작아 소요 시간은 기본적으로 데이터를 한 번 복사하는 시간이다. 2천 대 서버가 함께 동작하므로 시간은 N에 $N/2000$으로 비례하며 $T_{diskcopy}(D/2000)$로 쓸 수 있다. 각 슬레이브 서버에서 바이그램 리스트를 정렬하는 시간은 결과 데이터를 다시 복사하는 시간에 해당하며 $T_{diskcopy}(D/2000)$ 이하다. 해당 데이터가 메모리에 저장될 수 있다면 복사 시간은 더 줄어든다.

마지막으로 [그림 8.7(c)]의 병합 과정에서 각 슬레이브 서버의 바이그램 리스트가 이미 정렬됐으므로 병합 자체에는 많은 시간이 소요되지 않는다. 대부분 시간은 네트워크 전송에서 소요된다. [그림 8.7(c)]의 중간 단계를 생략하지 않는다면 첫 번째 병합에는 2천 대 서버가 사용되며 네트워크 전송 시간은 $T_{net}(D/2000)$다. 두 번째 병합에서는 슬레이브 서버의 바이그램이 중복되지 않으므로 병합은 빈도 테이블을 복사하는 것과 같다. 네트워크 전송에 소요되는 시간은 $T_{net}(D/100)$이다. 중간 병합 단계를 생략한다면 해당 네트워크 전송 시간 $T_{net}(D/2000)$도 사라지는 대신 총 병합 계산에 소요되는 시간이 더 많아진다. 다만 $T_{net}(D/100)$은 $T_{net}(D/2000)$에 비하면 미미한 시간이다. 디스크의 데이터 읽기 및 쓰기 작업은 네트워크 전송이 파이프라인을 형성한다. 읽기 및 쓰기를 위한 추가 시간이 필요하지 않다.

모든 시간을 더하면 다음과 같다.

$$2T_{net}(D/100) + 2T_{diskcopy}(D/2000) + T_{net}(D/2000) = O(D) \tag{8.1}$$

맵리듀스를 이용한 병렬 컴퓨팅은 네트워크 전송과 디스크 백업에서 주로 시간을 소비한다. 앞선 과정은 데이터에 대한 순차적 액세스이기 때문에 최대 액세스 속도는 네트워크의 전송 속도 상한이나 디스크의 액세스 대역폭의 최댓값까지만 이를 수 있다.

공간 복잡도는 바이그램 데이터셋의 크기가 원본 데이터를 초과하지 않고 병합할수록 작아진다. 상한선은 원본 데이터의 크기, 즉 $O(D)$이다.

마지막으로 병렬 스토리지 및 병렬 컴퓨팅을 기반으로 하는 클라우드 컴퓨팅을 요약하자면, 일부 작업의 경우 서로 독립적인 많은 하위 작업으로 나눌 수 있다면 하위 작업의 병렬 처리를 여러 병렬 컴퓨팅 리소스에 할당해 시간을 절약할 수 있다. 이를 '수평 스케일링'이라고 한다. 작업을 K 부분으로 나눌 수 있다면 원래 시간의 $1/K$로 줄일 수 있다.

큰 작업이든 하위 작업이든 여러 개의 독립적인 작업으로 나눌 수 있으며 각 단계 작동은 이전 단계 결과에 따라 다르다. 파이프라인 방식으로 수행할 수 있다. 작업을 M 단계로 나눌 수 있고 파이프라인 작업을 지원할 수 있는 하드웨어가 충분하다면 M 단계 중 병목현상이 발생하는 단계의 실행 시간으로 시간을 단축할 수 있다. 병렬 처리 및 직렬화를 통해 컴퓨팅 속도를 크게 높일 뿐만 아니라 컴퓨터 시스템이 초거대 규모의 컴퓨팅 문제를 처리할 수 있도록 한다. 동시에 규모가 큰 작업의 실행 시간은 해당 작업의 병목 지점에 있는 단계의 실행 시간에 따라 달라진다. 시스템을 개선하려면 먼저 병목 지점에 있는 문제를 해결해야 한다.

> **요점** 병렬 저장에서는 두 가지 요소를 고려해야 한다. 하나는 다중 백업의 이중화로 내결함성[1]을 확보하는 것이다. 다른 하나는 마스터 서버로 데이터를 저장하는 슬레이브 서버를 관리하는 것이다.
>
> 병렬 컴퓨팅 도구인 맵리듀스는 분할 정복, 즉 큰 작업을 작은 작업으로 나눈 후 결과를 결합하는 것이 핵심이다. 맵 단계에서는 병렬 처리가 용이하지만 병합하는 과정, 즉 리듀스 단계에서는 상황에 따라 다르다.

심화 사고 문제 8.3

Q1. ★★★☆☆
100TB의 대용량 파일이 데이터 센터에 세 개의 백업으로 저장됐다. 한 백업의 내용이 다른 두 백업과 다른 경우 다른 두 백업의 내용으로 한 백업 내용을 수정해야 한다. 세 개의 백업에서 이런 데이터 불일치를 신속하게 찾는 방법은 무엇일까? 불일치는 매우 드문 일이며 세 개의 백업이 모두 다른 내용을 가질 수는 없다고 가정한다.

Q2. ★★★☆☆(CO)
간단한 맵 및 리듀스 문제를 설명하라.

8.4 마무리

IT 업계에서 우수한 시스템 개발자나 자격을 갖춘 아키텍트가 되려면 일반 개발자가 수행할 수 없는 작업에 능숙해야 하고 기존 조건으로는 수행할 수 없을 것처럼 보이는 큰 문제를 해결해야 한다. 그러면 3등급 개발자에 도달한 것이다. 실무자는 컴퓨터의 직렬 및 병렬 메커니즘을 철저히 이해하고 문제를 직렬 및 병렬 부분으로 분해한 후 잘 사용해야 한다.

---

1 [옮긴이] 서버의 다운타임을 방지하고 단일 장애 때문에 전체 시스템이 중단되지 않도록 하는 속성을 의미한다.

컴퓨터 개발자는 성장하면서 병목현상을 겪는다. 가장 극복하기 어려운 두 가지 병목현상이 있다. 하나는 정보 처리 '감각'을 키우는 것이다. 운전할 때 커브를 돌면서 가속페달을 밟는 것과 같으며, 뇌 기억이 아닌 근육 기억에 의존한다. 다른 하나는 모든 응용 문제를 이해하고 시스템 측면에서 고려하는 능력이다. 두 가지를 해내면 3등급 개발자 수준에 근접한 것이다. 물론 오래 연습해야 한다. 1만 시간의 연습 없이는 좋은 컴퓨터 개발자가 될 수 없다. 그러나 단순히 1만 시간만 연습한다면 더 숙련된 개발자가 될 뿐이다. 올바른 방향을 따라 끊임없이 정진해 견문을 넓혀야 도약할 수 있다.

9
CHAPTER

상태와 과정: 등가성과 인과관계

8장에서는 컴퓨터로 특정 문제를 해결하는 방법을 알아봤다. 문제 크기와 상관없이 단계를 따르는 하나의 프로세스였다. 이 프로세스에서 일부 프로세스는 병렬화할 수 있고 일부 단계는 서로 결속돼 직렬화해야 한다. 이 과정을 방향 그래프로 표현하면 [그림 9.1] 형태가 된다.

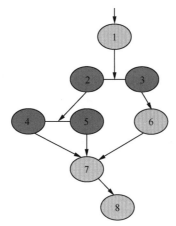

그림 9.1 작업을 완료하기 위한 컴퓨터의 프로세스. 어두운 단계는 병렬로, 밝은 단계는 직렬 프로세스로 처리해야 한다

그래프에서 어두운 부분은 병렬, 밝은 부분은 직렬이어야 한다. 프로세스 1이 완료된 후에 프로세스 2와 3이 동시에 시작될 수 있고 프로세스 2가 완료된 후에는 4와 5는 동시에 시작할 수 있으므로 병렬이다. 프로세스 8은 반드시 7이 끝날 때까지 기다려야 하므로 직렬이다. 병렬이든 직렬이든 서로 간섭하지 않는 비교적 독립적인 프로세스로 분해해야 한다. 따라서 컴퓨터 프로그래밍은 전체 프로세스를 병렬이나 직렬 프로세스로 분해하는 것이다. 이 프로세스를 일부 프로그래밍 언어(예: C 및 자바)에서는 '함수'로, 다른 언어(예: 파스칼)에서는 '프로세스'라고 부른다. 여기서는 프로세스로 칭한다.

작업을 완료하는 프로그램의 전체 프로세스를 그래프로 표현할 때 함수는 그래프 중 노드에 해당한다. 복잡한 논리 관계를 가진 큰 프로세스를 간단한 프로세스로 추상화하는 것은 소프트웨어 개발자의 기본 능력이다. 프로그래밍뿐만 아니라 컴퓨터 하드웨어 작동은 하나의 하드웨어 상태에서 다음 하드웨어 상태로 이동하는 것을 기본으로 한다. 하드웨어 설계는 복잡한 하드웨어 시스템을 독립적인 '하드웨어 상태'로 분해한 다음 상태 간 상호 독립 또는 종속 관계를 찾는 것으로 시작된다. 즉 컴퓨터로 문제를 해결하는 것은 문제를 독립적인 상태나 독립적인 프로세스로 분해하는 것이다.

9.1 문제에서 상태로

특정 문제에서 많은 상황을 포괄하는 추상 상태의 추출 방법에 대한 이해를 돕고자 먼저 예제 문제를 살펴보자.

예제 9.1 ★★★★☆ 생쥐 잡기 전략

연결된 다섯 개 상자 안에는 한 마리의 생쥐가 있다. 생쥐는 하나의 상자에 하루 산다. 다음 날에는 인접한 상자로 이동한다. [그림 9.2]의 생쥐는 두 번째 상자에 있었지만 다음 날에는 첫 번째 또는 세 번째 상자로 이동할 수 있다. 상자 뚜껑을 매일 한 번 열 수 있다면 어떤 전략으로 상자를 열어 생쥐를 잡을 수 있을까?

그림 9.2 다섯 상자와 생쥐

퍼즐처럼 보이는 문제다. 순수하게 지능으로만 문제를 해결하려면 지능이 매우 높아야 한다. 컴퓨터 '상태' 개념을 깊이 이해한다면 어려운 문제가 아니다. 문제의 답을 알아보자.

생쥐 위치의 경우의 수를 묻는다면 많은 사람은 다섯 개라고 할 것이다. 다시 한번 상자를 선택하는 경우의 수를 물어도 다섯 개라고 답할 것이다. 그렇다면 매번 상자를 열면 상황의 수는 스물다섯 개가 된다. 첫째 날, 생쥐 위치는 무작위다. 생쥐를 잡기 위해 상자를 선택할 수 있는 경우는 다섯 가지다. 만약 생쥐가 운이 좋게도 선택한 i번째 상자에 있다면 바로 맞힐 수 있다. 이 가능성은

1/5에 불과하다. 나머지 4/5 확률로 틀렸다면 현재 생쥐 위치가 명확하지 않으니 다음 날 생쥐 위치를 예측하는 것 또한 불가능하다. 다음 날에도 똑같은 확률로 어림짐작해야 한다.

많은 사람은 '만약 생쥐가 첫 번째 칸에 있다면 어떤 전략을 세워야 하고 두 번째 칸에 있다면 어떤 전략을 세운다'는 식으로 문제에 접근한다. 이는 문제를 극도로 복잡하게 만든다. 30분이라는 짧은 면접 시간 안에는 해결할 수 없다.

문제를 해결하는 열쇠는 가능한 모든 위치가 몇 가지 상태와 등가할 수 있다는 것을 파악하는 것이다. 생쥐 위치는 두 가지 '상태'로 만들 수 있다. 생쥐가 첫째 날 1, 3, 5 위치에 있으면 둘째 날에는 2와 4 위치에 있어야 하며 다른 위치(1, 3, 5)에는 있을 수 없다. 그리고 셋째 날에는 반드시 1, 3, 5 위치로 가야 한다. 생쥐 위치는 [그림 9.3]처럼 매일 하나의 상태에서 다른 상태로 번갈아가며 전환한다.

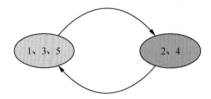

그림 9.3 생쥐 위치는 그림의 두 상태 사이에서 번갈아 전환된다

상태 전환 규칙을 알면 첫째 날에는 생쥐가 2, 4 상태에 있다고 가정하고 2, 4 중 하나를 먼저 연다. 다음 날에는 생쥐가 1, 3, 5 상태에 있는 상황을 가정해 연다.

생쥐가 첫째 날에 2, 4 상태에 있었다면 2와 4 사이에서 상자를 선택해 열어본다. 2번 상자를 열어보자. 생쥐가 2번 상자에 있었다면 잡아낸다. 4번에 있었다면 생쥐를 놓친 것이다. 다음 날 3번 상자를 연다. 생쥐가 4번 상자에서 3번 상자로 이동했다면 잡을 수 있겠지만 5번 상자로 이동했다면 잡지 못한다. 5번 상자에 있는 생쥐가 3일 차에는 4번 상자로만 갈 수 있다는 것을 알고 있으니 3일 차에는 4번 상자를 열어 생쥐를 잡을 수 있다.

생쥐가 첫째 날에 2, 4 상태가 아니었다면 어떻게 될까? 3일 동안 열심히 상자를 열어도 생쥐를 잡을 수 없다. 셋째 날에 4번 상자에서도 잡히지 않았다면 생쥐의 위치 상태에 대한 처음 가정이 틀렸다는 것을 의미한다. 즉 첫째 날에 2, 4 상태가 아니었던 것이다. 처음 가정이 틀렸어도 상관없다. 첫째 날에 생쥐가 1, 3, 5 상태였다면 넷째 날에는 확실히 2, 4 상태가 된다. 다시 앞의 동작을 반복하면 넷째, 다섯째, 여섯째 날에 차례로 2, 3, 4번 상자를 열면 잡을 수 있다.

실리콘 밸리에 있는 많은 기업의 면접 질문이다. 대부분 지원자가 제대로 답하지 못해 자주 사용하는 질문은 아니다. IT 회사가 이런 질문은 왜 하는 것일가? 지원자가 컴퓨터 과학의 기본 논리를 이해하고 있는지, 구체적인 어떤 문제를 추상적인 '상태'로 전환하고 '상태' 간 관계를 파악하는 데 능숙한지 여부를 테스트하고자 함이다.

이 질문에 앞선 내용처럼 답할 수 있는 사람이 몇 명이나 될까? 수십 명에게 물었을 때 서너 명 정도만 대답했고 나머지는 어리둥절했다. 상자 번호를 어림짐작하는 사람도 있었다. 시간 낭비다. 필자 경험에서 보자면 20% 지원자가 괜찮은 답변을 할 수 있고 50% 지원자가 약간의 힌트와 토론을 거쳐 정답을 찾을 수 있으며 나머지 30% 지원자는 풀 수 없는 문제가 지원자 수준을 매우 잘 구분할 수 있는 문제다. 너무 어렵거나 너무 쉬워도 지원자를 선별하는 데 도움이 되지 않는다. 이 문제를 잘 대답할 수 있다면 적어도 컴퓨터 내부 상태에 대한 이해도가 대부분 컴퓨터 개발자보다 높다는 것을 의미한다. 향후 3등급 개발자 수준에 도달할 수 있는 지원자다.

다음으로 '상태' 개념을 사용해 이전에 여러 번 풀어본 N–그램 문제를 다시 풀어보자. N–그램을 계산하는 대신 N–그램 모델을 구축하는 데 사용한다.

N–그램 문법 모델은 문장 중 앞 $N-1$개 단어 $w_{i-N+1}, w_{i-N+2}, \cdots, w_{i-1}$을 기반으로 현재 단어 w_i의 발생 확률을 예측한다. 이는 $P(w_i|w_{i-N+1}, w_{i-N+2}, w_{i-1})$로 작성된 조건부 확률이다. 해당 통계적 방법은 구조적으로 확률을 추정하는 데 사용한다. 즉 다음과 같이 가정한다.

$$P(w_i|w_{i-N+1}, w_{i-N+2}, w_{i-1}) \approx \frac{\#(w_{i-N+1}, w_{i-N+2}, \cdots, w_{i-1}, w_i)}{\#(w_{i-N+1}, w_{i-N+2}, \cdots, w_{i-1})}$$

#( )은 텍스트 말뭉치에서 괄호 안 문자열이 발생한 횟수다.

이전에 설명한 것처럼 바이그램의 경우 많은 조합이 나타나지 않거나 몇 번만 나타나는 것으로는 통계적으로 유의하지 않다. N이 3, 4 심지어 5일 때 대부분 w_{i-N+1}, w_{i-N+2} … w_{i-1}, w_i 조합의 문자열은 매우 드물게 발생한다. 훨씬 더 신뢰할 수 없는 통계다. '환경의 영향은 해양생물이 지상생물보다 훨씬 크다' 같은 문장의 P('훨씬 크다' | '해양생물이' | '지상생물보다')의 확률을 계산한다면 이 안에 있는 단어들은 모두 흔한 단어이지만 10억 문장의 말뭉치[1]에도 '해양생물이–지상생물보다–훨씬 크다'라는 3–그램은 출현 빈도가 희박하다. 가와바타 야스나리川端 康成의 《고도古都》 중 '치에코

---

1 [옮긴이] 10억 문장의 말뭉치는 중국어를 대상으로 한 말뭉치 양이다. 한국어 말뭉치는 국립국어원(corpus.korean.go.kr)에서도 제공하며 깃허브에서도 오픈소스로 제공한다.

는 늙은 단풍나무 줄기에 꽃이 얼룩덜룩 핀 것을 발견한다' 문장에서 '꽃이-얼룩덜룩 핀 것을-발견한다'는 이 소설 외에는 등장하지 않는다.[2] 이처럼 통계로 나온 조건의 확률은 정확하지 않다.

그렇다면 해결책은 무엇일까? 자주 사용되는 방법은 많은 수의 $w_{i-N+1}, w_{i-N+2} \cdots w_{i-1}, w_i$ 단어 조합을 서로 교차하지 않는 다른 상태로 결합하는 것이다. 통계는 상태 수가 적을 때 신뢰할 수 있다. 모든 단어를 품사에 따른 상태로 분류해 '환경', '해양동물' 및 '지상생물'을 명사로, '영향'과 '크다'를 동사로, '훨씬'을 형용사로 분류한다. 조건부 확률 P(훨씬 크다|해양생물이, 지상생물보다)를 정확하게 계산할 수 없는 경우 '명사-명사' 다음에 '훨씬 크다'라는 단어가 오는 조건부 확률, 즉 P(훨씬 크다 |명사, 명사)는 분명히 말뭉치에서 '명사-명사-훨씬 크다'의 출현 횟수보다 세 배 이상이며 해당 신뢰도가 훨씬 높다. 마찬가지로 P(발견한다|꽃이, 얼룩덜룩 핀 것을)의 조건부 확률을 추정할 때 원래 통계는 단 하나의 경우이지만, P(동사|명사, 명사)로 근사하면 신뢰도가 훨씬 높아진다. '명사-명사' 다음에 '발견한다' 단어가 오는 언어 현상이 일반적이기 때문이다.

각기 다른 단어를 공통의 어떤 상태로 규정하고 결합하면 문제 규모를 크게 줄일 수 있다. 유한 상태 기계finite-state machine, FSM[3]를 사용해 중국어와 영어 기계번역을 수행할 때 중국어의 한 문장을 관련 영어 단어로 구성된 그래프로 확장한다. 이 그래프 규모는 매우 크다. 단 한 문장의 그래프에도 수십만 개 노드와 수천만 개 노드를 연결하는 에지[4]가 있을 수 있다. 문장을 번역하는 데 걸리는 시간은 상상하기 어려울 정도다. 단어의 유사도에 따라 수십만 개 노드를 소수 상태로 통합한다면 수천 개 상태와 수십만 개 에지로 동일한 그래프를 구축할 수 있다. 이런 그래프에서 계산하면 시간을 세네 배 절약할 수 있다.

많은 특정 문제는 다양한 상황에서 공통점을 추출하고 공통점을 상태로 추상화해야 한다. 프로그램을 설계할 때 유사한 기능은 유사한 상태로 결합해 작성된 프로그램이 논리적으로 명확하고 재사용할 수 있도록 한다. 객체지향 설계object oriented design, OOD와 객체지향 프로그래밍object-oriented programming, OOP에서 유사한 작업은 결합하고 새로운 개념으로 추상화한다. 예를 들어 수열을 정렬할 때 수열에 포함된 원소 크기를 비교하고 수열 원소인 x와 y가 숫자라면 크기를 직접 비교해 $x>y$가 참인지 확인할 수 있다. 그러나 자연어 처리에서 텍스트 x와 y는 문자열이므로 크기를 직접 비교할 수 없다. 둘 중 순서가 누가 더 빠른지는 사전 정렬 방식으로 봐야 한다. 이 경우 함수

---

2 옮긴이 한국어에 맞게 설정된 3-그램으로 실제 현황과는 다를 수 있다.

3 옮긴이 해당 절에서 설명하는 '상태'를 유한한 개수를 가지고 있는 기계. 사건 때문에 상태와 상태로의 전이로 작동되는 수학 모델이다.

4 이 유한 상태 기계를 구축하기 위해 삼항 문법 모델을 사용한다고 가정한다.

나 과정을 별도로 작성해야 할 수도 있다. 다만 x와 y가 날짜라면 상황은 달라진다. 2019-10-12는 '2019년 10월 12일' 또는 'Oct 12, 2019'와 동일하므로 각자 다른 날짜 형식을 이해하고자 함수나 프로세스를 추가로 작성해서 비교해야 한다.

이전에는 이 문제를 해결하고자 세 가지 함수나 프로세스를 작성했다. 코드가 너무 길고 반복 작업이 많았으며 기존의 정렬 논리에서도 벗어났다. 객체지향 프로그래밍이 제시된 후에는 숫자나 텍스트, 날짜 등 모든 개체의 목표 정렬 상태가 동일하다는 것을 발견했다. 알고리즘을 공유하면서 여러 가지 다른 비교 크기(또는 순서 비교) 방법을 재정의했다. 정렬은 GT$_{greater}$라고 하는 추상적인 '더욱 범위가 넓은' 작업을 정의한다. 정렬 알고리즘은 GT를 기반으로 크기나 순서를 판단한다. GT 작업은 데이터 유형에 따라 구체적인 방법이 다르다. 프로그래밍에서 GT라는 추상적 방법은 모든 유사한 작업에 대한 공통 인터페이스가 됐다. 이제 어떤 개체의 크기가 필요할 때 공통 인터페이스인 GT를 사용하면 된다. 내부적으로 어떻게 구현하느냐는 프로그래밍 문제다. [그림 9.4]를 보면 쉽게 알 수 있다. [그림 9.4]에서는 세 가지 다른 프로세스가 하나의 프로세스로 결합되고 GT에서는 다르게 구현된다는 점이 다르다.

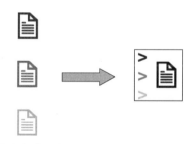

그림 9.4 세 가지 서로 다른 프로세스가 하나의 기능으로 합쳐진다

구글의 소프트웨어 개발 규범에 따르면 동일한 코드가 두 번 이상 나타나면 이를 추출해 별도 함수로 작성하고 다른 곳에서 호출해야 한다. 프로세스 중 일부만 다르거나 함수의 기능이 유사한 경우에는 반드시 하나의 함수로 통합해야 한다. 이는 코드 품질을 향상시킬 뿐만 아니라 개발자의 작업이 다른 작업에도 최대한 활용되도록 한다. 무엇보다 코드를 논리적이고 가독성 있게 만들어 누구나 이전 직원이 하던 일을 쉽게 넘겨받을 수 있도록 하는 게 관건이다. 구글과 중국 여러 회사의 코드를 비교해보면 구글의 코드 길이는 중국 회사의 절반도 안 되는 길이로 동일한 기능을 구현했다. 중국 회사들은 유사한 기능을 하나의 상태로 통합하지 않기 때문이다. 효율성을 높이는 방법은 일을 적게 하는 것이다. 낮은 수준의 많은 반복적인 일을 아무리 많이 해도 실제 생산량은 높지 않다.

구글의 의무적인 관행은 개발자 습관을 기르는 데 유익하다. 추상화 및 다중 코드 개념은 개발자의 뇌 속에 뿌리를 내려 점차 직관이 된다. **방법을 추상화할 수 있어야 4등급 이상의 개발자가 될 수 있다.**

소프트웨어보다 하부에 있는 하드웨어도 이 사상이 적용된다. 컴퓨터가 덧셈과 뺄셈을 실현하도록 하려면 어떻게 회로를 설계해야 할까? 덧셈 회로와 뺄셈 회로를 따로 설계해야 할까? 하나로 합쳐야 할까? 답은 후자다. 5를 빼면 −5를 더하는 것과 같다. 두 가지 연산을 하나의 기능으로 수행할 수 있다. 소프트웨어에서 코드 길이를 두 배로 늘리는 것은 큰 문제가 아니다. 기껏해야 작업이 좀 늘어나고 자원을 좀 더 많이 차지하는 것뿐이다. 하드웨어 설계에서는 기능이 중복되는 회로를 두 배로 늘리면 칩 성능이 절반 이상으로 떨어진다. 칩 성능이 절반 이상 떨어지면 다른 회사와 하는 속도 경쟁에서 뒤떨어질 수밖에 없다.

> 요점 몇 가지 경우를 그냥 조합하면 조합의 수가 굉장히 많아져 상황은 복잡해진다. 컴퓨터 속도가 빠르고 용량이 커도 해결하기에 충분하지 않을 수 있다. 이때 비슷한 상황을 같은 상태로 통합하는 것이 문제 해결 요령이다.

심화 사고 문제 9.1 ★★★★☆ 콩 옮기기

[그림 9.5]에 표시된 $M \times N$ 격자 칸의 첫 번째 열에서 시작하며 왼쪽에서 오른쪽으로 콩이 있다(각 열에 있는 콩 수량은 0보다 크다). 각 칸에는 하나의 콩만 넣을 수 있으며 각 열에서 콩은 아래에서 위로 배치된다. 즉 위 칸에 콩이 있는데 아래 칸은 콩이 비어 있을 수 없다. [그림 9.5]의 여덟 번째 열부터 콩이 아예 없는 것처럼 특정 열부터는 배치되지 않는다.

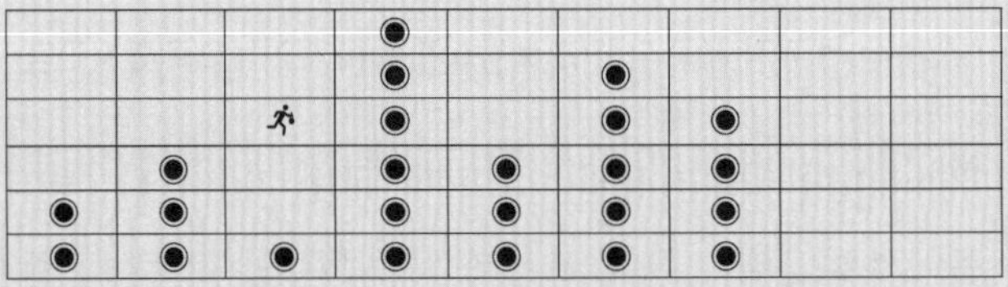

그림 9.5 격자 칸의 콩과 콩 줍는 로봇

지금부터 각 열의 콩을 왼쪽이 가장 적고 오른쪽이 가장 많도록 옮기고자 한다. [그림 9.5]의 콩을 [그림 9.6]과 같이 옮긴다.

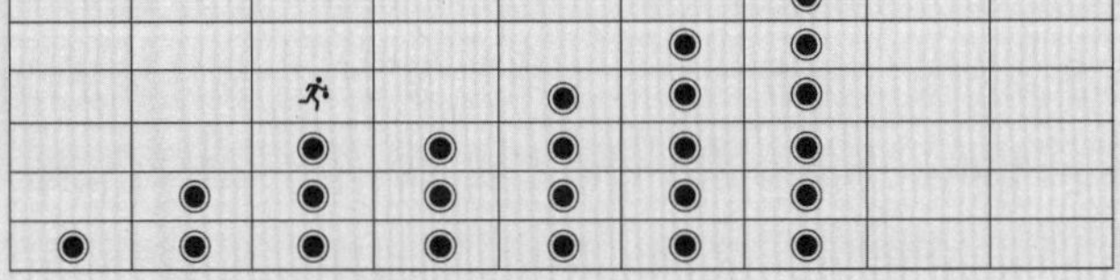

그림 9.6 격자 칸에서 콩이 순서대로 옮겨진 상태

어떤 정렬 알고리즘도 사용할 수 없다. 콩을 배치하는 것은 단 한 대의 로봇이 한다. 로봇은 격자 안에서 상하좌우로 움직일 수 있으나 이동 걸음 수에 대한 명령은 하지 못한다. 각 위치에서 콩을 하나 줍거나 하나 내려놓는 두 가지 동작만 할 수 있다. 움직인 위치에 콩을 줍는 작업을 수행한 후 콩이 없으면 실패로 보고하고 콩이 있다면 해당 칸의 콩을 줍고 주머니에 콩을 하나 저장한다. 콩을 다시 놓을 때 해당 위치에 이미 콩이 있다면 실패를 보고한다. 콩이 없다면 성공으로 보고한다. 로봇 주머니의 콩은 하나 없어지고 해당 위치에 콩이 놓인다. 로봇은 콩 배치가 끝나는 오른쪽 경계의 끝이 어디인지 알 수 없다. 스스로 판단해야 한다. 첫 번째 열에 다다르면 왼쪽 경계에 다다랐다는 것은 알 수 있다.

로봇이 임무를 완수할 수 있도록 하는 프로그램을 작성하라. (힌트: 로봇이 오른쪽 경계에 있는지 판단 방법 여부가 문제 해결의 관건이다.)

9.2 등가성: 상태를 추상화하는 도구

많은 상태를 하나의 상태로 통합할 수 있는 이유는 그 상태들이 등가적일 때가 있기 때문이다. 다음 예제를 보자.

예제 9.2 ★★★☆☆(AB)

정수 x와 y는 두 메모리 셀에 각각 저장된다. 두 메모리 셀의 x와 y를 서로 교환할 때 추가적인 메모리 셀을 사용하지 않고 바꾸는 방법은 무엇일까? 즉 x를 저장한 셀의 값은 y로 만들고, y를 저장한 셀의 값을 x로 바꾸는 것이다.

두 변수의 값을 바꾸는 것swap은 다양한 컴퓨터 알고리즘에서 흔히 하는 작업이다. 보통 임시 변수로 수행한다.

$$temp = x\,;$$
$$x = y\,;$$
$$y = temp$$

두 기숙사의 학생들이 서로 기숙사를 바꾼다고 가정해보자. 첫 번째 기숙사 학생들의 짐을 꺼낸 뒤 두 번째 기숙사의 학생들 짐을 첫 번째 기숙사로 옮기고 첫 번째 기숙사의 학생들 짐을 두 번째 기숙사로 옮기도록 해야 한다. 이때 첫 번째 기숙사의 짐이 가득 찬 상태에서 두 번째 기숙사의 짐을 첫 번째 기숙사로 옮기는 것은 어렵다. 이 문제를 많은 사람은 할 수 있는 방법이 없다고 생각할 것이다.

문제를 해결하려면 정보의 등가성을 이해해야 한다. 문제에서는 구체적인 수로 x와 y가 있다. 서로 다른 두 가지 정보다. $x-1$, $2x$ 정보들은 x를 알면 추론할 수 있어 결국 x와 등가적이다. 이 사실을 깨달았다면 y, $x+y$와 x가 모두 등가적 정보라는 것을 알 수 있다. x와 y라는 한 쌍의 데이터에 대해 $x+y$와 x를 알면 x와 y를 계산할 수 있고, 반대라면 더더욱 문제가 없다. 즉 $x+y$와 x의 데이터 쌍은 x와 y의 데이터 쌍과 동등하다. 이를 이해하면 추가 메모리 셀을 사용하지 않고 x와 y 값을 교환할 수 있으며 구체적인 방법은 다음과 같다.

알고리즘 9.1 추가 메모리 셀이 없는 정수 교환 알고리즘

이해하기 쉽도록 $x \leftarrow b$ 표기를 사용해 b 값이 변수 x에 할당됐음을 나타낸다. x', x'' 및 x'''를 사용해 1단계를 완료한 후 변수 x의 실제 값을 나타내겠다. y', y'' 및 y'''는 각 단계 후 변수 y 값을 나타낸다.

1단계, $x \leftarrow x+y$다. x'와 y'를 사용해 1단계 이후 두 메모리 셀의 값을 나타낸다. 단계가 완료된 x', y'는 $x' = x+y$, $y' = y$가 된다. 즉 $x+y$는 변수 x에 저장되고 y 값은 변경되지 않는다. 두 쌍의 정보 $<x+y, y>$와 $<x+y>$는 등가성을 가진다.

2단계, $y \leftarrow x'-y'$다. 이때 y'' 값은 $y'' = x'-y' = (x+y)-y = x$, 즉 2단계가 끝나면 변수 y 값은 x가 된다. 여기서 x는 $x'' = x' = x+y$. $<x+y, x>$ 와 $<x+y>$ 또한 등가성을 가진다.

3단계, $x \leftarrow x-y$다. x에 저장된 $x''' = (x+y)-x$값은 원래의 y 값이 된다.

모든 사람이 직관적으로 이해할 수 있도록 구체적인 숫자를 사용해 더 자세히 설명해보겠다. $x=520$, $y=25$라고 가정할 때, [표 9.1]은 각 단계가 완료된 후 두 메모리 위치의 값을 보여준다.

각 단계에서 x와 y의 두 메모리 셀 값은 변화하고 있지만 처음 값과 완전히 등가적인 정보를 유지한다. 중간 단계 중 어느 쪽이든 등가적인 정보에서 x와 y 값을 복원할 수 있다. 자주 사용하는 면접 문제다. 이 알고리즘은 공학적으로 사용되지 않는다. 메모리 셀을 하나 더 사용하는 것이 공학적으로 큰 문제가 아니며 앞서 언급한 알고리즘은 중간 변수를 사용

표 9.1 각 작업 후 두 개의 메모리 x 및 y 값

단계	x 메모리 값 설명	y 메모리 값 설명
0	520 // x	25 // y
1	545 // $x+y$	25 // y
2	545 // $x+y$	520 // x
3	25 // y	520 // x

해 데이터를 직접 교환하는 것보다 시간이 더 많이 걸린다. 정보의 등가성에 대한 이해와 다양한 변환 과정에서 원본 정보의 보호 방법을 아는지 여부를 파악할 수 있다.

하지만 필자는 내본 적 없는 면접 질문이다. 만약 지원자가 문제를 풀 때 이 문제를 풀었다면 지원자가 스스로 생각해낸 것인지 아니면 미리 답을 본 것인지 판단할 수 없었기 때문이다. 컴퓨팅 사고를 배우는 사람이라면 이 유형의 문제를 깊이 생각해봐야 한다. 컴퓨터 과학에서 등가 정보를 찾는 것은 매우 중요하다. 힌트 없이 20분 이내에 힌트 없이 이 질문의 답을 생각해낼 수 있었다면 정보의 등가성을 이해하는 데 4등급 개발자 수준에 도달한 것이다.

등가 정보에는 보통 두 가지 용도가 있다. 첫째, 이전 절에서 언급한 분류 문제를 해결하는 것이다.

즉 많은 상황을 몇 가지 상태로 통합해 분류하고 각 상태에 해당하는 상황들은 동등하다고 간주한다. 둘째, 등가 정보를 사용해 간접적으로 문제를 해결하는 것이다. 많은 문제를 바로 해결하기 쉽지 않지만 그에 상응하는 문제를 해결하면 원래 문제가 쉽게 해결된다.

이제 벡터 양자화vector quantization, VQ와 푸리에 변환Fourier transform, FT을 통해 등가 정보의 두 가지 용도를 설명하겠다.

먼저 등가 정보의 상태 분류를 살펴보자. 벡터 양자화를 들어본 적이 있을 것이다. 벡터 양자화란 무엇일까? [그림 9.7]에서 볼 수 있듯이 삼각형, 원 또는 크기도 다르고 색상도 다른 도형이 있다고 하자. 각 그래픽을 픽셀 단위로 저장하면 많은 저장 공간을 차지할 뿐만 아니라 그래픽 간 공통점도 얻을 수 없다.

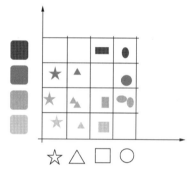

그림 9.7 다차원 공간에서 각기 다른 도형을 벡터로 변환한다

다른 각도에서 문제를 보자. [그림 9.7]의 도형을 다차원 공간의 한 점으로 생각한다. 다차원의 차원들은 모양, 색상, 크기, 회전 각도, 종횡비가 포함된다. 구성되는 차원은 굉장히 많을 수 있으며 도형들은 무작위로 다차원 공간에 분포됐다. 무작위성은 도형을 저장하고 처리하기 어렵게 만든다. 벡터 양자화는 다차원의 점을 모양, 색상, 크기 및 회전 각도 같은 주요 차원으로 통합하고 투영한다.

각 차원에 w, x, y, z 좌표가 있다고 하자. 모든 도형은 4차원 공간의 점(w, x, y, z)으로 표기할 수 있다. [그림 9.7]에서는 4차원 공간을 평면으로 그리기 어렵기 때문에 2차원 공간으로 보여준다. 다음으로 매 차원을 몇 가지 범주로 이산화한다. 네 개 부분으로 나눠 동일한 부분에 속하는 벡터는 동일한 범주로 간주해 병합할 수 있다. 물론 네 개 차원 값의 모든 조합이 의미가 있는 것은 아니다. 유의미한 조합 수는 제한이 있다. [그림 9.7]처럼 열두 개의 의미 있는 조합, 즉 열두 개의 벡터가 있는 것처럼 몇 가지 대표적인 조합을 선택한다. 각기 다른 도형은 열두 개 벡터와 서로 근사하거나 통합될 수 있다. 이것이 벡터 양자화다.

벡터 양자화는 이 밖에도 다양하게 응용할 수 있다. 컴퓨터나 휴대폰에서 디스플레이 화면에 표시되는 페이지를 더욱 화려하게 디자인하려면 디스플레이 화면의 해상도를 높이는 것만으로는 충분하지 않다. 아름다운 글꼴을 추가해야 한다. 초창기 컴퓨터에서 사용하던 글꼴은 모두 도트 매트릭스dot matrix다. 글자나 한자를 점으로 찍어 픽셀 단위로 저장했다. 저장 공간을 많이 차지할 뿐만 아니라 확대하면 보기 좋지 않게 불연속적으로 표시됐다. 오늘날 대부분 컴퓨터는 획의 시작 좌표, 끝 좌표, 반지름, 호도(라디안) 등 같은 문자의 모양을 표시하고자 곡선 함수 세트를 사용하는 벡터 양자화 글꼴을 사용한다. 확대하거나 축소해 표시할 때도 수학 연산을 통해 원래 글꼴 모양으로 복원된다. 이런 유형의 글꼴 라이브러리는 적은 공간을 차지할 뿐만 아니라 무한히 확대돼도 획 윤곽을 매끄럽게 유지할 수 있다. 벡터 글꼴 라이브러리의 본질은 각 글꼴 정보를 벡터로 간주해 함수 집합의 공간에 매핑하는 것이다.

벡터 양자화는 음성 압축 코딩 및 인식, 이미지 압축, 신호 감지 및 통신 표준의 공식화에 사용된다. 몇 년 전 중국의 영상 처리 전문가인 가오원高文은 벡터 양자화로 몇 MP(메가픽셀) 이미지를 수백 바이트로 압축할 수 있으며 압축률은 1000:1 심지어는 더 클 수 있다고 말했다.

다음으로 푸리에 변환을 알아보자. 전화를 수신할 때 통신 채널상 다양한 노이즈가 있으며 노이즈와 신호가 혼합된다. 노이즈를 직접 필터링하는 것은 거의 불가능하다. [그림 9.8]의 그래프는 중국어 'ma'의 발음 파형으로, 해당 시점의 음파 강도를 기록한 것이다. 이런 방식으로 녹음된 음성 신호를 '시간 영역 신호'라고 한다.

음파 그래프에서 알 수 있듯이 노이즈가 있다면 필터링할 수 없다. 푸리에 변환은 음파 정보를 기록하는 또 다른 방법을 제공하는 방식으로 매 주파수의 신호 강도와 위상을 기록한다. 푸리에는 주기 신호[5]를 설명하며 시간 영역 신호와 주파수 영역 신호가 등가성이 있다는 것을 증명했다.

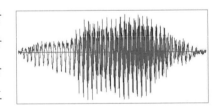

그림 9.8 **음절 'ma' 발음 파형**

주파수 영역 신호는 언어 주파수 범위에 속하지 않는 모든 신호를 필터링할 수 있다. 교류 신호, 우주 방사선 신호 및 불량한 회로 접촉으로 생성된 펄스 신호 등 같은 외부 신호는 모두 노이즈이기 때문이다.

푸리에 변환은 음성을 처리할 수 있을 뿐만 아니라 사진을 저장할 때도 사용한다. 원본 사진이 픽셀 단위로 저장돼 원본 이미지 형식으로 저장되는 경우 많은 공간을 차지한다. 일반적으로 사용되

---

5   음성신호는 짧은 시간 영역에서 강한 주기성을 갖는다.

는 JPEG 형식은 공간 신호를 등가적인 주파수 신호로 변환하는 것이다. 이미지 크기를 크게 압축할 수 있다.

[예제 9.2]로 돌아가 동일한 정보를 다른 차원(또는 좌표계)으로 변환하는 문제를 보자. 원래 숫자 쌍(x, y)은 [그림 9.9]처럼 수평 축이 $x=0$이고 수직 축이 $y=0$인 평면 직교 좌표계plane coordinate system의 한 점과 같다. 이 점을 가로축이 $x+y=0$이고 세로축이 $x-y=0$인 다른 좌표계의 등가점으로 생각할 수 있다. 해당 값은 다른 좌표계에서 다르지만 제공하는 정보는 동일하다.

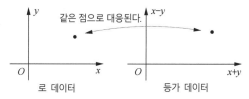

그림 9.9 같은 점(x, y), 좌표계에 따라 값이 다르지만 포함된 정보는 동일하다

등가성은 하드웨어 설계에서도 유용하다. 디지털 회로의 기초는 각종 연산을 가장 기본적인 NAND 연산으로 등가시키는 것이다. 등가 관계 적용은 그 이상으로 많이 사용한다. 오늘날 프로세서 내부에 모두 승산기가 있어 부동소수점 곱셈 또한 계산할 수 있다. 그러나 프로세서 내부에는 나눗셈 모듈은 없으며 실제로 나눗셈은 곱셈, 덧셈, 뺄셈 및 룩업 테이블[6]의 부분적인 조회를 통해 이뤄진다. 한 번의 나눗셈은 열 번의 덧셈, 뺄셈에 해당한다. 즉 나눗셈은 프로세서의 기존 기능의 10회 이상의 작업과 등가다. 나눗셈이 이루어지는 세부 사항을 이해했다면 코드를 작성할 때 참고해 가능한 곱셈을 많이 사용하고 나눗셈을 적게 사용해 연산 속도를 높일 수 있다.

일반 컴퓨터 기술자는 정보의 등가적 변환의 의미를 이해할 필요가 없다. 3등급 이상의 개발자는 등가적 변환 도구를 사용할 수 있어야 한다. 그렇지 않으면 어려운 문제를 해결할 수 없다.

> **요점** 등가성은 어려운 문제를 분류하고 해결하는 데 사용된다

심화 사고 문제 9.2 ★★☆☆☆
주식의 시가, 종가, 최고가, 최저가 등 날짜별 가격을 기록하고 싶다면 그에 상응하는 정보를 찾아 저장할 수 있을까? 서로 다른 정보를 저장할 때 장단점은 무엇일까?

---

6 울긴이 해당 룩업 테이블에서 역수를 가져와 승산기를 이용해 연산한다.

9.3 인과관계: 상태 간의 연결 설정

많은 등가 정보를 가지는 상황을 몇 개의 상태로 병합한 경우 상태 간에는 인과관계가 있다. 한 상태는 일부 작업 후에 다른 상태가 된다. 상태 간 연결이 하나의 그래프를 구성한다. 그래프 이론 도구를 사용할 수 있기에 많은 문제를 풀 수 있다.

다음 예제로 상태 간의 복잡한 인과관계를 파악하고 그래프를 사용해 명확하게 설명하는 방법을 살펴보자.

예제 9.3 ★★☆☆☆ 강을 건너는 세 쌍의 호랑이

세 쌍의 호랑이, 즉 세 마리의 어미 호랑이와 세 마리의 새끼 호랑이가 강을 건너고자 강으로 왔다. 강가에는 배가 한 척이 있는데 호랑이 크기와 상관없이 한 번에 두 마리 호랑이까지 태울 수 있다. 강가에 있든 배에 올라가 있든 새끼 호랑이는 자신의 어미가 같이 있어야만 다른 큰 호랑이에게 잡아먹히지 않는다. 어미 호랑이끼리나 새끼 호랑이끼리는 서로 먹지 않는다. 세 쌍의 호랑이 중 어미 호랑이는 모두 노를 저을 수 있지만 새끼 호랑이는 한 마리만 노를 저을 수 있다. 모든 호랑이가 안전하게 강을 건널 수 있도록 계획을 세워보라.

필자가 초등학생 때 풀었던 문제로 푸는 데 시간이 걸렸지만, 같이 풀었던 친구 중에서는 가장 빨리 풀었다. 이 문제를 들은 많은 사람은 어떻게 풀어야 할지 갈피를 잡지 못했다. 이후 그래프 이론을 배울 때 접하게 된 연습 문제가 바로 이 문제였다. 그래프 이론이라는 도구를 사용하면 문제를 푸는 데 1~2분밖에 걸리지 않는다. 문제 핵심은 다양한 상황을 몇 가지의 추상적인 상태로 통합하는 것이다.

세 마리의 큰 호랑이를 A, B, C라고 한다. 작은 호랑이는 a, b, c다. 그중 a는 노를 저을 수 있다. 처음에는 모두 강의 북쪽에 있는 상태, 즉 [그림 9.10(a)]에 있다. 마지막에는 모두 강의 남쪽, 즉 [그림 9.10(b)] 상태가 돼야 한다. 그림 속 점은 배 위치다. 다음 그림의 두 상태는 모든 호랑이가 정상 상태([그림 9.10(c)])와 비정상 상태([그림 9.10(d)])다. [그림 9.10(d)]에서 큰 호랑이 B가 작은 호랑이 c를 잡아먹는 상황이 발생하므로 위험하다.

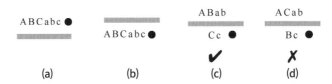

그림 9.10 문제의 초기 상태(a), 종료 상태(b), 정상 상태(c)와 비정상 상태(d)

비정상 상태는 걸러내고 정상 상태만 남기면 된다. 실제로 남을 수 있는 상태는 많지 않다. 상태 사이의 관계를 찾아 그림을 그리면 문제는 해결된다. 예를 들어 시작 상태에서 시작해 [그림 9.11]처

럼 A와 a가 먼저 강을 건너거나 B와 b가 먼저 강을 건너거나 a와 b가 강을 건너는 세 가지 정상 상태가 있을 수 있다. 물론 C와 c, a와 c도 같이 강을 건널 수 있다. 그러나 B와 C가 동질하고 b와 c가 동질하며 대칭적이라는 점을 고려하면 B/b와 C/c는 똑같은 경우라고 표현할 수 있다. 여기서는 B/b를 선택해 사용한다.

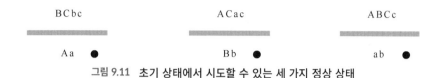

그림 9.11 초기 상태에서 시도할 수 있는 세 가지 정상 상태

연결 그래프에서 각 상태를 노드로 정의하고 한 상태에서 다른 상태로 이동할 수 있다면 그 사이에 선을 연결한다. 그다음 [그림 9.12] 그래프를 사용해 시작 위치에서 시작하는 모든 상태를 나타낼 수 있다. [그림 9.12(a)], [그림 9.12(b)] 그래프는 전체 문제에 대한 단계별 답을 제공한다. 두 그림에서는 두 가지를 주목할 만하다. 먼저 [그림 9.12(a)]의 마지막 노드(3단계 시작)가 [그림 9.12(b)]의 첫 번째 노드이므로 두 순서도는 한 순서도를 두 부분으로 나눈 것이다. 둘째, 일부 노드는 이전 노드로 돌아갈 수 있지만 역주행은 문제 해결에 도움이 되지 않아 여기서는 생략한다. 강을 건너는 전체 과정을 직관적으로 보면 다음과 같다.

1단계, 초기 상태에서 [그림 9.12]의 세 가지 상태로 이동하는 세 가지 방법이 있다. 첫째, 더 이상 진행할 수 있는 방법이 없어지고 더 이상 진행할 수 없게 된다. 두 번째와 세 번째 방식은 동일한 상태로 이어진다. 결국 어미 호랑이 B는 강의 북쪽으로 다시 돌아가고 강의 남쪽에는 새끼 호랑이 b만 있게 된다.

2단계, 단 하나의 방법만 존재한다. a가 노를 저어 c와 함께 강의 남쪽으로 이동하고 a는 다시 북쪽으로 돌아간다. 다른 모든 이동의 경우는 원점으로 돌아간다.

3단계, 단 하나의 방법만 존재한다. 두 호랑이 B와 C가 함께 강의 남쪽으로 이동한다. 이동 후에는 강의 남쪽에서 B와 b가 북쪽으로 돌아가는 것과 C와 c가 북쪽으로 돌아가는 상황이 있다. 두 상황의 상태는 같다. 일단 B와 b가 남쪽에 남고 C와 c가 북쪽으로 돌아갔다고 가정한다. C와 c가 남쪽 지역에 남게 되는 것이라면 처음부터 C와 c를 남쪽 지역으로 바로 보내는 게 낫지 않았냐고 물을 수 있다. 여기서 C와 c를 바로 보내는 방법과는 미세한 차이가 있다. C와 c가 바로 남쪽으로 가면 배는 남쪽에 남게 된다. 지금까지 진행한 방법으로는 한 쌍의 호랑이가 이미 남쪽에 있지만 배는 북쪽 지역으로 있을 수 있다.

4단계, A와 a가 함께 남쪽 지역으로 이동하고 남쪽 지역에 있던 B와 b가 다시 북쪽 지역으로 이동한다. 이때 배는 다시 북쪽에 있게 된다. 이 상태는 3단계의 첫 번째 상태와 반대가 된다. 다음 단계는 이전 단계의 역순이다.

5단계, B와 C가 남쪽 지역으로 함께 이동하면 a가 다시 배를 타고 북쪽 지역으로 이동한다. 지금까지는 단계별로 명확하게 표현했다. 다음 단계부터는 말하지 않아도 알 수 있을 것이다.

6단계와 7단계, a는 두 번에 걸쳐 b, c와 함께 남쪽 지역으로 이동한다.

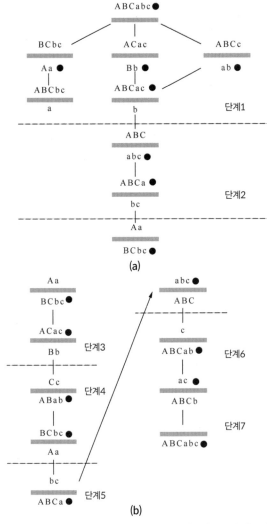

그림 9.12 세 쌍의 호랑이 횡단 문제에 대한 가능한 상태 다이어그램

프로세스 전반에 걸쳐 각 단계는 한 상태에서 다른 상태의 합리적인 이동이다. '합리적인'의 의미는 두 가지다. 하나는 규칙에 의해야 한다는 것이다. 다른 하나는 상태가 뒤로는 이동하지 않는 것이다. 2단계에서 두 번째 상태(A, B, C, a 및 보트가 북쪽에 있고 b와 c가 남쪽에 있다)에서 시작할 때 a를 배에 태워 남쪽으로 보낼 수 있다. 이렇게 되면 2단계의 첫 번째 상태(북쪽 해안의 A, B, C, 남쪽 해안의 b, c, 보트)로 돌아가는 것과 같아진다. 비합리적인 방식이다.

[그림 9.12]에서 볼 수 있듯이 1단계에서 더 많은 분기가 있다는 점을 제외하면 기본적으로 다음 단계에서 새로운 상태로 선택할 수 있는 방법은 단 하나뿐이다. 이 상태를 명확하게 그리고 각 상태가 합리적으로 도달할 수 있는 상태를 선으로 연결하면 복잡하지 않은 순서도를 얻을 수 있다. 질문의 답은 [그림 9.12]에서 한눈에 볼 수 있듯이 시작점에서 끝점까지의 경로다. 만약 그래프가 너무 광대해 육안으로 찾기 어려운 경우라도 컴퓨터를 사용하면 쉽게 찾을 수 있다. 컴퓨터를 잘 사용하기 위한 전제는 상태의 추상화 과정과 그래프 이론 같은 다양한 고전적 인지 도구를 숙달하는 것이다.

[예제 9.3]은 표준적인 면접 질문은 아니다. 그러나 어떤 면접관들은 면접에서 이를 질문했고 지원자가 두 개 그룹으로 나뉜다는 것을 발견했다. 한 그룹은 거의 한 시간 동안 생각했지만 갈피를 잡지 못했다. 한 그룹은 (대부분 그래프 이론을 공부한 적이 있는 사람들) 화이트보드에 상태를 그려가며 아주 쉽게 해결했다. 좋은 면접 질문은 모든 수준의 지원자가 대답할 수 있는 것과 대답할 수 없는 것으로 나누는 것이 아니라 다양한 대답을 할 수 있도록 하는 문제여야 한다.

이 문제는 고전적인 컴퓨터 문제이지만 사람들에게 컴퓨터 하드웨어나 프로그램의 다양한 상태 간 인과관계를 이해시키는 데 매우 계몽적이다. 시작점에서 끝점까지 경로를 찾는 문제에서 움직임의 각 단계는 실제로 인과관계를 반영한다. 이동 전 상태는 이동 후 상태의 원인이고 이전 상태의 결과다. 그래프의 모든 상태와 시작 상태 사이에는 인과관계의 사슬이 있다. 김퓨터 알고리즘이나 응용 프로그램에서 접하는 문제를 임의의 상태로 도출해내고, 상태가 어디에서 왔는지, 상태의 원인은 무엇인지, 때로는 그 상태의 원인의 원인까지 찾아야 한다. 컴퓨터 실무자가 이런 작업을 할 수 있는지 여부로 컴퓨터 공학과 컴퓨터 공학에 대한 기본적인 소양을 갖췄는지 알 수 있다. 또한, 감에 의존해 문제를 푸는 것이 아닌 체계적으로 접근해 자신의 업무 능력 수준을 향상시킬 수 있는지 여부를 확인할 수 있다. 지속적으로, 체계적으로 레벨을 올려야만 한계에 부딪히지 않고 한 단계씩 올라갈 수 있다.

예를 들어, 소프트웨어 개발자가 됐든 하드웨어 개발자가 됐든 매일 문제를 테스트하고 디버깅해야 한다. 테스트와 디버깅은 프로그램을 작성하는 것보다 두세 배 시간이 걸린다. 테스트 및 디버깅을 제대로 하지 않으면 프로젝트의 품질은 떨어지는 것은 물론 제품 품질과 신뢰성이 떨어진다. 테스트 작업에서는 먼저 정상 상태와 비정상 상태를 파악해야 한다. 나눗셈에서 0으로 나누는 것은 비정상 상태다. 목록 범위를 벗어난 데이터에 액세스하려는 시도도 비정상 상태다. 대부분 응용 프로그램에서는 비정상 상태를 찾는 것이 쉽지 않다. 감에 의존하면 안 된다. 비정상 상태를 찾는 많은 체계적인 방법을 숙달해야 한다.

이 면접 문제에서는 상태가 정상인지 비정상인지 판단하는 간단한 코드를 작성하는 작은 확장 문제가 있었다. 직접 코드를 작성해보자. 작성해본다면 한두 가시 판단으로 명확하게 작성할 수 있는 것이 아니라는 것을 알게 될 것이다. 물론 호랑이 강 건너기 문제의 경우 모든 경우의 수가 64개에 불과하며 비정상적인 상태는 그래프를 보고 쉽게 판단할 수 있다. 더 복잡한 문제라면 명료하게 그리고 생각하는 것이 쉽지 않다. 64개 상태는 여러분 스스로 생각해보자.

사람들은 테스트 및 디버깅을 할 때 비정상적이고 경계해야 할 상황을 생각하지 않는 실수를 흔히 저지른다. [그림 9.13]의 두 상태는 모두 잘못된 상태다. [그림 9.13(a)]는 남쪽의 큰 호랑이 A가 작은 호랑이 c를 잡아먹기 때문에 대부분 상태를 판단하기 쉽다. 그러나 [그림 9.13(b)]는 큰 호랑이가 작은 호랑이를 잡아먹는 상황이 없기 때문에 많은 사람이 생각하지 못한 상태다. 어떤 사람들은 프로그램을 작성할 때 이와 같이 상태의 적합성을 판단하지 않는다. 비정상인 이유를 이해하려면 다양한 상태 간 인과관계를 파악하고 이 상태가 어디에서 왔는지 알아야 한다. 사실 이 상태에 이르는 정상적인 상태는 없다. 즉 출발점에서 이 상태까지 인과관계는 존재하지 않는다.

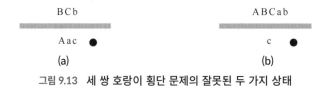

그림 9.13 세 쌍 호랑이 횡단 문제의 잘못된 두 가지 상태

인과관계 사슬을 찾는 것은 디버깅 작업에서 가장 중요한 기술이다. 디버깅은 실제로 발생하는 이상 현상에 따라 원인을 추론하는 것으로 인과관계 사슬을 따라 역추론하는 과정이다. 역추론의 종점, 즉 예외의 원인은 버그다. 구글에서 가장 자주 사용하는 면접 질문 중 하나가 지원자 경력에서 가장 어려웠던 버그, 발생 원인 및 해결 방법에 대한 질문이다. 소프트웨어 개발자가 실제 작업에서 디버깅에 사용하는 도구와 관계없이 일반적으로 기계나 프로그램의 실행 상태를 추적하는 것이 필요하다. 비정상적인 상태가 발생하면 인과관계를 통해 이 상태에 들어가는 원인을 판단해

야 한다. 어떤 사람이 세 쌍의 호랑이가 강을 건너는 문제를 해결하는 프로그램을 작성했고 [그림 9.13(a)]에 표시된 잘못된 상태 때문에 프로그램이 붕괴됐다면 어떻게 인과관계를 통해 상태 원인을 찾을 수 있을까?

소프트웨어 프로그램을 아무리 잘 짜더라도 몇 가지 특정 원인 때문에 프로그램이 갑자기 비정상 상태에 들어가 계산 오류나 프로그램 충돌이 발생할 수 있다. 이는 고려하지 못한 상황이다. 소프트웨어뿐만 아니라 하드웨어 설계도 마찬가지다. 이전 절에서 승산기를 사용해 나눗셈을 구현하는 프로세서 설계 아이디어에서 룩업 테이블 조회 작업이 나눗셈 연산의 구현과 관련됐다고 설명했다. 1994년 인텔의 펜티엄 프로세서 설계에 버그가 있었다. 특정 데이터를 나눌 때 해당 룩업 테이블 조회 결과가 틀리는 현상이 발생했다. 인텔은 버그 때문에 5억 달러의 피해를 봤고 브랜드 이미지가 손상됐다. 매우 철저하게 설계하고 테스트된 프로세서라도 필연적으로 비정상적인 상황을 피하지 못한다. **버그를 최대한 방지하고 발견했을 때 신속하게 원인을 찾는 것은 일류 컴퓨터 개발자가 갖추어야 할 자질이다.**

상태와 이들 사이의 인과관계 사슬을 볼 수 있는 또 다른 응용 프로그램은 운영체제의 '타임 머신 time machine'으로서 애플 운영체제의 백업 기능을 예로 들 수 있는데, 솔라리스Solaris나 윈도우 같은 다른 운영체제에도 해당 개념과 기능이 있다. 애플의 운영체제에서 타임 머신은 파일을 증분하며 백업한다. 운영체제는 파일 시스템의 최초(타임 머신이 최초 구동됐을 때) 상태를 기록하고 당시 모든 파일 디렉터리의 물리적 백업을 진행한다. 그 후 한 시간마다 타임 머신은 새로운 상태를 생성한다. 새로운 상태에서는 대부분 파일을 실제로 변경하는 것이 아니라 일부만 변경한다. 타임 머신은 증분된 정보의 일부를 기록한다. 이렇게 현재 상태와 비교하면서 타임 머신이 현재 상태와 이전 상태의 차이를 기록하면 이전 상태를 역추출할 수 있다. 타임 머신이 일정 시간 작동된 후 실수로 삭제된 파일이 있거나 수정을 잘못 해서 다시 원 상태를 복구해야 한다면 현재 상태에서 출처를 추적해 필요한 시점의 파일을 찾을 수 있다.

소프트웨어 공학에서 해당 개념은 소프트웨어 코드 형상 관리에 사용된다. 수정된 코드의 일부를 새로운 버전과 오래된 버전 간 차이점을 업데이트하고 업로드한다. 이후 각 버전은 하나의 상태를 형성한다. 모든 업데이트 목록은 영구적으로 저장한다. 그래야 수정할 때 오류가 발견되면 업데이트 목록에 따라 올바른 코드 위치를 찾을 수 있다. 윈도우, 오피스, 구글 검색 같은 소프트웨어는 전 세계에 있는 수천 명의 개발자가 공동으로 개발한다. 소프트웨어 버전 관리 수준은 소프트웨어 품질을 결정한다.

> **요점** 컴퓨터 소프트웨어와 하드웨어에는 상태 간 인과관계가 있다. 한 상태는 몇 가지 중간 과정을 통해 다른 상태로 변경되고 인과관계가 성립한다. 테스트는 비정상 상태를 찾는 것이다. 디버깅은 비정상 상태를 일으킨 인과관계를 찾는 것이다.

심화 사고 문제 9.3 ★★★★☆~★★★★★

모양과 크기가 같은 공이 열두 개 있다. 이 중 열한 개는 질량이 같고 한 개는 질량이 다르다. 질량이 다른 공이 열한 개 공보다 가벼운지 무거운지는 모른다. 세 번의 무게 비교로 질량이 다른 공을 찾고 그 공이 다른 공보다 가벼운지 무거운지 찾는 방법은 무엇일까? (힌트: 네 개의 공이 남았을 때 두 번만 무게를 비교해 해결하는 문제를 먼저 해결한 후 가능한 상태를 그린다.)

9.4 마무리

컴퓨터가 자동으로 할 수 있는 것 계산밖에 없다. 어떻게 계산하고 무엇을 계산하며, 구체적인 문제를 어떻게 계산 문제로 만들 것인가는 개발자가 해결해야 할 문제다. 소프트웨어 작업을 하든 하드웨어 작업을 하든 컴퓨터를 제어해야 한다. 실무자가 컴퓨터를 제대로 통제하고 문제가 생기지 않으려면 명확한 논리와 체계적인 접근이 필요하다. 문제의 다양한 상황을 상태로 추상화하고 무관해 보이는 많은 상황을 몇 가지 상태로 통합하며 상태 간 논리적 인과관계를 명확히 하는 것이 IT 업계 종사자가 갖춰야 할 능력이다. 문제가 발생했을 때, 특히 작동 오류가 발견될 때 작동 상태를 추적할 수 있고 인과관계를 통해 문제를 빠르게 찾을 수 있어야 베테랑 개발자다.

10

결정론적 알고리즘과 확률: 확률론적 알고리즘과 응용

컴퓨터는 원래 결정론적 문제[1]를 해결하도록 설계된 것이다. 19세기에 찰스 배비지는 차분 계산이 기계적 운동으로 전환될 수 있는 매우 결정론적인 작업이라는 것을 발견했다. 1930년대 독일의 컴퓨터 선구자인 콘라트 추제는 명확한 공식을 가진 모든 수학 문제는 기계로 풀 수 있다는 것을 깨달았고, 이후 세계 최초로 프로그래밍 가능한 디지털컴퓨터를 만들고 튜링 기계와 동등한 최초의 컴퓨터를 제작했다. 이 모든 것은 컴퓨터가 풀 수 있는 문제는 결정론적 문제이며 문제를 해결하는 방식도 결정론적이라는 것을 보여준다.

20세기에 들어서면서 인류는 확정성과 무작위성을 새롭게 인식하기 시작했다. 1930년 제6차 솔베이 회의conseils Solvay에서 닐스 보어Niels Bohr와 아인슈타인은 양자의 무작위성 문제에 대한 세기의 논쟁에 참여했다. 당시에는 닐스 보어가 누구도 설득할 수 없었지만 오늘날에는 닐스 보어의 주장이 더 그럴 듯하다는 것과 함께 무작위성이라는 것이 우리 세계에 내새됐다는 것을 안다.

컴퓨터 과학에서 많은 결정론적 문제는 해결할 때 무작위성을 사용해야 한다. 무작위성을 이해하면 컴퓨터 능력은 배가 된다. 또한, 빅데이터 시대인 오늘날 빅데이터를 사용한다는 것은 대량의 무작위 데이터에서 규칙성을 찾는 것이다.

1 　[옮긴이] 특정한 입력이 들어오면 언제나 똑같은 과정을 거쳐서 언제나 똑같은 결과를 내놓는 답안을 가진 문제를 말한다. 참고: https://ko.wikipedia.org/wiki/결정론적_알고리즘

10.1 데이터 지문: 무작위성으로 확정한다

컴퓨터에는 다양한 개체가 있다. 사진, 동영상, 단어, 데이터 등이 해당한다. 컴퓨터가 저장할 수 있는 필요한 최소 저장 공간, 즉 최소 바이너리 코드 길이는 정보 엔트로피 값과 동등하다. 이 정보들을 정보 엔트로피 값까지 압축하면 더 이상 압축할 수 없다. 두 개의 객체만 구별하고자 한다면 긴 코드는 필요하지 않다. 은행에서 두 예금주가 같은 사람인지 아닌지 확인하는 절차와 같다. 은행 직원이 주민등록증을 확인하고 주민등록번호가 맞지 않다면 동일인일 수가 없으므로 다른 정보는 더 이상 확인하지 않아도 되는 것과 같다. 이 절차는 컴퓨터도 마찬가지다. 주민등록번호처럼 모든 개체에 번호를 매기면 된다.

인위적 식별 번호 부여에는 두 가지 문제가 있다. 첫째, 검색 목표로 하는 대상의 식별 번호를 찾는 것이 쉽지는 않다. 지금까지 다양한 검색 방법을 설명했는데 이런 검색이 필요한 이유가 일정 번호를 바로 찾아내는 것이 쉽지 않기 때문이다. 둘째, 번호가 중복될 수 있다. 단어를 1에서 100만까지 번호를 매기고 직원은 1에서 2만까지 번호를 매기며 이미지는 1에서 10만까지 번호를 매겼다. 그렇다면 5천 번은 어떤 개체를 의미할까? 이때는 사용 상황을 참고해야 한다. 반대로 특정 개체의 번호를 맞추려면 응용 프로그램마다 다른 대응 관계를 사용해야 한다. 이렇게 되면 복잡한 것은 물론 혼동하기 쉽다.

특정 개체(텍스트, 음성, 비디오, 사진 등 포함)를 숫자로 매핑하고 개체마다 다른 숫자를 갖도록 하는 방법을 찾을 수 있을까? 간단하고 실용적인 방법이 있다. 임의의 알고리즘으로 이진 정보와 난수를 매핑하고 다른 정보와 구별하는 지문finger print으로 만드는 것이다. 이 지문을 '데이터 지문data finger print' 또는 '파일 지문file finger print'이라고도 한다. 컴퓨터에서 모든 개체는 이진 데이터로 저장된다. 텍스트, 음성, 비디오 또는 데이터베이스 기록이든 컴퓨터에서는 이진 코드 정보다. 해당 알고리즘이 잘 설계됐다면 두 정보의 지문은 사람의 지문처럼 중복되기 어렵다. 객체 정보의 식별자가 될 수 있다.

데이터 지문을 생성하는 일반적인 알고리즘은 의사 난수pseudo-random number, PRN[2] 생성 알고리즘이다. 의사 난수이기 때문에 두 개의 서로 다른 정보가 동일한 데이터 지문을 생성할 수 있다('충돌'이라고 한다). 매우 적은 경우지만 이론상으로는 가능성이 있다.

다음 예제를 보며 두 개의 서로 다른 정보가 동일한 데이터 지문을 생성할 가능성을 추정해보자.

---

2 (옮긴이) 출처: http://terms.tta.or.kr/dictionary/dictionaryView.do?subject=의사+난수

128비트 데이터 지문이 생성될 때 다음 생성 데이터 지문의 중복 확률이 50% 이상 되는 데이터 지문의 생성 누적 수는 몇 개일까?

128비트 이진법은 지구상의 모든 유기체에 포함된 세포 수보다 많은 $3.4×10^{38}$개의 다른 숫자를 나타낼 수 있다. 이 중에서 두 개의 숫자를 무작위로 선택한다면 중복될 가능성은 매우 적다. 물론 숫자 3, 4, 5개씩 무작위로 선택하면 중복 가능성은 높아지지만 여전히 낮은 편이다. 생성된 숫자의 총 개수가 계속 증가하고 그 수가 매우 큰 수에 이르러도 '우연히' 중복된 난수 발생 확률을 추측할 수 있다. 고민해야 할 것은 수량이 어느 정도까지 증가해야 중복된 난수가 발생하는지다. 이때는 다른 정보가 데이터 지문 알고리즘을 활용할 수 없는 동일한 데이터 지문을 생성하게 된다.

대부분 지원자는 긍정적인 생각을 하며 문제를 풀기 시작한다. 첫 번째 데이터 지문이 fp_1이고 두 번째 데이터 지문이 fp_2라고 가정한다. 각 데이터 지문은 $N=3.4×10^{38}$의 경우의 수를 가질 수 있으며 fp_1와 fp_2를 비교하는 표본 공간의 크기는 N^2이 된다. $fp_1=fp_2$ 사건이 일어날 확률은 $1/N$, 즉 $3.4×10^{38}$분의 1이다. 세 번째 데이터 지문 fp_3이 생성됐을 때 지문이 중복되는 경우는 $fp_1=fp_2$, $fp_1=fp_3$, $fp_2=fp_3$ 세 가지다. 매 상황의 경우의 수는 N^2개다. 세 데이터 지문이 동일한 경우는 제외한다. 즉 세 개의 지문이 모두 같은 $fp_1=fp_2=fp_3$의 경우의 수는 N개다. 중복되는 부분을 빼야 한다. 지문이 중복되는 경우의 개수는 $3N^2-N$이다. 중복 확률은 $(3N^2-N)/N^3$이 된다. 조금 복잡한 방법이다. 데이터 지문이 세 개뿐이지만 벌써 설명이 헷갈릴 정도다. 데이터 지문이 많아질수록 중복 확률을 계산하는 것도 매우 어렵다. 이 문제를 반대로 생각할 필요가 있다.

어떤 상황에서 중복 데이터 지문이 발생하지 않는지 생각해보자. 반복되지 않도록 k개 숫자를 무작위로 선택한다고 가정한다. 첫 번째 데이터 지문은 임의로 선택할 수 있으며 N개의 선택이 있다. 두 번째는 첫 번째와 같을 수 없다. $N-1$개의 선택만이 있다. 세 번째는 $N-2$가 된다. k번째 지문은 $N-k$개의 신택을 가셔야 k개의 숫자가 반복되지 않는다. k개 지문이 반복되지 않을 확률은 다음과 같다.

$$P_k = \frac{N(N-1)(N-2)\cdots(N-k+1)}{N^k} = \frac{(N-1)(N-2)\cdots(N-k+1)}{N^{k-1}} \tag{10.1}$$

당연히 이 값은 k가 증가함에 따라 감소한다. k가 어느 정도 커지면 0.5 미만이 된다.

이제 k가 얼마나 커져야 할지 추정해보자. 정확히 임계점인 0.5, 즉 $p_k \leq 0.5$를 충족하는 가장 작은 k를 찾으면 된다. 스털링 공식에 따르면 N이 매우 클 때는 다음과 같다.

$$P_k = \frac{(N-1)(N-2)\cdots(N-k+1)}{N^{k-1}} \sim e^{\left(-\frac{1}{N}\right)} e^{\left(-\frac{2}{N}\right)} \cdots e^{\left(-\frac{k-1}{N}\right)} = \exp\left(-\frac{k(k-1)}{2N}\right) \tag{10.2}$$

$p_k \leq 0.5$에 따라 추론할 수 있다.

$$k^2 - k + 2N \ln 0.5 \geq 0 \tag{10.3}$$

$k>0$이므로 [수식 10.3]에는 고유한 해가 있다. $k \geq \dfrac{1+\sqrt{1+8\,N\ln 2}}{2}$

N이 커지면 k도 큰 수가 된다. MD5~message-digest algorithm 5~ 프로토콜로 지문을 만든다면(결함이 있지만) 128비트를 가지므로 $k>2^{64}\approx1.8\times10^{19}$이다. 즉 1800경 번마다 한 번 중복될 수 있다.

초기 구글 면접 질문이다. 대부분 지원자는 1.8×10^{19}이라는 답을 할 수 없었다. 스털링 공식을 아는 사람이 거의 없었다. 심지어 절반 이상이 [수식 10.1]을 이야기하는 대신 $k=N/2$라고 생각했다. N개 데이터 지문 중 반이 채워졌을 때 다른 지문과 충돌할 확률이 50% 이상이기 때문이다. 이는 $N/2$개 지문 생성 중 충돌이 발생할 수 있다는 것을 무시한 답이다. [수식 10.1]을 써서 제출한 대부분은 확률 이론에서 유명한 생일 문제를 풀어본 적이 있었는데, 한 반에 같은 생일을 가진 사람이 있을 확률을 묻는 문제다. 두 문제를 같은 문제라고 할 수 있다.

데이터 지문은 다양한 용도로 사용된다. 웹 크롤러를 만들려면 각 웹 페이지가 다운로드됐는지 알아야 한다. 한 개의 URL이 80바이트라면 10억 개의 URL을 저장하는 데는 80GB 공간이 필요하다. 심지어 저장 여부를 확인하려면 URL을 이미 저장된 URL과 비교해야 하는데 많은 시간이 걸린다. URL을 대체하고자 64비트 데이터 지문을 사용하면 저장 공간의 90%를 절약할 수 있을 뿐만 아니라 URL 간 비교 속도를 크게 높일 수 있다. 두 파일이 같은지 비교하고 싶은 경우에는 비교를 위한 데이터 지문을 생성하면 된다. 직접 파일을 비교하는 것보다 많은 시간을 절약할 수 있다.

데이터 지문은 진위를 임의성으로 검증한다는 것, 즉 A는 A이고 B는 A가 아니라는 것을 판단한다는 점에 의의가 있다. 물론 A를 직접 검증하고 판별할 수도 있지만 데이터 양이 많다면 판별에 소모되는 비용은 높다. 데이터 지문으로 문제를 해결하는 것이 훨씬 간단하고 효과적이다. 데이터 지문으로 진위를 확인할 수 있는 이유는 임의성이 다른 대상이 동일한 지문에 매핑되는 것을 방지하기 때문이다.

또한, 데이터 지문은 무작위성으로 해당 데이터 여부를 확인할 수 있을 뿐만 아니라 무작위로 생성된 데이터에서 원본 데이터로 역추출하는 것이 거의 불가능해 보안 효과도 있다.

오늘날 모든 보안 계정 관리 시스템은 이 원칙을 활용한다. 계정 보안을 위해 비밀번호를 설정해야 한다. 비밀번호는 어떻게 저장될까? 많은 회사의 계정 관리 시스템은 암호를 그대로 저장한다. 특정 사람이 설정한 비밀번호가 xD3&cTt57이라면 로그인 시스템에 그대로 저장된다. 임의적이고 안전한 비밀번호처럼 보이지만 로그인 시스템의 데이터베이스가 유출되거나 관리자가 비밀번호를 도용한다면 보안에 문제가 생긴다. 비밀번호를 확인할 때 비밀번호 자체를 확인이 아닌 데이터 지문만 확인하는 방법을 쓴다. 서로 다른 비밀번호는 데이터 지문 역시 다르다. 비밀번호의 데이터 지문과 일치하지 않는 한 비밀번호는 틀린 것이 된다. 이 원칙에 따라 사용자가 계정 비밀번호를 설정할 때 로그인을 관리하는 서버에는 비밀번호 자체를 저장하지 않고 비밀번호의 데이터 지문만 저장한다. 구글, 마이크로소프트 등은 이 방법을 사용하며 암호를 원래 형식으로 유지하지 않아 치명적인 결과를 방지한다.

반대로 정보 보안을 심각하게 생각하지 않는 회사는 사용자 비밀번호를 원래 형식으로 유지하는 경우가 많다. 그렇다면 회사가 사용자 보안과 관련해 잘하는지 어떻게 판단할 수 있을까? 만약 비밀번호를 재설정할 때 회사에서 직접 사용자의 비밀번호를 메일로 보낸다면 비밀번호의 원래 텍스트를 저장했었다는 뜻이다. 회사의 정보 보안에 문제가 생길 수도 있다. 비밀번호 재설정 링크를 제공하는 경우가 정보 보안을 더 잘 수행하는 회사다. 정보 보안은 주로 무작위성과 관련 있다. 일반적으로 사용하는 공개 암호의 암호화 방식은 무작위성을 이용해 암호를 도용하려는 사람들이 암호에서 원래 일반 코드를 유추할 수 없도록 한다. 양자 통신 역시 보안을 보장하기 위해 무작위성에 의존한다.

> **요점** 두 정보가 동일한지 여부는 전체 정보를 비교하지 않아도 된다. 데이터 지문만 비교하면 된다. 서로 다른 두 데이터의 지문이 충돌하는 것을 방지하려면 데이터 지문을 생성할 때 결과가 무작위성을 지키는지 확인해야 한다.

심화 사고 문제 10.1

Q1. ★★★★☆ 쿠폰 모으기 문제(FB)

1회 방문할 때 12간지 중 하나가 그려진 쿠폰을 한 장씩 주는 식당이 있다. 고객이 12간지 동물을 모두 모으면 무료 주문을 할 수 있다. 이 식당의 단골 고객인 철수가 12간지 쿠폰을 모두 모으려면 몇 번 가야 할까? (힌트: 수학적 기댓값. 12간지 쿠폰을 C_1, C_2, C_3 … C_{12}라고 가정한다. $k-1$장 쿠폰 C_{k-1}까지 받은 후 아직 받지 못한 C_k 쿠폰을 받을 방문 횟수(수학적 기댓값)는 이전 $k-1$장 쿠폰을 얻는 데 걸린 방문 횟수와 관련이 없다. 따라서 열두 장 쿠폰을 모두 모으는 방문 횟수의 수학적 기대치는 각 쿠폰의 수학적 기댓값의 합과 같다. $k-1$장 쿠폰을 받은 후 다음의 k번째 쿠폰을 얻을 확률은 $p_k=[12-(k-1)]/12=(13-k)/12$이고 수학적 기댓값은 $12/(13-k)$이다. 12장 쿠폰을 모두 얻는 데 걸리는 횟수의 수학적 기댓값은 총 $12(1+1/2+1/3+1/4+…+1/12)≈37.2$다. 평균 38번 방문이 필요하다.)

Q2. ★★★☆☆ 쿠폰 모으기 확장 문제

쿠폰받는 순서를 쥐, 소, 호랑이, 토끼, 용, 뱀, 말, 양, 원숭이, 닭, 개, 돼지처럼 간지의 순이라고 규정한다. 첫 번째의 쥐 쿠폰을 받은 후 소 쿠폰을 받아야 유효한 쿠폰이 된다. 만약 순서에 맞지 않는 쿠폰을 받았다면 반환해야 한다. 12장 쿠폰을 모두 모으려면 몇 번의 방문(수학적 기댓값)이 필요할까?

Q3. ★★★★☆ 빗방울 문제

가로세로 1미터 길이의 노면에 빗방울이 떨어지고 떨어지는 빗방울 넓이(직경)는 0.01m다. 빗방울이 내리는 지점이 평균 분포를 가지며 빗방울이 같은 곳으로 떨어져도 옆으로는 흐르지 않는다고 가정하면 노면을 완전히 젖게할 수 있는 빗방울 수의 수학적 기대치를 구하라. (힌트: 1미터 길이의 도로를 길이가 0.01미터인 100개의 격자 칸으로 나눠 생각하면 각 빗방울은 한 번에 하나의 칸에 떨어지게 된다.)

10.2 무작위성과 양자 통신

양자 통신은 양자 얽힘의 원리를 사용하는 것이 아니라 광자의 편광 특성으로 일회용 키를 전송하고 일회용 키로 정보를 암호화하는 것이다. 일회용 키를 사용하는 이유는 무엇일까? 클로드 섀넌은 1회의 암호화만 완전히 깨지지 않는 암호화라는 것을 오랫동안 증명해왔기 때문이다. 일회성 키의 안전한 전송을 보장하기 위한 기초가 무작위성이다.

중학교 물리학 시간에 빛은 편광의 특성을 가지며 빛의 편광 방향에 따라 정보가 전달될 수 있다는 것을 배웠다. 빛의 편광 방향을 수평으로 조정하면 0을 나타내고 수직으로 조정하면 1을 나타낸다. 양자 통신선의 수신단에는 수직으로 진동하는 광자가 편광판의 회절격자diffraction grating[3]를 통과할 수 있도록 수직으로 편광판을 놓을 수 있다. 신호가 수신되면 발신자가 보낸 정보는 1로 간주한다. 발신자가 보낸 광자가 수평으로 진동하면 격자가 차단하고 신호를 수신할 수 없으면 전송이 0이라고 생각한다. 신호가 수신되지 않을 때 상대방이 송신하지 않았는지 또는 0을 보냈는지 확인하는 것이 쉽지 않아 신뢰성이 없는 방법이다. 더 좋은 방법은 수신단에서 십자형 회절격자를 사용해 수직 및 수평 방향을 가지는 것이다. 이때 수직과 수평 신호를 통과시킬 수 있으며 이를 감지해 1과 0을 정확하게 수신할 수 있다.

광자의 편광 방향은 다양한 각도를 가질 수 있으며 반드시 격자가 수평이나 수직일 필요는 없다. 편광 방향이 수평면에서 45° 같은 각도로 수신된 경우 수평 격자를 통과하면 어떤 일이 일어날까? 통과할 수도 차단될 수도 있으므로 감지된 결과는 1 또는 0일 수 있다. 두 경우 모두의 확률은

---

3   옮긴이 참고: https://ko.wikipedia.org/wiki/회절격자

50%다. 송신기가 편광 방향이 135°인 광자를 방출하면 수신단의 수평 또는 수직 격자를 통과한다. 1 또는 0으로 수신될 수 있다. 즉 발신자가 45°와 135°인 편광 방향 정보를 보내고 수신자에서 수직과 수평 격자로 수신한다면 수신 정보는 완전히 무작위가 된다.

무작위성으로 암호화 키를 분배할 수 있다. 구체적인 방법은 다음과 같다.

첫째, 발신자와 수신자는 두 가지 정보 인코딩 방식에 동의한다. 한 세트에서는 수직 편광을 사용해 1과 0을 나타내고, 다른 세트는 45°와 135°를 사용해 각각 1과 0을 나타낸다. 이를 '기저basis'라고 한다. 정보 소스에서 보낸 정보를 채널 전송에 적합한 등가 정보로 변환하는 것을 '변조modulation'라고 한다. 채널에서 신호를 수신한 후 정보 소스에서 보낸 정보를 복구하는 프로세스를 '복조demodulation'라고 한다. 성공적인 복조를 위해 수신기가 송신기 기저를 설정하고 정보를 인코딩하는 방법을 완전히 알고 있어야 한다.

그다음 발신자가 사용하는 인코딩 방법은 완전히 무작위적이며 세트가 교체되더라도 수신자에게 알리지 않는다. 수신기는 자체적으로 추측에 따라 편광판(격자) 방향을 조정한다. [표 10.1]처럼 발신자가 보내는 정보와 변조 방식을 가정해 구체적인 예를 살펴보자.

표 10.1 발신자가 보낸 정보, 변조 방식과 편광 방향

데이터 번호	1	2	3	4	5	6	7	8	9	10
데이터	0	1	0	0	1	1	0	1	1	0
변조 방식	+	×	×	×	+	+	×	+	+	×
편광 방향	→	↗	↖	↖	↑	↑	↖	. ↑	↑	↖

[표 10.1]에서 + 및 ×를 사용해 각각 격자의 수직 및 수평 세트와 45° 및 135° 세트 변조를 나타낸다. 정보를 광자 신호 전송으로 변환할 때 두 가지 변조 방식을 무작위로 사용한다. 수신지는 발신자가 무엇을 보냈는지 모른다. 무작위로 추측만 할 수 있으며 수신자가 추측한 결과는 [표 10.2]와 같다고 가정한다.

표 10.2 수신기가 선택한 복조 방식과 송신기가 보낸 정보의 일치성

데이터 번호	1	2	3	4	5	6	7	8	9	10
복조 방식	+	+	×	+	+	×	×	×	+	×
송신자와 일치 여부	일치	불일치	일치	불일치	일치	불일치	일치	불일치	일치	일치

해당 예에서는 여섯 개 일치와 네 개 불일치가 생긴다. 여섯 번 일치한 정보는 수신자가 제대로 수

신한 것이다. 네 번 일치하지 않은 정보는 제대로 수신되지 않은 것이다. 수신된 정보가 [표 10.3]과 같다고 가정하자.

표 10.3 수신기 정보

데이터 번호	1	2	3	4	5	6	7	8	9	10
복조 방식	+	+	×	+	+	×	×	×	+	×
편광 방향	→	↑	↖	↑	↑	↖	↖	↗	↑	↖
복조된 데이터	0	**1**	0	【1】	1	【0】	0	**1**	1	0

그중 네 번째와 여섯 번째 메시지(【 】 안)는 잘못 수신됐다. 두 번째와 여덟 번째(굵은 숫자) 메시지는 복조에서 잘못됐지만 메시지는 맞다. 일반적으로 복조 방식이 변조 방식과 일치하는 경우 복호화 후 얻은 정보는 전송된 정보와 100% 일치한다. 모두 일치하는 경우는 전송되는 전체 정보의 약 50%를 차지한다. 복조 방식이 변조 방식과 일치하지 않았더라도 복조 후 일치하지 않은 정보 중 약 50%는 우연히 맞추게 된다. 즉 수신단이 편광판 복조의 방향을 어떻게 설정하든 전송된 정보와 최종적으로 획득되는 정보가 일치하는 확률은 약 $50 \times 100 + 50 \times 50 = 75(\%)$이고 오류율은 25%다.

전송 도중 도청자가 정보를 가로채면 어떻게 될까? 가로채더라도 수신단의 편광 방향을 알 수 있는 방법은 없다. 비트의 0 또는 1 여부는 완전히 무작위적이다 (노이즈로 간주될 수 있다). 결국 수신단과 마찬가지로 전송된 정보의 75%만 얻을 수 있다. 이때 원래 수신자에게 다시 이 정보를 전달하면 수신자가 얻은 정보가 발신자 정보와 일치하는 비율은 $75 \times 75 \approx 56(\%)$에 불과하다. 수신자가 확인을 위해 얻은 정보를 발신자에게 되돌려 보내면 발신자는 56%의 일치성만 있다는 사실을 발견하고 전송된 정보를 누군가 엿들었다는 것을 깨닫고 통신을 종료한 후 다른 채널로 통신할 수 있다. 이때 만에 하나 도청자가 매우 운이 좋아 도청자가 얻은 정보와 보낸 사람의 일관성이 75%를 초과하고 다시 수신자에게 보낸 정보 또한 75%를 초과한다면 어떻게 되는지 궁금할 수 있다. 가능성을 완전히 배제할 수는 없지만 극히 적다. 예를 들어 전송된 메시지가 1000비트(암호화된 키치고는 긴 메시지가 아니다)를 가진 경우에는 도청자가 한 번 전달한 후 수신자 측에서 데이터의 75% 일관성을 가질 확률은 약 10^{-35}이다.[4] 서로 모르는 두 사람의 은행 비밀번호가 정확히 같을 확률보다 훨씬 적다.

전송 결과의 불확실성으로 정보 전송이 안전한지 여부를 알게 됐다. 이제 불확실성을 제거하고자 송수신 간 통신 키를 결정해야 한다. 매우 간단하다. 송신단은 자신이 설정한 편파 방향(즉 변조에 사용되는 기저)을 수신단에 전송하면 된다. 수신단은 자신이 올바르게 설정한 정보 비트(사실은 우연

---

4   이것은 전형적인 이항분포다. 호에프딩(Hoeffding) 부등식에 따라 경우의 확률은 10^{-35} 미만으로 계산된다.

히 맞춘 정보)와 잘못된 정보 비트를 확인해 발신자에게 명확한 코드로 자신이 설정한 정보 비트를 알린다. 앞선 예에서 1, 3, 5, 7, 9, 10번째 비트의 기준은 동일하게 선택된다. 통신의 양 당사자는 상호 일치된 정보 비트의 정보를 암호 키로 직접 사용할 수 있다. 이 정보 비트에서는 1, 3, 5, 7, 9, 10번째 비트의 정보가 암호 키가 된다. 불확실한 정보를 확정해가는 과정을 [표 10.4]에서 볼 수 있다.

표 10.4 통신의 양측은 각 베이스를 비교하고 키와 동일한 정보 비트를 결정한다

데이터 번호	1	2	3	4	5	6	7	8	9	10
변조에 사용된 베이스	+	×	×	+	+	+	×	+	+	×
복조에 사용된 베이스	+	+	×	+	+	×	×	×	+	×
쌍방 베이스 일치 여부	일치	불일치	일치	불일치	일치	불일치	일치	불일치	일치	일치
암호 키	0		0		1		0		1	0

이 통신은 암호화 없이 진행되므로 안전한지 물을 수 있다. 답은 안전하다. 도청자는 발신자와 수신자가 1, 3, 5, 7, 9, 10번째 비트를 암호 키로 선택했다는 것을 알아도 어떤 정보인지 모른다.

이 통신 프로토콜은 1984년 찰스 베넷Charles Bennett과 질 브라사르Gilles Brassard가 제안했고, 'BB84 프로토콜'이라고 한다. BB84 프로토콜을 기반으로 계속해서 개선됐고 다른 프로토콜도 제안됐다. 암호화와 통신 원리는 크게 바뀌지 않았다.

양자 통신을 위한 BB84 프로토콜은 결정론적 문제를 해결할 때 임의성을 사용하는 한 가지 예일 뿐이다. **30년 전으로 돌아가면 3등급 이상의 개발자가 되는 데 무작위성을 많이 알 필요가 없었다. 현재는 다르다. 복잡한 응용 프로그램 시나리오도 어느정도 무작위성과 관련이 있다. 무작위성 지식은 컴퓨터 과학 지식의 일부다. 무작위성을 이해하지 못하면 실무자가 개발할 수 있는 공간이 제한된다.**

> **요점** 양자 통신에서 암호화의 수학적 기초는 확률분포 자체의 안정성이다. 즉 확률에서 두 개의 무작위 사건은 많은 실행을 거치면 거의 같은 확률을 갖게 된다. 이 확률이 같지 않으면 과정에 문제가 있었다는 것을 의미한다.

심화 사고 문제 10.2

Q1. ★★★☆☆ 정상적인 동전(한 면이 더 무겁거나 한 면으로 기울어 있지 않은 등) 한 개를 스무 번 던진 후 앞면이 나올 확률은 75% 이상일까?

Q2. ★★★★☆ 동전의 비정상 여부를 모르고 스무 번 던졌을 때 앞면이 열다섯 번 나왔다면 동전이 정상적이지 않다고 말할 수 있을까?

10.3 신뢰수준: 비용과 효과의 균형

컴퓨터 알고리즘 발전은 두 단계로 나눌 수 있다. 첫 단계는 1980년대 이전인 알고리즘 발전의 초기 단계로, 복잡도가 가장 낮은 알고리즘을 찾지 못한 문제들이 있어 더 나은 알고리즘을 찾는 연구를 하는 사람이 많았다. 그 후 대부분의 대표적인 문제에 대해 이론적으로 가장 낮은 복잡성을 갖는 알고리즘이 발견됐다. 최근 학술지에서는 어떤 문제의 알고리즘을 $O(N^2)$ 복잡도에서 $O(N\log N)$으로 개선한 사람을 보는 것이 어렵다. 알고리즘의 복잡도 문제에서는 더 이상 블루오션을 찾을 수 없다. 사람들은 절대적으로 적용되는 것이 아닌 특정 조건에서 더 나은 알고리즘에 초점을 맞춘 알고리즘 연구에 집중하기 시작했다.

예를 들어 퀵 정렬 알고리즘이 있다. 이론상으로 퀵 정렬 알고리즘의 최악 시간 복잡도는 $O(N^2)$이지만 '대부분' $O(N\log N)$이다. $N\log N$ 앞의 상수 계수는 힙 정렬보다 작다. 많은 알고리즘을 개선할 때 '대부분'을 가정한다. 가능성이 높은 상황에서 더 잘 수행하고 예외적인 극한 현상에는 이를 무시하는 것을 기반으로 한다.

2016년, 구글 알파고가 바둑기사 이세돌을 꺾었다. 이전까지 바둑의 승리의 수는 기하등급적으로 늘어나는 수이고, 다양한 상황을 모두 찾는 것이 불가능해 저명한 컴퓨터 과학자들조차 컴퓨터가 인간을 이기는 것은 불가능하다고 여겼다. 구글 알파고에 적용된 검색 전략인 '몬테카를로 트리 탐색 Monte Carlo tree search, MCTS'[5] 또한 형세 판단에 대한 임의의 근사치가 없었다면 컴퓨터가 다음 수를 판단하는 계산이 너무 커졌을 것이다.

다른 게임 전략과 비교해보면 알파고의 알고리즘은 두 가지 면에서 개선됐다.

첫째, 수직 간소화다. 마르코프 가설, 즉 현재 바둑의 수가 전체 게임이 아닌 다음 수와 관련됐다고 가정했다. 특히 '마르코프 결정 과정 Markov decision process, MDP'을 사용해 훨씬 적은 수의 경우의 수를 검색했다.

둘째, 수평 간소화다. 특히 검색 중 가지치기 전략으로 게임 트리에서 있을 것 같지 않은 가지를 잘라내고 게임 트리의 너비를 줄였다.

두 가지를 개선하면서 얼마나 많은 시간을 절약할 수 있었을까? 검색 시간이 원본보다 수만 배 줄었다고 생각할 수 있다. 실제로는 원본 계산 시간의 100만 분의 1 이상으로 줄었다. 물론 간소화 없이 검색 시간을 실제로 테스트한 사람은 없었기에 추산만 가능하다.

5 　옮긴이 　참고: https://ko.wikipedia.org/wiki/몬테카를로_트리_탐색

그러나 위의 간소화와 가지치기 알고리즘으로 최적 전략 찾을 수 없을 가능성이 아주 작게나마 있으나, 특정 신뢰수준confidence level 조건에서 예를 들어 99.99%의 신뢰수준에서 해당 전략이 최전의 전략이라는 것이 검증된다면, 이는 충분히 감안할 만한 가능성이다.

최적화 전략을 더 잘 이해하려면 알파고 알고리즘보다는 좀 더 이해하기 쉬운 '비터비Viterbi 알고리즘'의 개선된 예를 살펴보자. 비터비 알고리즘은 정보의 디코딩 문제에서 주로 사용되는 특수한 동적 계획법 알고리즘이다. 많은 인공지능의 문제, 예를 들어 자연어 처리나 유전자 시퀀싱 등도 결국 정보의 디코딩 문제이기 때문에 비터비 알고리즘을 사용한다. [그림 10.1]처럼 그래프에서 최단 경로를 찾는 문제를 해결한다.

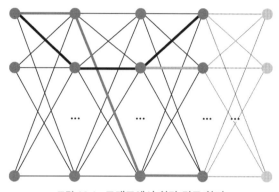

그림 10.1 그래프에서 최단 경로 찾기

[그림 10.1]의 그래프 왼쪽에서 오른쪽으로 1, 2, 3 … L열 또는 시점이 있다고 가정한다. 각 시점에는 K개 노드가 있다. K를 '그래프 깊이depth'라고도 한다. 그래프에는 K^L개의 다른 경로가 있다. 비터비 알고리즘은 이렇게 구성된 그래프를 위한 특별한 동적 프로그래밍 알고리즘이다. 왼쪽에서 오른쪽으로 각 시점까지의 최단 경로를 계산한다. 비터비 알고리즘의 복잡도는 $O(K^2L)$이다. $O(K^L)$ 같은 지수 복잡도보다 훨씬 낮은 복잡도. 실제로는 K가 매우 큰 숫자인 경우가 많다. 음성인식 및 기계번역에 3-그램 문법 모델을 사용하는 경우 그래프 깊이 K 수는 조건에 맞는 바이그램 수가 된다. 해당 수는 수만에서 수십만 사이이다. 4-그램 문법 모델을 사용하는 경우 이 수는 더 커진다. $O(K^2L)$의 복잡도를 계산하기에는 계산량이 너무 많다.

비터비 알고리즘을 좀 더 개선해야 하는데 이때 '프루닝pruning(가지치기) 알고리즘'을 사용한다.

계산이 완료되고 다시 시작되는 시작점에서 매 시점 t의 모든 K 노드에 대한 최단 경로를 정렬한다. 우선순위 큐인 Q에 가장 짧은 경로를 맨 앞에 놓고 가장 긴 경로를 맨 뒤에 놓는다. 그다음 프루닝 작업을 한다. 우선순위 큐 Q의 첫 번째 경로 길이가 x면 1보다 큰 상수 c를 정해 길이가 cx 보다 큰 모든 경로는 차단한다. 즉 t 시점의 노드에서 특정 임곗값 T보다 큰 노드는 제외하고 m 개 경로만 유지하도록 설정한다. 물론 기존 K보다 m은 훨씬 작은 숫자가 된다. 이렇게 복잡도를 $O(mKL)$로 줄인다. 최단 경로를 찾는 데 더 중점을 둔 방법이다. '빔 탐색beam search'[6]이라고도 한다. [그림 10.2]는 프루닝 알고리즘으로 탐색이 어떻게 작동하는지 보여준다.

초기에는 시점 전후의 상관 정보가 상대적으로 적어 불확실성이 크다. 더 많은 최단 경로 후보가 남는다. 시점을 진행할수록, 즉 그래프에 지나온 시점 수가 늘어나고 전후 관련 정보가 충분히 확보되면 과감하게 프루닝할 수 있다. 이때 최단 경로와 뒤 경로 사이의 거리 차이는 계속 증가한다. 거리 차이를 삭제해도 최종 결과에는 영향을 미치지 않는다. 일정 시점 이후에는 제한된 수의 m 개 후보 경로만 유지한다.

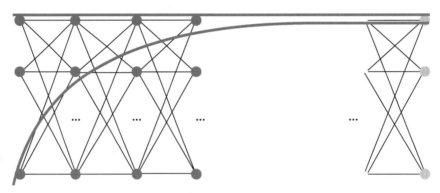

그림 10.2 빔 탐색을 사용한 비터비 알고리즘

빔 탐색에서 최종 최단 경로가 m개 후보 경로에 포함될 확률은 빔 너비 n과 관련 있다. 이 확률을 높이려면 n을 늘려야 한다. 99% 신뢰수준, 즉 최단 경로가 m개 후보 경로에 속할 확률은 $n=10$ 또는 20이면 충분하다. 99.99% 신뢰수준으로 설정하려면 n을 100으로 늘려야 한다. 수만 깊이의 그리드 맵에서 빔 n 너비를 몇십 개 범위로 제한해도 99.9% 이상의 신뢰수준을 보장할 수 있다. 0.1%의 신뢰도 손실은 어떻게 할까? 그 어떤 공학적 문제에서도 100% 정확한 상황은 없다. 프루닝을 하지 않더라도 발견된 최단 경로가 이론상 최선의 값이지만 경로의 매 노드 가중치가 거의 근사하므로 이론적 최적값이 실제 최적값이 아닐 수도 있다.

다음 예제를 살펴보며 일정 신뢰수준을 전제로 고전적 알고리즘을 최적화하는 방법을 알아보자.

---

6 [옮긴이] 제한된 집합에서 가장 유망한 노드를 확장해 그래프를 탐색하는 휴리스틱 알고리즘 중 하나다.

두 개의 다른 단어 X와 Y가 포함된 모든 웹 페이지를 찾는 방법은 무엇일까? 예를 들어 '의료' 및 '보험'이라는 단어가 포함된 모든 페이지를 찾고자 한다.

정보 검색 분야의 아주 고전적인 질문 중 하나다. 한때 구글 면접 질문이기도 했다. 필자가 구글에서 면접을 볼 때 검색을 담당하는 기술 책임자였던 벤 고메즈Ben Gomes가 한 질문이었다.

질문에 답하기 전 대부분 검색엔진에서 인덱스를 저장하는 데이터 구조를 먼저 설명한다. 인덱스에서 가장 중요한 것은 각 단어가 나타나는 웹 페이지(또는 다른 문서)와 텍스트의 특정 위치 표다. 예를 들어 '의료'라는 단어의 경우 [표 10.5]처럼 '단어-웹 페이지'라는 인덱스 목록을 만들 수 있다.

표 10.5 단어 '의료'의 인덱스

페이지 번호	1305	**45839**	60200	83451	120400	**145112**	...
페이지 내 단어 위치	11, 29	**33, 70**	21	2, 71, 90	51, 66	**1, 5, 105**	...

[표 10.5]의 1행은 '의료'라는 단어가 있는 웹 페이지 번호다. 2행은 해당 웹 페이지 내 '의료'의 위치다. 인덱스는 페이지 번호에 따라 정렬된다. 동시에 두 개의 키워드를 포함하는 웹 페이지를 찾는 [예제 10.2]는 인덱스의 2행이 아닌 1행만 관심을 가지면 된다. '보험'이라는 단어는 [표 10.6]처럼 인덱싱된다.

표 10.6 단어 '보험'의 인덱스

페이지 번호	31105	**45839**	87525	110500	**145112**	200125	...
페이지 내 단어 위치	145	**52, 75**	2, 57	8, 25, 99	**51, 106**	11, 15	...

페이지 45839와 145112에는 '의료' 및 '보험'이 모두 포함됐다. 첫 번째 단어가 들어간 X 페이지와 두 번째 단어가 들어간 Y 페이지의 인덱스 길이를 $L(X)$, $L(Y)$라고 가정하자. 인덱스는 페이지 번호에 따라 정렬되므로 두 인덱스 페이지를 순서대로 병합하면 된다. 시간 복잡도는 $O(L(X)+L(Y))$ 다. 가장 직관적이지만 가장 느린 방법이다. 몇 가지 개선이 필요하다.

$L(X)>L(Y)$라고 가정해보자. 두 번째 단어인 Y의 인덱스 페이지가 더 적다는 것을 의미한다. 해시 테이블을 사용해 첫 번째 단어 X 인덱스를 저장한 후 두 번째 단어 Y 인덱스의 각 페이지 번호를 가져온다. 첫 번째 단어 인덱스의 해시 테이블에서 조회해 첫 번째 단어에도 포함되는지 확인

한다. 만약 포함됐다면 해당 페이지는 X와 Y라는 단어를 모두 포함한다. 반대로 $L(Y) > L(X)$라면 단어 Y 인덱스를 해시 테이블로 만들어 X 페이지 번호를 확인한다. 알고리즘 복잡도는 $O(L(Y))$로 줄어든다. 두 인덱스 중 더 짧은 인덱스만 스캔하면 되기 때문이다.

학교의 알고리즘 시험에서는 이와 같은 답변을 해도 나쁘지 않다. 이 방법을 '베이스라인 기법 baseline method'이라고 부른다. 면접은 다르다. 필자가 이렇게 답하자 면접관은 구글의 인덱스는 너무 커서 $O(L(Y))$ 자체의 복잡도가 너무 높아 실용적이지 않은 방안이라고 했다. 또한, 구글의 인덱스는 해시 테이블에 저장되지 않아(해시 테이블 저장 시에는 50%의 메모리를 더 써야 했다) 웹 페이지 빈호가 특정 단어의 번호가 있는지 확인하려면 해당 번호는 해시 테이블이 아닌 인덱스에서만 탐색해야만 했다. 이분 검색을 사용할 수밖에 없었다. 이렇게 수행하면 알고리즘 복잡도는 $O(L(Y) \log L(X))$까지 증가한다. 필자는 앞선 두 방법 모두 더 이상 간소화하는 것은 불가능하지만 일정한 오차를 허용할 수 있다면 무작위성을 이용해 간소화를 더 진행할 수 있다고 답했다. 구체적인 생각은 다음과 같았다.

먼저 X와 Y를 모두 포함하는 페이지 수, 즉 $L(X\hat{} Y)$이 $L(X)$과 $L(Y)$보다 훨씬 적다는 사실을 이해해야 한다. 둘째, 특정 단어가 나오는 웹 페이지가 모든 웹 페이지에 대해 분산성scattering을 가진다고 가정한다. 즉 X가 표시되는 웹 페이지 번호는 모든 웹 페이지의 특정 작은 범위에만 집중되지 않는다. 이 가정 하에 두 단어를 모두 포함하는 페이지를 찾고자 인덱스를 점프하는 식의 방법을 사용할 수 있다.

[표 10.5]와 [표 10.6]의 두 인덱스를 비교해보자. 두 단어가 모두 포함된 첫 번째 페이지(번호 45839)를 찾은 후 '보험'이 나오는 바로 다음 페이지는 4만여 개가 차이 나는 87525이다. '의료'가 나오는 인덱스 페이지를 두 번 넘겨야 '보험' 인덱스 페이지와 가까워진다. '의료'의 웹 페이지 인덱스가 상대적으로 촘촘하게 분포된 것을 알 수 있다. 따라서 '의료' 인덱스의 87525번 페이지가 대략적으로 어디 있는지 알 수 있다. 그다음 두 칸을 바로 뛰어넘어 주변 인덱스에서 87525번 페이지를 찾는다. 만약 찾았다면 해당 페이지는 '의료'와 '보험'이라는 단어를 가진 페이지다. 찾지 못했다면 포함된 문장으로 계속 넘어간다. 이 방법은 $O(L(Y))$ 시간에 두 단어를 모두 포함하는 페이지를 찾는다.

계속해서 X와 Y라는 단어가 모두 포함된 페이지 분포를 알게 되면 바로 다음 페이지로 점프해 '더 빠르게' 검색할 수 있다.

마지막으로 계산 복잡도는 $O(L(X\hat{} Y))$와 $O(L(Y))$ 사이가 된다.

필자가 면접관에게 이 아이디어를 말했을 때 실제 구글 검색이 그와 같이 한다고 했다. 회사 기밀 유지 때문에 필자에게 공개하지 않은 한 가지 사항이 있었다. 구글의 페이지 인덱스는 페이지랭크에 따라 정렬되며 가장 큰 페이지랭크 순위가 첫 번째로 보여진다. 처음에는 느리게 점프하다가 페이지를 찾고자 점프할 때 더 빠르게 점프할 수 있다. 베이스라인 알고리즘과 비교해 얼마나 많은 시간을 절약할 수 있는지 물었더니 열 배 차이가 난다고 했다. 구글이 이 알고리즘으로 많은 서버를 절약했다는 의미다. 구글은 알고리즘을 오픈소스화하지 않았기 때문에 세부 사항은 생략하고 설명했다. 해당 알고리즘 개념을 이해할 수 있다면 3등급 개발자가 될 수 있다.

그러나 접근 방식에 문제가 하나 있다. 일부 적격 페이지가 누락된다는 점이다. 다만 검색 초반에는 좁은 간격으로 점프하고 나중에는 더 넓은 간격으로 점프하기에 랭크가 높은 페이지가 누락될 확률은 적다. 구글의 웹 검색 서비스는 적격 웹 페이지를 모두 찾는 것이 아닌 제한된 상황에서 최대한 많은 관련 웹 페이지를 찾아야 한다. 몇 개의 적격 페이지가 없어도 서비스에 미치는 영향은 없다. 실제로 구글은 검색 결과에서 검증된 웹 페이지를 얼마나 많이 찾았는지 함께 보여준다. 전체 인덱스를 탐색하고 검증한 웹 페이지 수가 아니라 제한된 시간 내 조건에 맞춰 찾은 웹 페이지 인덱스 중 탐색한 웹 페이지의 백분율로 계산한 추정치다.

이 방식은 검색 결과가 매우 적은 경우 적합한 결과가 누락될 상대적 가능성이 훨씬 더 크다. 일반적인 검색은 적합한 결과가 100개라면 두 개를 놓치더라도 문제가 되지 않는다. 그러나 적합한 결과가 세 개뿐인데 두 개를 놓치는 것은 큰 문제다. 구글은 초기에 이 상황을 어떻게 개선할 것인지 고민할 겨를이 없었다. 나중에 간단한 검색 품질 향상 방법을 찾았다. 웹 검색 품질을 향상시킬 수 있는 유일한 방법은 요구 사항을 충족하는 모든 결과를 찾는 것이었다. 구글이 생각해낸 방법은 검색 결과가 열 개 미만인 검색어는 점프 검색 방식을 사용하지 않고 최대한 베이스라인 기법을 사용하는 것이었다. 검색 결과가 열 개 미만인 검색어 비율은 매우 낮아 베이스라인 기법을 사용하는 개선 방법은 전체적인 검색 품질을 크게 향상시키지 못했다. 그러나 열 개 미만 결과 유형의 검색어는 확실히 검색 품질이 향상됐다. 다행히 열 개 미만 결과를 가진 검색어 유형 비율은 낮다. 추가적으로 컴퓨팅 리소스가 필요해도 그 비용이 많이 증가하지 않는다.

3등급 이상의 개발자는 비용과 이익의 균형을 유지하는 방법에 대해 결정을 내려야 하는 경우가 많다. 또한, 특수한 상황의 균형 전략을 조정하는 것도 고려해야 한다. 한 기업의 소프트웨어 성패는 3등급 이상 개발자의 의사결정에 달렸다. 부하 직원들은 전략을 잘 구현하면 될 뿐이다. 전략 자체는 3등급 이상 개발자가 결정해야 한다.

구글 같은 회사의 면접에서 지원자가 의사결정자가 될 가능성이 있는지 여부를 테스트하는 개방형 질문을 많이 하는 이유를 깨달았을 것이다. 개방형 질문에는 정답이 없다. 더 좋은 대답과 더 나쁜 대답만 있을 뿐이다. 좋고 나쁨을 말할 때는 비용과 결과 사이 균형이 기준이 되는 경우가 많다. 방법 A를 사용하면 99% 확률로 최상의 결과를 보장하고 방법 B를 사용하면 99.99% 확률로 최상의 결과를 보장한다고 하자. 시간 비용은 후자가 전자의 열 배라면 어떤 방법을 취해야 할까? 해당 시스템의 목적에 따라 고전적인 알고리즘을 다른 방식으로 개선할 수 있다. 이 원칙을 '특정 신뢰수준에서의 최적화'라고 한다.

> **요점** 일반적인 알고리즘이 이미 최적화됐고 더 최적화하는 것이 불가능하다면 몇 가지 일반적인 특수한 경우에 대해 알고리즘을 계속 최적화하는 것을 고려할 수 있다.

심화 사고 문제 10.3 ★★★★☆~★★★★★ 알고리즘 찾기 및 복잡도 증명
정렬된 난수 순열이 있다. 이 중 일정한 숫자를 순열의 절반으로 나눠 찾는 시간 복잡도는 $O(\log N)$이다. 더 이상 개선할 수 없다. 그러나 균일 분포 또는 지수분포를 따르는 것처럼 난수가 대략적인 확률분포를 따르고 이를 알고 있다면 검색 알고리즘을 더 최적화할 수 있을까? (힌트: 데이터 범위는 $O(1)$ 시간에 얻을 수 있다. 알고리즘 복잡도는 $O(\log(\log N))$로 개선할 수 있다. 시간 복잡도를 증명하는 것은 쉽지 않다. 균일 분포 또는 지수분포 같은 특정 확률분포가 주어지면 훨씬 쉽다.)

10.4 마무리

대부분 사람이 생각하는 컴퓨터는 언제나 확실한 결과를 내놓는다. 같은 문제를 사람은 실수로 다른 결과를 두 번 계산할 수 있지만 컴퓨터는 그렇지 않다. 사람들이 복사기로 문서를 복사할 때 사본이 원본과 다를 수 있지만 컴퓨터는 그렇지 않다. 이 확실성은 컴퓨터를 신뢰하게 만든다. 우연성과 무작위성은 현실 세계의 속성이다. 때때로 목표를 결정하거나 진위를 판단하고자 무작위성을 사용한다.

문제를 해결하려고 컴퓨터를 사용할 때 한계에 도달해 더 이상 개선할 수 없는 최적의 알고리즘이 있다. 응용 프로그램에서는 대부분, 특히 리소스가 제한된 경우 더욱 효율적으로 처리하고자 일부 특수한 경우에 알고리즘을 추가적으로 최적화할 수 있다.

이론과 실습: 전형적인 문제 풀이

단순한 개발자와 컴퓨터 공학자 사이에는 큰 차이가 있는데, 이는 주로 이론의 토대에서 드러난다. 아무리 이론을 많이 배우고 시험에서 좋은 점수를 받아도 새롭고 복잡한 문제를 만났을 때 작고 단순한 문제로 분해하지 못한다면 전문가라고 할 수 없다. 전문가는 알려진 기본 방법으로 작은 문제를 하나씩 해결한다. 11장에서는 복잡해 보일 수 있는 문제가 앞서 배웠던 이론들로 어떻게 해결될 수 있는지 살펴본다. 11장에서 다루는 예제는 면접 중 자주 나왔던 '어려운 질문'이다. 지금까지 책을 읽고 힌트 없이 예제를 해결했는가? 그렇다면 축하한다. 이미 구글, 마이크로소프트, 페이스북의 신입 개발자 중 70% 이상에 해당하는 수준이다. IT 업계에서 예제 같은 질문으로 테스트하는 이유를 안다면 컴퓨터 과학의 많은 이론을 어떻게 사용하는지 그 용도를 확실히 이해하고 있는 것이다. 문제와 유사한 문제를 성공적으로 해결할 수 있다면 '이론 운용의 절묘함을 달성한 상태'다.

11.1 가장 긴 연속 부분 수열 문제

'가장 긴 연속 부분 수열longest consecutive subsequence' 문제는 많은 IT 회사의 일반적인 면접 질문이다.

예제 11.1 ★★★☆☆~★★★★☆ 가장 긴 연속 정수 부분 수열 문제(AB, FB, MS)
다음 수열과 같은 임의의 정수 수열이 주어졌다.

S = 7, 1, 4, 3, 5, 5, 9, 4, 10, 25, 11, 12, 33, 2, 13, 6

이 중에서 가장 긴 연속 정수 부분 수열은 무엇인가?

문제를 해결하려면 먼저 '수열의 부분 수열'이 무엇을 말하는지 파악해야 한다. 두 가지 다른 해석이 있다. 예제의 해답도 역시 두 가지 버전이 있다. 수학과 컴퓨터 과학에서 수열과 부분 수열의 두 가지 정의가 있다.

첫 번째를 먼저 이야기해보자. 수열은 순서가 있는 숫자의 나열이다. 집합과는 다르다. 집합에는 순서가 없다. 집합 {1, 2}와 {2, 1}은 같지만 수열이라면 같지 않다. 수열 "1, 2"와 "2, 1"은 완전히 다른 것이다. 또한, 집합은 중복 요소를 가질 수 없으므로 집합 {1, 1, 2}와 집합 {1, 2}는 동일하다. 수열은 중복 요소가 있을 수 있다. "1, 1, 2"와 "1, 2"는 각자 다른 수열이다.

두 번째 정의를 보자. 수열의 하위 수열은 원래 수열에서 일부 요소를 제거한 후 남은 수열을 의미한다. 예를 들어 "7, 3, 4, 33, 6"은 [예제 11.1] 수열의 하위 수열이다. 정의를 따르면 [예제 11.1]은 모호한 질문이 아니다. 예제의 수열은 연속되는 가장 긴 부분 정수 수열 "9, 10, 11, 12, 13"이다.

정의를 정확히 이해하지 못하고 하위 수열을 하위 집합으로 이해하는 경우도 있다. [예제 11.1]이 두 가지 버전 답이 있는 이유다. 면접에서 이 질문을 받는다면 먼저 면접관이 말하는 하위 수열이 하위 집합이 아니라 수학적으로 정의된 하위 수열인지 여부를 묻는 것이 좋다. 이 개념을 혼란스러워하고 부분 수열의 개념을 잘못 이해하는 지원자가 많다. 반대로 지원자는 수열의 개념을 정확히 이해하고 대답했으나 면접관이 하위 수열에 대한 정확한 정의를 모르는 상태에서 질문해 면접관이 원하는 답과 틀리게 되는 경우도 있다.

무엇을 말하는지 제대로 이해한 뒤 질문에 답해야 한다. 여러 반복문으로 가장 긴 부분 수열을 찾는 방법은 어리석고 비효율적이다. 어떤 회사가 됐든 절대 면접에서 통과할 수 없는 답이다. [예제 11.1]은 선형 복잡도의 답을 내야 한다. 다양한 알고리즘을 사용하는 컴퓨터 공학 분야에서 일한 사람들은 명확한 직관을 가지는데 이 질문에서 그 직관이 맞다.

이 문제를 푸는 열쇠는 해시 테이블 같은 임의 저장 데이터 구조를 사용해 랜덤 액세스와 순차 액세스를 연계하는 것이다. 이것이 해당 문제의 테스트 포인트다.

선형 복잡도 알고리즘으로 구현하려면 주어진 수열을 왼쪽에서 오른쪽으로 스캔하면서 한 번에 모두 수행할 수 있어야 한다. 각 데이터를 처리하는 시간이 $O(1)$이 되도록 하려면 데이터에 액세스하고 데이터를 조회하는 시간도 $O(1)$이어야 한다. 해시 테이블이 유일한 선택이다.

다음으로 예제의 수열을 예로 가장 긴 연속 부분 수열을 찾는 방법을 설명한다.

수열 중 첫 번째 원소는 7이다. *element*[1]로 표기한다. 첫 번째 원소는 다른 원소 앞에 올 수 없으므로 연속적인 하위 수열의 일부라면 하위 수열의 시작 원소만 될 수 있다 원소를 해시 테이블 인덱스로 기록하고 해시 테이블의 해당 내용에는 하위 수열에 포함된 원소 수를 기록한다. 현재 내용의 숫자는 1이다. 이후 다음 연속되는 원소 8이 나온다면 7 뒤에 있으므로 연속 하위 수열을 형성하게 된다.

두 번째 원소(*element*[2])인 1을 스캔한다. 이미 해시 테이블에 해당 원소가 있는 경우 건너뛴다. 해시 테이블에 0이 있었다면, 즉 0이 해당 원소 전에 있었다면 이 원소는 0 뒤에 추가된다. 0으로 시작하는 연속 하위 수열이 된다. 이를 결정하기 위해 *element*[2]−1 값, 즉 해시 테이블을 0으로 한 번만 조회한다. 예제에서는 0이 조회되지 않는다. 해시 테이블에 인덱스 1을 추가하고 내용에는 해당 하위 수열의 원소 수를 기록한다. 이 내용의 값도 1이다.

다음으로 오는 원소 4과 3 또한 직전 수인 3, 2 인덱스가 해시 테이블에 없으므로 앞선 작업과 동일하게 처리한다. 네 번의 작업 후 해시 테이블 구조는 [표 11.1]과 같다.

표 11.1 네 개 원소를 스캔한 후 해시 테이블

인덱스	내용
7	길이=1
1	길이=1
4	길이=1
3	길이=1

다섯 번째 원소 *element*[5]=5을 스캔하면 상황이 바뀐다. 일단 이전 값 *element*[5]−1, 즉 4가 해시 테이블에 없는지 확인한다. 해시 테이블에 이미 4가 있는 것을 발견하면 해시 테이블의 인덱스가 4인 데이터에 해당 하위 수열의 길이를 1 증가, 즉 2로 변경해야 한다. 다음 검색이 편하도록 [표 11.2]처럼 인덱스를 4에서 5로 변경한다. 다음에 찾아야 할 숫자가 6이기 때문이다.

표 11.2 다섯 개 원소를 스캔한 후 해시 테이블

인덱스	내용
7	길이=1
1	길이=1
5	길이=2
3	길이=1

흥미롭게도 여섯 번째 원소도 5이다. 이미 해시 테이블에 존재하기 때문에 건너뛴다. 여덟 번째 원소인 4를 스캔할 때는 건너뛸 수 없다. 4보다 1이 작은 3이 해시 테이블에 있기 때문이다. 해시 테이블의 인덱스 3을 4로 변경하고 내용에도 1을 추가한다. 만약 3이 없다면 이를 생략했거

표 11.3 여덟 개 원소를 스캔한 후 해시 테이블

인덱스	내용
7	길이=1
1	길이=1
5	길이=2
4	길이=2
9	길이=1

나 해시 테이블에 새 항목을 생성하면서 인덱스 3에는 영향을 미치지 않은 것이다. 지금은 3이 해시 테이블에 있으므로 해당 데이터 항목에 4를 추가하고 인덱스를 수정해야 한다. 이 단계가 완료되면 해시 테이블은 [표 11.3]과 같이 된다.

아홉 번째 원소 $element[9]=10$을 스캔할 때 이미 9가 해시 테이블에 있다. 다섯 번째 원소인 5, 여덟 번째 원소인 4와 동일한 방식으로 처리한다. 이 단계가 완료된 후의 해시 테이블은 [표 11.4]와 같다.

이후 $element[11]=11$, $element[12]=12$, $element[15]=13$을 스캔하면 해시 테이블의 인덱스 10, 11, 12 내용이 그에 따라 수정된다. 전체 수열을 스캔한 결과의 해시 테이블은 [표 11.5]와 같다.

표 11.4 아홉 개 원소를 스캔한 후 해시 테이블

인덱스	내용
7	길이=1
1	길이=1
5	길이=2
4	길이=2
10	길이=2

표 11.5 모든 원소를 스캔한 후 해시 테이블

인덱스	내용
7	길이=1
2	길이=2
6	길이=3
4	길이=2
13	길이=5
25	길이=1
33	길이=1

모든 수열의 원소를 스캔하면 숫자 13으로 끝나는 길이가 5(즉 9에서 13까지 부분 수열)인 가장 긴 연속 부분 수열을 찾을 수 있다. 만약 원래 수열에서 다섯 개 숫자가 어디에 위치했는지 알아야 하는 경우라면 스캔 작업을 하면서 인덱스 및 길이를 변경할 때 위치 정보를 함께 기록하면 된다. 이를 요약하면 다음과 같다.

알고리즘 11.1

수열의 각 원소 $element[i]$(여기서 $i=1{\sim}N$)에 대해 다음을 수행한다.
1. $element[i]$가 연속 부분 수열의 가장 큰 원소인지 확인하려면 해시 테이블에서 $element[i]-1$의 인덱스를 조회한다.
2. $element[i]$가 해시 테이블에 존재하지 않는 경우, 원소는 $element[i]$를 인덱스로 사용해 해시 테이블에 추가되고 해당 하위 수열 길이는 1로 설정한다.
3. $element[i]$가 해시 테이블에 존재하는 경우, 해당 하위 수열의 길이를 1만큼 늘리고 해시 테이블에서 이 항목의 인덱스를 $element[i]$로 수정한다.

마지막으로 해시 테이블에서 가장 긴 연속 하위 수열을 가져오면 된다. 연속 하위 수열을 얻고자 전체 해시 테이블을 스캔할 필요는 없다. 임시 변수로 현재 가장 긴 연속 하위 수열의 인덱스를 기록하면 된다(길이가 동일한 인덱스가 두 개 있으면 첫 번째를 기록한다).

이 알고리즘의 시간 복잡도는 수열을 한 번만 스캔하며 각 원소의 처리 시간은 상수 $O(1)$이기 때문에 $O(N)$이다.

이제 두 번째 버전의 해답을 이야기해보자. 이 버전에서 수열은 집합이 된다. 최대 부분 집합을 찾아야 하므로 부분 집합의 원소가 연속적인 수열을 형성하면 된다. 집합인 경우 중복되는 4번, 5번 원소 중 하나가 삭제되고 해당 집합은 다음과 같이 변경할 수 있다.

A={7, 1, 4, 3, 5, 9, 10, 25, 11, 12, 33, 2, 13, 6}

집합 원소에는 순서가 없다. 연속 수열의 하위 집합이 파생될 때 하위 집합에서 원소 순서는 중요하지 않다. 이 집합 중 생성된 {7, 1, 3, 5, 4, 2, 6} 부분 집합이 연속 수열의 길이가 가장 길다.

집합 버전 답은 수열 버전보다 좀 더 어렵다. 지원자의 절반 이상이 30분 만에 문제를 풀지 못한다. 보통 정렬을 생각한다. 정렬은 매우 직관적이지만 시간 복잡도가 $O(N\log N)$이다. 최적은 아니므로 불합격한다. 이 문제에 대한 선형 복잡도 알고리즘을 얻으려면 이전 버전의 알고리즘을 조금만 수정하면 된다.

먼저 앞의 수열 알고리즘으로 집합에 대한 스캔을 수행하고 예에서 집합의 [표 11.6] 같은 해시 테이블을 얻는다. 해시 테이블이 나타내는 각 부분 집합의 길이는 $Length_k$라고 가정한다. k는 인덱스다.

표 11.6 [알고리즘 11.1]로 집합 A를 스캔한 후 얻은 해시 테이블

인덱스	내용
7	길이=1
2	길이=2
6	길이=3
3	길이=1
13	길이=5
25	길이=1
33	길이=1

[표 11.6]에서 두 값 k와 $k-Length_k$의 인덱스가 모두 해시 테이블에 있다면 두 하위 집합을 병합할 수 있다. 그 이유는 무엇일까? k로 인덱싱된 부분 수열은 $k-Length_k+1$, $k-Length_k+2 \cdots k$이고, $k-Length_k$로 인덱싱된 부분 집합은 $k-Length_k$에서 끝난다. 두 하위 집합을 이으면 더 긴 연속적인 부분집합을 구성할 수 있다. 이 속성으로 해시 테이블을 스캔한다.

인덱스 $k=7$을 스캔할 때 하위 집합 길이는 1이다. $k-1=6$도 해시 테이블에서 길이 3의 인덱스 항목이다. 인덱스 $k=7$에 해당하는 하위 집합의 길이는 4로 수정될 수 있다. 즉 두 부분 집합의 길이를 병합하고 6으로 인덱싱된 데이터 항목은 삭제한다. 7로 끝나는 부분 집합의 항목 데이터가 변경됐기 때문에 추가적으로 $k-Length_k$(7−4=3) 인덱스가 해시 테이블에 있는지 확인한다. 만약 있

다면 해당 부분 집합을 추가적으로 병합할 수 있다는 것을 의미한다. 이 방식으로 두 하위 집합을 인덱스 3과 2로 병합한다. 더 이상 병합할 수 있는 하위 집합을 찾을 수 없을 때까지 반복한다. 완료된 해시 테이블은 [표 11.7]과 같다.

다음으로 인덱스 $k=13$인 데이터 항목을 스캔할 때 $13-Length_{13}=8$은 해시 테이블에 없으므로 수행되지 않는다. 전체 해시 테이블이 스캔될 때까지 [표 11.7]의 항목을 계속 스캔한다. 이 연산은 [알고리즘 11.2]처럼 설명할 수 있다.

표 11.7 여러 하위 집합을 결합한 후 해시 테이블

인덱스	내용
7	길이=7
13	길이=5
25	길이=1
33	길이=1

알고리즘 11.2

해시 테이블의 각 데이터 항목을 스캔으로 다음 항목을 수행한다.
1. 해당 인덱스가 k이면 $k-Length_k$가 해시 테이블에 있는지 확인한다.
2. 해시 테이블에서 찾을 수 있으면 k 인덱스와 $k-Length_k$로 인덱스의 두 하위 집합을 병합한다.
   k로 인덱싱된 하위 수열의 길이를 $Length_k+Length_{(k-Length_k)}$로 변경한다. 테이블에서 $k-Length_k$로 인덱싱했던 데이터 항목은 제거한다.
3. 해시 테이블에서 찾을 수 없다면 아무것도 처리하지 않고 다음 데이터 항목을 스캔한다.

[알고리즘 11.2]의 복잡도는 해시 테이블 길이를 초과하지 않으므로 $O(N)$을 초과하지 않는다. [알고리즘 11.1]과 [알고리즘 11.2]를 합치면 집합 버전 문제의 완전한 해답이 된다. 첫 번째 알고리즘은 연속 하위 수열의 범위를 연속적으로 확장해야 하는 문제를 해결한다. 두 번째 알고리즘은 집합 범위를 앞으로 확장하는 문제를 해결한다. 물론 [알고리즘 11.2]는 [알고리즘 11.1]에 병합될 수 있어 두 단계가 하나의 단계로 결합할 수 있다. 알고리즘 복잡도도 변경되지 않은 상태로 유지된다. 마지막으로 면접 중 이런 유형의 질문을 받으면 면접관과 '부분 수열'이 의미하는 바를 정확하게 소통하자. 질문을 이해하지 못한다는 인식을 주지 않는 것이 좋다.

11.2 구간 병합 문제

구간interval은 수학적 개념이다. 두 실수 사이의 모든 실수 집합이다. 0과 5 사이의 모든 실수가 0에서 5까지의 구간이다. 두 실수 중 작은 실수는 '하한infimum(최대 하계)'이라고 한다. 큰 실수는 '상한supremum(최소 상계)'이라고 한다. 0에서 5까지 구간에서 0과 5는 각각 하한과 상한이다. 구간은 경계 자체까지 포함하는 경우 '닫힌구간closed interval(폐구간)'이라고 한다. 포함하지 않는 경우는 '열린구간open interval(개구간)'이라고 한다. 여기서는 편의상 닫힌구간만 다룬다. 열린구간도 비슷하게 풀이된다. 컴퓨터에서 구간은 구간의 하한과 상한으로 구성된 일련의 숫자쌍으로 나타낼 수 있다.

[0, 5]^{1}를 사용해 구간 0≤x≤5를 나타낸다.

두 구간에 합집합 연산을 수행할 수 있다. 이를 '병합'이라고 한다. 구간 1=[0, 5], 구간 2=[2, 10]이 있다면 두 구간의 합집합은 [0, 10] 구간이 된다. 만약 구간 1이나 구간 2에 속한 실수가 있다면 그 수는 반드시 [0, 10] 구간 내 있어야 한다. 이 경우 두 범위가 병합돼 [0, 10]의 완전한 범위를 형성한다. 구간을 병합한 후 두 개의 분리된 부분이 있을 수도 있다. [0, 5]와 [8, 10] 같은 경우, 일부 5와 8 사이의 실수는 병합된 구간에 포함되지 않아 병합된 구간이 연속적이지 못하기 때문이다. 구간을 숫자선으로 나타내면 더 명확하게 구분된다. 구간 병합의 두 가지 경우는 [그림 11.1]과 같다.

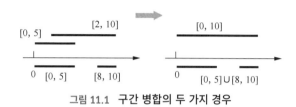

그림 11.1 구간 병합의 두 가지 경우

이제 구간 병합 문제를 살펴보자.

예제 11.2 ★★★☆☆ 구간 병합 문제(AB, FB, MS 등)
여러 구간 $[l_1, u_1]$, $[l_2, u_2]$ ⋯ $[l_N, u_N]$이 주어지면 이들을 병합하고 병합된 구간 목록을 출력하라. 구간 목록은 일련의 숫자쌍으로 표현해 구간 목록을 정렬할 수 있다.

정렬 시에는 하한 값을 기준으로 한다. 두 구간의 하한 값이 같으면 상한 값을 비교해 정렬한다. [그림 11.1]의 세 구간은 정렬하면 [0, 5], [2, 10]와 [8, 10] 순으로 정렬된다. 정렬 후 병합은 매우 간단해지며 상황에 따라 두 가지 기본적인 병합 단계를 수행하면 된다.

병합의 첫 번째 단계는 두 구간에 중첩 영역이 있는지 확인하는 것이다. [0, 5]와 [2, 10]은 겹치지만 [0, 5]와 [8, 10]은 겹치지 않는다. 첫 번째 구간부터 시작한다. 첫 번째 구간이 $[l_1, u_1]$이고 병합할 다른 구간이 $[l_2, u_2]$라고 가정해보자. $l_1 ≤ l_2$이므로 두 영역이 겹치는 경우 결합된 하한 값은 l_1이어야 한다. 겹치는 구간이 있는지 확인하려면 u_1과 l_2 중 어느 것이 더 큰지 확인하면 알 수 있다.

두 번째 단계는 중첩 여부에 따라 다른 병합 결과를 출력하는 것이다. $u_1 ≥ l_2$라면 두 구간에 중첩 영역이 있다는 것을 의미한다. 이때 병합한 후 새로운 구간의 상한은 u_1과 u_2 중 큰 값이 된다. 출력 결과는 $[l_1, max(u_1, u_2)]$와 같다. $u_1 < l_2$라면 중첩이 없다는 것을 의미한다. 출력 결과는 원래 두 구간 $[l_1, u_1]$와 $[l_2, u_2]$다. 이때는 다음 구간과 병합은 $[l_2, u_2]$부터다. $[l_1, u_1]$는 뒤에 나올 구간 중 어

1 　[옮긴이] 소괄호는 열린구간을, 대괄호는 닫힌구간을 의미한다. 예를 들어 열린구간 0-5라면 (0, 5)로 표현할 수 있다.

느 것과도 겹칠 수 없다는 것을 표시해야 한다. 뒤에 나오는 구간과 병합할 필요가 없기 때문이다.

이 과정을 반복해 모든 구간을 정렬된 순서대로 수행하면 병합이 완료된다. [그림 11.2]에서는 여러 구간을 '작은 순'에서 '큰 순'으로 병합한다. 세 구간을 병합한 후 새로운 구간 [-15, 14]으로 출력한다. 계속해서 구간 [15, 27]과 병합하면 중첩이 없으므로 출력은 [-15, 14]와 [15, 27] 두 구간이다. 나머지 구간과 다시 병합할 때는 [15, 27] 구간부터 비교해 병합한다.

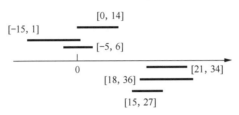

그림 11.2 여섯 개의 구간 간격

이 알고리즘의 의사 코드는 직접 작성해보자. 알고리즘 복잡도는 모든 간격을 하한 값으로 정렬하는 데 너무 많은 시간이 걸리기 때문에 $O(N\log N)$이다. 병합 프로세스의 로직은 다소 복잡하지만 선형 복잡성을 가지는 연산일 뿐이며 소요 시간은 무시할 수 있는 정도다.

구간 병합 문제는 복잡하지 않다. 여기에 선형 복잡도를 갖는 알고리즘이 있을까? 없다. 병합 구간의 하한을 결정할 때 모든 구간의 하한을 비교해야 하므로 정렬이 필요하다. 모든 구간이 $[i,$ $i+0.1]$ 형식이며 i는 정수만 올 수 있는 경우, 이 구간 병합 문제는 정렬 문제가 된다. 답을 풀려면 시간 복잡도 측면에서 더 이상 답을 최적화할 수 없다는 것을 증명할 수 있어야 한다.

11.3 열두 개의 공 문제

열두 개의 공 문제는 매우 어려운 문제다. 필자가 존스 홉킨스 대학교 학생이었을 때 파티에서 만난 친구들에게 이 문제를 냈다. 대부분 칭화 대학과 베이징 대학을 졸업하고 존스 홉킨스 대학교에서 박사 학위를 받았으나 컴퓨터 공학 전공은 아니었다. 한 시간 안에 이 문제를 해결했던 사람은 거의 없었다. 오랫동안 생각해도 답을 떠올리지 못했다.

열두 개의 공 문제는 컴퓨터 과학을 공부하는 사람에게 좀 더 용이하다. 전형적인 분기 판단 및 의사결정 문제이기 때문에 그래픽 이론의 사고방식에 따라 약간의 인내심을 가지고 풀면 해결할 수 있다. 하지만 실제로는 그렇지 않았다. 필자가 구글에 다닐 때 많은 직원에게 이 문제를 냈으나 컴퓨터 전공 과정 중에서도 본 적 없는 문제라며 결국 풀지 못했다. 편법과 직관에 의존해 문제를 해결한 사람도 있었으나 조금만 문제를 변형하면 편법은 소용없었다. 정보와 정보 코딩의 원리를 이해한다면 더 큰 문제를 해결할 수 있다. 문제를 함께 살펴보자.

예제 11.3 ★★★★★ 열두 개의 공 문제

겉보기에는 동일한 열두 개의 공이 있다. 그중 하나는 다른 열한 개와 무게가 다르므로 불량품 공이라고 하며 나머지 공은 양품 공이라고 한다. 불량품 공은 양품 공보다 가볍거나 무거울 수 있다. 단 세 번만 무게를 잴 수 있는 저울이 있다면 불량품 공을 찾는 방법과 해당 공이 더 가벼운지 무거운지 알 수 있는 방법은 무엇일까?

문제를 읽으면 많은 사람이 무의식적으로 주관적인 해석을 한다. 예를 들어 불량품 공이 다른 공보다 가벼운지 무거운지 이미 안다고 잘못 생각한다. 이 문제는 내용 그대로 불량품 공이 무거운지 가벼운지 알지 못한다. 많은 사람이 문제에 내포된 정보를 정확히 읽지 못했고 문제 해결 방향을 제대로 찾지 못했다. 해당 문제를 해결하려면 문제가 암시하는 세 가지 메시지를 읽어야 한다.

첫째, [예제 11.3]은 열한 개의 동일한 양품 공과 한 개의 불량품 공의 문제가 아니라 각각 다른 열두 개 공의 문제다. 어떤 공이 불량품 공인지 확정되지 않았다면 모든 공이 불량품이 될 수도 있다. 즉 한 개의 불량품 공을 찾는 것이 문제가 아니라 열두 개의 공 모두를 확인하는 것이 문제의 조건이다. 하지만 다른 공이 양품인지 불량품인지 확정되지 않았다는 사실은 무시한 채 각 공이 불량품 공일 가능성을 배제하고 결론 내리는 사람이 많다. 답이 틀렸다는 것을 알게 되면 공 몇 개를 깜박했을 뿐이라고 생각할 수도 있다. 해당 문제나 컴퓨터 과학 문제를 풀 때는 한 단계씩 나아갈 때마다 자신의 생각이 의도치 않게 문제 내 조건을 위반하지 않았는지 생각해봐야 한다. 많은 사람이 이 문제를 풀면서 무의식적으로 조건을 붙이고 해결했다고 생각하지만 그중 아주 적은 조건만 고려했을 뿐이다.

둘째, 질문의 본질은 스물네 개의 경우 중 한 개를 선택하는 것이다. 스물네 개의 경우는 '1구가 가볍다, 2구가 가볍다 … 12구가 가볍다'와 '1구가 무겁다, 2구가 무겁다 … 12구가 무겁다'의 스물네 개 경우 중 한 개를 선택하는 것이다. 이를 간단하게 '1L, 2L … 12L, 1H, 2H … 12H'로 표기한다.

셋째, 저울로 무게를 측정하면 세 개의 결과를 알 수 있다. 왼쪽이 더 가볍거나 양쪽이 동일하거나 오른쪽이 더 가볍다. 각각 <, = 및 >를 사용해 무게를 나타낸다. 생성된 정보는 세 가지 상태로 구별할 수 있으며 이를 '트리트$_{\text{trit}}$'라고도 한다.

문제가 암시하는 세 개의 메시지를 읽었다면 결국 정보 및 코딩 문제라는 것을 알 수 있다. 이를 바탕으로 생각하면 된다. 정보는 불확실성을 제거하는 데 사용될 수 있으며 불확실성이 클수록 더 많은 정보가 필요하다. 한 개의 트리트는 세 개의 다른 메시지를 구별하거나 세 개 중 한 개의 메시지를 구별할 수 있다. 구별해야 하는 스물네 가지 다른 경우가 있으므로 3트리트로 인코딩한다. 이것이 기본적인 출발점이다.

첫 번째 무게를 잰 후 다시 아홉 개 이상의 경우를 구분해야 한다면 이후 두 번만 재는 것으로는 작업을 완료할 수 없다. 이는 첫 번째 계량이 잘못됐다는 것을 의미한다. 두 번째 계량한 후에도 세 가지 이상의 경우를 구별해야 한다면 이는 두 번째 계량 시 실수가 있었다는 의미다. 많은 사람은 첫 번째 무게를 잴 때 1~6번 공을 왼쪽에, 7~12번 공을 오른쪽에 둬 1 트리트가 아닌 1비트 정보만 얻는다. 첫 번째 계량 후에도 왼쪽 무게나 오른쪽 무게와 상관없이 여전히 24/2=12가지 가능성이 남는다. 예를 들어 왼쪽이 더 가볍고 오른쪽이 더 무겁다면 1L, 2L ⋯ 6L, 7H, 8H ⋯ 12H으로 열두 개의 가능성이 남게 된다. 그다음 열두 가지 정보를 두 번 만에 구분해야 한다. 저울을 세 번만 사용할 수 있다는 제한을 어기게 된다. 어떤 사람은 처음에 공을 세 개씩 네 그룹으로 나누고 먼저 두 그룹의 무게를 잿다. 역시 두 그룹 중 무게를 재지 않은 나머지 열두 개 경우가 남게 되고 나머지 두 번 내로 모두 다 판단할 수 없다. 잘못된 방법이다.

이제 문제를 해결하려면 무게를 잴 때마다 1트리트 정보를 얻어야 한다는 것을 깨달았을 것이다. 해당 이론을 적용해 첫 번째 단계에서 열두 개 공을 각각 1~4, 5~8 및 9~12번 세 그룹으로 나눈다. 그다음 앞의 두 그룹 무게를 잿다. <, = 또는 >의 세 가지 결과를 얻을 수 있다. 세 결과로 여덟 개의 경우를 구분할 수 있고 2차 계량 시에는 여덟 개 중 한 개를 선택한다. 세 가지 결과에 대한 여덟 가지 경우는 다음과 같다.

- 왼쪽이 가벼우면, 즉 <이라면 나머지 1~4번은 L이고 5~8번이 H가 된다.
- 무게가 같은 경우, 즉 =이라면 9~12를 L로 두거나 H로 둔다.
- 왼쪽이 더 무거우면, 즉 >이라면, 나머지 1~4번이 H이고 5~8번은 L이 된다.

이 단계를 정확하게 수행했다면 불필요한 시행착오를 많이 줄일 수 있다. 그다음 1차 계량 결과에 따라 두 가지 상황으로 나눠 처리한다.

먼저 간단한 것부터 이야기하자. [그림 11.3]처럼 1차 계량을 하는 여덟 개 공이 모두 양품인 = 상황이다. 불량품 공은 마지막 3번 그룹에 있다. 이 단계에서 9~12번 공을 두 그룹으로 나누려는 사람들이 있다. 다시 한 쪽은 무겁거나 다른 쪽은 가볍다는 1비트 정보만 얻는다. 그렇게 되면 네 개의 경우가 남지만 남은 한 번의 계량으로 답을 구할 순 없다.

이때 해야 하는 정확한 방법은 여덟 가지 가능한 경우를, 즉 9~12번 L과 9~12번 H를 열거하는 것이다. 그다음 가능한 경우의 수를 3진법을 이용해 여덟 개의 경우를 3–3–2 세 그룹으로 나눈다. 유용한 정보가 더 있다. 공 1~8번은 양품이라는 점이다. 2차 계량 시에는 1~3번 양품 공 세 개를 저울 한쪽에 놓고 9~11번 공을 저울 반대편에 놓고 무게를 잰다. 계량 결과는 9–11 L, 9–11 H, 또는 = 중 하나다. 처음 두 경우는 각각 세 개의 상황의 수에 해당한다. 마지막 =는 12 L 또는 12 H 경우에 해당한다. 여덟 가지 가능성은 한 번의 계량으로 3, 3 또는 2로 줄어든다. 어느 것이든 한 번 더 계량하면 답을 낼 수 있다. 예를 들어 9에서 11까지 L이었다면 9구와 10구를 비교해 어느 공이 더 가벼운지 계량하고 가벼운 쪽이 불량품 공이며 같다면 11구가 불량품 공이다.

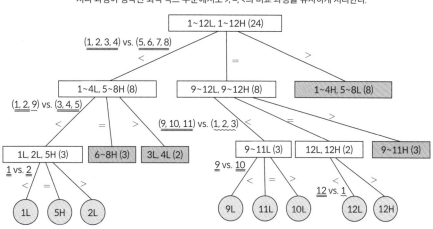

그림 11.3 열두 개 공을 세 번 계량해 불량품 공을 구분하는 방법

두 번째 경우는 좀 더 복잡하다. 1차 계량 시 저울 무게가 같지 않은 경우다. [그림 11.3]처럼 공 1~4번이 공 5~8번보다 가볍다고 가정한다. 반대 상황도 비슷하다.

네 개의 공에서 불량품 공을 고르는 것 또한 적어도 두 번 무게를 달아야 알 수 있다. 여덟 개 공에서 두 번만에 불량품 공을 고르는 것은 절대 불가능할 것이라고 여겼던 사람들은 여기서 당황한다. 이 방법이 통하지 않을 것이라 생각하고 처음 단계로 돌아가 다른 방법을 시도한다. 여덟 개의 가능한 상황과 여덟 개 불량품 공을 혼동한 것이다. 1차 계량 후 불균형 저울은 불확실한 상황을 스물네 개에서 여덟 개로 줄였다. 1~4번 공은 L이고 5~8번 공은 H인 여덟 가지 상황이다. 즉 1~4번 H와 5~8번 L을 제외했다. 아직 두 번의 기회가 더 있으며 매회마다 1트리트 정보를 얻는다면 문제를 해결할 수 있다.

두 번째 단계가 매우 중요하다. 한 번에 3–3–2처럼 세 그룹으로 여덟 가지 가능성을 저울질해야 한다. 그렇지 않으면 맹목적으로 시행하는 것이 된다. 정답에도 접근하지 못한다. 해당 단계에서는 몇 가지 특정 방법이 있다. 원리는 유사해 하나만 설명한다.

한쪽에는 공 1, 2, 9 무게를, 다른 쪽에는 3, 4, 5 무게를 잰다. 이때 A, B, C 경우가 있다.

- **A**: 공 1, 2, 9 쪽이 더 가벼워 가능한 상황은 1L, 2L, 5H다. 세 가지 상황에서 한 번 더 계량하면 답을 알 수 있다.
- **B**: 공 1, 2, 9와 공 3, 4, 5가 같다면 가능한 상황은 6H, 7H, 8H다. 한 번 더 계량하면 답을 알 수 있다.
- **C**: 공 1, 2, 9 쪽이 무거워졌다면 공 3과 4를 반대편으로 교환하면서 발생한 것이다. 3L, 4L 상황이 남는다. 한 번만 더 계량하면 답을 알 수 있다.

결과적으로 왼쪽이 가볍든 똑같든 무겁든 여덟 가지 불확실한 경우는 두 번째 계량으로 3, 3 또는 2가 된다. 모든 상황이 마지막 계량으로 해결된다.

이 과정에서 무게를 잴 때마다 가능한 상황을 3으로 나눈다는 원칙을 고수해야 한다. 그렇지 않으면 다음 단계에서 작업을 완료할 수 없다. 이 원칙에 따라 진행하는 것이 논리에 적합하다. 계량할 때마다 가능한 상황을 2로 나누는 방법으로 설계하면 얻을 수 있는 정보는 충분하지 않다.

컴퓨터 과학의 본질을 숙달했다면 다양한 상황을 차근차근 나열하고 매번 세 그룹으로 나눌 수 있다. 이렇게 하지 않는다면 운에 맡기고 찍는 방법뿐이다.

> **[심화 사고 문제] 11.1**
>
> Q1. ★★★★★ 120개 동일한 공이 있으며 그중 한 개는 무게가 다른 119개와 다르다. 이를 '불량품 공'이라고 하며 다른 공은 '양품 공'이다. 불량품 공은 양품 공보다 가볍거나 무겁다. 다섯 번만 저울로 무게를 재서 불량품 공을 찾는 방법과 그 공이 더 가벼운지 무거운지 알아낼 수 있는 방법을 구하라.
>
> Q2. ★★★☆☆ 공이 121개라면 저울로 다섯 번 무게를 재는 것으로 불량품 공을 알아낼 수 없다는 것을 증명하라.

먼저 [심화 사고 문제 11.1]의 문제 2를 증명해보자.

121개 공이 있고 저울의 양쪽에 N을 놓으면 $121-2N$개 공이 남는다. $N \leq 40$이면 계량하지 않는 공은 최소 41개다. $41 \times 2 = 82$개의 가능성이 있을 수 있다. $3^4 = 81$이므로 나머지 네 번 계량으로는 불확실성을 제거할 수 없다. $N > 40$인 경우에도 저울에 재는 공의 수는 최소 41이고, 계량 결과가 한쪽이 무겁고 한쪽이 가벼우면 $41(L) + 41(H) = 82$개 불량공 가능성이 남는다. 여전히 네 번 계량으로는 정답을 알 수 없다.

다시 돌아가 문제 1을 풀어보자.

공 번호가 A1~A40, B1~B40, C1~C40이라고 가정한다. 1차 계량으로 A1~A40과 B1~B40을 비교한다. 결과가 어떻든 80개 상황이 남았고 다음 네 번 계량 후 완료할 수 있다. 여기서 두 가지 상황을 분석할 수 있다.

Case 1, A1~A40 = B1~B40, 즉 저울이 균형을 이룬다. 불량공 가능성은 C1~C40L, C1~C40H다.

두 번째 계량은 C1~C27과 A1~A27을 비교한다. 모든 A는 양품 공이다. C1~C27에 있는 불량품 공이 가벼운지 무거운지 알면 세 번(처음에는 아홉 개/아홉 개, 다음 세 개/세 개, 마지막으로 한 개/한 개) 계량해 별도 설명 없이도 문제를 풀 수 있다. C1~C27 = A1~A27는 무게가 같은 경우만 설명한다. 불량품 공 가능성은 C28~C40L, C28~C40H로 26개 가능성이 있으며 $3^3 = 27$ 미만이다.

세 번째 계량은 C28~C32(5구)와 C33~C36 + A1(5구, A1은 양품)을 비교한다. 만약 무게가 같다면 네 개의 공이 남는다. 두 번의 계량으로 문제를 풀 수 있다. 앞서 열두 개의 공 문제에서 풀었으므로 다시 설명하지 않는다. 무게가 같지 않은 경우만 설명한다.

무게가 같지 않은 Case 1.1, C28~C32 < C33~C36 + A1, 가능성은 C28~C32L, C33~C36H로 아홉 가지다. 네 번째 계량은 C28 + C29 + C33와 C30 + C31 + C34를 비교한다. 무게가 똑같다면 C32L, C35H, C36H다. 한 번의 계량으로 불량품 공을 판단할 수 있다. C28 + C29 + C33 < C30 + C31 + C34라면 C28L, C29L, C34H만 가능하며 한 번의 계량으로 판단할 수 있다. C28 + C29 + C33 > C30 + C31 + C34면 C30L, C31L, C33H만 가능하고 한 번에 판단할 수 있다.

무게가 같지 않은 Case 1.2, C28~C32 > C33~C36 + A1이라면 불량품 공 상황은 C28~C32H, C33~C36L로 아홉 가지다. Case 1.1처럼 처리할 수 있다.

Case 1의 분석이 끝났다.

Case 2를 살펴보자. A1~A40 < B1~B40이라면 불량품 공 상황은 A1~A40L, B1~B40H로 총 80개다(Case 3은 A1~A40 > B1~B40으로 Case 2와 유사해 생략한다). 두 번째 계량에서 A1~A27 + B1~B13과 A28~A40 + C1~C27을 비교한다. 40개씩 비교하며 C는 모두 양품 공이라는 점을 주의하자.

Case 2.1, A1~A27＋B1~B13＜A28~A40＋C1~C27이라면 A1~A27이 L 상황이다. 이 중 불량품 공 가능성이 있다는 것을 의미하며 세 번 계량으로 불량품을 알 수 있다.

Case 2.2, A1~A27＋B1~B13=A28~A40＋C1~C27이라면 불량품 공 가능성은 B14~B40L(스물일곱 가지)이다. 세 번 계량으로 불량품을 알 수 있다.

Case 2.3, A1~A27＋B1~B13＞A28~A40＋C1~C27이라면 불량품 공 가능성은 A28~A40L, B1~B13H로 스물여섯 가지다. 이때 세 번째 계량에서 A28~A36＋B1~B4와 A37~A40＋C1~C9를 비교한다. 열세 개로 비교하며 C는 모두 양품 공이다.

Case 2.3.1, A28~A36＋B1~B4＜A37~A40＋C1~C9라면 A28~A36L이 된다. 아홉 개 중 하나가 가볍다는 것이며 두 번의 계량으로 불량품을 알 수 있다. Case 2.3.2, A28~A36＋B1~B4＝A37~A40＋C1~C9라면 B5~B13H가 된다. 아홉 개 중 한 개는 무거운 것이고 두 번의 계량으로 불량품을 알 수 있다. Case 2.3.2, A28~A36＋B1~B4＞A37~A40＋C1~C9라면 B1~B4H, A37~A40L을 의미하며 불량품 가능성은 여덟 가지다.

네 번째 계량에서 A37~A39＋B1, B2와 A40＋C1~C4를 비교한다. 다섯 개를 비교하며 C는 양품 공이라는 점에 주의한다. A37~A39＋B1, B2＜A40＋C1~C4라면 A37~A39L이 된다. 한 번의 계측으로 불량품을 알 수 있다. 무게가 같다면 불량품 공이 B3H, B4H 중 하나다. 한 번의 계측으로 불량품을 알 수 있다. A37~A39＋B1, B2＞A40＋C1~C4라면 불량품 공이 B1H, B2H, A40L 중 하나다. B1과 B2를 비교해 한 번의 계측으로 불량품 공을 알 수 있다.

Case 2.3의 분석이 끝나면 문제가 해결된다.

11.4 스카이라인 문제

상하이 와이탄에서 루자쭈이 금융무역지구를 바라보거나 자유의 여신상 아래에 서서 맨해튼을 바라보면 높은 건물들이 겹쳐서 보인다. 이때 겹쳐 보이는 건물의 윤곽(스카이라인)을 그릴 수 있을까? 단순화를 위해 건물이 모두 직사각형으로 보인다고 가정한다. 예를 들어 [그림 11.4(a)]의 건물 윤곽을 그림으로 나타내면 [그림 11.4(b)]와 같다.

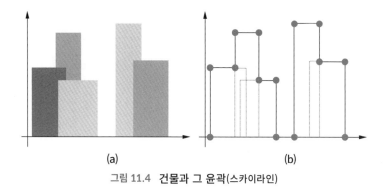

그림 11.4 **건물과 그 윤곽**(스카이라인)

문제의 본질이 무엇인지 이해하고자 스카이라인 예제를 다르게 풀어 이야기해보겠다.

예제 11.4 ★★★★★ 스카이라인 문제(FB)

직사각형 좌표가 주어지면(직사각형 좌표는 좌측 하단 모서리 좌표와 우측 상단 모서리 좌표로 두 개가 주어진다) 직사각형들이 겹쳐 전체적으로 보이는 다각형 윤곽의 꼭짓점을 모두 구할 수 있을까? 다각형의 외곽선 꼭짓점 좌표는 [그림 11.4(b)]의 점을 참고할 수 있다.

이 문제에 대한 입력은 일련의 좌표 쌍이다. 각 쌍은 직사각형의 좌측 하단 모서리와 우측 상단 모서리의 좌표를 나타내는 두 개의 숫자쌍 $[(l_x,\ l_y),\ (u_x,\ u_y)]$이다. 문제의 출력은 윤곽선의 꼭짓점으로 왼쪽에서 오른쪽 순으로 기록한 꼭짓점 목록이다. 여기서는 윤곽선 꼭짓점 목록이라고 하겠다.

많은 사람이 1차원의 구간이 2차원으로 확장된다는 점을 제외하면 앞서 논의한 구간 병합 문제와 유사하다고 생각한다. 그러나 구간 병합 문제의 알고리즘을 적용하면 이 문제를 해결할 수 없다. 다른 방법을 찾아야 한다.

문제를 간단히 설명하고자 주어지는 모든 직사각형의 하단 좌표, 즉 왼쪽 하단 꼭짓점의 세로 좌표는 $l_y = 0$이라고 가정한다. 직사각형 하단의 가로 좌표가 있지 않은 경우도 좀 더 복잡하겠지만 해결할 수 있다. 이는 직접 생각해보자.

왼쪽 하단의 세로 좌표가 0이기 때문에 왼쪽 하단 모서리의 좌표에서 유용한 정보는 직사각형의 수평 시작 위치로 간주되는 가로 좌표뿐이며 직사각형의 왼쪽 선 위치가 된다. 오른쪽 상단의 가로 좌표는 직사각형 우측 선의 위치이며 세로 좌표는 사각형 높이가 된다. 직사각형은 삼중항으로 설명할 수 있다. 왼쪽 위치는 left_position, 오른쪽 위치는 right_position, 높이는 height로 표시한다. 이는 왼쪽 상단 모서리와 오른쪽 상단 모서리 정보와 동일하다. 쉽게 계산할 수 있도록 왼쪽 상단 모서리를 (left_position, height, L)로 표시하고 왼쪽을 나타내는 위치 정보 L을 추가한다. 오른쪽 상단 모서리는 (right_position, height, R)로 표시한다. R은 오른쪽을 나타낸다.

여러 직사각형이 병합되면 [그림 11.4]와 같이 다각형의 꼭짓점으로 윤곽선이 결정된다. 좀 더 명확히 하고자 해당 꼭짓점의 직사각형 왼쪽과 오른쪽 여부를 각 꼭짓점에 표기하겠다. 다음은 [그림 11.4]에 표시된 다섯 개 직사각형의 입력 데이터를 다섯 개의 왼쪽 상단 모서리와 다섯 개의 오른쪽 상단 모서리로 표현한 열 개의 꼭짓점 정보다.

(1, 10, L), (7, 10, R),
(5, 15, L), (9, 15, R),
(6, 8, L), (12, 8, R),
(15, 17, L), (19, 17, R),
(17, 11, L), (21, 11, R)

알고리즘을 이용해 출력하는 윤곽선 정보는 다음과 같다.

(1, 0, L), (1, 10, L), (5, 10, L), (5, 15, L), (9, 15, R), (9, 8, R), (12, 8, R), (12, 0, R)
(15, 0, L), (15, 17, L), (19, 17, R), (19, 11, R), (21, 11, R), (21, 0, R)

가로축 중 네 개의 꼭짓점 정보는 상단에 있는 꼭짓점에서 해당 정보를 얻을 수 있어 중복되는 정보이지만 이해를 돕고자 남겨둔다.

구간 병합 문제와 비슷하게 사각형을 병합하기 전 먼저 정렬해야 한다. 정렬 방법은 모든 직사각형 상단의 두 모서리의 가로 좌표를 기반으로 한다. 데이터를 정렬하면 열 개의 꼭짓점 순서는 다음과 같다. 명확히 표현하고자 꼭짓점 뒤에 각 꼭짓점이 속한 직사각형 번호(왼쪽에서 오른쪽으로 1~5)를 표시했다.

(1, 10, L)[1], (5, 15, L)[2], (6, 8, L)[3], (7, 10, R)[1], (9, 15, R)[2], (12, 8, R)[3], (15, 17, L)[4], (17, 11, L)[5],
(19, 17, R)[4], (21, 11, R)[5]

다음으로 할 일은 꼭짓점을 순차적으로 스캔하는 일이다.

첫째, 왼쪽 점을 만날 때는 두 가지 경우가 있다. 기존 왼쪽 점보다 높으면 해당 지점을 기록하고 높이 큐height queue를 사용해 높이를 기록한다. 기존 왼쪽 점보다 낮으면 기존의 꼭짓점은 외곽선으로 가려지므로 해당 꼭짓점을 기록하지는 않지만 높이 큐에 높이를 넣는다. 큐에 높이를 넣는 이유는 해당 직사각형이 삭제되는 것을 확인하기 위해서다.

둘째, 현재 가장 높은 직사각형의 오른쪽 점을 만나면 이 점을 기록함과 동시에 해당 사각형 높이를 높이 큐에서 삭제해 해당 직사각형은 완성한 것으로 처리한다. 주의할 점이 있다. 이 단계 후에는 높이 큐에서 가장 높은 직사각형이 처리되고 처리되지 않은 직사각형 중 가장 높은 높이가 현재 가장 높은 높이가 된다.

셋째, 오른쪽 점을 만나는 두 가지 경우가 있다. 높이 큐의 가장 높은 높이보다 낮은 경우라면 이미 해당 직사각형이 윤곽선으로 가리고 있다는 것을 나타낸다. 이 점은 필요하지 않다. 이때는 높이 큐에 높이를 기록할 필요 없이 높이 큐에 해당 사각형 높이를 삭제해 해당 직사각형이 처리됐다는 것을 표시해야 한다. 또 다른 하나는 직사각형 높이와 큐의 가장 높은 높이가 같은 경우다. 앞선 두 번째 처리 방법과 동일하다. 이 꼭짓점 높이를 큐에 기록하고 동시에 가장 높은 해당 높이가 높이 큐에서 삭제되는 것으로 해당 직사각형은 처리된다.

이와 같은 방식으로 모든 직사각형 꼭짓점을 한 번 스캔해 결합된 윤곽선을 얻는다. [그림 11.4]를 예로 들겠다. 시작할 때 윤곽선 높이는 0이므로 높이 윤곽선의 초기 상태에는 0이라는 하나의 높이만 가진다.

1단계, (1, 10, L)[1]을 만나면 높이는 10으로 높이 큐의 가장 높은 높이보다 높다. 높이 큐에 10을 넣고 꼭짓점 (1, 10, L)[1]이 결과에 추가된다.

2단계, (5, 15, L)[2]를 만나면 해당 꼭짓점은 왼쪽 점이다. 이전 꼭짓점보다 높으므로 결과에 추가한 다음 높이 큐에 높이 15를 추가한다.

3단계, (6, 8, L)[3]을 만나면 이 꼭짓점은 왼쪽 점이지만 높이가 큐의 가장 높은 높이보다 낮다. 다른 직사각형으로 덮일 것이니 건너뛴다. 그러나 꼭짓점 높이는 높이 큐에 넣는다. 3단계까지 완료되면 결과 수열에는 두 개의 점 (1, 10, L)[1]과 (5, 15, L)[2]이 포함되고 높이 큐에는 네 개익 높이인 (15, 10, 8, 0)를 가진다. 큐는 가장 높은 순에서 낮은 순으로 정렬된다.

4단계, (7, 10, R)[1]을 만나면 오른쪽 점이 된다. 높이가 큐에서 가장 높은 높이보다 낮으므로 덮어쓰게 된다. 이 꼭짓점 높이는 기록하지 않는다. 다만 해당 높이인 10은 높이 큐에서 제거된다.

5단계, (9, 15, R)[2]을 만나면 오른쪽에 있는 점이다. 높이는 현재 높이 큐의 가장 높은 높이와 같아 해당 높이의 오른쪽 선이라는 것을 알 수 있다. 이 꼭짓점은 기록하는 동시에 높이 큐에서 해당 높이 15를 제거해야 한다. 4단계와 5단계의 두 단계가 완료된 후 기록된 결과에는 (1, 10, L)[1], (5, 15, L)[2], (9, 15, R)[2] 세 개의 윤곽점이 있으며 높이 큐에는 두 개의 높이 (8, 0)만 남는다.

6단계, (12, 8, R)[3]을 만나면 오른쪽에 있는 점이다. 높이 큐의 가장 높은 높이와 같으므로 5단계처럼 처리한다. 이 지점을 기록하고 높이 큐에서 해당 높이를 제거한다. 6단계가 완료되면 기록된 결과는 (1, 10, L)[1], (5, 15, L)[2], (9, 15, R)[2], (12, 8, R)[3] 네 개 점이다. 높이 큐에 (0)만 남았다면 첫 번째 그룹의 윤곽선이 완성됐다는 것을 나타낸다. 윤곽선에는 네 개의 점이 있다. 수평선의 두 점 (1, 0, L)과 (12, 0, R), 돌출된 두 개의 점 (5, 10, L)과 (9, 8, R)이 있고 다른 정보를 기반으로 나머지 윤곽점을 보충할 수 있다. 간략하게 보고자 스캔 과정 중 이런 지점은 일시적으로 기록하지 않는다.

계속해서 나머지 꼭짓점을 스캔한다.

7단계, (15, 17, L)[4]를 만나면 왼쪽에 있는 점이다. 높이가 큐의 가장 높은 높이보다 높으면 이 지점을 기록하고 높이 17을 높이 큐에 넣는다.

8단계, (17, 11, L)[5]를 만나면 왼쪽에 있는 점이다. 높이가 큐의 가장 높은 높이보다 낮다. 3단계와 같은 상황이므로 동일한 처리를 한다. 이 점을 기록하지 않고 해당 높이 11을 높이 큐에 넣는다. 8단계가 완료되면 윤곽선은 (1, 10, L)[1], (5, 15, L)[2], (9, 15, R)[2], (12, 8, R)[3] 및 (15, 17, L)[5] 다섯 개의 점과 높이 큐는 (17, 11, 0)을 가진다.

9단계, 지금까지 가장 높았던 직사각형의 오른쪽에 있는 점인 (19, 17, R)[4]을 만난다. 4단계와 동일하므로 동일한 프로세스를 수행한다. (19, 17, R)[4] 높이인 17을 큐에서 제거한다.

10단계, 지금까지 가장 높은 점인 직사각형의 오른쪽에 있는 점 (21, 11, R)[5]을 만난다. 이전 단계와 동일하며 동일한 처리를 수행한다. (21, 11, R)[5] 결과인 11을 높이 큐에서 제거한다. 10단계가 완료되면 모든 꼭짓점이 처리된다. 높이가 다시 0으로 남고 기록된 결과는 (1, 10, L)[1], (5, 15, L)[2], (9, 15, R)[2], (12, 8, R)[3], (15, 17, L)[4], (19, 17, R)[4] 및 (21, 11, R)[5] 일곱 개 꼭짓점이 남는다. 이 중 네 개의 평행하는 꼭짓점과 세 개의 돌출된 꼭짓점을 다시 추가하면 전체 건물의 윤곽선을 그릴 수 있다.

해당 알고리즘에는 두 가지 핵심이 있다. 첫 번째는 왼쪽 점부터 윤곽선이 상향하며 상향 후에는 오른쪽으로 그려지고 오른쪽 점에서 하향한다는 것이다. 두 번째는 높이 큐를 유지하는 것이다. 현재 가장 높은 높이가 새로 만난 꼭짓점 높이와 같은지 여부를 결정할 뿐만 아니라 각 직사각형이 완성될 수 있는지 확인하기 위해서다.

물론 고려해야 할 두 가지 예외적인 사항이 있다. 두 직사각형의 왼쪽과 오른쪽이 같은 점에 있다면 어떻게 해야 할까? 높이 큐에 높이가 같은 두 개의 높이가 있으면 어떻게 될까? 이는 먼저 발생한 직사각형에 우선순위를 부여하는 것으로 처리할 수 있다.

이 알고리즘은 모든 직사각형(N이 있는 경우)의 상단 꼭짓점, 즉 $2N$개 꼭짓점만 스캔하면 된다. 스캔 과정의 시간 복잡도는 선형 $O(N)$이지만 정렬 자체 복잡도가 $O(N\log N)$으로 더 크다. 전체 복잡도 는 $O(N\log N)$이고 구간 병합 문제와 마찬가지로 더 이상 복잡도 측면에서 더 나은 알고리즘은 없다.

면접에서 $O(N\log N)$ 복잡도의 알고리즘을 생각해낼 수 있는 지원자는 10% 미만이다. 나머지 절반 이상은 아예 감을 잡지 못한다. 나머지 절반은 $O(N^2)$ 복잡도의 알고리즘을 생각해낸다. 지원자가 이 질문에 빠르게 답한다면 면접관은 다음과 같은 두 가지 확장 질문을 할 수 있다.

- 직사각형 하단의 가로 좌표가 없다면 어떻게 해야 할까?
- 기존 스카이라인에 건물을 추가한다면 스카이라인을 어떻게 수정해야 할까?

앞서 높이 큐의 설정만 언급했는데 높이 큐를 구현하는 가장 효과적인 방법은 우선순위 큐를 사용하는 것이다. 이를 사용하는지 여부도 테스트 포인트다.

스카이라인 질문의 목적은 무엇일까? 컴퓨터 그래픽 및 일부 이미지 처리에 종사하는 사람은 2차원 평면에 겹쳐진 그래픽을 실제로 표시하거나 다른 그래픽 및 이미지를 접합하는 것이 기본 기술이다. 구간 병합과 윤곽선의 윤곽을 사용한다. 윤곽선을 찾는 것보다 더 복잡한 문제는 어떤 사각형이 다른 사각형 위에 있는지 판단하고 정확하게 색칠하는 것이다. 매우 전문적인 알고리즘이다. 면접에서는 묻지 않는 질문이다.

11.5 가장 긴 회문 문제

가장 긴 회문 문제longest palindrome match는 많은 회사가 사용하는 면접 질문 중 하나다. 이런 종류의 질문은 구글에서 사용한 적이 없으며 필자 또한 없다. 면접 질문으로 사용하지 않은 이유는 '깨달음'을 묻는 것이 아니라 '기교'를 묻는 문제이기 때문이다. 면접에서 이 질문을 묻는 빈도가 높고 답을 읽어도 대부분 이해하지 못하는 경우가 많아 명확하게 설명해보겠다.

먼저 회문palindrome이 무엇인지 알아보자. 회문은 aba, aacaa, abcababacba 등 같은 대칭 문자열이다. 물론 aa, abba, abcabaabacba도 대칭이다. 전자는 대칭이 되는 중심이 있지만 후자는 그렇지 않다. 후자의 문자열 중간에 의미 없는 특수문자 #(해시 기호)만 삽입해도 첫 번째 경우와 완전히 동일해져 문제가 되지 않는다. 가장 긴 회문 문제를 풀 때 첫 번째 종류의 회문만 고려한다. 회문은 중심에 문자가 있고 그 문자를 중심으로 왼쪽과 오른쪽이 대칭인 문자열이다.

회문과 관련된 면접 질문 중 간단한 것은 주어진 문자열이 회문인지 여부를 결정하는 것이다. 매우 간단하다. 중앙에서 문자열을 시작해 양쪽으로 스캔하거나 양쪽에서 시작해 중앙으로 스캔하면서 왼쪽과 오른쪽의 해당 위치에 있는 문자가 동일한지 확인하면 된다. 회문 문제의 다른 버전으로, 지원자에게 정규 표현식regular expression[2]을 사용해 회문을 작성할 수 있는지 묻는 경우가 있다. 결론적으로 말하면, 회문은 정규 표현식 문법에서 어긋나므로 대답은 '아니오'다. 회문 여부를 판단하는 가장 쉬운 방법은 미련하지만 문자열을 모두 스캔하는 것이다.

문자열 자체는 회문이 아니지만 일부 문자열은 회문일 수 있다. 예를 들어 abaabacbaabaa 자체는 회문이 아니지만 문자열 {a[b(aa)b]a}c[b{aab](aa)}의 ( ), [ ] 및 { }로 묶인 부분 같이 회문을 형성하는 부분 문자열이 있다. 이 문자열에는 회문 부분 문자열이 많다. 모두 하나로 묶으면 엉망인 문자열로 보인다. 예시는 괄호로 회문 부분을 둘렀을 뿐이지만 모든 회문 부분 문자열 중에서 가장 긴 회문이 있다.

예제 11.5 ★★★★★ 가장 긴 회문 문제(FB)
문자열이 주어졌을 때 계산 복잡도가 가장 낮은 알고리즘으로 가장 긴 회문 부분 문자열을 찾아라.

이 문제를 접했을 때 $O(N^2)$ 복잡도를 갖는 방법을 생각하기 쉽다. 문자열을 str, 길이를 N이라고 가정한다. N은 홀수여야 한다. 문자열의 첫 번째 문자 번호는 1이고 중심 문자 번호는 $(N+1)/2$이다. N이 짝수인 경우 앞서 언급한 바와 같이 중앙에 #가 삽입됐다면 N이 홀수인 경우로 변환할 수 있다.

가장 직관적인 방법은 모든 회문을 찾아 길이를 기록하는 것이다.

먼저 중간에서 시작하자. 회문의 중심 위치 $center=(N+1)/2$로 중심 위치를 설정하고 중심의 양쪽에 있는 문자, 즉 $str[center-1]$과 $str[center+1]$이 같은지 판단한다. 같은 경우 인접한 왼쪽과 오른쪽의 $str[center-2]$ 및 $str[center+2]$ 문자가 동일한지 여부를 판단한다. 그다음 두 문자가 다르거나 모든 문자열이 스캔될 때까지 계속 판단한다. 두 경우 모두 중앙부터 시작하는 가장 긴 회문을 찾고 이 길이를 $PalindromeLength$ 수열에 기록한다.

회문의 중심 위치를 왼쪽으로 한 칸 이동한 위치, 즉 $center=(N-1)/2$로 설정한 후 앞선 과정을 반복한다. 이동한 위치를 중심으로 하는 가장 긴 회문의 길이를 수열 $PalindromeLength$에 기록한다.

2　　[옮긴이] regex라고도 한다. 특정한 규칙을 가진 문자열 집합을 표현하는 데 사용하는 형식 언어. 참고: https://ko.wikipedia.org/wiki/정규_표현식

중심 위치를 오른쪽으로 한 칸 더 이동한 $center=(N+3)/2$에서 앞선 작업을 반복한다. 이때 abba와 같은 짧은 길이의 짝수 길이 회문에서 누락을 피하는 가장 쉬운 방법은 모든 문자 사이에 #를 삽입하는 것이다. abba는 a#b#b#a가 되고 마지막에 문자열 길이를 계산할 때는 #를 삭제한다. 이어지는 내용에서는 회문 길이를 모두 홀수라고 가정하며 짝수 길이 회문에 대한 것은 무시한다.

이 방법으로 원 문자열 중심에서 양쪽으로 회문 중심을 계속 확장할 수 있다. 가능한 모든 회문 길이를 계산하여 초깃값이 1인 $PalindromeLength$ 수열에 저장할 수 있다. 마지막으로 이 수열을 스캔해 가장 긴 회문 부분 문자열을 찾는다. abaabacbaabaa의 경우 중심 위치의 일곱 번째 문자 c부터 시작한다. 발견된 가장 긴 회문은 c 자체다. 그다음 여섯 번째와 여덟 번째 문자부터 시작해 가장 긴 회문을 찾는다. 이 회문의 최장 길이도 두 글자다. 그러나 다섯 번째 문자인 b와 아홉 번째 문자 a를 스캔하면 가장 긴 회문이 각각 aba와 baab로 더 길어진다. 결국 가장 긴 회문 부분 문자열인 abaaba 여섯 자를 찾을 수 있다.

알고리즘 복잡도는 $O(N^2)$이다. 중심에서 전체 원본 문자열을 스캔하도록 해야 하고 각 스캔은 $O(N)$ 시간이 걸릴 수 있기 때문이다. 중앙에서 가장 긴 회문 부분 문자열을 찾을 가능성이 더 높기 때문에 중앙부터 시작한다. 길이가 k인 회문이 발견되면 가장 왼쪽 $k/2$번째 문자나 가장 오른쪽 $k/2$번째 문자를 중심으로 하는 회문은 가장 긴 부분 문자열인 k를 초과할 수 없으므로 탐색은 여기서 종료될 수 있다. 이 방법을 '중심 확장 알고리즘'이라고 부른다.

지원자가 중심 확장 알고리즘조차 생각하지 못한다면 면접은 완전히 실패한 것이다. 하지만 이 알고리즘을 생각해내도 효율성이 너무 낮아 지원자의 수준이 그리 높지 않다는 것을 보여준다. 가장 효율적인 방법은 '매니커 알고리즘Manacher algorithm'이다. 다양한 온라인 사전과 컴퓨터 프로그래밍 관련 포럼에서 찾을 수 있지만 매우 모호해 컴퓨터 전문가 80%가 이해하지 못한다. 면접에서 매니커 알고리즘 설명을 앞에 놓고 보고 설명하라고 해도 이해하지 못할 수도 있다. 직관적이지 않은 매니커 알고리즘을 알아보자.

매니커 알고리즘은 본질적으로 재귀를 기반으로 하는 동적 계획법 알고리즘이다. 회문 문제를 해결하는 데 동적 계획법이 효과적인 이유는 회문 하위 문자열에 더 짧은 회문 하위 문자열이 포함될 수 있기 때문이다. $k+1$ 문자를 중심으로 하는 회문($k+1$번째 위치 회문이라고 하겠다)을 찾을 때 1번째, 2번째 … k번째 위치의 가장 긴 회문 부분 문자열을 이미 찾았다고 가정한다. 그다음 중간 결과를 사용해 $k+1$번째 위치 회문을 찾는다. k번째 회문과 회문에 포함된 다른 회문 사이의 관계를 결정하기 위해 가능한 모든 상황을 나열한다.

첫 번째 경우다. 위치 k에 있는 (가장 긴) 회문의 왼쪽 절반인 $Palindrome_1$(1번 회문)에 2번(가장 긴) 회문인 $Palindrome_2$가 있다. 2번 회문은 i에 중심이 있고 왼쪽 경계점은 k를 중심으로 한 회문 내 있게 된다. 위치 k(문자 "b")번째 회문 $Palindrome_1$이 $k=5$인 bacabacab이라고 하자. 왼쪽 위치 $k-2=3$(문자 "c")을 중심으로 하는 2번 회문은 "aca"이며 k번째 위치 회문은 왼쪽에 있는 모든 회문 중에서 가장 긴 회문이다. 동시에 $Palindrome_2$의 왼쪽 경계점은 2이며 1번 회문의 왼쪽 경계 1을 초과하지 않는다. 이 경우 필연적으로 1번 회문의 오른쪽에는 3번 회문 $Palindrome_3$ "aca"가 있다. 이는 2번 회문인 $Palindrome_2$의 거울로 보는 것과 같은 문자열이다. 그 길이는 2번 회문의 길이와 같으므로 3번 회문의 오른쪽 경계는 1번 회문의 오른쪽 경계를 초과할 수 없다. aca 외에도 k의 앞에는 글자 자체인 길이가 1인 회문이 많이 있으나, 고려할 필요는 없다.

두 번째 경우다. k보다 작은 i를 중심으로 하는 회문이 있다면 2번 회문($Palindrome_2$)이라고 한다. 2번 회문의 왼쪽 경계는 k번째 위치 회문의 왼쪽 경계와 같거나 초과한다. [그림 11.5]와 같다.

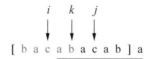

그림 11.5 2번 회문($Palindrome_2$)의 왼쪽 경계는 1번 회문의 왼쪽 경계와 같거나 초과한다

[그림 11.5]에서 1번 회문인 $Palindrome_1$은 [ ]로 묶인 문자열이다. 2번 회문인 $Palindrome_2$는 [ ]에서 왼쪽 경계선이 첫 번째 문자이며 1번 회문(또한, 첫 번째 문자는 1)의 왼쪽 경계선에 닿는 엷은 색의 문자열이다. 이 경우 1번 회문의 오른쪽은 j를 중심으로 하고 $k-i=j-k$를 만족하는 j를 중심의 3번 회문도 있어야 한다. 2번 회문 중심과 3번 회문 중심은 k의 거울과 같은 문자열이다. 3번 회문의 오른쪽 경계는 적어도 1번 회문의 오른쪽 경계와 같거나 오른쪽 경계를 초과한다. 얼마나 초과하는지는 1번 회문 오른쪽 경계 너머의 문자와 j를 중심으로 미러링되는 문자를 비교해야 알 수 있다. [그림 11.5]에서 밑줄 친 부분은 오른쪽 경계가 열 번째 문자이고 1번 회문의 오른쪽 경계인 아홉 번째 문자를 넘는 3번 회문 $Palindrome_3$이다.

세 번째 경우를 보자. 1번 회문의 오른쪽 경계 외부에 있는 일부 위치 m은 다른 회문의 중심인 $Palindrome_4$(4번 회문)이다. 1번 회문의 왼쪽의 문자열들은 중심이 m인 4번 회문 길이를 결정하는 데 필요하지 않게 된다.

이제 왼쪽에서 오른쪽으로 검색하며 k를 중심으로 하는 가장 긴 회문 부분 문자열을 찾는다. 1번 회문을 $Palindrome_1$이라고 하고 그 길이를 $PalindromeLength[k]$에 기록한다. 다음으로 1번 회문

$Palindrome_1$을 참조로 사용해 더 긴 회문 하위 문자열을 찾을 수 있는지 확인하고자 계속해서 오른쪽으로 검색한다. 세 가지 경우를 분석해 $k+1$을 중심으로 하며 길이가 k번째 위치 회문을 초과하는 회문이 있는지 확인한다.

첫 번째 경우 $k+1$번 문자를 중심으로 하는 문자열의 최장 회문은 $PalindromeLength[k]$보다 긴 회문이 될 수 없다. 이유는 무엇일까? $k+1$을 중심으로 하고 위의 값보다 긴 회문이 있으면 해당 회문의 오른쪽 경계가 1번 회문의 오른쪽 경계를 벗어나야 한다. 첫 번째 경우의 가정과 모순된다. $k+1$의 위치에 더 이상 회문이 없을 뿐만 아니라 1번 회문의 오른쪽 경계 이전의 모든 위치, 즉 $k+2$, $k+3$ … $k+PalindromeLength[k]/2-2$를 중심으로 하는 회문은 [그림 11.6]과 같이 더 긴 회문을 가질 수 없다. 이 경우 1번 회문의 오른쪽 경계선으로 직접 건너뛰어 더 긴 회문을 계속 찾을 수 있다. 매니커 알고리즘이 시간을 절약하는 주된 이유다.

계속해서 두 번째 경우와 세 번째 경우를 살펴보자.

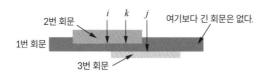

그림 11.6 **1번 회문의 오른쪽 경계 이전까지 더 긴 회문이 없다**

두 번째 경우 k의 오른쪽에 있는 j번째 위치 회문인 3번 회문이 k번째 위치의 1번 회문보다 [그림 11.7]과 같이 길 가능성이 있다.

그림 11.7 **3번 회문은 1번 회문보다 길지만 그 중심은 1번 회문에 있다**

[그림 11.7]에서 [ ]로 표기된 부분이 1번 회문인 $Palindrome_1$이고, 엷은 색 부분은 2번 회문인 $Palindrome_2$이며 밑줄은 오른쪽 경계가 1번 회문의 오른쪽 경계를 넘어 확장된 3번 회문인 $Palindrome_3$을 나타낸다. 가장 긴 회문 길이를 출력한다면 가장 긴 회문의 길이는 11이다. 1번 회문(길이 9)보다 길다. 이 회문을 찾는 데 얼마나 많은 비교가 필요할까? 딱 세 번, 즉 추가 문자만 비교하면 된다. 1번 회문 $Palindrome_1$의 일부 문자는 2번 회문 $Palindrome_2$로 결정됐다. 이때 3번 회문 $Palindrome_3$을 기준으로 삼고 j부터 오른쪽으로 계속 스캔한다.

세 번째 경우에서 4번 회문이 있고 중심 l이 1번 회문의 오른쪽 경계, 즉 $k+PalindromeLength[k]/2$를 초과한다면 가장 긴 회문의 길이를 판단할 때는 1번 회문 $Palindrome_1$의 오른쪽 경계를 초과하는 길이만 고려하면 된다. [그림 11.8]과 같다.

그림 11.8 4번 회문의 중심은 1번 회문의 오른쪽 경계를 넘어 확장된다

이때는 오른쪽 경계 밖에 있는 문자 l을 중심으로 미러링된 왼쪽에 있는 문자와 서로 동일한지 여부만 비교한다. 새로운 회문인 4번 회문 $Palindrome_4$를 구하면 참조로 사용해 오른쪽으로 계속 스캔한다. 두 번째 경우나 세 번째 경우에서 새로운 회문이 발견될 때마다 $PalindromeLength$ 배열을 업데이트한다. 문자열의 오른쪽 경계를 넘을 때 가장 긴 회문의 중심을 찾아 길이를 기록한다.

1단계에서 가장 긴 회문을 k 위치에서 찾았다고 가정하는데 이 회문은 어떻게 찾을까? 이 회문 또한 바로 이전 단계의 특정 위치로 이동해 해당 위치에서 가장 긴 회문을 찾는다. 재귀적 방법론이다. 여기서 1번 회문은 재귀의 최종 시작점인 자기 자신이 된다.

매니커 알고리즘의 시간 복잡도는 오른쪽 경계를 비교하는 횟수로 계산한다. 왼쪽 경계는 오른쪽 경계와 상동한 횟수로 비교된다. 문자가 회문 오른쪽 경계로 여러 번 비교된다는 점만 고려한다.

세 가지 경우에 따라 분석한다. 첫 번째 경우는 새로운 기준 회문의 중심이 1번 회문 범위 내 있을 수 없으므로 1번 회문의 오른쪽 경계에 있는 다음 문자로 바로 점프한다. 이때 문자 비교는 없다. 회문의 오른쪽 경계에 있는 문자는 회문을 판단할 때 한 번만 비교한다. 두 번째 경우와 세 번째 경우는 기준 회문의 가장 오른쪽 경계 밖에 있는 문자만 비교한다. 회문 내 문자는 비교할 필요가 없다. 회문의 오른쪽 경계 외 문자는 n개 문자를 비교한다고 가정한다. 이번에는 n개 문자를 오른쪽 문자로만 비교한다. 매니커 알고리즘은 각 문자를 회문의 오른쪽 문자로 한 번 비교하므로 총 문자열 비교 횟수는 $2N$이고 알고리즘 복잡도는 선형이다.

모든 사람이 매니커 알고리즘을 직관적으로 이해할 수 있는 실제 예제를 살펴보자. [표 11.8]에 표시된 문자열에서 가장 긴 회문 부분 문자열을 찾아보자.

표 11.8 회문 부분 문자열을 포함하는 문자열

번호	1	2	3	4	5	6	7	8	9	10	11	12	13	14	15	16	17	18	19	20	21
문자열	b	c	b	a	c	a	**d**	**a**	**c**	**a**	**b**	**a**	**c**	**a**	**b**	**a**	**c**	**a**	**d**	c	d
회문 길이	1	3	1	1	3	1	9	1	1	1	7	1	13	1	1	1	1	1	1	3	1

스캔하기 전 각 위치 회문 길이는 1로 설정한다.

왼쪽에서 오른쪽으로 스캔하고 $k=2$를 스캔하면 길이가 3인 회문을 찾게 된다. 이 회문은 왼쪽에 길이가 1인 회문이 있기 때문에 이전 분석의 두 번째 경우와 일치한다. $k=3$ 위치는 제외하고 계속 오른쪽으로 스캔한다. 더 긴 회문을 찾지 못하다가 $k=7$이 될 때 길이가 9인 회문을 찾는다. 이때 왼쪽에 $i=5$를 중심으로 하는 길이가 3인 2번 회문이 있지만 왼쪽 경계가 첫 번째 경우에 속하는 기준인 일곱 번째 위치 회문의 왼쪽 경계에 도달하지 않는다. 오른쪽 경계인 $k=11$인 위치로 바로 이동한다. $k=2$ 위치와 동일한 상황이다. $k=12$로 바로 이동하지만 회문은 발견되지 않는다. $k=13$에서 길이가 13인 회문(굵게 표시)이 발견된다. 이 회문의 범위 내에서 $i=7$ 위치에 길이가 9인 회문이 있으며 두 번째 경우에 해당한다. 이때 기준 회문의 오른쪽 경계 밖에 있는 경우만 비교하면 된다. 스무 번째 문자가 거울 문자인 여섯 번째와 동일한지 비교한다. 동일하지 않으므로 문자열 끝까지 오른쪽으로 계속 스캔한다.

스캔 과정에서 발견된 회문 위치의 회문 길이를 업데이트하고 건너뛴 위치의 회문 길이는 업데이트하지 않는다. 위치 9, 15, 17은 여전히 초깃값 1이며 해당 값은 $k=7$ 및 $k=13$의 회문 거울 관계에 따라 업데이트될 수 있다. 그러면 복잡도가 증가하지 않는다.

매니커 알고리즘으로 회문을 찾는 방법을 최대한 명확하게 했으나 대부분 앞선 세 가지 경우로 파악하려고 계속 고민할 것이다. 면접 한 시간 내 지원자가 이 방법을 생각해내는 것은 무리다. 필자가 아는 한 지원자의 1% 미만이 한 시간 내 이 문제를 해결할 수 있다. 알고리즘 수업 시간에 제한을 두지 않았을 때, 10% 미만의 대학생만이 매니커 알고리즘을 생각할 수 있다.

가장 긴 회문 문제는 $O(N^2)$ 방식이 너무 직관적이다. 대부분 지원자가 $O(N^2)$을 이야기한다. 이러면 지원자 수준을 파악하는 것이 불가능하다. 또한, 매니커 알고리즘을 테스트하거나 재귀에 대한 이해를 테스트하는 것 외에는 해당 질문의 실효성을 생각할 수 없다. 좋은 면접 질문이 아니다. 중국 기업에서는 이 질문으로 테스트하는 경우가 많아 많은 페이지를 할애해 설명했다. 면접에서 매니커 알고리즘을 외운 지원자와 대화를 나누고 원리를 설명하라고 요청했으나 제대로 설명하는 지원자는 거의 없었다. 알고리즘 복잡도를 분석하는 사람도 없었다. 그러나 대부분 구글 수석 개발자는 매니커 알고리즘을 설명할 수 있다. 스스로 매니커 알고리즘을 얼마나 이해하고 있는지 테스트하는 용도로 가장 긴 회문 문제를 사용하자.

11.6 계산기 문제

앞서 2.3절에서 스택을 설명할 때 다뤘던 간단한 계산기 문제다. 많은 대학의 데이터 구조와 컴퓨터 알고리즘 수업에서 사용하는 연습 문제다. 구글 등에서도 면접 질문으로도 사용했다. 필자는 이를 구글 개발자 면접 질문이 아니라 프로덕트 매니저 면접용 질문이라고 본다. 이 문제는 개발자에게는 너무 간단한 문제다. 스택 데이터 구조 기술을 테스트하는 정도의 문제다. 구글에서는 프로덕트 관리자 또한 프로그래밍을 알고 있어야 하므로 몇 가지 엔지니어링 및 소프트웨어 관련 질문을 한다.

필자는 일부 프로덕트 매니저 지원자의 면접 결과를 검토한 적이 있었는데, 많은 지원자가 답하지 못했다. 다양한 상황을 충분히 고려하지 않았기 때문이다. 이 질문은 확장성이 뛰어나 더 깊이 있게 질문할 수 있다. 계속해서 깊게 파고 들어가다 보면 마지막에는 간단한 계산기가 매우 복잡하게 만들어진다. 결국 지원자가 일정 단계에서 넘어가지 못 하게 되는데 이를 통해 지원자 수준을 테스트할 수 있다. 문제의 주의 사항을 명확히 설명하는 것이 중요하다.

예제 11.6 계산기 문제

계산기를 설계하고 구현하라.

질문 자체는 계산기가 무엇인지도 어떤 기능을 수행해야 하는지도 정의하지 않은 개방형 질문이다. 기능에 따라 계산기를 가장 단순한 것부터 가장 복잡한 것까지 네 가지로 나눠 생각해보자.

첫째, 괄호 없이 네 개의 산술연산을 지원하는 가장 간단한 계산기다. 스택을 도입해 만드는 알고리즘은 2.3절에서 다루었기에 반복해 설명하지 않는다. 고려해야 할 한 가지 세부 사항이 있다. 숫자 문자열을 숫자로 변환하는 문제다. 계산기를 사용할 때 숫자는 키 단위로 입력된다. 13.54를 입력하면 실제로는 다섯 개 문자가 입력되고 부동소수점 숫자로 변환해야 한다. 계산기를 설계할 때 문자열을 숫자로 변환하는 방법을 주의해야 한다. 프로세스는 복잡하지 않다. 다만 문자열의 숫자 변환이 모든 연산보다 우선해야 한다는 점을 기억해야 한다. 그러나 숫자 뒤에 숫자나 소수점이 표시되면 뒤에 있는 연산자를 고려할 필요 없이 바로 부동소수점으로 변환해야 한다. 이 세부 사항은 제품 관리자가 문제를 신중하게 고려하는지 여부를 측정할 수 있을 뿐만 아니라 개발자가 제품에 대한 인식을 가지고 있는지 여부도 반영한다.

둘째, 거듭제곱 및 제곱근 연산이 지원되는 계산기다. 거듭제곱 및 제곱근은 덧셈, 뺄셈보다 곱셈, 나눗셈보다 우선순위가 높으며 우선순위에 따라 처리할 수 있어야 한다. 고려해야 할 세부 사항이 있다. 우선순위 기준이 두 개뿐이라면 간단하게 비교할 수 있다. 예를 들어 프로그램에서 다음과 같이 작성할 수 있다.

```
if (x='+' 또는 x='-') AND (y='*' 또는 y='/')
    then 다음 y 연산을 먼저 수행한 후 x 연산을 수행한다.
```

다만 연산 우선순위가 많이 다른 경우에는 다양한 연산의 우선순위를 나타내고자 함수를 사용해야 한다. 함수 입력은 연산 기호, 출력은 특정 값이 된다. 우선순위는 1, 2, 3…으로 표시되며 값이 높을수록 우선순위가 높아진다. 연산자 기호를 만나면 값을 연산하기 전에 연산자 우선순위를 찾아야 한다. 또한, 지수의 경우 ^ 기호로 프로그램에서 사용할 수 있다. 제곱근은 어떻게 해야 할까? 지수에 역수를 사용해야 할까 아니면 새로운 기호를 사용할까? 상관없다. 이 질문은 개방형이다. 정답은 없다.

셋째, ( )가 있는 작업이 지원되는 계산기다. ( )가 있는 연산은 연산의 우선순위뿐만 아니라 계산 공식을 이해하는 방식도 변경해야 한다. 5(3+4)를 작성할 때 실제로는 5×(3+4)를 의미하므로 이 *와 ()의 두 표현식에 대해 동일한 작업을 수행한다. 간단한 방법은 스캔을 통해 숫자 혹은)가 스캔된 뒤에 앞에 연산자가 아닌 (가 왔는지 확인하는 것이다. (이 왔다면 ×가 자동으로 삽입돼야 한다.

일반적으로는 다음의 알고리즘으로 ( )를 처리한다. 5×(3+4)를 계산하려고 한다. 스캔 중 5와 ×를 찾으면 스택에 밀어넣는다. 그다음 (를 찾으면 이것 또한 스택에 밀어넣는다. (뒤에 오는 문자열은 사실상 ( )가 없는 네 개의 산술연산 공식을 따른다. 네 개의 산술연산 처리 방식은)를 만날 때까지만 처리된다. 이때)의 기능은 네 개의 산술연산 기호가 더 이상 없을 때 나타나는 =와 같다. 유일한 차이짐은 팔호가 없을 때는 =가 발생하면 마지막으로 스택에서 결과를 꺼내 스택을 비울 수 있지만 ( )로 둘러싸인 경우에는 스택에서 숫자를 꺼내며 연산을 진행하다가 (까지 스택에서 다시 꺼내 ( ) 내 결과 데이터를 스택으로 다시 밀어넣는다.

( )의 연산은 전체 연산 내부에서 중첩되는 연산이다. 프로그램을 일관성 있게 보이고 코드를 단순하게 만들고자 ( )를 스캔했을 때 계산기 프로그램 자체를 재귀적으로 호출할 수도 있다. 물론 일부 면접관은 재귀적 방법을 사용하지 않도록 지원자에게 요구한다. 표현식을 순차적으로 스캔할 때 또한 ( )와 다양한 작업의 우선순위에 따라 동일한 기능을 수행할 수 있다.

( )를 처리할 때 고려해야 할 사항이 하나 더 있다. ( )가 일치하지 않을 때 수행할 작업이다. 가능한 모든 예외를 생각하는 것은 쉽지 않다. 표현식에서 ( )가 일치하는지 확인하는 것 자체 또한 면접 문제의 일부분이다. 이 문제는 구문 오류 프로그램의 코드 검사 문제로 확장될 수 있다. 컴파일러에서 가장 일반적이고 기본적인 문제이기도 하다. 자연어 처리에서는 대부분 중첩된 ( )가 문법 트리를 나타내는 데 사용된다. ( )가 일치하는지 확인하는 것은 자연어 처리 도구의 가장 기본 기능이다.

넷째, 삼각함수 $\sin(x)$ 또는 로그함수 $\log(x)$와 같은 함수를 지원하는 계산기다. 삼각함수 뒤에 ( )는 생략할 수 있다. $\sin(50)$과 $\sin 50$은 같다. 이 부분에서 고려해야 할 사항이 많다. 로그함수는 $\log 2(50)$으로 작성하면 $\log 2 \times 50$ 의미보다는 밑이 2인 로그를 의미한다. 하지만 $\log 2$로만 쓴다면 $\log(2)$를 뜻한다. 여기까지 봤을 때 알 수 있듯이 계산기 문제는 소프트웨어 개발자의 제품 설계 능력을 테스트할 수 있으며 전체적인 문제를 잘 살펴보는지 알 수 있다.

강력한 계산기는 다양한 응용 요구 사항을 충족시켜야 한다. 3(5-2) 및 $\log 2$ 같은 비정규적 표현식도 처리하는 등 사용자에게 편의를 제공하고 명확한 계산 결과를 제공할 수 있어야 한다. 또한, 모든 비정상적 상황을 피할 수 있는 방법을 찾고 이 같은 상황이 발생했을 때 합리적으로 처리할 수 있어야 한다.

계산기 질문은 테스트 개발자를 시험하고자 일부 회사에서도 사용한다. 다음 두 가지 질문을 한다.

- 단일 산술 표현식으로 계산기의 전체 설계 기능을 테스트할 수 있을까?
- 계산기 프로그램의 테스트케이스를 나열하라. 테스트케이스는 프로그램에서 발생할 수 있는 이상 상황을 고려해야 하며 이상 상황 때문에 프로그램이 붕괴되지 않도록 해야 한다.

산술 표현은 사람마다 이해도가 다를 수 있다. 면접관은 면접 중 지원자와 의사소통해 동일한 이해를 갖도록 해야 한다. 가장 일반적으로 '5+10%='라는 표현의 이해에서 발생한다. 중국은 '5+10%=5+0.1=5.1'로 이해한다. 그러나 아이폰으로 계산하면 답은 5.5다. 아이폰 버그가 아니다. 미국인의 일반적인 계산 관습에 따르면 5+10%는 5 더하기 5의 10%이기 때문이다. [그림 11.9]를 보면 구글 계산기 역시 5.5라는 결과를 보여준다.

미국인은 왜 이렇게 이해를 할까? 미국에서는 물건을 살 때 물건 자체 금액 외에 몇 퍼센트의 판매세를 내거나 음식을 먹을 때 약 15%의 팁을 줘야 한다. 반대로 판매자는 총 가격에서 퍼센트를 뺄 때 원 가격에서 할인율이 적용된 금액이 얼마인지 제공한다. 이 기능은 많이 사용되기 때문에 계산기가 기본적으로 처리해야 한다. 이 예에서 알 수 있듯이 좋은 질문에 답하는 첫 번째 단계는 두 당사자 간 의사소통에 문제가 없는지 확인하는 것이다.

그림 11.9 구글 계산기 결과

11.7 검색 결과 요약 문제

전형적인 구글 면접 질문이다. 다른 회사는 웹 검색과 직접적으로 관련된 종류의 질문을 테스트하지 않지만 유사한 문제로 테스트한다. '검색 스니펫search snippets'은 [그림 11.10]과 같이 검색 결과로 검색엔진이 제공하는 웹 페이지 콘텐츠의 일부를 말한다.

> ⓦ en.wikipedia.org › wiki › Algorithm ▾
> ## Algorithm - Wikipedia
> Jump to **Computer algorithms** - In mathematics and **computer** science, an **algorithm** is a finite sequence of well-defined, **computer**-implementable ...
> List · Algorithm (disambiguation) · Algorithm characterizations · Euclidean algorithm

그림 11.10 computer algorithms 검색 시 검색 결과 스니펫

검색 스니펫은 사용자가 찾는 웹 페이지인지 여부를 확인하는 데 도움이 된다. 논문의 초록과 달리 웹 페이지의 전체 내용을 요약할 필요는 없다. 일반적으로 더 많은 검색 키워드가 포함된 텍스트 단락만 보여줘도 된다. 스니펫 문제는 다음과 같이 공식화된다.

예제 11.7 ★★★☆☆~★★★★☆ 스니펫 문제(AB)
검색어가 k인 텍스트 중 발견되는 총 검색 키워드 수가 최대가 되도록 텍스트를 찾는 방법은 무엇인가?

[그림 11.10]의 스니펫에서는 computer와 algorithm이라는 단어가 총 다섯 번 나온다. 이 문제에서 가장 직관적인 방법은 텍스트를 끝까지 한 번 스캔하고 [그림 11.11]과 같이 텍스트 중 매 단어 위치 p에서 위치 $p+k-1$까지 검색된 키워드가 몇 번 나타나는지 기록하는 것이다.

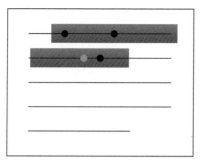

그림 11.11 텍스트에서 검색 범위가 이동하고 해당 키워드가 범위 내에 나타나는 횟수를 센다

computer와 algorithm을 검색했을 때 $k=50$이라고 가정하고 텍스트의 첫 번째 단어부터 시작하여 50개 단어를 스캔한다. computer가 두 번 나오고 algorithm이 한 번 나타난다. 총 횟수는 3이다. 이때 검색 시작 위치는 1이고 키워드 발생 횟수는 3이라는 두 가지 정보가 저장된다. 현재 정보로 업데이트한다.

그다음 검색 범위를 뒤로 이동한다. 오른쪽으로 한 단어 이동한다. 다음 두 가지 상황에 따라 이전 저장된 검색 키워드 관련 정보를 조정해야 한다.

첫째, 첫 번째 위치에 있는 단어가 computer 또는 algorithm인 경우, 검색 범위를 뒤로 이동하고 해당 단어는 검색 부분에서 제외한다. 키워드 발생 횟수에서 1을 뺀다.

둘째, 51번째 위치 단어가 computer나 algorithm이면 여기까지 검색 부분을 확장하고 키워드의 발생 횟수는 1을 더한다.

이는 두 번째 단어 위치에서 시작하는 검색 범위 정보를 제공한다. 현재 키워드의 발생 횟수가 과거 정보의 횟수를 초과하는 경우 과거 정보를 현재 정보로 덮어쓴다. 그다음 검색 범위를 계속 이동하고 키워드 발생 횟수를 확인한다. 필요할 때(현재 키워드 발생이 이전 기록을 초과할 때) 정보를 업데이트한다. 검색이 끝난 후 키워드 관련 정보를 출력하면 가장 많은 키워드가 포함된 검색 범위를 출력한다.

이 알고리즘의 시간 복잡도는 $O(N)$이다. 텍스트를 한 번 스캔하고 각 단어가 검색 키워드인지 여부를 한 번만 판단하면 된다. 일단 텍스트 검색은 논리적으로 선형 복잡도를 만족하지만 웹 검색에서는 해당 검색 키워드를 가지는 웹 페이지 수가 너무 많다. 각 웹 페이지를 스캔하는 데 시간이 너무 오래 걸리므로 더욱 최적화된 방법을 사용해야 한다.

다행히 검색엔진이 각 키워드를 인덱싱해 해당 키워드가 나타나는 웹 페이지뿐만 아니라 웹 페이지에서 위치도 표시한다. 웹 페이지에서 computer와 algorithm 위치는 [표 11.9]와 같다.

표 11.9 웹 페이지에서 computer와 algorithm이 나타나는 위치

computer	281	320	335	339	419	603	...
algorithm	334	420	455	621	...	...	...

인덱스를 사용하면 가장 많은 키워드가 포함된 부분을 빠르게 찾을 수 있다. computer처럼 검색 키워드가 하나뿐이라면 알고리즘은 더 간단해진다. 실제로 앞서 언급한 텍스트 스캔 알고리즘의 복제품이다. 이전 알고리즘에서는 시작 위치를 1로 시작했지만 여기서는 시작 위치를 검색 키워드가 나타나는 첫 번째 위치로 초기화한다. 초기화하는 동안 다음 정보를 기록한다.

- 현재 검색 범위 포인터=1
- 현재 검색 범위 내 단어 발생 횟수=1
- 현재 검색 범위 시작 위치=281

그다음 인덱스의 두 번째 항목을 스캔하고 얻은 위치 정보는 320이다. 320−281<50이므로 검색 범위가 281에서 시작하면 320 위치에 있는 단어는 여전히 검색 범위 내 있으므로 현재 정보를 업데이트한다.

- 현재 검색 범위 위치 포인터=1
- 현재 검색 범위 내 단어 발생 횟수=2
- 현재 검색 범위 시작 위치=281

다음으로 인덱스의 세 번째 항목에서 얻는 위치 정보는 335이다. 355−281>50이브로 현재 검색 범위 밖에 있다. 이때는 현재 검색 범위를 업데이트한다. 방법은 다음과 같다.

1. 현재 검색 범위의 위치 포인터를 2를 가리키는 1만큼 증가시킨다.
2. 현재 검색 범위의 시작 위치인 320을 가져온다.
3. 현재 검색 범위의 시작 위치와 키워드 스캔 중인 위치가 같은 범위에 있는지, 즉 차이가 50 미만인지 확인한다.
4. 50보다 작으면 현재 검색 범위 정보를 업데이트한다. 특히 이 예에서는 335−320<50이므로 현재 검색 범위 정보를 다음과 같이 업데이트한다.

- 현재 검색 범위 위치 포인터=2

- 현재 검색 범위 내 단어 발생=2

- 현재 검색 범위 시작 위치=320

그다음 인덱스의 다음 항목을 계속 스캔한다.

5. 50보다 크거나 같다면, 예를 들어 computer 키워드가 네 번째로 나타나는 339 위치에서 다음 인덱스 위치인 419와는 50 이상 차이가 나고 두 단어를 포함하는 길이 50 검색 범위가 있을 수 없다. 한 번에 419 위치로 점프한다. 이때 현재 검색 범위에 이전 검색 범위보다 많은 키워드가 포함됐다면 현재 정보를 업데이트하고 그렇지 않으면 이 단계를 생략한다. 다음으로 정보를 재초기화해야 하며 그 시작 위치는 다섯 번째로 나타나는 위치 419로 설정된다.

전체 인덱스가 스캔될 때까지 이 과정을 반복한다. 의사 코드로 요약하면 다음과 같다.

알고리즘 11.3

```
// 텍스트에서 단어 w가 나오는 위치가 위치 수열 position[1...M]에 저장됐다고 가정한다.
// 초기화
Current.Reset(int index) {
  Current.index = index;
  Current.hits = 1;
  Current.window_start = position[Current.index];
}
// 알고리즘 메인 프로그램
Current.Reset(1);
History = Current;
for (index = 2 to M) {
  if (position[index] - Current.window_start < window_length) {
    Current.hits ++;
    continue; //아래 코드를 건너뛰고 다음 반복문으로 이동한다.
  }
  if (History.hits < Current.hits) {
    History = Current;
  }
  // 현재 검색 범위 정보 업데이트
  while (Current.index < index
    && position[index] - Current.window_start < window_length) {
    Current.index ++;
    Current.hits --;
    Current.window_start = position[Current.index];
  }
  // 인덱스에서 키워드가 두 번 나타나는 위치가 검색 범위 길이를 초과하지 않았다면
  if (Current.index < index) {
    Current.hits ++; // position[index]에서 키워드의 발생 횟수를 계산한다.
```

```
  } else {
    Current.Reset(index);
  }
  if ((History.hits < Current.hits) {
    History = Current;
  }
  return History;
}
```

이 알고리즘의 시간 복잡도는 인덱스 길이와 선형적으로 관계가 있으며 인덱스 길이가 L이면 복잡도는 $O(L)$이다.

다음으로 두 개 이상의 검색어가 포함된 결과 스니펫을 생성하는 방법을 이야기해보자. 세 단어 이상의 스니펫을 생성하는 방법도 비슷하다.

가장 직관적이고 간단한 방법은 두 단어의 인덱스를 결합하는 것이다. 각 단어의 인덱스는 정렬되어 병합이 용이하며 병합 후에는 [알고리즘 11.3]을 사용할 수 있다. 물론 스캔 알고리즘에 두 인덱스를 병합하는 단계를 통합하는 것이 더 나은 접근 방식이다. 즉 특정 키워드가 병합되며 병합된 텍스트의 다음 위치에 나타날 때 현재 검색 범위에 여전히 속하는지 여부를 확인한다. 이 접근 방식을 설명하고자 [표 11.9]를 예로 들겠다.

병합 정렬에서 먼저 더 작은 두 개의 정렬된 하위 수열에서 각 첫 번째 원소를 비교한 다음 두 포인터를 사용해 각 수열에서 처리되지 않은 가장 작은 수를 나타냈다. 두 인덱스를 병합하는 작업도 같은 방식으로 진행한다.

[표 11.9]를 보면 computer가 위치 281에서 처음 나타났다. algorithm이 위치 334에서 처음 발생하기 전이다. 첫 번째 검색 범위는 281에서 시작한다. 그다음 computer에 해당하는 포인터를 한 위치 뒤로 이동하고 다음 나타나는 두 단어 중 어느 것이 더 앞인지 계속 비교한다. 다음에도 먼저 등장하는 단어는 위치 320의 computer다.

다음 등장하는 것은 위치 334의 algorithm이다. 위치는 검색 범위(334-281>50)를 초과하므로 현재 검색 범위 위치 포인터는 algorithm의 334 위치로 재설정해야 한다. computer는 검색 범위 내 있는 335와 339 위치에 나타난다. 이 검색 범위에는 두 개의 키워드가 총 세 번 나타났다. 마찬가지로 computer의 위치 419로 시작하는 검색 범위에서도 두 개의 키워드가 세 번(algorithm: 420, 455)나타난다.

이 방식으로 두 인덱스 포인터를 앞뒤로 이동해 두 인덱스 스캔을 완료할 수 있다. 알고리즘 복잡도는 $O(L_1+L_2)$이다. L_1과 L_2는 두 인덱스 길이다. 웹 페이지에서 L_1 또는 L_2 길이는 웹 페이지 길이의 1%에 불과하다. 이 알고리즘은 웹 페이지를 직접 스캔하는 것보다 99% 시간을 절약할 수 있다.

스니펫 작업을 수행해보지 않은 지원자가 이를 명확하게 설명하면 더 이상 추가 질문 없이 넘어간다. 스니펫 작업을 해본 적 있는 지원자에게는 몇 가지 관련 질문을 한다. 사실 앞선 알고리즘에서 많은 이상적인 가정을 했고 다음 세 가지 중요한 요소를 고려하지 않았다.

첫째, 모든 키워드의 가중치를 1이라고 가정했다. 현실적으로는 어떤 단어가 다른 단어보다 훨씬 더 중요한 경우가 많다. 예를 들어 영단어의 is, of, the처럼 일반적이고 텍스트 주제와 상관없는 '불용어stopwords'보다 핵심 단어가 훨씬 더 중요하다. 이런 의미 없는 단어의 스니펫은 찾을 필요가 없다.

둘째, 여러 키워드의 균형이 고려되지 않았다. 사용자가 computer algorithm을 검색했을 때 제공되는 스니펫이 computer만 포함하고 algorithm은 포함하지 않을 수 있다. computer가 열 번 나타나서 해당 사이트를 상단에 표기하더라도 사용자는 찾은 웹 페이지가 그다지 관련성이 없고 원하는 것이 아니라고 생각한다. 오히려 computer와 algorithm이 각각 한 번만 등장한 페이지를 이전 페이지보다 더 낫다고 느낀다.

셋째, 복수 키워드에 대한 N-그램 여부를 고려하지 않았다. 사용자가 computer algorithm을 검색했을 때 두 단어가 텍스트에 함께 나타나는 경우, 즉 바이그램을 형성하면 검색 결과와 매우 관련 있다는 것을 알 수 있다. 두 단어가 나란히 표시되지 않으면 검색 결과의 정확성이 떨어진다. 바이그램이 포함된 텍스트는 더 적은 수 키워드를 포함하더라도 더 높은 우선순위를 부여해야 한다. 마찬가지로 N개 키워드를 검색할 때 N-그램을 포함하는 텍스트를 찾았다면 이 텍스트에 우선순위를 부여해야 한다.

세 가지 사항은 면접관이 지원자에게 말해주지 않는다. 지원자는 스스로 알아내야 한다. 면접관이 이런 요소를 고려한다면 앞서 언급한 이론적으로 가장 좋은 알고리즘뿐만 아니라 더욱 실용적인 알고리즘을 설계하도록 요청하는 경우가 많다.

첫 번째 문제는 해결하기 쉽다. 텍스트를 선택할 때 각 키워드의 가중치만 고려하면 된다. 정보 검색에서는 '역 문서 빈도inverse document frequency, IDF'[3] 가중치 방식을 사용한다. 단어의 IDF 값이 높을수록 주제와 관련성이 높다. 불용어는 가중치를 0으로 설정하면 된다.

---

3 옮긴이 전체 문서 수/해당 단어가 나타난 문서 수. 한 단어가 전체 문서 집합에서 얼마나 공통적으로 나타나는지 보여준다.

두 번째 문제는 키워드가 검색 범위에 처음 나타날 때 동시에 나타나는 키워드에 가중치 C배를 곱하면 해결할 수 있다. 물론 C는 1보다 큰 숫자여야 한다. 예를 들어 C=5라고 하고 두 개의 스니펫 후보 텍스트가 있는 경우, 첫 번째 텍스트는 computer가 여섯 번 나타나지만 algorithm은 나타나지 않는다. 두 번째 텍스트는 computer 두 번, algorithm 두 번 나타난다. 이전 알고리즘에 따르면 첫 번째 텍스트가 더 높은 점수를 얻었겠지만 새로운 알고리즘을 적용하면 두 번째 텍스트는 12점, 첫 번째 텍스트는 6점으로 두 번째 스니펫에 우선순위가 주어진다.

세 번째 문제 또한 해결하기 어렵지 않다. computer와 algorithm의 단어 위치 차이가 1인지 비교하면 된다. 텍스트 중 바이그램 또는 N-그램은 일반적으로 높은 가중치를 부여해야 한다. 구글 알고리즘에서 N-그램의 가중치가 어떻게 설정되는지는 필자가 설계했다. 여기서 공개할 수 있는 것은 하나의 N-그램 점수가 여러 흩어져 있는 키워드의 점수보다 훨씬 높다는 것이다.

지원자가 위의 세 가지 질문까지 해결했다면 꽤 잘 수행한 것이다. 면접관이 어려운 질문을 추가로 할 수 있다. 자주 등장하는 추가 질문은 k개 단어가 아닌 k개 글자에 대한 검색 범위로 스니펫을 생성하는 방법이다. 문제의 난이도가 갑자기 높아진다. 각 키워드의 글자 길이가 다르기 때문이다. 모든 검색엔진 인덱스는 단어 위치를 기록할 때 문자 기반이 아닌 단어 기반으로 이뤄진다. 주어진 k개 문자 검색 범위는 텍스트 위치에 따라 생성된 스니펫에 포함된 단어 수가 다를 수 있다. k개 길이의 스니펫에 단어가 포함되는 수를 판별하기 어렵다. 텍스트에서 단어 수를 결정할 수 없다면 키워드가 그 안에 들어간 횟수를 셀 수 없다. 물론 웹 페이지의 텍스트를 모두 스캔하면 이 문제를 해결할 수 있지만 시간과 비용이 너무 많이 든다.

이런 유형의 질문은 정답이 없다. 좋은 접근 방식이나 나쁜 접근 방식만 있을 뿐이다. 대략적으로 추측하는 방법을 흔히 사용한다. 먼저 단어의 평균 길이를 기반으로 검색 범위(이 범위의 글자 수는 일반적으로 k보다 약간 많다)를 대략적으로 결정하고 검색한다. 그리고 이 중 스니펫 후보를 찾는다. N-그램을 먼저 찾아 양쪽에서 N-그램 수위로 확장한다. 텍스트 길이가 k 글자를 초과하지 않도록 양쪽에서 일부 단어를 잘라낸다. 구글 검색 스니펫의 길이는 단어 수가 아니라 문자 수로 제한된다.

여기서 구글의 대표적 면접 질문을 예제로 선택하고 설명한 이유는 두 가지다. 우선 구글 문제는 개방형 질문으로 복잡하지 않게 바꿔서 낸다. 개방형 질문을 푸는 것이 일류 IT 대기업의 전형적인 면접 문제다. 둘째, 한정된 영역을 주고 그 영역 내에서 어떤 개체의 개수를 구하는 문제와 유사한 문제가 많다. 예를 들어, 어떤 도시에서 사람들이 찾는 음식점이 가장 많이 밀집된 지역을 찾는 문제나 특정 시점에 택시를 타는 사람들이 가장 많이 몰리는 지역을 찾는 문제는 이 알고리즘과 같은 솔루션을 사용할 수 있다. 특히 음식점마다 크기와 등급이 다르므로 가중치를 다르게 부여해야 한다. 택시를 타는 사람들은 거리와 요금이 다르므로 다른 가중치를 부여해야 할 수 있다. 따라서 이러한 질문은 대표적인 개방형 질문이다.

11.8 합이 k인 부분 수열을 찾는 문제

실리콘 밸리 기업에서 자주 출제되는 면접 질문이다. 테스트 포인트는 동적 계획법 프로그래밍이다. 먼저 문제를 살펴보자.

예제 11.8 ★★★★★ 부분 수열 문제의 합(AB, FB)
주어진 수열에서 요소의 합이 상수 *k*와 같은 하위 수열을 찾아라.

주어진 수열이 [5, 2, 7, 0, 0, 8, 7, 1, 1, 2, 5, 6], *k*=9이면 적합한 하위 수열은 다음 다섯 개다.

> [2, 7]
>
> [2, 7, 0]
>
> [2, 7, 0, 0]
>
> [7, 1, 1]
>
> [1, 1, 2, 5]

문제를 해결하는 가장 직관적인 방법은 두 개의 반복문을 사용하는 것이다. 하나의 반복문은 하위 수열의 시작 위치를 결정하고 다른 반복문은 끝 위치를 결정한다. 알고리즘 복잡도는 $O(N^2)$이다. 일반적으로 여러 반복문으로 사용하는 알고리즘은 좋은 알고리즘이 아니며 이 문제도 예외는 아니다.

이 방법이 무엇이 잘못됐으며 어떤 부분의 반복 계산을 생략할 수 있는지 살펴보자. 두 개의 반복문을 사용해 하위 수열의 시작 위치와 끝 위치를 찾을 때는 이전 합계가 *k*인 9보다 훨씬 큰지 여부에 관계없이 수열의 마지막 숫자인 6은 열한 번 연산을 반복하게 된다. 다른 숫자는 평균적으로 $N/2$번 반복 계산하는 데 불필요한 계산이다. 전체 알고리즘의 복잡성을 줄이려면 반복 계산을 제거해야 한다.

다른 각도에서 생각해보자. 첫 번째 원소에서 *i*번째 원소까지 합이 Sum_i이고 .첫 번째 원소에서 *j*번째 원소까지의 합이 Sum_j이면 $Sum_j - Sum_i = k$이면 *i*+1번째에서 *j*번째 원소까지 합은 *k*인 부분 수열이다. 반대로 $Sum_j-k=Sum_i$이며 $i<j$라면 [그림 11.12]처럼 합이 k인 연속 하위 수열을 찾을
수 있다.

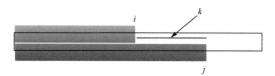

그림 11.12 Sum_j와 k의 차이가 이전 Sum_i인지 확인한다

물론 첫 번째 원소에서 j번째 원소 자체까지 합이 k와 같은 경우도 있다. 이 경우도 결과에 포함시
켜야 한다.

이 관계를 사용해 수열을 1에서 N까지 스캔하고 각 원소 $element[j]$까지 부분 합 Sum_j를 계산하고
해시 테이블 Sum에 저장한다. Sum_j-k가 이전 원소 중 부분 합으로 발견되면 k 합을 가지는 부분
수열이 발견됐다는 것을 의미한다. 물론 $Sum_i=Sum_m(i\neq m)$의 경우, 즉 첫 번째 원소에서 i번째
원소까지 합이 m번째 원소까지 합과 같은 경우가 있을 수 있다. 이 경우 해시 테이블에는 Sum_i에
대응하는 위치에 기록해야 한다. 두 위치의 부분 합은 모두 Sum_i가 된다. Sum_i와 동일한 부분 수
열이 여러 개 있는 경우의 개수를 기록한다.

해시 테이블에서 Sum_j-k를 조회하는 시간이 $O(1)$이므로 알고리즘의 복잡도는 $O(N)$이다. 다음은
알고리즘의 의사 코드다.

알고리즘 11.4 합이 k인 부분 수열의 수 찾기

```
int FindSubarraySumEqK {
// 수열은 요소에 저장되고 길이는 N이다.
  // result_number : 발견된 수, 초깃값은 0으로 한다.
  // current_sum : 첫 번째 요소에서 현재 요소까지의 합으로 초깃값은 0이다.
  // Sum: 해시 테이블
  for (j - 0; j < N; j++) {
  // current_sum에 현재 요소 추가
    current_sum += element[j];
  // 누적된 결과가 k와 같으면 발견된 일치하는 결과의 수가 1만큼 증가한다.
    if (current_sum = k)
    result_number ++;
      // current_sum-k가 하나 또는 여러 이전 요소의 누적 결과인 경우
      // 그 결과에 해당 수량을 추가한다.
    if (Sum.find(current_sum - k) ≠ Sum.end())
      result_number += Sum[current_sum - k];
      // current_sum을 해시 테이블 Sum에 추가한다. 이미 테이블에 있으면 카운트를 1씩 증가시킨다.
    Sum[current_sum] ++;
```

```
        }
    }
```

수열 [5, 2, 7, 0, 0, 8, 7, 1, 1, 2, 5, 6]의 경우 누적 부분 합은 5, 7, 14, 14, 14, 22, 29, 30, 31, 33, 38, 44이다. 그 내용을 해시 테이블 Sum에 추가한다. [표 11.10]과 같다.

표 11.10 부분 합 해시 테이블

부분 합	5	7	14	22	29	30	31	33	38	44
출현 횟수	1	1	3	1	1	1	1	1	1	1
부분 합−9	−4	−2	[5]	13	20	21	[22]	24	[29]	35

다음으로 부분 합과 k 값(이 예에서는 $k=9$)을 뺀다. 각각 −4, −2, 5, 5, 5, 13, 20, 21, 22, 24, 29, 35 이다. 여기서 5, 22 및 29는 모두 해시 테이블에서 찾을 수 있으므로([표 11.10]에서 [ ]로 표시, 여기서 5는 세 번 발견된다) 합계가 k(9)인 다섯 개 하위 수열이 있다는 것을 알 수 있다.

문제를 해결할 때 두 가지 핵심 요소가 있다. 첫 번째는 합이 k인 부분 수열을 찾는 것을 시작부터 i 부분까지 합이 $Sum_j−k$인 부분 수열을 찾는 것으로 변경하는 것이다. 후자의 하위 수열은 항상 첫 번째 요소부터 누적된 값이므로 계산이 쉽다. 두 번째는 해시 테이블을 사용해 부분 합을 인덱스로 저장하고 특정 숫자가 이전 부분 합인지 여부를 확인하는 데 $O(1)$시간만 소요되도록 하는 것이다.

[예제 11.8]은 수열의 수량뿐만 아니라 모든 적합한 하위 수열을 출력하도록 확장될 수도 있다. 확장된 문제 답은 해시 테이블의 데이터 항목에 해당 부분 수열과 해당 하위 수열의 오른쪽 경계 위치를 기록하는 것이다. [표 11.10]에서 부분 합이 14인 세 번째 열에서 데이터 부분은 세 개의 누적 합이 9가 되는 {3, 4, 5} 위치를 기록해야 한다. 다른 데이터 부분 또한 각각의 하위 수열의 누적 합이 9가 되는 위치를 기록해야 한다.

심화 사고 문제 11.2 ★★★☆☆ 문장 반전 문제

다음 영어 문장을 보자.

　　We the People of the United States do ordain and establish this Constitution.

$O(1)$의 복잡도만 사용하는 방법으로 다음과 같이 출력하라. (힌트: 반전은 두 단계로 이루어진다. 먼저 전체 문장을 글자에 따라 반전시킨 후 각 단어를 반전시킨다.)

　　Constitution. this establish and ordain do States United the of People the We

11.9 마무리

IT 업계에 종사하는 대부분 실무자가 컴퓨팅의 본질을 숙달한다면 의심할 여지 없이 다른 사람들이 할 수 없는 작업을 매우 우수하게 수행하고 완료할 수 있다. 압박 없이 문제를 생각하고 최선의 해결책을 찾는 데는 오랜 시간이 걸린다. 그러나 면접이라는 특수한 상황에서는 30분(또는 한 시간 이내) 내에 만족스러운 답변을 해야 한다. 이때 많은 사람이 실패한다. 압박을 탈출하는 좋은 방법은 알 수 없으나 필자가 해줄 수 있는 조언은 두 가지다.

첫 번째 조언은 컴퓨터 공학의 본질을 익히고 이 책에서 제시하는 예제와 사고력 문제를 이해하고자 열심히 노력해야 한다는 것이다. 책에서 다룬 문제를 이해한다면 동일한 난이도의 문제가 발생하더라도 당황하지 않을 것이다.

두 번째 조언은 면접 시에 다음의 세 가지를 주의해야 한다는 것이다.

첫째, 면접관과 의사소통을 하며 질문을 명확히 한다. 질문이 명확해지기 전에 대답을 서두르지 마라. 면접에서는 대답하지 못하는 것보다 더 나쁜 것은 질문을 제대로 이해하지 못하는 것이다.

둘째, 지나치게 직관적인 접근 방식은 함정이다. 지나치게 복잡한 접근 방식은 방향을 벗어나게 된다. 앞서 다뤘던 중앙값 문제를 생각하자. 간단한 정렬로 문제를 해결할 수 있다고 생각하는 사람은 함정에 빠진 것이다. 구간 병합 문제와 스카이라인 문제에서는 단순 반복문을 사용하면 복잡도가 너무 높아져 방향이 완전히 틀리게 된다.

셋째, 개방형 질문에 잘 대답하라. 많은 개방형 질문은 단순해 보이지만 실제로는 다양한 상황을 주의 깊게 고려하면 매우 복잡해질 수 있다. 절대적인 정답이 없는 개방형 질문의 경우 항상 더 나은 답을 찾는 데 기반을 둬야 한다.

진솔한 서평을 올려주세요!

이 책 또는 이미 읽은 제이펍의 책이 있다면, 장단점을 잘 보여주는 솔직한 서평을 올려주세요.
매월 최대 5건의 우수 서평을 선별하여 원하는 제이펍 도서를 1권씩 드립니다!

- **서평 이벤트 참여 방법**
    1. 제이펍 책을 읽고 자신의 블로그나 SNS, 각 인터넷 서점 리뷰란에 서평을 올린다.
    2. 서평이 작성된 URL과 함께 **review@jpub.kr**로 메일을 보내 응모한다.

- **서평 당선자 발표**
    매월 첫째 주 제이펍 홈페이지(**www.jpub.kr**) 및 페이스북(**www.facebook.com/jeipub**)에 공지하고,
    해당 당선자에게는 메일로 개별 연락을 드립니다.

독자 여러분의 응원과 채찍질을 받아 더 나은 책을 만들 수 있도록 도와주시기 바랍니다.

찾아보기